아파트값 5차 파동

개정증보판

최명철 지음 · 신현강(부룡) 감수

잇콘

아파트값 5차 파동 개정증보판

초　판 1쇄 발행 2001년 8월 31일
개정판 1쇄 발행 2025년 9월 8일
개정판 2쇄 발행 2025년 12월 10일

지 은 이　최명철
감　　수　신현강 (부룡)
발 행 처　잇 콘
발 행 인　신동익

편　　집　임효진
마 케 팅　호예든
경영지원　유정은
웹 총 괄　김도희

출판등록　2019년 2월 7일 제25100-2019-000022호
주　　소　경기도 용인시 기흥구 동백중앙로 191
전　　화　070-8623-9971
팩　　스　02-6919-1886
이 메 일　books@itconbooks.co.kr
홈페이지　www.itconbooks.co.kr

ISBN 979-11-90877-99-2　　03320

- 책값은 뒤표지에 있습니다.
- 이 책은 저작권법으로 보호받는 저작물로 무단전재 및 무단복제를 금합니다.
- 이 책의 전부 혹은 일부를 인용하려면 저작권자와 출판사의 동의를 받아야 합니다.
- 잘못된 책은 구입처에서 바꿔드립니다.
- 문의는 카카오채널 '잇콘'으로 부탁드립니다. (카카오톡에서 '잇콘' 검색 / 평일 오전 10시 ~ 오후 5시)

※ 본 저작물은 저작권법 제50조에 따라 이용 승인을 얻은 저작물임 (법정허락-2025.4.10)

◁ 독자설문
더 나은 책을 만들기 위한
독자설문에 참여하시면
추첨을 통해 선물을 드립니다.
(당첨자 발표는 매월 말 개별연락)

◁ 커뮤니티
네이버카페에 방문하시면
출간 정보, 이벤트, 원고투고,
소모임 활동, 전문가 칼럼 등
다양한 체험이 가능합니다.

아파트값 5차 파동

최명철 지음 | 신현강(부룡) 감수

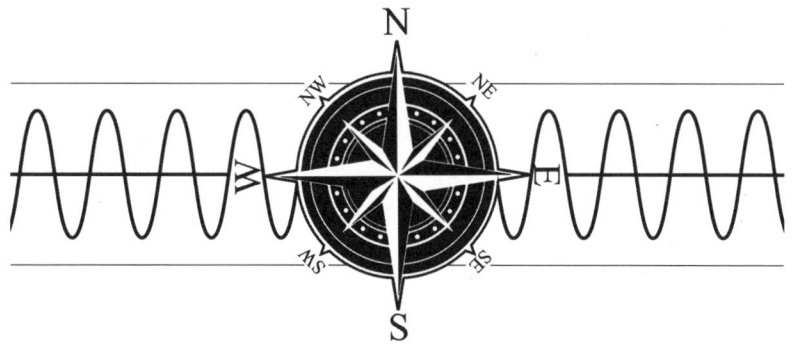

THE FIFTH WAVE OF THE APARTMENT MARKET

일러두기

- 이 책에 들어간 주석은 별다른 표기가 없는 한 모두 '편집자주'이다.
- 인물에 대한 존칭은 모두 생략하였다.
- 이 책에서는 지명 및 아파트명, 부동산 관련 용어를 비롯하여 다양한 사회적 어휘를 초판 출간 시점인 2001년에 널리 사용되던 기준 그대로 사용하였으며, 필요한 경우 각주를 달았다.
- 이 책은 초판의 내용을 최대한 그대로 반영하였으나 오탈자, 비문, 부정확한 용어 등 부득이하게 수정해야 할 부분은 일부 바꾸어 출간하였으며, 필요한 경우 각주를 달았다.

개정판 서문

부동산 투자서의 한 획이 되다

처음 출간된 2001년만 해도 이 책은 그다지 큰 반향을 일으키지 못했다. 그때는 책까지 보면서 부동산을 공부하는 시대가 아니었고, 굳이 공부를 한다면 법원경매 정도였다. 그나마도 일부 '꾼'들 사이에서만 알음알음 이뤄졌다. 그러나 부동산이 점차 중요한 재테크 수단으로 자리 잡으면서 이 책에 대한 재발견이 이뤄졌다. 부동산 시장의 상승과 하락이 주기적으로 반복된다는 걸 눈치챈 사람들은 거기에 어떤 법칙이 숨어있는지 궁금해했고, 몇몇 그 흐름을 정확히 짚어낸 책이 있었음을 발견한 것이다.

시장의 도도한 흐름에 제대로 올라타 큰돈을 번 사람들이 생기면서 이 책은 조금씩 입소문을 타기 시작했다. 하지만 이미 절판된 상태라 일반적인 방법으로는 구하기가 힘들었다. 사람들은 중고서점을 뒤지기 시작했고, 십수 만 원이라는 가격을 기꺼이 지불했다. 그렇게라도 책을 얻지 못한 사람들은 심지어 동네 복사집에서 만든 조잡한 품질의 불법 복사본조차 몇만 원을 주고 샀다. 인터넷과 SNS가 대중화된 이후에는 이 책의 내용을 타이핑해서 출처도 밝히지 않은 채 마치 자기가 쓴 글인 양 블로그에 올리는 사람도 생겨났다. 초보 투자자들은 그 블로거가 엄청난 내공의 투자 고수라고 느꼈을지 모르지만, 이 책을 이미 읽었던 투자의 '고인 물'들은 그저 쓴웃음만 지었을 뿐이다.

아는 사람만 알고 있던 그 '전설의 책'이 24년 만에 완전개정판으로 재탄생되었다. '복간'이 아니라 '완전개정판'이라고 이름 붙인 것은 단순히 과거의 내용을 그대로 출간한 게 아니라 이후의 시장 상황까지 반영한 새로운 책이 되었기 때문이다.

출간 이후 20년의 시장 분석이 추가되었다

그 사이 부동산 시장에는 어떤 일이 있었나. 초판이 출간된 2001년은 부동산 시장의 5차 파동이 막 시작된 때였고, 저자가 예언한 대로 이후 약 5년간 엄청난 상승의 파동이 이어졌다. 그 후에는 오랜 침체기가 왔다. 집값은 오를 듯하다가 주저앉고, 다시 오를 듯하다가 무너지기를 반복하며 아주 단기적인 파동만 몇 차례 겪었다.

그러다가 2014년을 전후하여 조금씩 징조가 보이더니 2016년 이후부터는 가히 6차 파동이라 부를 만큼 엄청난 상승세가 시장을 휩쓸었다. 오랜 침체기 끝에 온 상승세라서일까, 무려 6~7년이라는 긴 시간을 이어지며 '벼락거지', '영끌족', '똘똘한 한 채' 등 다양한 신조어를 만들어냈다. 그리고는 갑자기 차갑게, 무서울 만큼 빠르게 분위기가 식어버렸다. 그렇게 부동산 시장은 아직까지도 숨을 죽이며 다음 파동을 기다리고 있다. 이것이 초판 출간 이후 20년 간의 긴 이야기를 최대한 압축한 것이다.

이 책이 '완전개정판'이라는 이름에 걸맞으려면 2001년 이후의 상황에 대한 분석이 추가되어야 했고, 나아가 오늘날 부동산 시장에 어떤 의미를 주는지도 통찰해야만 했다. 이것은 결코 쉽지 않은 작업이다. 단순히 사건을 나열하는 게 아니라 넓은 안목과 통찰력으로 사건들의 의미를 분석하려면 그 시간을 현장에서 체험한 '진짜 고수'가 필요했다.

그 어려운 작업을, 수많은 부동산 투자자들의 멘토인 실전투자고수 '부룡' 신현강 작가님이 맡아주셨다. 지난 20여 년간의 부동산 시장을 몸소 겪은, 실전 감각과 이론적 통찰력을 동시에 갖추신 최고의 전문가이시다. 애초에 이 작업을 할 수 있는 사람은 신현강 작가님밖에 없다는 생각으로 섭외를 했는데, 감사하게도 부룡 님이 흔쾌히 응해주신 덕분에 완전개정판의 가치가 더욱 높아질 수 있었다.

또한 편집 부분에서 아쉬웠던 부분도 대폭 보완하였다. 이 책의 초판은 내용 자체는 너무나 훌륭했으나 편집 측면에서는 가독성이 좋지 않았고, 목차의 일관성이 부족했으며, 지나치게 축약되거나 비유적인 표현이 많았다. 어지간한 집중력의 소유자가 아니라면 진득하게 읽기 어려웠을 것이다. 이러한 단점을 보완하기 위해 축약된 내용에 주석을 달고, 목차 제목을 일부 바꾸었으며, 모호한 표현과 용어를 정확하게 수정했고, 도표와 참고자료를 완전히 새로 만들었다. 그 과정에서 본래 내용이 손상되지 않도록 매우 신중하게 주의를 기울였음은 물론이다.

과거의 독자에게도 새로운 통찰력을

그런 지난한 과정을 통해 드디어 완전개정판이 나왔다. 어쩌면 초판을 읽었던 분들은 신선한 충격을 받으실 수도 있다. 책에 담긴 남다른 통찰력은 그대로 전달하면서 더욱 가독성 좋게 만들고자 했던 우리의 노력이 독자에게도 제대로 전해지면 좋겠다.

그동안 부동산과 재테크 분야에서 베스트셀러 여러 권을 배출했던 우리 출판사 입장에서는 또 한 번 보람을 느낀 작업이었다. 이 책의 명성과 훌륭한 콘텐츠 때문이기도 하지만 출간을 위해 기울였던 엄청난 노력 때문이기도 하다. 여러분이 보고 계신 이 책의 마무리는 부득이하게 저자 최명철 님이 아닌 부룡 신현강 작가님이 감수자로서 대신 맡아주셨다. 그 과정에서 최종 결과물이 저자의 명성에 누를 끼치지 않도록 엄청난 고민과 정성을 쏟았음을 알아주시길 바란다.

독자의 편익을 크게 높였다는 측면에서도 우리는 큰 보람을 느낀다. 독자들은 이제 품질도 조잡한데다가 최근 20년의 내용은 들어있지도 않은 불법 복사본을 몇만 원이나 주고 살 필요가 없어졌다. 이 책을 과거에 읽으셨던 분도, 새롭게 읽는 분도 바로 오늘날의 시점에 필요한 통찰력을 얻을 수 있을 거라 확신한다.

한 세대에 가까운 시간이 지났지만 이 책은 현재 시장에서도 여전히 소름 끼치도록 들어맞는다. 주기적으로 출렁거리는 부동산 시장에서 여러분은 어떤 흐름에 올라탈 것인가? 이 책을 통해 그 해답을 찾아보시길 바란다.

또 한 번의 파동을 기다리며,
도서출판 잇콘

초판 서문

혼란한 갈림길의 작은 이정표가 되기를

얄궂다. 눈앞에 어른거리는 돈을 좇아 종잣돈을 이리저리 굴려보지만 어찌 된 게 세상에 널려 있는 돈은 나만 피해간다. 아는 만큼 돈이 보이는 법인데 귀동냥으로 얻은 얄팍한 지식으로 뛰어든 '사오정' 투자자들이 하는 일마다 꼬이자 애꿎게 머피의 법칙(Murphy's Law)을 들먹인다.

세상이 호락호락하지 않은 것이다. 빛이 있으면 그림자가 있듯이 재테크는 돈을 버는 사람이 있으면 누군가 반드시 손해 보는 제로섬(zero-sum) 게임이다. 정해진 법칙이 없어 자금력과 지혜와 용기가 있는 자만이 살아남는 살벌한 머니게임에 충분한 지식과 정보도 없이 무리하게 불확실한 '대박' 꿈을 좇다가 '쪽박' 차기 일쑤다.

우리는 정보의 홍수 속에서 살고 있다. 신문·방송·잡지 등 대중매체는 매일 많은 정보를 쏟아내고 정보의 바다 인터넷에도 삶을 풍성하게 하는 생활 정보가 가득하다. 그러나 정보도 정보 나름이다. 쭉정이를 버리고 돈이 되는 알짜 정보를 가려내는 안목이 무엇보다 중요하다. 생각의 속도가 지배하는 새천년에는 다양한 지식과 체계화된 정보를 갖춰야 한다. 지식과 정보가 곧 변화에 대한 경쟁력이기 때문이다.

주택에 대한 지식과 정보는 현대인에게 선택이 아닌 필수이다. 가족들이 편히 쉴 수 있는 생활공간인 집을 사고파는 기회는 누구에게나 있기 때문에 기본적으로 갖추어야 한다. 또 전통적인 재산 삼분법*을 거론하지 않더라도 값이 가장 비싼 생활필수품인 주택을 빼고 재테크를 논할 수는 없다.

집 없는 사람들이 많다 보니 주택 시장 동향은 항상 관심거리이다. 주택 시장이 안개 속을 더듬고 있을 때는 더욱 그렇다. 집값 얘기만 나오면 눈을 번쩍 뜨고 귀를 쫑긋거리게 된다. 앞으로 집값이 어떻게 될까. 집은 언제 사고팔아야 할까. 궁금한 것이 한 두 가지가 아니다. 하지만 주택 시장은 정보가 빈약한 시장이다. 순간의 선택이 평생을 좌우하는데 총론은 없고 각론만 있을 뿐이다.

오랫동안 수집한 방대한 자료를 토대로 아파트 문화가 뿌리를 내리고 꽃을 피운 반세기 동안 주택경기 흐름을 체계적으로 정리·분석하여 한 권의 책으로 엮었다. 다른 듯 닮은 네 차례의 아파트값 파동과 전세 대란을 겪으며 서울시 유랑민들이 거쳐간 발자취를 더듬어 볼 수 있었다. 그리고 세월의 틈새에서 잊혀 가는 아련한 추억들도 들춰냈다. 사라진 시간이 남긴 것이다.

아파트를 통해 우리들이 살아온 모습을 엿볼 수 있었다. 경제가 발전하고 생활이 풍요로워짐에 따라 새로운 주거공간으로 자리 잡은 아파트가 변함없는 인기를 누리며 흐르는 세월과 함께 진화하였고 유행도 있었다. 그리고 시대적인 흐름에 따라 많은 신개념 주택들이 등장해 주택 시장을 떠들썩하게 만들었고 도시 한 편에 자리를 잡아 갔다.

---

* 재산을 현금(예금), 부동산, 주식의 세 가지로 나누어 운영하는 방식.

주택에 대한 패러다임도 변하였다. 수단과 방법을 가리지 않고 목적만 달성하면 된다는 비뚤어진 가치관이 사회 전반에 깊이 뿌리내려 생활공간인 아파트가 재산 증식의 도구로 전락했고, 이러한 '주(住)테크'를 통해 중산층이 두터워지기도 했다. 이는 주택을 둘러싼 우리들의 일그러진 자화상이기도 하다.

한강의 기적을 일궈내고 신도시를 세운 주택 건설업체들이 모진 IMF 빙하기를 겪으며 무더기로 퇴출당한 가운데 10년 만에 다섯 번째 아파트값 파동을 예고하는 신호가 포착되고 있다.* 앞으로 주택 시장 구조가 수요자 중심에서 공급자 중심으로 바뀐다는 것이다.

우리는 길을 가다가 갈림길에 도달하면 어떤 길로 가야 할지 이정표를 보게 된다. 하지만 앞에 놓인 갈림길이 아무도 가보지 않은 길이라면 결정하기가 쉽지 않아 주춤거리게 된다. 어느 한 길을 선택한 순간부터 모든 것이 달라질 수 있기 때문에 고정관념을 깨고 유연하게 대처해야 한다. 과거에 대한 집착과 미래에 대한 불안감이 교차하며 망설여질 때 미력하나마 이 책이 탁월한 선택을 하기 위한 길라잡이가 되기를 바란다.

곁에서 시작과 끝을 함께해 준 짱이에게 고마움을 전하고 싶다.

2001년 8월

최 명 철

● 이 책의 초판은 2001년에 쓰였다. 책의 내용을 감안하면 개정판이 출시된 2025년 현재는 6차 파동이 끝나고 7차 파동을 기다리는 휴식기라고 볼 수 있다.

목 차

5 ·· **개정판 서문** _ 부동산 투자서의 한 획이 되다
9 ·· **초판 서문** _ 혼란한 갈림길의 작은 이정표가 되기를

제1장
한국의 아파트 문화 이해하기

21 ·· 원조 아파트는 언제 세워졌을까 | 서울의 명물이 된 마포아파트
그러나 여론은 부정적이었다

26 ·· 천덕꾸러기 시민아파트의 탄생 | 무작정 상경한 이들은 판잣집으로
판잣집 대신 시민아파트
와우아파트가 무너졌다

34 ·· 강남 개발과 말죽거리 투기 열풍 | 경부고속도로와 '졸부'의 탄생
단군 이래 최대의 땅 투기

41 ·· 70년대, 서울은 이미 꽉 찼다 | 신선한 땅을 찾아 주말농장을 가꾸다
새마을운동과 초가집 추방 운동
만원이 된 서울, 그린벨트를 지정하다

48 ·· 황금알을 낳기 시작한 아파트 | 서구화된 문화, 달라진 주거 선호도
황금알은 가수요를 낳는다
'도둑촌 파동'이 촉발한 맨션아파트 문화

57 ·· 보편적 주거형태로 자리잡다 | 아파트 선호도는 점점 높아지고
가전제품과 아파트로 완성된 '생활혁명'
여성해방과 '아파트 문화'의 탄생

63 ·· { insight } 신개념 주택의 계보

제2장
아파트값 1차 파동 (1973 ~ 1974)

71 ·· 1차 파동의 배경 | 강남 시대가 열렸다
정부 최초의 경기부양 정책
토끼와 거북이의 끊임없는 경주

78 ·· 1막 1장, 호황 속의 제비뽑기 | 사실상 최초의 공개 추첨 분양
아파트, 투자 대상으로 거듭나다

83 ·· 1막 2장, 일단 사면 대박이 터진다 | 오일쇼크로 추락한 시장, 그러나
누구나 몇 번이든 가능했던 선착순 분양

90 ·· 1차 파동의 마무리 | 집값은 올랐는데 소득은 그대로
양도소득세의 신설

94 ·· 1차 파동을 돌아보며

97 ·· { insight } 서울시 유랑민이 거쳐간 발자취

제3장
아파트값 2차 파동 (1977 ~ 1978)

101 ·· 2차 파동의 배경 | 로열층의 등장
시장이 잠시 들썩였지만
잊혀진 섬, 잠실도의 부활

108 ·· 2막 1장, 시작은 분양권이었다 | 신축 아파트의 인기
세금 처방과 공급과잉으로 인한 숨고르기

113 ·· 2막 2장, 너도나도 '아파트 신드롬' | 목화아파트, 분양의 불씨를 당기다
누구나 쉽게 투자하는 분양권

118 ·· 2막 3장, 부가세 역풍과 중동특수 | "부동산을 사면 무조건 번다"
중동특수로 유동성이 넘쳐흐르고

124 ·· 2막 4장, 전국으로 퍼져나간 열기 | 전국을 주름잡는 투기꾼들
헌 집 팔고 새 집 사기
주택청약제도가 시작되다
복부인 전성시대

138 ·· 2차 파동의 마무리 | 정부, 복덕방을 규제하기 시작하다
규제를 피해 틈새시장으로 향하는 돈바람
미등기전매 근절을 위한 초강수 '8.8조치'

145 ·· 2차 파동을 돌아보며

149 ·· { insight } 떴다방, 그들은 누구인가

제4장
아파트값 3차 파동 (1982 ~ 1983)

153 ·· 3차 파동의 배경 | 아파트 품질은 오히려 좋아졌다
'5일 춘몽'으로 끝난 재당첨 금지 해제
불황 속 짧은 들썩임
주택임대차보호법의 탄생
뭘 해도 시장은 반응이 없었다

169 ·· 3막 1장, 긴 잠에서 깬 부동산 시장 | 뭉칫돈은 사채시장에서 부동산으로
개포지구에서 팡파레가 울렸다

174 ·· 3막 2장, 청약통장 확보 전쟁 | 0순위 통장을 잡아라
아파트값을 춤추게 한 마술사들
공권력이 칼을 빼들었다

184 ·· 3막 3장, 채권입찰제와 목동 개발 | 논란의 그 제도 '채권입찰제'의 등장
당장의 큰 불은 잡혔지만

192 ·· 3차 파동을 돌아보며

195 ·· { insight } 떠돌이 뭉칫돈의 속성

제5장
아파트값 4차 파동 (1987~1991)

199 ·· 4차 파동의 배경

          아파트, 중산층의 표준이 되다
          '7당6락'의 아시아선수촌아파트
          "집 없이 폼 나게 살자"는 신세대
          집값안정기 혹은 아파트 암흑기

214 ·· 4막 1장, 분위기를 바꾼 '3저 호황'

          미분양은 줄고, 청약가입자는 늘고

216 ·· 4막 2장, 16년 만의 대선과 미분양 해소

          밀짚모자는 겨울에 사둬라

221 ·· 4막 3장, 꿈틀대기 시작한 투기 바이러스

          기대감만으로도 시장은 흔들린다
          재건축·재개발 사업의 시작
          양도세 중과로 급한 불은 껐지만

230 ·· 4막 4장, 판도라의 상자가 열렸다

          '분양가 자율화', 정말 된다고?
          갈팡질팡 정책이 시장을 부추겼다
          '억파트'의 등장
          신도시 건설, 유일한 희망이 되다
          신도시 신드롬과 '묻지마 청약'

249 ·· 4막 5장, 전세대란에 의한 또 다른 상승

          전세가가 매매가를 밀어올렸다
          신도시 분양만 기다리는 대기수요들

255 ·· 4막 6장, '평당 천만 원' 시대의 개막

          정부 정책도 먹히지 않았다
          사상 최대의 물량 공세

260 ·· 4막 7장, 믿음이 애써 떠받친 상승장

          팔고 나면 또 올랐던 학습효과
          거래는 줄었는데 호가는 오르고

265 ·· 4차 파동의 마무리

          올라도 너무 올랐다
          드디어 시작된 신도시 입주
          신도시가 가져온 전혀 다른 생활방식

274 ·· 4차 파동을 돌아보며

280 ·· { insight } 아파트도 자동차처럼 교체주기가 있다

제6장
아파트값 5차 파동 (2001 ~ 2006)

285 ·· 5차 파동의 배경
- 시장이 나쁠수록 아파트는 좋아진다
- 대선을 앞두고 잠시 흔들린 시장
- 8학군은 지고, 신도시는 뜨고
- 대중 참여가 쉬워진 법원경매
- 재건축 시장의 활성화
- 한강조망권이 뜬다

304 ·· 파동의 전조는 전세가 상승에서부터
- 망설이는 실수요자와 '갭투자'의 시작
- 천대받던 아파트, 재건축으로 날다
- 미분양 속에서도 전세만 찾는 사람들
- 부동산 부양 카드를 꺼내든 정부

315 ·· 위기 직전, 화기애애한 시장 분위기
- 신도시의 만족스런 생활환경
- 엄청난 공급에도 전셋값은 고공행진
- 한보가 망했는데 부동산은 오른다?

326 ·· IMF의 충격과 시장의 대혼란
- 무너지는 중산층, 무너지는 주택 시장
- 혼란을 틈타 시행된 분양가 자율화
- 정부의 초강수 '분양권 전매 허가'

337 ·· 시장은 생각보다 빠르게 회복했다
- 슬슬 고개를 드는 분양 시장
- 돌아온 떴다방
- 고급 아파트가 더 잘 팔린다

349 ·· 그러나 움직이기엔 아직 두렵고
- 불붙은 주식, 미지근한 부동산
- 투자자는 빠지고 실수요자는 전세로
- 갈 곳 잃은 뭉칫돈들
- 저금리가 분위기를 바꿨다

363 ·· 수요-공급을 알면 집값이 보인다
- 전셋값이 오를 수밖에 없는 이유
- 상승과 하락의 주기적인 반복 패턴
- 토끼와 거북이의 경주는 계속된다

379 ·· 주택 시장의 7가지 징크스
- 1단계: 전셋값이 오른다
- 2단계: 이사철 소형 아파트값이 오른다
- 3단계: 미분양 아파트가 잘 팔린다

	4단계: 분양시장이 달아오르며 분양가가 오른다
	5단계: 강남·신도시 중심으로 오른다
	6단계(소파동): 강북·수도권 으로 확산된다
	7단계(대파동): 광역시·지방도시로 확산된다

386 ·· 파동 안에서 시장 흐름 분석하기
좋을 때와 나쁠 때의 분석법은 달라야 한다
'주택보급률 100%'가 일으키는 착시 현상
무엇을 보고 결정해야 하는가
주택경기 순환은 계속된다

제7장
그로부터 20년 후, 오늘날의 파동은

403 ·· 가장 최근의 파동은 언제였을까
움츠린 시장의 어깨를 펴준 정부 정책
역대급 저금리 시대의 시작

410 ·· 6차 파동의 시작, 어떤 신호가 있었나
청약 시장의 강세
전세가격 상승과 매매시장 정상화
그러나 회복에 대한 의심은 여전했다

416 ·· 시장이 상승하고 규제가 시작됐지만
정부 규제와 투자 심리의 급변
뛰는 정부 위에 날아다니는 투자자들
불이 붙으면 정부 규제도 소용 없다

424 ·· 본격적 하락은 금리로부터 왔다
다들 이 분위기가 계속될 줄 알았다
하락 신호를 무시한 영끌족의 최후

429 ·· 파동이 지난 후 알게 되는 것들
상승과 하락의 신호에 귀 기울일 것
집의 숫자보다 상품성이 중요하다
'영끌'은 양날의 검이다

434 ·· 감수의 글 _ 부룡 신현강
과거의 흐름에서 미래의 신호를 찾아내기를

子曰, 知之爲知之 不知爲不知 是知也。

공자 가라사대
"아는 것을 안다고 하고 모르는 것을 모른다고 하는 것,
그것이 참으로 아는 것이다."

- 『논어』「위정편」 중에서 -

제1장

한국의 아파트 문화 이해하기

아파트라는 말 자체가 생소했었다.
초가와 기와집 등 전통가옥이 즐비했던 서울에 닭장 같은 아파트 골격이 완성되자
많은 구경꾼이 몰려들었다. 하지만 장안의 화젯거리가 된 것과는 달리
분양은 순조롭지 않았다. 아무래도 공중에 떠있는 듯한 괴상한 아파트가
전통 생활방식에 적합하지 않다고 생각한 것이다.

원조 아파트는 언제 세워졌을까

국가 경제가 발전하면 도시화가 빠르게 진행되고, 필연적으로 주택 문제가 발생한다. 산업사회로 전환되면서 농촌 인구가 대거 도시로 몰려들기 때문에 주택난이 심각해지는 것이다. 이러한 문제를 해결하기 위해 등장한 것이 바로 아파트이다.

해방 이후 미군이 버리고 간 지프차의 엔진과 부속품을 이용해 드럼통을 두들겨 펴서 뚜껑을 만들어 얹은 시발(始發) 자동차가 서울시내를 누비던 때에 아파트라는 서구식 주거공간이 처음으로 들어섰다. 중앙산업이 1958년에 해외에서 주택건설 기술자들을 초빙해 종암동 고려대학교 옆에 건설한 5층짜리 종암아파트가 원조이다.

아파트라는 말 자체가 생소했었다. 최고급 자재를 사용한 내부구조는 넓은 거실에 벽난로가 있는 서구식 설계였다. 수돗물 사정이 좋지 않는데도 수세식 화장실을 설치해 멀리 떨어져 있던 뒷간이 집안으로 들어와 자리를 잡았다. 아궁이에 장작불을 지펴 난방과 취사를 하던 시절에 최신식(?) 연탄보일러 시설을 갖춰 주부들에게 선망의 대상이 되기도 했다.

초가와 기와집 등 전통가옥이 즐비했던 서울에 닭장 같은 아파트 골격이 완성되자 많은 구경꾼이 몰려들었다. 평소 공동주택 건설의 필요성을 강조한 이승만 대통령도 건설현장을 방문해 둘러보며 깊은 관심을 보였고 준공식에도 참석해 직접 테이프를 끊었다. 이 땅에 아파트 문화가 도입된 것이다.

하지만 장안의 화젯거리가 된 것과는 달리 분양은 순조롭지 않았다. '사람은 땅을 밟고 흙냄새를 맡으며 살아야 한다'는 생각과 '높은 곳에서 잠을 자면 고공병(高空病)이 생긴다'는 생각 때문에 사람들은 입주를 기피하였다. 아무래도 공중에 떠있는 듯한 괴상한 아파트가 전통 생활방식에 적합하지 않다고 생각한 것이다. 분양이 안 되자 어쩔 수 없이 임대로 전환했는데, 하숙집 주인들이 세를 얻어 지방 출신 대학생들을 상대로 하숙을 치기도 했다.

서울의 명물이 된 마포아파트

1961년에 들어선 군사혁명정부는 도심지에 인구가 집중되어 주거공간이 협소해짐에 따라 열악해진 주거환경을 개선하고자 했다. 그래서 1차 「경제개발 5개년 계획」기간 중에 도시의 밑그림을 바꾸고 도시 생활을 간소화할 수 있는 아파트 건설을 추진하였다.

소임을 맡은 주택공사가 도심에서 가까운 도화동 일대 마포형무소의 넓은 농장터를 불하받아 첫 번째 아파트 건설 사업을 추진했는데 수요에 대한 확신이 없었다. 그래서 일단 단지화된 아파트를 그럴듯하게 건설해 중산층을 입주시켜 '아파트도 사람이 살 만한 공간'이라는 인식을 심어준

후 건설을 확대하고자 했다. 이러한 취지에서 중앙난방 방식에 수세식 화장실과 엘리베이터를 갖춘 단지화된 10층짜리 아파트 건설 계획을 떠들썩하게 발표하였다.

그런데 어쩌랴. 여론은 부정적이었다. 공공기관이 앞장서 호화판 아파트를 짓는다며 각계에서 반대의 목소리를 높였다. "국민소득이 고작 100불이고 전기 사정도 좋지 않은데 엘리베이터가 웬 말이냐", "석유 한 방울도 나지 않는 나라에서 기름난방이 무슨 사치냐"며 비난하였다. 서울시도 "마실 물이 부족한 실정에 수세식 화장실의 설치는 곤란하다"며 거들었다.

이같이 딴지를 거는 여론에 밀려 10층으로 설계됐던 마포아파트는 엘리베이터가 필요 없는 6층으로 낮춰지고 중앙난방은 가구별 연탄난방으로 바뀌었다. 호랑이를 그리려다 고양이를 그린 셈이었다.

아무튼 우여곡절 끝에 1961년에 착공, 이듬해 12월에 1차분 여섯 개 동이 완공됐다. 성대하게 이뤄진 준공식에 참석한 박정희 당시 국가재건최고회의 의장은 "조국 근대화의 새로운 장을 열었다"며 의미를 부여했다. 뒤이어 1964년에 2차분 네 개 동이 완공되어 전체 모습을 드러낸 마포아파트의 위용은 정말로 대단했다.

가슴을 저며내는 노래 「동백아가씨」가 전파사 확성기를 타고 거리마다 울려퍼지던 때였다. 특히 부녀자들의 관심이 높았는데, 해도 해도 끝이 없었던 집안일에서 해방될 수 있는 이상적 주거 형태였기 때문이다.

구경 나온 사람들로 연일 붐비자 한켠에서는 큰 가마솥을 걸어놓고 라면 무료시식 행사를 벌이기도 했다. 가난한 사람들의 허기를 채워주던 라면이 이 무렵 판매되었는데 가격이 개당 10원으로 자장면값 20~30원과 비교하면 꽤 비싼 편이었다. 느끼한 맛과 파마를 한 듯한 꼬불꼬불한 면발의 생김새 때문에 처음에는 소비자들로부터 외면을 받았다.

아파트단지를 짜임새 있게 꾸미기 위해 남향을 고집하지 않고 Y자형과 I자형을 섞어 동 배치를 하였다. 자칫 삭막해지기 쉬운 단지에 녹지를 조성, 분수대와 조형물을 설치하고 관상수를 심어 한껏 멋을 부린 마포아파트는 당시에는 최고 수준의 아파트였다.

그러나 여론은 부정적이었다

임대아파트였던 마포아파트의 입주가 세인의 관심 속에 시작되었으나 임대 실적이 매우 부진해 10%도 채우지 못했다. 집단으로 공동생활을 하는 아파트가 아무래도 낯설었던데다가 임대료도 비쌌다. 임대보증금 4만 원에 월임대료 3,500원은 월평균소득이 6,600원이었던 도시근로자들에게는 부담스러운 수준이었다.

그뿐만 아니라 한겨울에 입주를 하여 연탄가스 중독 위험이 있다는 소문 때문에 입주를 기피하기도 하였다. 주택공사는 서둘러 연탄가스 누출 여부를 확인하는 소동을 벌였고 안전하다는 사실이 밝혀졌는데도 입주자들은 여전히 불안해했다. 결국 현장소장과 직원들이 밤새 아파트단지를 돌아다니며 입주자들을 안심시키는 촌극을 벌여야만 했다.* 이 같은 노력에

● 실제로 입주 후 일주일 만에 연탄가스 중독 사고가 발생했다. 주택공사는 해당 세대에 기니피그 여섯 마리를 넣어놓음으로써,안전을 증명하려 했으나, 입주자들이 믿지 않자 건축부장이 직접 하룻밤 투숙하는 '인체실험'을 강행했다. 이로써 문제가 없음은 입증됐지만 여전히 입주희망자는 적었다. 참고로, 사고 원인은 빈 세대의 파이프가 동파된 탓이었는데 이는 입주세대가 적기 때문에 발생한 일이었다.(『대한주택공사 30년사』, 1992)

도 불구하고 임대 실적이 부진하자 주택공사의 무리한 사업 추진이 문제가 되어 국회에서 질책을 받기도 했다.

그러나 시간이 흐를수록 마포아파트는 서울의 명물이 되어 갔다. 많은 영화가 이곳을 배경으로 촬영되었고, 낯선 아파트 생활이 소재가 되어 영화가 제작되기도 했다. 흑백TV 방송이 시작된 지 몇 년 안 돼 광고매체가 부족한 시절이라 영화에 자주 등장하는 마포아파트는 자연스럽게 홍보가 되었다. 예나 지금이나 영화나 TV드라마에 나오는 인상적인 촬영 장소는 가보고 싶을 뿐만 아니라 살아보고 싶다는 충동을 느끼게 한다. 이렇게 새로운 형태의 주거공간인 아파트는 도시민들에게 차츰 친숙해져 갔다.

서구적인 생활에 익숙한 해외 유학 출신 대학교수와 연예인, 공직자, 외국인 선교사들이 잇따라 입주를 하면서 아파트는 어느새 중·상류층이 사는 곳이라는 이미지가 심어졌다. 어렵게 입주가 완료된 후 입주하려는 대기자가 늘어나면서 약간의 프리미엄까지 붙게 되었다. 이로써 이 땅에 아파트 문화가 뿌리를 내리게 된 것이다.

마포아파트는 2~3년간 임대된 후 관리상의 어려움과 또 다른 아파트의 건설재원 마련 때문에 일반에 분양되었다. 이때 16평형이 융자금을 포함해 62만 원에 분양되어 꽃밭을 가꿀 마당도 없는 아파트가 같은 크기의 단독주택보다 비쌌다.

천덕꾸러기 시민아파트의 탄생

　제2한강교(현 양화대교)가 개통된 1965년, 서울 변두리 지역이 토지구획 정리사업에 의해 개발되면서 변화의 바람이 불었다. 도로, 전기, 상·하수도, 전화, 학교 등 생활기반시설이 갖춰진 주택단지가 조성되면서 아파트의 매력은 잊히는 듯했다.

　원래 아파트는 생활비가 적게 들어 서민들이 모여 사는 곳이다. 그런데 아파트값이 비싸게 책정되자 사람들은 대부분 독립된 단독주택을 짓고 살기를 원해 자연히 아파트 건설이 위축되었다. 당시에는 주로 주택공사에 의해 15평 이하의 소형 아파트가 건설되었는데 '1인당 3평'을 기준으로 이 정도면 5인 가족이 불편을 느끼지 않고 생활할 수 있다고 여겼기 때문이다.

　이 무렵 부산, 대전, 광주, 대구 등 지방 대도시에 무주택 공무원을 위한 소형 아파트가 건설되었다. 그리고 주택공사는 서울 한남동에 11층짜리 외국인 전용 힐탑아파트를 건설해 고층아파트 시대를 열었다.

　국군의 베트남 파병으로 '월남특수'가 일어났다(1964~1973). 호경기에는 여성들의 치마 길이가 짧아지고 불경기에는 길어진다는 속설이 딱 맞아떨어졌다. 미국에서 귀국한 가수 윤복희가 미니스커트 바람을 몰고 왔는데,

억눌려 살았던 여성들의 노출 심리를 자극하기에 충분했다. 유행은 삽시간에 퍼졌고 가히 선풍적이었다. 무릎 위 5㎝에서 시작된 미니스커트의 길이는 점점 짧아져 이듬해 30㎝까지 올라가는 초미니가 등장했고, 초미니를 입은 여자를 보일 듯이 보이지 않는다 하여 '따오기'라 불렀다.

요즘 배꼽티를 입고 다니는 신세대들은 이해를 못 하겠지만 당시에는 옷을 마음대로 입을 자유가 없었다. 미풍양속을 지키기 위해 경찰관들이 자를 들고 다니며 무릎 위 20㎝ 이상 올라간 미니스커트를 단속하기도 했다.

무작정 상경한 이들은 판잣집으로

김현옥 부산시장이 서울시장으로 스카웃(?)되면서* 서울의 모습은 빠르게 변해 갔다. '불도저'란 별명답게 개발사업을 저돌적으로 밀어붙였다. 먼저 서울 한복판을 가로질러 흐르는 한강에 생명을 불어넣었는데, 비행장이 있었던 여의도에 윤중제(굴레뚝)**를 쌓아 올리며 한강 개발에 착수했다. 한강의 기적을 이루기 위한 첫 삽을 뜬 것이다. 그리고 흐드러지게 꽃이 피는 벚나무 심는 것을 잊지 않았다. 창경원(현 창경궁)의 벚꽃놀이를 즐기던 때였다. 곳곳에서 중장비의 굉음이 울려 퍼졌고 70년 동안 종로 거리를 누볐던 전차도 근대화의 물결에 밀려 퇴출당해야만 했다.

---

* 김현옥은 5·16 군사정변에 기여하여 제12대 부산시장에 임명된 인물로, 부산에서 벌인 토지구획 정리와 도로 건설 등으로 박정희 대통령의 눈에 들었고, 그 성과를 인정받아 서울시장에 임명되었다.

** 윤중제(輪中堤)는 방죽을 뜻하는 일본어 '와주테이'에서 온 말로 가다듬어야 할 단어이지만, 당시 서울시가 공식적으로 사용한 명칭임을 감안하여 여기에서는 그대로 사용하였다.

찢어지게 가난한 농촌 생활의 대물림을 청산하기 위해 얼마 안 되는 땅뙈기를 팔고 보다 나은 삶을 찾아 무작정 상경하는 사람이 많았다. 서울은 월남특수를 누리며 흥청거렸으나 인심은 눈 감으면 코 베어 가는 곳이라 서울 사람들은 '깍쟁이'라고 불렸다. 발붙일 곳을 찾지 못한 사람들은 집을 지을 만한 공간만 있으면 장소를 가리지 않고 판잣집을 짓고 살았다. 서울에서는 집만 있으면 그럭저럭 살아나갈 수 있었다. '꼬방동네'의 효시는 해방 후 남산 기슭에 들어선 해방촌이다. '하꼬방'이란 밤이슬을 막기 위해 상자나 나뭇조각으로 지은 집에 붙여진 이름인데 60년대 들어 차츰 판잣집이라 불렸다.*

변변한 일자리가 없어 도시영세민으로 전락한 이들은 시장에서 값싼 꿀꿀이죽을 사 먹으며 허기진 배를 채우기도 했는데, 대부분 나무 한 그루 없이 다닥다닥 붙여 지은 매우 열악한 주거환경에서 타향살이의 서러움을 느끼며 하루하루 고단한 삶을 살아야만 했다. 미로와 같이 구불구불 이어진 가파른 골목길을 힘없이 오르는 가장의 어깨에서 삶의 무게를 느낄 수 있었다. 러시아 시인 푸시킨(Пушкин. Александр Сергеевич)은 이들의 지친 영혼을 달래 주었다.

삶이 그대를 속일지라도
슬퍼하거나 노하지 말라
우울한 날들을 참고 견디면
반드시 기쁨의 날이 오리니

---

* 하꼬(箱)는 상자를 뜻하는 일본어로, 하꼬방은 상자만큼 작고 볼품없는 집(방)이라는 뜻이다. '꼬방동네'는 하꼬방이 모여 있는 빈민촌을 이르는 말이었다.

마음은 미래에 사는 것
현재는 슬프며
모든 것은 순간적으로 지나가는 것
그리고
지나가는 것은 훗날 소중하게 되리니

판잣집 대신 시민아파트

코카콜라가 상륙해 색다른 맛을 선보이던 1968년 "독버섯처럼 돋아나는 무허가 판잣집을 철거, 연차적으로 시민아파트를 건설하여 철거민 10만 가구를 입주시키겠다"는 김현옥 서울시장의 야심찬 계획이 전해졌다. 수시로 철거했기 때문에 언제 철거될지 몰라 불안에 떨며 살았던 판자촌 주민들은 깜짝 놀랐다.

이전까지만 해도 경찰력을 동원해 무허가 판잣집을 강제로 철거했고, 철거민들은 부수면 또다시 짓는 서글픈 악순환이 그치지 않았다. 산비탈마다 빼곡하게 들어선 무허가 판잣집은 해마다 늘어나 서울시 전체 주택의 3분의 1을 넘어서 도시 미관을 위해서는 판잣집을 정리할 필요가 있었다. 앞서 판잣집 철거민들을 정착시키고 서울의 인구를 분산하기 위해 300만 평 규모의 광주단지(현 성남시)를 조성하였으나 가시적인 성과가 없었다. 강제로 이주된 철거민들이 생활 터전인 서울로 자꾸만 되돌아왔기 때문이다. 서민복지정책의 일환으로 시영아파트를 짓기도 했으나 재정이 넉넉하지 않았던 탓에 실적이 저조했다.

그러다 판잣집 철거민을 수용하고 서민들의 주거안정을 위해 시민아파트를 건설하기로 한 것이다. 서민들의 도시 생활에 새로운 장이 열리는 듯했다.

1969년 이른 봄, 얼어붙었던 땅이 녹기 시작하자 서둘러 착공이 되었다. 그리고 1년도 안 돼 많은 시민아파트가 뚝딱 지어졌고 그해 초여름 금화아파트가 부분적으로 완공되어 첫 입주를 하게 되었다. 아파트에 걸맞지 않은 초라한 살림을 풀었지만 입주민들의 표정만은 밝았다. 시민아파트는 천연동 산등성이 금화지구*에 가장 많이 지어졌는데, 이는 청와대 뒷산과 가까워 대통령의 눈에 잘 띄는 위치였기 때문이었다.

시민아파트는 대부분 11평형이었고 연탄난방을 하였다. 작은 방 두 개, 마루, 부엌 등이 있어 아파트로서의 기본 형태는 갖추었으나 화장실은 여러 가구가 공동으로 사용해 불편했다. 입주금은 따로 없었고 골조공사비 20만 원만 싼 이자로 장기 분할상환하면 되었다.

그러나 서울시가 골조공사를 끝낸 시민아파트에 입주하기 위해서는 입주자가 직접 온돌, 내벽, 전기, 도배 등 내부시설 공사를 해야만 했다. 가구당 15만 원 정도 들었는데 생활이 어려운 철거민들에게는 그림의 떡이라 이들은 결국 전매가 금지된 입주권을 5만~10만 원에 팔고 또 다른 판자촌으로 흘러들어 가야만 했다.

입주권 전매가 성행하자 서울시는 철거민이 아닌 입주자를 솎아내 퇴거령을 내리고 그동안 입주자가 공사한 내부시설비를 시 금고에 귀속시키

---

* 오늘날 서울시 서대문구 독립문역 인근.

는 행정력까지 동원했으나 근절되지 않았다. 이후 서울시가 조사한 자료에 의하면 시민아파트 입주자 중 거의 절반이 철거민으로부터 입주권을 구입한 사람들인 것으로 밝혀졌다.

한편 서울시는 시민아파트 입주가 본격화되자 중산층의 주거 문제 해결에도 적극적으로 나섰다. 시민아파트보다 넓은 아파트를 교통이 편리하고 위치가 좋은 곳에 값싸게 지어주겠다는 것이었다. 착공도 하기 전에 미리 입주자를 공모하였는데 분양면적은 15~21평형이었고, 골조공사만 해주는 조건으로 평당 4만 원에 분양하였다. 따라서 온돌 시공을 포함한 내부공사는 시민아파트와 마찬가지로 입주자 부담이었다.

중산층 아파트는 아파트 부지가 장기임대되는 형식이라 분양가격이 비교적 저렴했기 때문에 월소득 3만~4만 원의 샐러리맨들에게 인기가 있었다. 1등 당첨금이 100만 원인 주택복권이 처음으로 발행되던 때였다. 많은 입주희망자들이 모여 3대 1의 경쟁 속에 추첨을 통해 입주자를 결정했는데, 관심이 높았던 만큼 입주권에 20만~30만 원의 프리미엄이 붙기도 했다. 그러나 막상 입주를 해보니 시민아파트보다 별로 나은 것이 없었다. 주거환경도 시민아파트와 비슷해 중산층을 위한 아파트로는 만족할 만한 것이 못 된다는 평을 들었다.

와우아파트가 무너졌다

시민아파트는 37개 지구에서 1만8,000가구가 건설되어 서울의 모습을 확 바꿔 놓았다. 녹지대로 보전해야 할 산기슭의 판자촌을 철거하고 그

자리에 아파트를 세운 것이다. 그것도 도시 미관을 개선하기 위해서였다. 대부분 고지대에 다닥다닥 붙여 짓는 바람에 주거지로는 적합하지 않았다. 평지에는 아파트, 고지대에는 단독주택을 짓는 일반적인 상식을 뒤엎은 것이다. 하지만 전망 하나만은 끝내줬다.

시민아파트에는 주로 월소득 2만~3만 원의 회사원들이 모여 살았다. 생활 수준이 낮아 흑백TV는 네 집에 한 대, 냉장고가 있는 집은 열 집에 한 대꼴로 귀했다. 주변에 놀이터가 없어 어린아이들이 길가에서 뛰어놀았고 안전시설이 미비해 사고가 잦았다. 무엇보다 생활여건 조성과 관리를 소홀히 하여 주거환경이 형편없었다. 그래서 서울시가 시민아파트를 대량으로 건설하면서 아파트에 대한 이미지는 오히려 나빠지게 됐다.

빠른 시간 내에 많은 시민아파트를 값싸게 짓고자 했던 정책은 처음부터 무리가 따랐다. 예산이 넉넉지 않아 골조공사비를 매우 저렴하게 책정하자 공사를 기피하는 건설업체가 많았다. 서울시의 회유로 억지로 공사를 떠맡은 건설업체들이 손실을 줄이기 위해 철근과 시멘트 등 건축자재를 기준량보다 적게 사용했는데 이것이 화근이 되었다. 입주한 지 한 달도 안 된 와우아파트가 날림공사로 인해 와르르 무너져 많은 사상자를 낸 것이다. 시민아파트 건설에 착수한 지 1년 2개월 만에 몇몇 얼빠진 사람들로 인해 일어난 참사였다.

시민의 머슴을 자청했던 김현옥 서울시장은 많은 업적을 남겼음에도 이에 대한 책임을 지고 경질됐고, 서둘러 안전진단을 하여 막대한 예산을 하자보수와 보강공사에 쏟아부었지만 허사였다. 결국 와우아파트는 천덕꾸러기가 되고 말았다.

1974년, 지은 지 5년밖에 안 된 일부 시민아파트들이 붕괴 우려 때문에 철거되었다. 이는 훗날의 대규모 재건축 사업을 잉태하였지만, 입주민들은 오랫동안 철거 노이로제에 시달려야만 했다.

강남 개발과 말죽거리 투기 열풍

　1969년이 저물어갈 때쯤 제3한강교(현 한남대교)가 개통되면서 서울에서 가장 오래된 나루터인 한남나루터에서는 마지막 나룻배가 역사 속으로 떠났다. 갖가지 애환이 서린 뱃길 위로 다리가 놓인 것이다. 강남으로 가는 길이 활짝 열리자 말죽거리 일대가 신흥 개발지역으로 떠올랐다.
　말죽거리는 지금의 양재동 부근을 가리키는 옛 지명으로 한양에서 남쪽으로 가는 길의 첫 길목이었다. 이곳에 역원(驛院)이 있어 여장을 풀고 쉬어 가거나 말죽을 쑤어 먹였던 주막거리였다. 이 지역은 1963년에 서울시의 행정구역 확장으로 경기도에서 분리되어 서울시에 편입되었다. 하지만 서울이면서 서울 같지 않은 곳, 서울특별시가 아니라 서울 '보통시'였다.
　강 건너 남촌에는 누가 살았을까. 초가와 기와집이 옹기종기 모여 있는 전형적인 도시 변두리의 농촌으로 토박이 주민 대부분이 한가롭게 농사를 짓고 살던 곳이었다. 80㎏짜리 쌀 한 가마니를 5,500원에 사 먹던 시절, 서울 사람들은 이곳에서 생산된 농산물로 김장을 했다.
　전기 사정은 비교적 괜찮아 호롱불 신세는 면했으나 상수도 보급이 안 돼 우물물을 사용했다. 도로는 포장되지 않아 흙먼지가 날리고 비만 오면 진흙탕으로 변해서 장화는 집마다 없어서는 안 될 필수품이었다. 또 교통편은 뱃삯이 10원인 한남나루터를 이용하거나 요금이 입석 10원, 좌석 20원인 몇 대 안 되는 시영버스가 고작이어서 도시 교통의 소외지역이기도 했다.

이러한 '깡촌' 말죽거리에 개발 바람이 불기 시작한 것은 경부고속도로가 착공된 1968년부터였다. 당시 중요 행정구역인 영등포구의 동쪽에 있다고 하여 이름 붙여진 영동(永東)지구 토지구획 정리사업이 추진되면서 여기에 속한 역삼동, 논현동, 서초동 등이 점차 활기를 띠기 시작했다.

토지구획 정리사업이란 도시지역 미개발지의 효용을 높이기 위해 구획을 나눠 도로, 공원, 학교 등 공공시설을 배치하고 계획적으로 개발하는 사업으로 일종의 택지개발 방식이다. 지금의 분당신도시 개발 면적인 540만 평(약 1,785만㎡)에 버금가는 470만 평(약 1,550만㎡)이라는 꽤 넓은 면적이 개발되고 있었는데, 이때 한강에 세 번째 다리가 놓인 것이다.

이와 때를 같이 하여 서울시장이 다가올 70년의 개발사업 구상을 밝히는 자리에서 "제6한강교(현 영동대교)와 제7한강교(현 잠실대교)를 추가로 건설하여 한강 이남을 제2서울로 개발, 강북 인구 100만 명을 이주시키겠다"고 발표하였다. 강북에 집중된 불균형한 도시 구조를 분산시키기 위해 강남지역 개발 구상을 밝힌 것이다.

경부고속도로와 '졸부'의 탄생

서울 지역 개발에 따른 땅 투기는 오래전부터 이루어졌다. '땅을 갖고 있어야 떵떵거리며 살 수 있다'는 전통적인 농업사회적 가치관 때문에 토지 소유욕과 집착증이 무척 강했다. 제2의 황금이기도 한 땅을 갖고 있다는 것은 곧 부(富)의 상징이었다.

땅이 큰 부자를 만들었다. 구한말로 거슬러 올라가 보면 철도를 건설할 때 주변지역 땅값이 폭등했다는 기록이 있는데 이는 호랑이 담배 피우던 시절 얘기다. 1958년에는 마장동 경마장이 이전되면서 그 땅을 사두었던 사람들에 떼돈을 벌었다는 입소문이 퍼졌다. 아무도 거들떠보지 않던 쓸모없는 땅을 싸게 사두었다가 개발되어 금싸라기 땅이 되는 바람에 벼락부자가 됐다는 얘기가 심심찮게 사람들 입에 오르내렸다. 단 한 번의 토지 투자로 큰돈을 벌 수 있는 시대였다.

1963년, 서울시가 행정구역을 확장하자 한강 이남 지역이 표적이 되었다. 말죽거리를 포함해 압구정동, 반포동 등 대부분의 강남 지역이 이때 서울시에 편입되었다. 기회를 엿보던 사람들이 발 빠르게 움직였으나 워낙

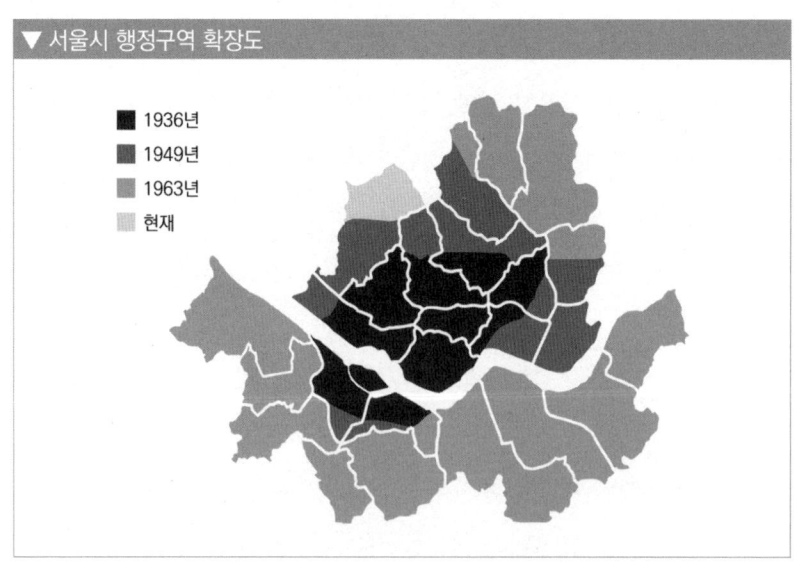

넓은 지역이 편입되는 바람에 투자가 분산되었다. 그래서 거의 맹목적으로 '땅을 사두면 언젠가는 오른다'는 묻어두기 식 투자가 성행하였다. 세월에 투자를 한 것이다. 1965년에는 제2한강교(현 양화대교)가 개통되자 혜택을 받는 인접 지역에 투자한 사람들이 톡톡히 재미를 보기도 했다.

그러나 땅 투기가 절정을 이룬 것은 경부고속도로 건설이 추진되던 무렵이었다. 땅값은 대체로 세 차례에 걸쳐서 뛴다. 개발계획이 발표되면서 오르고, 착공될 때 오르고, 완공 시점에 또다시 높이뛰기를 한다. 여기에 월남특수로 시중에 돈이 넘쳤던 1967년에 경부고속도로 건설이 구체화되자 예정지 주변으로 시중의 투기성 자금이 몰리면서 돈바람이 거세게 불었다.

투기꾼들이 한탕 하기 위해 눈독을 들인 곳은 나들목(인터체인지) 주변 지역이었다. 도시와 가까울수록 땅값이 하늘 높은 줄 모르고 치솟자 뒤늦게 돈 보따리를 싸 들고 투자 대열에 동참한 사람들은 나들목과 멀리 떨어져 쓸모가 없는 주변 지역까지도 무차별적으로 사들였다. 이들은 '땅을 가지고 있으면 절대로 손해를 보지 않는다'는 확고한 믿음이 있었다.

이처럼 도로가 땅 팔자와 사람 팔자를 모두 바꾸어 놓았다. 도로를 따라 도시 자본이 뒤따르기 때문에 아무리 쓸모없는 산간벽지라도 일단 도로가 뚫리면 땅값이 오르고 졸지에 부자가 된 '졸부'가 여러 명 탄생했다.

부동산 시장에서 '큰손'으로 통했던 상당수 기업들도 땅따먹기에 열을 올렸다. 영업활동을 통해 이윤을 창출하는 것보다 은행에서 돈을 빌려 땅을 사두는 것이 더 짭짤했는데, 땅장사를 잘만 하면 이자를 포함해 대출금을 갚고도 남을 큰 시세차익을 챙길 수 있었다. 자고로 돈 버는 일엔 왕도가 없다고 했다.

단군 이래 최대의 땅 투기

당시 언론은 단군 이래 최대 규모의 토지 투기가 이루어졌다고 했다. 이 같은 토지투기 광란은 부동산투기억제세*가 신설되어 1968년부터 과세가 이뤄지면서 기세가 꺾였다. 서울과 부산 그리고 경부고속도로 주변 4㎞ 이내의 지역을 과세대상지역으로 지정하고 토지 양도차익의 50%를 과세한 것이다. 세로운 세금이 부과되자 투자심리가 위축되면서 땅값도 차츰 진정되어 갔다. 이처럼 도로가 뚫리고 다리가 놓일 때마다 토지 투기가 반복적으로 뒤따랐다. 정부의 개발 전령, 불도저가 움직일 때마다 땅값이 치솟았던 것이다.

한동안 잠잠했던 토지 시장에 제3한강교 개통, '좌 영동 우 잠실'의 한강 이남 개발계획 등 대형 호재가 겹치면서 분위기가 들떴다. 언제나 돈 냄새를 먼저 맡고 움직이는 사람들이 있는 법. 참새가 방앗간을 그냥 지나치지 않는 것과 같다. 한탕을 노리는 투기꾼, 토지 투자에 맛 들인 일반 투자자들이 한몫 챙기려고 말죽거리로 몰려들었다. 여기에 억척스러운 부인들의 치맛바람이 가세하자 땅 투기 바람은 더욱 거세졌다.

말죽거리는 기회의 땅이었다. 꾀죄죄한 간판을 내건 복덕방이 난립하였고 고급 승용차들이 꼬리를 물고 한강을 건넜다. 집을 짓고 농사를 일구는 토지가 또다시 투기의 대상이 된 것이다.

남서울 개발계획이 확정되기도 전에 말죽거리 주변이 중심지가 된다는 입소문이 나돌자 순식간에 말죽거리 일대가 황금의 땅으로 변했다. 한남대

• 양도차익의 50%를 세금으로 납부하는 제도. 1974년에 양도소득세로 바뀌었다.

교에서 양재동에 이르는 간선도로에 가까울수록 거래가 활발히 이뤄졌고 땅값도 가장 많이 올랐다. 서초동과 역삼동 일대는 평당 2만~3만 원에 거래되었고 영동대교 건설 예정지로 거론된 청담동과 삼성동 일대 논밭도 투기 열풍에 휩싸여 평당 5,000원으로 올랐다.*

땅을 팔 사람이 매긴 값이 그대로 시세가 됐는데 투기꾼들의 농간에 의해 땅값은 더욱 부풀려지고 조작되었다. 자고 일어나면 땅값이 올랐기 때문에 서둘러야만 했다. 등기를 열람하거나 현장을 답사하지도 않았다. 지적도만 보고 매매가 이뤄졌는데 여러 사람 손을 거치며 전매되는 과정에서 투기꾼들은 미등기전매로 불로소득을 챙겼다.**

이처럼 토지 투기가 성행하고 있는 가운데 땅값 상승을 부채질하는 정책 발표가 이어졌다. 도심 인구를 분산하기 위해 정부청사의 강남 이전이 검토되었고, 서울시장이 인접한 경기도의 10개 면을 서울시에 편입시켜줄 것을 건의한 것이다. 그 영향력이 안양과 과천 지역까지 파급되며 땅 투기가 절정을 이루었다.

여윳돈이 있는 사람들은 대부분 은행이자를 웃도는 투자수익을 올릴 수 있는 곳을 찾게 된다. 그런데 당시는 고성장·고물가 시대로 은행이자가 연 23%에 달했다. 이 정도의 높은 은행이자를 포기하고 사람들은 토지 투자를 택했던 것이다. 토지 투자가 안전하고 기대수익률이 높아 고수익이 보장된다고 믿었기 때문이다.

- 1967년 당시 서울시 신입 공무원의 월급이 약 9,300원이었음을 감안하면 얼마나 큰 금액인지 짐작할 수 있다 (동아일보 2009년 9월 18일자 기사 참조).
- ●● 미등기전매는 매수 시 계약금만 지급하고, 잔금을 지급하는 날 소유권이전등기를 하지 않은 상태에서 다른 사람에게 곧바로 매도하는 방식이다. 취득세 및 양도소득세 등의 세금을 내지 않는 탈세 행위다.

말죽거리를 중심으로 한 토지 투기는 한 달 동안 땅값이 30~50%나 오르자 부담이 생기기 시작했다. 자칫하면 상투를 잡거나 막차를 탈 가능성이 높아졌다고 판단한 것이다. 단기간에 땅값이 큰 폭으로 오르자 정부도 진화에 나섰다. 부동산 투기 억제세와 자금출처조사를 강화하자 차츰 열기가 식어갔다.

정리해보면 말죽거리 땅값은 서울시에 편입되기 전에는 평당 300~500원 정도였으나 편입된 1963년에는 1,000원대로 껑충 뛰었다. 1968년 경부고속도로의 착공을 계기로 평당 1만 원대까지 크게 오른 땅값은 1969년 말 제3한강교의 개통과 제2서울 건설계획 발표로 평당 3만~5만 원이 되었다. 땅값이 7년 동안 자그마치 100배 오른 것이다.

70년대, 서울은 이미 꽉 찼다

 살어리 살어리랏다. 전원에 살어리랏다. 복잡한 도시를 벗어나 한적한 시골에서 살고 싶다는 생각은 도시민이면 누구나 갖고 있는 잠재된 소망일지 모른다. 신이 창조한 자연에 인간이 도시를 세웠지만 도시 생활에 지친 인간에게 자연은 마음의 고향인 셈이다.

 전원생활은 주말농장이라는 형태로 우리 곁에 다가왔다. 주말농장이 처음 생긴 것은 경부고속도로가 건설되던 1969년이었다. 부동산 투자 대상이 택지에서 임야로 바뀔 때였는데 도로망이 어느 정도 갖춰지고 교통수단이 조금 좋아지자 사람들은 숨 막히는 도시생활에서 탈출하고자 했다. 그래서 서울 근교의 임야를 매입해 주말농장으로 개발하기 시작한 것이다. 대부분 과수원이어서 '주말 과수농장'으로도 불렸다.

 주말농장은 신선한 땅을 갖고 싶어 하는 도시민들을 자극하기에 충분했다. 풋풋한 흙내음이 그리워 도시를 벗어날 방법을 찾고 있던 여유 있는 중산층들이 먼저 반겼는데 도시에서 멀지 않은 곳에 위치해 주말에는 '흙에 살리라'며 농장을 찾았다. 싱그러운 자연 속에서 땀 흘려 농작물을 가꾸고 수확하는 기쁨을 맛보기 위해서였다. 더욱이 투자 효과도 곁들일 수 있어 인기가 있었다.

신선한 땅을 찾아 주말농장을 가꾸다

주말농장의 원조라 할 수 있는 '수원 주말농장'이 조성된 과정을 살펴보면 지금도 많은 것을 시사해준다. 미국이 쏘아올린 아폴로 11호가 달에 착륙하여 인류가 달에 첫 발자국을 남겼던 1969년, 동호인 80여 명이 모여 농장부지 매입을 위한 운영위원회를 구성하면서 추진되었다. 교통이 편리한 곳을 중심으로 적당한 부지 물색에 나섰는데, 후보지 가운데 경기도 화성군 일대 임야 20만 평을 평당 220원에 공동으로 매입하기로 결정하고 회원을 추가로 모집하였다.

알음알음으로 알게 된 사람들이 적극적으로 참여해 회원들이 400명으로 불어나자 주변 땅 11만 평을 더 사들였다. 회원 중에는 작가, 공직자, 화가 등 유명인사들도 상당수 있었다. 도로와 공원용지 등 공유면적을 뺀 25만 평을 300평, 600평, 900평 단위로 쪼개어 평당 380원에 추첨을 통해 회원들에게 분양했는데 가까운 사람끼리 어울릴 수 있게 배려하였다.

또 농장으로서의 짜임새를 한껏 살리기 위해 회원총회를 열어 전기, 전화, 단지내도로 등의 터 닦기 공사를 하기로 하고 평당 510원씩을 부담시켰다. 배보다 배꼽이 컸지만 이렇게 많은 사람들이 공동으로 투자한 결과 평당 890원에 주말농장을 마련할 수 있었고, 제법 농장다운 모습이 갖춰지자 땅값이 평당 3,000원으로 껑충 올라 있었다. 이처럼 투자가치가 높아 은행에서조차 주말농장을 조성해 분양할 정도로 붐이 일어났다.

일에 쫓겨 자칫하면 마음의 여유를 잃어버리기 쉬운 도시 생활을 탈출할 수 있는 또 다른 형태의 전원주택단지가 조성된 것도 이때였다. 처음에는 '전원휴양택지, 전원주택지, 휴양택지'라는 이름이 뒤섞여 사용되었다. 주로 민간기업에 의해 소규모 전원주택단지가 경부고속도로를 따라 들어섰는데 당시에는 대지 300평에 건평 30평짜리 별장을 땅값, 건축비, 조경비 등을 포함하여 400만~500만 원에 지을 수 있었다.

대표적인 단지로 경기도 용인의 기흥단지는 평당 7,000~9,000원, 안성에 위치한 대림동산은 평당 3,500원에 분양되었고 이듬해 서울 북악산 기슭의 평창동 주택단지가 평당 1만3,000~2만4,000원에 분양되었다.

새마을운동과 초가집 추방 운동

1970년 7월, 시기상조라는 숱한 반대 여론을 무릅쓰고 착공한 지 2년 5개월 만에 미끈하게 포장된 경부고속도로가 시원스레 뚫리자 세계가 깜짝 놀랐다. 가장 짧은 기간에 가장 값싸게 고속도로를 건설하였기 때문이다. 개통 당시 국내의 자동차 보유 대수는 겨우 10만 대에 불과했으나 사람들은 '마이 카(My Car)' 시대가 개막됐다고 들떠 있었다. 하지만 야생동물들에게는 슬픈 날이었다. 도로가 비명에 횡사하는 죽음의 길이기 때문이다.

근대화의 상징이 된 경부고속도로의 건설로 철도만으로는 버거웠던

화물수송이 원활해졌고, 전국이 '1일 생활권'으로 묶였다.˚ 도시 간의 거리와 이동 시간을 단축시킨 경부고속도로는 명실공히 '경제동맥(經濟動脈)'이 되었다.

경부고속도로가 개통되자 관광 인구도 크게 늘어났다. YMCA가 '서울 사람들이 주말에 즐겨 찾는 관광지 10곳'을 조사했는데, 남이섬과 청평 등 주로 강변유원지로 나들이를 갔고 멀리 있는 제주도는 10위권에 간신히 진입할 수 있었다. 그리고 시골 사람들은 상경을 하면 남산 케이블카를 타보고 동물원이 있었던 창경원(현 창경궁)을 꼭 구경했는데 특히 밤 벚꽃놀이가 일품이었다.

경부고속도로가 건설되자 도시 자본이 농촌을 파고들어 빠른 속도로 도시화가 이루어졌다. 이 무렵 농촌에 근대화 바람이 불어닥쳤다. 새마을 가꾸기 사업인 '새마을운동'이 활발히 추진되면서 농촌의 외형적인 모습을 확 바꾸어 놓았다. 근면·자조·협동을 표방한 새마을운동은 농한기에 골방에서 노름으로 소일하던 무기력한 농민들에게 "우리도 하면 된다"라는 자신감을 심어주었다.

마을길도 넓히고 초가지붕을 슬레이트 지붕으로 개량하는 등 많은 협동사업이 추진되었다. 농가소득도 증가해 춘궁기 보릿고개가 사라지고 영농기계화의 첫 사업인 경운기 보급이 확대되었다. 특히 초가집이 가난의 상징이 되어 홀대를 받으며 마구 헐려 나갔는데, 급기야 농촌에서조차 초가집을 짓지 못하게 하는 '초가집 추방 운동'으로 발전하여 신토불이 주택

● 경부고속도로 건설 이전에는 자동차를 이용할 경우 서울에서 부산까지 약 15시간이 걸렸던 반면, 건설 이후에는 4시간 30분으로 줄어들어 하루 안에 왕복이 가능해졌다.

인 초가집이 사라져갔다. 당시에는 서울에도 초가집이 전체 주택의 약 1%인 7,000여 채 있었다.

뒤이어 농촌의 5일장도 폐쇄하고 상설시장화 하였다. 장터는 닷새에 한 번 마을 사람들이 만나고 어울리며 정을 나누던 곳이었다. 새벽잠을 설치며 시장에 내다 팔 물건을 챙겨 어둠이 걷히지 않은 새벽에 집을 나선 사람들이 모여들면 장터는 활기에 넘쳤다. 물건값을 흥정하고 푸짐한 먹거리와 약장수가 사람들을 불러모아 구경거리가 있는 곳이기도 했다. 하지만 노동생산성을 떨어뜨린다는 이유로 정겨운 시골장터의 풍경도 기억의 저편으로 사라져갔다.

만원이 된 서울, 그린벨트를 지정하다

유행어가 되어 어린아이들도 쉽게 내뱉었던 말 "서울은 만원(滿員)이다". 서울역은 연일 무작정 상경하는 인파로 붐볐다. 지붕 위로 삐죽삐죽 솟아오른 TV 안테나가 하늘을 뒤덮을 정도로 TV 보급이 늘어나면서 도시를 동경하는 젊은이들이 늘어난 탓이었다. 도심지 곳곳은 교통체증으로 심한 몸살을 앓아 지하철 건설을 위한 타당성 조사를 해야만 했다.

서울시 면적은 국토 전체의 0.6%에 불과했지만 인구는 500만 명을 넘어서며 세계 10위권 도시가 되었다. 그러나 정상적인 도시 기능은 상실하고 있었다. 도시환경이 갈수록 열악해지며 도시 기능이 한계점에 도달한 듯했다. 이처럼 도심권에 밀집되어 있는 인구를 분산시키기 위해 토지구획 정리사업을 통해 변두리 지역을 점차적으로 개발해 나갔으나 역부족이었다.

남산1호터널이 뚫리자 강남 지역 개발사업에 박차가 가해졌다. 이때 압구정동에선 현대건설이 훗날 아파트를 짓기 위해 공유수면 매립공사를 하고 있었다.

1970년 11월, 서울시는 제2서울 건설 계획을 백지화하고 그동안 영동1지구(약 472만 평)와 영동2지구(약 365만 평)로 나누어 개발하던 것을 통합한 영동신시가지 개발사업에 착수하였다. 영동지구를 부도심으로 개발하여 인구 60만 명을 수용하고자 했던 것이다.

처음에는 자연친화형 개발 방식을 도입하였다. 이전까지만 해도 불도저로 산을 깎고 골짜기를 메워 평지로 만든 다음 택지를 조성하였으나 영동지구는 자연지형을 최대한 살리면서 신시가지로 개발해 나갔다. 1960년대 이후 눈부신 경제발전을 이룬 반면 도시 주변 자연환경이 빠른 속도로 파괴되자 차츰 인간 생활의 기본요소인 의식주(衣食住) 다음으로 충분요소인 환경에 대한 중요성이 부각되었다. 따라서 도시의 무질서한 팽창을 방지하고 자연환경을 보전하여 도시민들에게 쾌적한 주거환경을 제공하기 위해 개발을 제한해야만 했다.

1971년 7월, 서울 외곽지역을 그린벨트(greenbelt)로 지정하였는데 이는 후손에게 훼손되지 않은 자연을 물려주기 위해서 필요했다. 이곳은 기존 주택의 증·개축을 제외한 건물의 신축과 택지조성 등의 도시개발을 제한시켜 금단의 땅이 되었다.

그러나 이에 대한 홍보가 제대로 안 돼 한 달쯤 지나서야 신문을 통해 알려지게 됐다. 그 사이 그린벨트로 지정된 사실을 모르고 땅을 구입한 사람도 상당수 있었고 정확한 경계를 알 수 없어 주변지역까지 땅값이 하락하는 피해를 입기도 했다. 뒤늦게 토지 소유자들이 사유재산권에 대한 침

황금알을 낳기 시작한 아파트

1970년, 국민소득은 200불 정도였지만 월남특수로 인해 사람들은 해방 이후 처음으로 풍요로움을 누렸다. 소득이 증가하여 생활이 윤택해지면서 소비가 미덕이었던 때였다. 60년대에는 이부자리, 밥상, 냄비, 찬장 등을 준비하여 조촐하게 결혼을 했지만 70년대 들어서는 혼수품목에 흑백 TV, 재봉틀 등이 추가되어 이삿짐 보따리도 불어났다.

먹고 살 만해지자 백화점에선 바겐세일을 실시해 소비를 부추겼고 명절에는 선물도 주고받기 시작했다. 주로 생활에 보탬이 되는 것을 선물했는데 상류층은 설탕, 서민들 사이에서는 세탁비누가 제일 인기가 있었다. 그리고 이따금 가족 동반으로 중국음식점에서 자장면과 탕수육으로 외식을 즐기기도 했다.

당시 문화를 살짝 엿보면 통기타, 생맥주, 청바지가 젊음의 대명사였다. 오디오가 귀했던 때라 다방의 음악감상실을 즐겨 이용했고 음악을 틀어주는 디스크자키(DJ)가 매우 인기가 있었다. 볼링장도 이 무렵 생겨 쌓인 스트레스를 훌훌 털어버릴 수 있었다. 또 요란한 음악에 맞춰 무조건 흔들기만 하면 되는 '고고춤'이 유행했으며 히피 문화의 영향을 받아 남성 장발

족들이 명동 거리를 누볐다. 물론 경찰관들이 퇴폐풍조라며 이들을 단속하기 위해 가위를 들고 뒤따랐다.

서구화된 문화, 달라진 주거 선호도

70년대 들어 바보상자라 불리는 흑백TV 보급이 폭발적으로 증가하면서 시대의 산물인 유행어가 쏟아져 나왔다. 한 개그맨이 '자기'라는 표현을 유행시켰고 외국인들 눈에 비친 우리들의 모습은 '코리안 타임(Korean time)'이라는 말이 대변해 주었다. 약속시간을 잘 지키지 않아 만들어진 말인데 1974년에 전자 손목시계가 시판되면서 점차 사라졌다.

대학 캠퍼스에서도 많은 말들이 만들어졌다. 당시 대학생들 사이에서 유행했던 재치 있는 표현 몇 가지를 소개하면 이렇다.

DJ는 레코드판을 만지기 때문에 그 모양에 비유해서 '빈대떡 장수'.
학점이 안 나왔을 땐 'G선상의 아리아'.
담배는 '구름과자'.
'678'은 육체파.
'ABC'는 '에이, 보기 싫어'.
'노노예스(No No Yes)'는 '아닌 게 아니라 그래'.
'원 투 있다'는 '일리가 있다'.
'로진스카치'는 진로소주.
'소크라테스'는 소주에 콜라를 섞은 칵테일.

'빗사이로막가'는 깡마른 사람.

'아더메치유'는 아니꼽고, 더럽고, 메스껍고, 치사하고, 유치하다는 뜻.

생활과 의식이 점차 서구화되어 가면서 주택에 대한 취향도 변해 갔다. 공간이 넓고 독립된 단독주택과 온돌방을 고집하는 사람들이 많았으나 편안한 것에 길들어져 아파트에 대한 수요가 조금씩 증가했다. 주거환경이 좋기 때문에 도시주택인 아파트 수요층이 두터워지는 것이 당연했는데, 특히 서구식 교육을 받은 젊은 신혼부부들이 간편하고 깔끔한 생활을 할 수 있어 신접살림을 아파트에서 많이 시작하였다. 땅값이 비싼 탓에 단독주택을 마련하기 어려운 서민층을 위해 아파트 건설을 확대하는 것이 바람직했지만 아파트는 차츰 대형화·고급화되어 갔다. 이때 아파트 문화를 확산시킨 한강맨션아파트가 분양되었다.

1969년 10월, 주택공사는 마포아파트에 설치하려 했던 중앙공급식 온수난방시설을 갖춘 5층짜리 한강맨션아파트를 한강변 동부이촌동에 건설하였다. 분양률을 높이기 위해 입주자 모집에 앞서 최초로 견본주택(샘플하우스)을 만들었는데 공사가 끝난 1층에 평형별로 한 가구씩 선정하여 아파트 내부를 꾸며 일반에 공개하였다. 일종의 아파트 품평회를 연 셈인데 수요자들은 샘플하우스만 보고 매입 여부를 결정해야만 했다.

분양된 평형은 27평형에서 55평형까지 총 다섯 개 평형. 30평대 아파트도 처음으로 공급되는 것이었지만 당시로서는 초대형이었던 50평대를 포함한 700가구를 분양하여 대형 아파트 시대를 열었다. 한강맨션아파트는 분양대금을 미리 내는 계약건설 방식, 즉 완공 전에 미리 분양하는 선분양(先分讓) 제도를 채택하였다.* 또한 지금의 마이너스 옵션제와 비슷한 골조분양 방식이었기 때문에 도배, 칠, 전등 같은 내부공사는 입주자가 취향에 맞게 직접 해야 했고 평당 2만 원 정도 들었다.

분양가격도 층별로 차등을 두었다. 중간층인 3층이 제일 비싸고 맨 위층인 5층은 여름에 덥고 겨울에 추울 뿐 아니라 방수처리에 문제가 있어 분양가격도 가장 낮게 책정되었다. 건축기술이 뒤떨어졌던 때라 벽과 천장에 물방울이 맺히는 일이 있었고 또 너무 높아 '계단을 오르내리기 힘들다'며 기피되었기 때문이다. 이렇게 차별화의 싹이 움트기 시작한 것이다.

황금알은 가수요를 낳는다

그런데 막상 분양을 해보니 예상외로 입주희망자가 적었다. 시민아파트 입주가 본격적으로 이뤄지고 있던 때라 처음에는 주목을 받지 못했다. 중간층 기준으로 평당 13만 원에 분양되어 시민아파트에 비해 훨씬 비쌌고* 당시 국민소득 수준에 비해 호화판이었다. 더구나 와우아파트 붕괴 영향으로 한동안 파리만 날렸다. 완공 후 1개월 만에 분양이 다 됐다고 했지만 직원들에게 할당을 하여 겨우 분양을 마감했다는 소문도 있었다.

그러나 입주가 완료되자 전혀 예상치 못한 일이 벌어졌다. 실제 살아보

● 한강맨션아파트에서 최초로 시행한 선분양 제도가 성공을 거둔 덕에 이후 한국의 아파트 시장에서는 선분양이 일반적인 형태로 자리 잡았다. 이는 건설회사의 자금 부담을 줄임으로써 아파트 시장의 급속한 성장을 가져왔다.

● 대표적 시민아파트인 마포아파트는 1964년 기준 15평형의 임대보증금이 5만5,000원, 월 임대료는 4,800원이었는데 심지어 '평당'이 아니라 전체 세대 기준이다. 이조차 비싸서 당시에는 입주희망자가 많지 않았다.(조선비즈 2022년 3월 18일자 기사 참조)

니 실용적으로 설계된 내부공간, 간편해진 생활, 비싼 만큼 현대화된 시설에 만족도가 높았다. 그래서 "맨션아파트가 살기 편하다"는 입소문이 중·상류층 사이에 퍼진 것이다.

당시에 건설된 아파트에는 대부분 욕실이 없어 대중목욕탕을 이용하였으나 맨션아파트는 온수난방을 하여 뜨거운 물을 사용할 수 있었고 취사연료도 가스를 사용하였다. 단지 내에는 어린이 놀이터, 녹지공간, 주차장 등 부대시설이 잘 갖춰져 주변환경이 깨끗한 별천지였다. 그리고 생필품을 파는 상점들이 어느새 어깨를 맞대고 늘어서 단지내상권도 어느 정도 갖춰져 있었다.

맨션아파트의 편리한 생활이 알려지자 넓은 단독주택에 살던 사람들이 먼저 움직였다. 살고 싶은 집과 사고 싶은 집은 꿈과 현실이 일치하지 않는 것처럼 별개였다. 살고픈 집은 단연 단독주택이지만 유지·관리가 만만치 않은 데다가 비용이 많이 들었다. 난방비도 아파트보다 훨씬 많이 들기 때문에 단독주택을 처분하고 맨션아파트로 이사하는 사람들이 많았다. 아파트 관리비가 부담스럽긴 해도 가정부(식모) 없이 살 수 있기 때문에 오히려 경제적이라고 여긴 것이다.*

맨션(mansion)은 대저택을 뜻한다. 맨션아파트는 이상한 매력을 불러일으켰다. 시민아파트와 비교하면 정말 '아름다운 아파트'였다. 경제적으로 여유가 있는 중·상류층이 관심을 가지면서 놀랍게도 프리미엄이 붙기 시작했는데 당시 아파트 프리미엄에는 내부공사비가 포함되어 있긴 했지만 제

• 60~70년대에는 끼니를 거르지 않을 정도의 경제력만 있어도 식모를 한 명씩 두었고, 서울은 두 집당 한 집꼴로 식모가 있었다. 식모는 함께 살며 숙식을 해결하는 대신 임금을 받지 않거나 아주 적은 임금을 받았다.

법 많은 웃돈이 얹어졌다. 비로소 아파트가 황금알, 즉 프리미엄을 낳기 시작했다. 말죽거리가 황금의 땅으로 변했을 때와 비슷한 시기다.

아울러 전세 시장도 형성되었다. 집주인들은 대부분 전통적인 임대 방식인 전세를 선호하였고 전세가는 30평대를 기준으로 매매가의 50%선을 유지하였다. 이 시점을 출발선으로 하여 끝없는 토끼(매매가)와 거북이(전세가)의 경주가 시작되었다.

한강맨션아파트에 프리미엄이 붙어 거래가 되면서 새로운 풍속도가 생겼다. 프리미엄을 노린 가수요가 처음으로 모습을 드러냈고 또한 아파트가 새로운 투자 대상이 될 가능성을 보였다. 이는 곧 현실로 입증이 되었다. 이듬해 주택공사가 한강민영아파트 21평형을 분양하였는데 한강맨션아파트를 분양하면서 쩔쩔맨 경험이 있는지라 행여나 입주희망자가 적을까 봐 동·호수를 선착순으로 모집하여 결정한다고 공고하였다. 그러자 많은 사람이 위치가 좋은 동을 먼저 차지하려고 분양 전날 몰려들어 밤을 지새우는 소동을 벌이기도 했다. 이에 당황한 주택공사는 뒤늦게 분양 방법을 선착순이 아닌 공개추첨으로 변경해야만 했다.

이처럼 와우아파트 붕괴 사고로 실추되었던 아파트에 대한 이미지가 다시 좋아지며 붐이 일자 주택공사는 단독주택 건설을 중단하고 아파트 건설에 주력하게 되었다.

'도둑촌 파동'이 촉발한 맨션아파트 문화

한강 한복판에 자리를 잡은 여의도에도 아파트가 세워졌다. 와우아파트 붕괴 사고로 시민들의 불안감이 가시지 않았을 때였다. 여의도를 잇는 서울대교(현 마포대교)가 개통되자 명예회복을 벼르던 서울시가 자존심을 걸고 최신 기술을 총동원하여 13층짜리 시범아파트를 건설하였다.

서울 도심과 김포공항, 인천, 수원 등을 연결하는 개발축 선상에 위치한 여의도에 국회의사당과 서울시청을 옮겨 수중도시로 건설하고자 했다. 재원을 마련하기 위해 허허벌판이었던 여의도 땅을 평당 4만 원에 매각했는데 판매실적이 매우 부진하였다. 그래서 대규모 아파트 단지를 조성하여 사람들을 불러모으고 개발을 촉진시켜 꿩 먹고 알 먹자는 속셈이었다. 15평~40평형의 여의도 시범아파트의 입주자를 평당 14만 원에 모집했는데 한강맨션아파트의 인기 덕분에 별 어려움 없이 1,584가구를 성공리에 분양할 수 있었다.

엘리베이터걸*이 근무했던 고층아파트에 처음으로 입주한 주민들의 가장 큰 관심사는 관리비가 과연 얼마나 나올까였는데 예상보다 많이 나오지 않아 안심하였다. 20평형의 경우 월평균 1만 원 정도 나왔다. 흥미로운 것은 입주자를 대상으로 선호하는 층을 조사했는데 3층과 4층을 제일 좋아했고 10층 이상은 기피하였다는 점이다. 한강을 바라보는 것에는 관심이 없었고 낯선 엘리베이터도 믿지 못했던 것이다.

맨션아파트의 인기가 높아지자 민간 주택업체들도 서둘러 건설에 나섰으나 분양이 쉽지 않았다. 우선 수요자들이 믿지 못했다. 기업이 아닌 개인이 아파트를 지어 분양하기도 했는데 심지어 집을 엉터리로 지어서 팔고

● 엘리베이터의 버튼을 눌러주는 운전원으로, 주로 미모의 젊은 여성을 고용했기 때문에 걸(girl)이라는 명칭이 붙었다. '승강기 운전원'으로 다듬어야 하지만 당시의 시대상을 반영하는 말이라 판단하여 이 책에서는 그대로 사용했다.

줄행랑치는 사례도 있어 미덥지 못했다. 그리고 주택공사나 서울시와 같은 공신력이 있는 공공기관에서 짓는 아파트보다 분양가격이 비쌌고 단지 규모도 작아 관리비가 훨씬 많이 나왔기 때문에 입주자를 모집하는 데 애를 먹었다.

이때 '도둑촌' 파동으로 사회가 술렁거리며 예상치 못했던 변화의 바람이 불었다. 1971년이었다. 당시 서울에서 2층 양옥집은 행세깨나 하는 사람들이 살 수 있는 고급주택이었다. 그중에서도 서울의 대표적인 부자 동네였던 동빙고동 일대는 부유층이 모여 사는 곳으로 집값이 3,000만 원을 넘는 궁궐 같은 호화주택이 밀집되어 있었다. 이곳을 '도둑촌'이라 불렀다. 아직도 서울 곳곳에 판잣집이 즐비했는데 외국에서 수입한 고급 건축자재로 호화판 집을 지었고 수영장을 갖춘 집도 상당수 있어 지탄의 대상이 된 것이다.•

비난이 거세지자 호화주택 거주자들은 곱지 않은 시선을 피해 바로 옆 이촌동의 대형 맨션아파트로 이주하기 시작했다. 덕분에 민간 주택업체들이 지은 맨션아파트가 불티나게 팔려 그동안 분양이 안 돼 주눅들었던 분양 관계자들이 콧노래를 부를 정도로 신바람이 났다. 이 무렵 아파트 건설 선발업체인 삼익주택이 한강로얄맨션을 지으면서 지금의 모델하우스와는 다른 견본주택(샘플하우스)을 공개하여 좋은 반응을 얻자 다른 주택업체들도

• 1969년은 와우아파트 붕괴 외에도 박정희 정권의 삼선개헌안 통과, 권력층 인사들과 스캔들로 엮인 '정인숙 피살 사건' 등으로 뒤숭숭했는데 그 때문에 관련 인사들의 호화주택이 밀집된 '도둑촌'이 언론에 자주 오르내렸다. 그 와중에 시인 김지하가 1970년 발표한 시 「오적」에서 도둑촌의 화려한 모습을 풍자하며 장안의 화제를 불러일으켰는데, 그 영향으로 1971년에 진보 언론 관계자들이 반공법 위반으로 구속되며 사회적 이슈가 되었다. 이처럼 도둑촌에 대한 대중의 적개심은 단순히 빈부격차에 대한 반감을 넘어 정치·사회적으로 복잡한 문제였다.

뒤따랐다.

그리고 공공기관에서 짓는 대부분의 아파트는 지명을 따서 이름을 지었으나 민간 주택업체들은 고급 맨션아파트 이름을 지을 때 외국어를 즐겨 사용해 대조를 이뤘다. 알기 쉽고 기억에 남을 만한 참신한 우리말도 많은데 렉스맨션, 타워맨션, 로얄맨션 등 심지어 입주자들조차 그 뜻을 모르는 외국어를 사용하기도 했다. 외국어로 아파트 이름을 지으면 생소하긴 하지만 고급스럽고 이국적인 분위기를 풍겨 입주자들을 만족시킬 뿐만 아니라 분양률도 높일 수 있다고 믿었던 것이다. 유행처럼 번졌던 이러한 흐름이 바뀐 것은 정부가 한글 사랑 차원에서 우리말로 이름을 짓도록 권장했기 때문이다. 이후부터는 차츰 회사명을 딴 아파트 이름을 사용했다.

이처럼 도둑촌 파동으로 고급 아파트에 대한 수요가 크게 늘어났으며 이는 아파트 공급을 확대시키는 계기가 됐다. 그러나 서민들의 주택난 해소에는 아무런 도움이 되지 못했다. 맨션아파트는 값이 비싸 중산층을 대상으로 분양됐기 때문에 중산층 문화가 꽃을 피웠다.

보편적 주거형태로 자리잡다

　인간은 집에서 태어나, 집에서 살다가, 집에서 죽는다. 이렇듯 주택은 삶을 담는 곳이기 때문에 모든 사람들이 '살기 좋은 집을 갖고 싶다'는 욕망을 지니고 있는지도 모른다. 그렇다면 살기 좋은 집이란 어떤 집을 말하는가. 여러 가지를 꼽을 수 있겠지만 우선 편히 쉴 수 있어야 한다. 주택은 단순히 잠만 자는 공간이 아니라 가족들이 휴식을 취하며 내일을 위해 에너지를 충전해야 하기 때문이다. 그래서 생활의 중심이 되는 내 집 마련은 인생목표 중 하나인 것이다.

　살기 좋은 집에 대한 기준도 세월 따라 변한다. 따라서 삶의 보금자리인 주택은 항상 그 시대의 생활상을 잘 보여준다. 전통적인 주거 형태인 초가와 기와집 등 목조주택이 도시화가 진행되면서 콘크리트주택으로 바뀌어 갔다. 흙내음이 물씬 풍기는 자연친화적인 주택이 시멘트 냄새가 풀풀 나는 도시주택으로 바뀐 것이다.

　인구가 대도시로 집중하며 한옥과 양옥에 이어 판잣집마저 한자리를 차지하며 공존할 때 공동주택인 아파트가 등장했다. 단독주택이 중심이었던 주택 시장에 구조조정 바람이 불었다. 서구식 주거공간인 아파트를 바라보는 시각은 사람마다 다양했다. 초창기에는 아파트가 겹겹이 밀집되어 있어 집안에 햇빛이 잘 들어오지 않는다고 생각해 채광과 통풍을 충분히 고려하여 아파트를 드문드문 지어야만 했다. 다행히 땅값이 싸서 넓은 땅에 용적률을 낮춰 여유 있게 건설할 수 있었다. 요즘 재건축 대상 저밀도지구 아파트가 각광을 받는 것도 이러한 이유 때문이다.

아파트 선호도는 점점 높아지고

시간이 흐를수록 도시민들이 경제성과 생활의 편리성을 추구하면서 아파트도 차츰 호감을 얻게 됐다. 1969년에 주택공사가 아파트 입주자를 대상으로 입주 사유를 조사했는데 입주자의 44%가 경제적이기 때문에 입주한 것으로 나타났다. 다음으로는 살기 편해서(25%), 교통이 좋아서(14%), 주변 환경 때문에(11%) 아파트에 입주하였다.

아파트는 도시형 주택이다. 도심지에서 가까운 곳에 건설하여 도시 생활에 이점이 있어 대도시일수록 아파트 선호도가 높았다. 협소한 주거공간이라 답답해 보이지만 실용적인 내부구조로 인해 간편한 생활을 즐길 수 있게 됐다. 담을 높게 쌓아 올릴 필요가 없을 뿐만 아니라 문단속도 쉬웠다. 일단 현관문을 열고 들어서면 마치 호텔과 같은 안락함을 느낄 수 있는 것이다.

그러나 좋은 점만 있는 것은 아니었다. 단독주택보다 비싼 데다가 획일적인 아파트 생활은 단조로웠고 여유 공간도 별로 없어 자질구레한 살림을 수용하기 어려웠다. 방음 처리가 제대로 되지 않아 옆집에서 들리는 생활해라고 반발하며 정당한 보상을 요구하였으나 허사였다. 이후 1976년 12월까지 모두 여덟 차례에 걸쳐 전국 14개 지역, 전 국토의 5.5%가 그린벨트로 지정되었다.

소음을 참기 힘들었으며, 시멘트 냄새 때문에 어지럽고 머리가 아픈 증상을 호소하는 사람들도 많았다. 그리고 씀씀이도 커지게 됐다. 옷차림에도 신경을 써야 하고 아이들을 경쟁적으로 학원에 보내야 하기 때문이다.

하지만 교통이 편리하고 생활 기반시설이 비교적 잘 갖춰져 있는 등 주거환경이 좋기 때문에 아파트의 인기는 날로 높아졌다. 대부분 정원이 딸린 단독주택을 원했지만 관리하는 데 드는 비용과 시간을 절약할 수 있는 아파트로 주거 이동을 하여 새로운 도시 문화가 정착하게 되었다. 주거 문화의 무게중심도 단독주택에서 아파트로 기울어져 갔는데 어쩔 수 없는 시대의 흐름이었다.

자식이 성장해 결혼하면 적당한 시기에 분가(分家)를 시키게 된다. 곁에 두는 것보다 독립시켜 자신의 장래를 스스로 개척하게 하는 것이 바람직하기 때문이다. 그런데 아파트가 공급되면서 결혼한 사람들의 분가 시기가 앞당겨졌고 부모를 모시는 경향도 줄어들었다. 공교롭게 까마귀 날자 배가 떨어진 것이다. 이때 전통적인 대가족제도의 핵가족화가 빠르게 진행되었는데, 분가를 하면서 가족 단위가 핵분열을 하자 집이 필요한 사람들이 크게 늘어나 아파트 수요층은 갈수록 두터워져 갔다.

가전제품과 아파트로 완성된 '생활혁명'

생활혁명은 60년대 들어 국산 가전제품이 쏟아져 나오면서 시작되었다. 1965년에 냉장고가 출시되었고, 1966년에는 선금을 내고 몇 달씩 기다려야 살 수 있는 흑백TV가 생산되었다. 또 1969년에는 빨래 해결사 세

탁기가 나와 주부들이 가장 힘들어 했던 빨래 노동에서 해방되었다.

이렇듯 주부들이 일손을 덜고 있던 1970년에 등장한 맨션아파트는 일종의 완결판이었다. 도시 생활의 변화를 가져 왔고 주거 수준을 향상하는 계기가 됐다. 방은 침실로, 응접실은 거실로, 재래식 부엌은 입식 주방으로, 창고는 다용도실로 바뀌면서 주택 구조가 용도 위주로 재편성되었다. 장독대가 없는 아파트에서는 많은 항아리들이 베란다(발코니)를 차지해야만 했다. 이처럼 생활양식이 바뀌면서 그동안 안방이 차지했던 기능도 분산되었다. 거실에서 가족이 함께하는 시간이 많아지면서 전통적인 안방 문화가 거실 문화로 바뀌어 갔다. 거실이 주거공간의 중심이 된 것이다.

아궁이가 있어 낮은 부뚜막에서 허리를 굽히고 일했던 부엌이 서서 일할 수 있는 주방으로 개량되었다. 설거지할 때 편리한 스테인리스 싱크대도 이 무렵 보급되어 주부들의 주방일을 한결 편하게 해주었다. 난방도 개별 연탄난방에서 중앙난방시설로 취사와 난방이 분리되었고, 취사연료로 가스를 사용하면서 겨울만 되면 불안했던 연탄가스 중독 위험에서 벗어날 수 있었다.

이처럼 맨션아파트는 해도 해도 끝이 없었던 집안일에서 주부들을 해방시켰다. 또한 넓은 단독주택을 관리하는 데 필요했던 가정부(식모)가 사라지고 파출부가 등장하는 계기가 됐다.

여성해방과 '아파트 문화'의 탄생

주택은 문화생활의 터전이다. 특히 아파트는 많은 가구가 모여 사는 집단주택이기 때문에 공동생활을 통해 새로운 삶의 모습이 연출되었다.

가사노동 시간이 줄어들며 집안일에서 해방된 주부들은 한가롭게 보낼 수 있는 시간이 주어지자 취미생활과 집안 꾸미기에 관심을 갖게 되었다. 좁은 공간을 넓게 사용하기 위해 아파트 생활에 필요한 물품들을 하나 둘 사들였는데, 사치품이었던 소파와 장식장이 생활필수품으로 변해 갔고 주방에는 식탁이 자리를 잡았다. 그리고 차츰 침대를 선호하였다.

생활 수준과 교양이 비슷한 사람들이 어울려 사는 공동생활체인 아파트 단지에서 이웃 간의 왕래가 잦아지자 남들에게 보여주기 위한 실내장식을 하게 됐다. 체면문화가 유감없이 펼쳐진 것이다. 옆집과 경쟁하듯 값비싼 TV, 냉장고, 고급가구를 사들였다. 커튼을 달고 액자와 생활소품 등으로 실내를 화려하게 치장해 뭔가 돋보이려고 노력했다. 심지어 집안의 가구를 몽땅 갈아치우는 집까지 있었다. 한편에서는 아파트 생활에 어울리지 않는 손때 묻고 추억을 되살릴 만한 살림들이 하나 둘 골동품 시장으로 흘러들어 갔다.

하지만 여전히 재봉틀로 직접 옷을 만들어 입던 시절이라 지금처럼 실내장식을 위한 선택의 폭이 넓지 않아서 결과는 도토리 키 재기였고 시간이 흐를수록 꾸미고 사는 모습이 비슷해졌다. 이러한 생활 속에서 점차 아파트 문화라는 것이 만들어져 갔다. 집단생활을 하니까 병원, 학교, 관공서 등 생활편의시설이 뒤따라 들어섰는데, 구멍가게를 밀어낸 슈퍼마켓은 전화 주문에 배달 서비스까지 해주었다. 교통 여건도 날로 좋아졌다. 이처럼 편리한 생활을 즐기면서 아파트는 대중화되었다.

하지만 주거 기능만 강조되어 해바라기처럼 남쪽을 향해 획일적으로 지어진 아파트에 대한 비판은 꾸준히 제기되었다. 실용적이지만 비인간적이고, 편리하지만 정이 안 든다는 것이었다. 똑같은 구조에서 생활수준이 비슷한 사람들이 모여 사는 아파트 단지에서 아이들을 통해 어른들도 정을 나누었지만, 이웃에 대한 관심은 갈수록 낮아졌다. 70년대를 대표하는 작가들도 아파트 생활에 대해 '아파트는 닭장과 같다, 모든 것이 평면적이고 깊이가 없다'며 꼬집곤 했다.

{ insight }
신개념 주택의 계보

경제가 발전하고 생활이 풍요로워짐에 따라 새로운 주거공간으로 자리 잡은 아파트가 변함없는 인기를 누리며 흐르는 세월과 함께 진화하였다.

유행도 있었다. 시대적인 흐름에 따라 많은 신개념 주택들이 등장해 주택 시장을 떠들썩하게 만들었고, 도시 한편에 자리를 잡아갔다. 한옥, 양옥, 판자촌을 거쳐 아파트, 연립주택, 빌라, 오피스텔, 다세대주택, 다가구주택, 원룸주택, 주상복합아파트로 이어지는 주택의 계보를 알아보자.

아파트

인구가 대도시로 집중하며 한옥집과 양옥집에 이어 판잣집마저 한자리를 차지하며 공존할 때 공동주택인 아파트가 등장했다. 단독주택이 중심이었던 주택 시장에 구조조정 바람이 분 것이다.

서구식 주거공간인 아파트를 바라보는 시각은 사람마다 다양했다. 초창기에는 아파트가 겹겹이 밀집되어 집안에 햇빛이 잘 들어오지 않는다고 생각해 채광과 통풍을 충분히 고려하여 아파트를 드문드문 지어야만 했다. 다행히 아직은 땅값이 싸서 넓은 땅에 용적률을 낮춰 여유 있게 건설할 수 있었다. 요즘 재건축 대상이 되는 저밀도지구 아파트가 각광받는 것도 이러한 이유 때문이다.

하지만 시간이 흐를수록 도시인들이 경제성과 생활의 편리성을 추구하면서 차츰 아파트에 대한 호감을 갖게 됐다. 아파트는 도시형 주택이다. 도심지에 가까운 곳에 건설하여 도시 생활에 이점이 있어 대도시일수록 아파트 선호도가 높았다. 협소한 주거공간이라 답답해 보이지만, 실용적인 내부구조로 인해 간편한 생활을 즐길 수 있게 됐다. 좋은 점만 있는 것은 아니었다. 단독주택보다 비싼 데다가 획일적인 생활은 단조로웠고, 여유 공간도 별로 없어 자질구레한 살림을 수용하기 어려웠다. 방음 처리가 제대로 되지 않아 옆집에서 들리는 생활 소음을 참기 힘들었으며, 시멘트 냄새 때문에 어지럽고 머리가 아픈 증상을 호소하는 사람도 많았다.

그럼에도 교통이 편리하고 생활 기반시설이 비교적 잘 갖춰져 있는 등 주거환경이 좋기 때문에 아파트의 인기는 날로 높아졌다. 주거 문화의 무게중심도 단독주택에서 아파트로 기울어져 갔는데 이는 어쩔 수 없는 시대의 흐름이었다. 이때 전통적인 대가족제도의 핵가족화가 빠르게 진행되었다. 분가를 하면서 가족 단위가 핵분열하자 집이 필요한 사람들이 크게 늘어났고 아파트 수요층은 갈수록 두터워져 갔다.

연립주택

아파트와 단독주택에 이어 넘버쓰리(No.3)가 된 연립주택에 사람들이 관심을 갖게 된 것은 아파트값 2차 파동을 겪으며 아파트와 단독주택 가격이 연이어 폭등하던 1978년 무렵이었다. 당시 연립주택은 땅값이 싼 변두리 지역에서 영세한 주택업체들에 의해 2층으로 지어졌다. 값은 2층보다 1층이 약간 더 비쌌는데, 출입구가 가구별로 따로 나 있는 연립주택을 선호하는 사람이 많았다.

단독주택과 아파트를 절충한 중간 형태의 주택이기 때문에 내부구조는 아파트와 비슷하였으나 대부분 20평 정도의 소형으로 지어졌고, 연탄난방을 했으며, 생활환경도 뒤떨어져 있어 서민층이 사는 주택이라는 인식이 있었다. 이처럼 변변치 못해 가격도 아파트값의 절반 수준을 맴돌았으나, 돈바람이 휩쓸고 지나가자 아파트에 밀려 찬밥 신세를 면치 못했던 연립주택값마저 고삐가 풀려 버리기도 했다.

날림공사로 말썽을 일으켰으나, 연립주택의 층수 제한이 완화되어 3층까지 지을 수 있게 되자 차츰 도심 주택가를 파고들었다. 그리고 내부 장식을 고급스럽게 꾸민 중산층용 연립주택이 분양되며 호화빌라의 등장을 예고하였다.

빌라

주택경기가 위축되었던 1981년, 아파트 수요가 신통치 않자 대형 주택업체들이 틈새시장 개척에 나섰다. 서울의 손꼽히는 고급주택가인 논현동과 청담동의 자투리땅을 활용해 아파트와 단독주택의 장점을 모두 살린 새로운 주거공간인 빌라를 지었다.

'빌라(villa)'는 서민주택의 대명사였던 연립주택을 고급스럽게 꾸민 것이지만, 원래 중세 유럽의 귀족들이 사용했던 호화스러운 별장을 가리키는 말이다. 이처럼 무늬만 빌라였지만 단독주택 같은 느낌을 주면서 독립성이 보장되어 답답하고 단조로운 아파트 생활에 싫증난 사람들이 관심을 보였다. 높은 곳에서 사는 것이 왠지 부자연스럽다고 생각한 사람들도 빌라촌으로 떠났다.

빌라는 아파트에 비해 분양가격 규제가 덜해서 수입된 대리석과 욕조, 실크벽지, 샹들리에 등 고급 마감재를 사용할 수 있었고 벽난로와 사우나 시설까지 갖추기도 했다. 분양가격은 아파트보다 비쌌으나 일부 부유층의 사치스러운 취향을 자극하기에 충분했다. 이처럼 새로운 스타일의 고급 주택인 빌라가 인기상품으로 자리잡아 갔다.

오피스텔

서울 도심에 오피스텔이라는 새로운 형태의 주거공간이 등장한 것은 프리미엄 사냥꾼인 복부인들이 투기 바람을 일으키던 1983년이었다. 오피스텔이란 오피스(office)와 호텔(hotel)이 합쳐진 말이다. 홍콩이 원산지인데, 무역업계 종사자들이 주거와 업무를 겸할 수 있는 공간을 찾다가 개발한 퓨전 상품이다.

주거 겸용 사무실이므로 주택이 아닌 업무시설로 분류되어 다주택자 기준에 포함되지 않아 한때 수익형 투자상품으로 인기를 누렸다. 그러나 공급이 과잉되자 투자가치를 잃고 말았다. 주거용으로는 부적합해서 한동안 잊혔던 오피스텔은 1986년에 건축 기준이 완화되면서 온돌과 욕실 설치가 허용되었다. 그러자 마땅한 투자 대상을 찾지 못해 뒷짐 지고 있었던 소액 투자자들에게 다시 각광을 받았다. 주거 기능이 강화된 오피스텔은 주택의 대체상품으로 자리 잡았으나, 아파트에 비해 가격 상승률이 낮기 때문에 시세차익보다는 임대용으로 적합했다.

다세대주택

주택 시장은 투자환경이 좋아져서 가수요(투자수요)가 극성을 부리면 매매가가 오르고, 침체되면 전세가가 오르는 특성을 지니고 있다. 전세 수요가 증가해 전세가가 오르고 주택 공급마저 부족해 전세난을 겪게 되면 틈새 주택상품이 등장하였다.

서울 상계동에서 아파트가 분양되었던 1986년, 주택 시장은 느릿느릿 움직이고 있었다. 투자가치를 잃은 주택 시장은 사람들이 거들떠보지 않아 미분양 아파트가 쌓인 반면, 전세 시장은 붐볐다. 전셋집 구하기가 힘들어서 선금을 미리 맡겨놓고 기다려야 할 정도였다. 수요가 넘치면 자연히 공급이 따르게 된다. 단독주택과 연립주택의 중간 형태인 다세대주택이 틈새상품으로 등장해 반짝 인기를 누렸다.

다가구주택

신도시 아파트의 분양이 시작된 1990년, 세입자를 보호해야 한다며 「주택임대차보호법」을 '2년 계약제'로 개정하자 전세 시장이 꼬였다. 전셋값이 폭등하는 최악의 전세대란이 일어나자 정부는 전셋값 안정 대책을 마련하기 위해 분주했는데, 이때 주택 시장에 슬쩍 끼어들어 전셋값을 안정시킨 일등 공신은 '다가구주택'이었다.

다가구주택은 한 집에 여러 가구가 살 수 있게 가구별로 독립된 현관, 부엌, 화장실을 갖춘 임대 전용 주택으로 아파트를 대신해 전세 공급을 늘릴 수 있는 장점이 있었다. 껑충 오른 전셋값으로 건축비를 충당할 수 있게 되자 투자가치가 높아져 너도나도 다가구주택 신축에 나섰고, 그 결과 전셋값은 차츰 안정되어 갔다.

원룸주택

쥐구멍에도 별들 날 있다고, 90년대 중반 오래된 아파트에 재건축 바람이 불면서 주공아파트가 팔자를 고쳤다. 신도시 아파트가 분양되자 주택 공급이 수요를 초과하면서 미분양 아파트가 전국에 10만 가구나 쌓였는데도, 전세가는 철 따라 태산을 오르듯 잘도 올랐다. 주택 매매 수요가 줄어들면 전세 수요가 늘어나기 마련이다. 신도시 아파트 입주물량이 풍부했으나 전세가는 한여름 비수기에도 오를 정도였다.

이때 다세대주택과 다가구주택에 이은 후속 주택 상품으로 무늬만 아파트인 원룸주택이 등장했는데, 생소하지는 않았다. 70년대에 이미 독신자가 살면 딱 알맞을 7.5평형 미니 아파트가 잠실에 건설되었기 때문이다. 새로운 주거 형태인 원룸아파트는 교통이 편리한 도심 자투리땅에 지어진 일종의 도시형 주택상품으로 오피스텔과 주상복합 아파트의 뒤를 이었다.

도시형 주택들은 점점 아파트를 닮아갔는데, 10평 정도의 작은 공간에 침실, 욕실, 주방 등을 배치한 원룸 시스템은 맞벌이 부부가 살거나 대학생들이 자취하기에 전혀 불편함이 없었다. 내 멋대로 혼자 사는 '나 홀로 문화'와 딱 맞아떨어져 새로운 주거공간으로 자리를 잡아갔다.

주상복합아파트

거슬러 올라가보면 주상복합 아파트가 처음으로 세워진 것은 컴퓨터가 국내에 처음으로 들어온 1967년이었다. 도심 재개발 사업의 일환으로 종로 한복판에 세운상가아파트가 건설되었는데, 분양가격이 비쌌고 상업지역에 위치해서 주거환경도 좋지 않았다. 또 민간건설업체에 의해 지어져 책임 있는 사후관리를 보장받기 어려울 것이라는 인식 때문에 인기를 끌지는 못했다.

주상복합아파트는 도심지역에 적합한 주거공간이다. 도심공동화 현상을 방지하고 토지를 효율적으로 활용할 수 있어 정부는 건설을 권장해 왔다. IMF의 빙하기가 끝나가던 1999년, 주택경기 활성화 차원에서 주상복합건물의 주거시설 비율이 90%로 완화되고, 상업지역 내 공동주택에 대한 일조권 규제도 폐지됨에 따라 40층 이상 초고층 아파트를 지을 수 있게 되었다. 그러나 용적률을 높이기 위해 기형적인 주거공간이 만들어지기도 했다.

부의 상징인 초고층 주상복합아파트를 선착순으로 분양하면서 한바탕 난리를 치르기도 했다. 탁 트인 전망, 최고급 마감재, 호텔식 서비스, 일상생활을 한 공간에서 모두 해결할 수 있는 원스톱 리빙 개념을 도입한 주상복합아파트는 분양가격이 평당 1,000만 원 이상, 가구당 10억 원이 넘는데도 불구하고 분양을 받으려면 며칠씩 밤새워 줄을 서야만 했다. 주상복합아파트는 청약 자격에 특별한 제약이 없었다. 청약통장도 필요치 않았고, 계약금만 가지고 운 좋게 당첨되면 미련 없이 웃돈을 받고 팔아치울 수 있어 밑져야 본전이었다. 그 때문에 가수요와 거품을 몰고 다니는 '떴다방'들이 들끓었다.

초고층 주상복합아파트는 로열층에 대한 기준이 달라서 맨 꼭대기층(펜트하우스)이 가장 비쌌다. 녹지공간이 없으며, 분양가격은 비싼데 전용면적 비율이 낮았고, 관리비도 일반 아파트보다 훨씬 많이 나와서 투자가치는 검증되지 않았다. 또 수요층이 한정되어 환금성도 떨어지는 편이었으나 희소성이 있어 돋보였다.

주택 시장은 30년 동안 다른 상품과 마찬가지로 시장경제의 가격 메커니즘, 즉 '수요와 공급의 원리'에 의해 움직였다. 신개념 주택이 등장하면 반짝 인기를 누려 수요가 넘치며 값이 올랐고, 뒤따라 공급이 증가하면 결국 공급이 수요를 앞질러 값이 떨어지는 과정이 반복되었다.

제2장

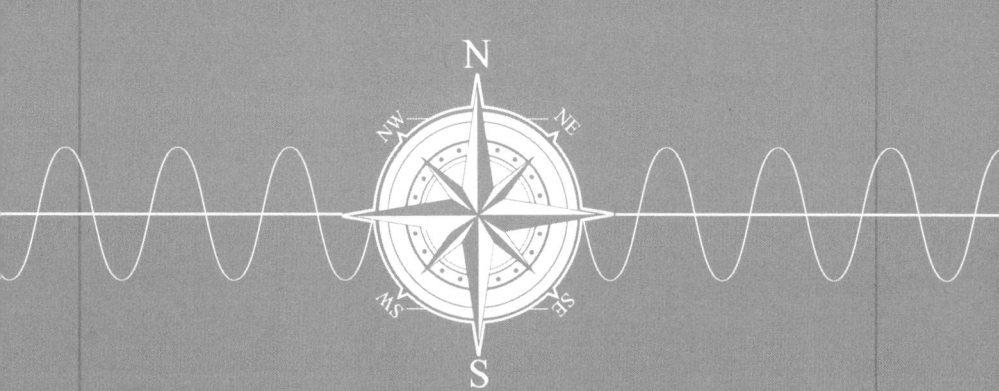

아파트값 1차 파동
(1973 ~ 1974)

동부이촌동 맞은 편에 아파트가 건설되었다.
강바람에 모래먼지가 날리던 삭막한 곳이었다. 아직 동작대교가 놓이지 않았던 때라
강북 지역에 비해 교통이 매우 불편했고 주거환경도 좋지 않았다. 게다가 아파트에
입주하려면 평당 3만 원 정도의 내부시설 공사를 해야 하는 것도 사람들을 망설이게 했다.
작명 탓일까. 이듬해 이름을 '반포아파트'로 바꾸었다.

1차 파동의 배경

주택은 입을 것, 먹을 것과 함께 우리네 삶의 기본요소 중 하나이지만 기업화가 가장 늦게 이뤄졌다. 소득 수준이 낮을 때는 값비싼 주택보다는 옷이나 먹거리 문제를 우선적으로 해결해야 했기 때문이다.

보릿고개를 힘들게 넘었던 1960년대 중반까지 민간주택업자들의 활동은 미미했다. 고작 단독주택 두세 채씩을 지어 파는 영세한 집장사 수준에 머물러 있었다.

민간자본에 의해 아파트가 세워진 것은 컴퓨터가 국내에 처음으로 들어온 1967년이었다. 현대건설이 도심 재개발 사업의 일환으로 서울 을지로의 중부방산시장을 철거한 자리에 엘리베이터와 중앙난방시설을 갖춘 세운상가 아파트를 건설하였다.* 그러나 일종의 주상복합 건물이어서 분양가격이 비쌌고 종로 한복판 상업지역에 위치해 주거환경도 좋지 않았다.

● 실제로는 중부시장과 방산시장 자체를 철거한 게 아니라 그 안에 자리 잡고 있던 넓은 규모의 무허가 판잣집 및 사창가를 정리한 것이다. 이곳은 도심 한가운데를 차지한 대표적 우범지대였는데, 제2차 세계대전 당시 일본이 연합군 폭격에 대비해 강제로 조성한 소개공터였다가 한국전쟁 이후 이재민과 월남한 이주민들이 모여들었던 곳이다.(손정목,『서울 도시계획 이야기』1권, 2003 참조)

게다가 민간 건설업체에 의해 지어졌으니 책임 있는 사후관리를 보장받기 어려울 것이라는 인식 때문에 인기를 끌지는 못했다.

소득이 증가하면서 아파트가 차츰 단지화, 대형화, 고층화되어 갔다. 주택업체들도 소규모로 아파트 건설 사업에 참여하기 시작했는데, 주로 교통이 편리해 분양이 비교적 잘 되는 도심 가까운 곳에 아파트를 건설하였다. 입지 조건만 믿고 특징 없는 고만고만한 아파트들을 짓기 시작한 것이다.

한국은 월남특수 덕분에 해방 이후 처음으로 풍요로움을 누렸으나 1970년 하반기부터 불황의 한파가 불어닥쳤다. 그동안 잘 나갔던 부동산 시장에도 어두운 그림자가 드리워졌다. 하늘 높은 줄 모르고 치솟았던 서울 강남 지역 땅값도 경부고속도로 개통 이후 바람 빠진 공처럼 상승 탄력을 잃었다. '땅은 사놓기만 하면 값이 오른다'는 토지불패(土地不敗) 신화가 여지없이 무너진 것이다.

말죽거리가 황금의 땅으로 변했을 때 주택 시장에서도 동부이촌동 한강맨션아파트가 황금알, 즉 프리미엄을 낳으면서 가수요(투자수요)가 일어나기도 했다. 그러나 경기가 침체되자 이것도 반짝 인기에 그쳤다. 아파트 수요층이 두텁지 않을 때라 아파트가 남아돌았고 한동안 아파트 건축 활동이 위축되었다.

강남 시대가 열렸다

1971년 9월, 주택 시장에 찬바람이 불자 조금 붙었던 프리미엄이 흔적 없이 사라졌다. 분양 당시 밤샘소동을 빚었던 한강민영아파트는 정작 입주율이 낮았다. 미분양 아파트도 상당수 있었지만 식은 피자나 김 빠진 콜라처럼 아무도 관심을 갖지 않았다. 이때 동부이촌동 맞은 편 반포에 아파트가 건설되었다. 강바람에 모래먼지가 날리던 삭막한 곳이었다. 주택공사가 한강을 매립하여 얻어진 반포지구에 아파트를 건설하면서 화려한 강남 시대가 개막되었다. 강 건너 남촌에 처음으로 아파트가 들어선 것이다.

처음에는 '남서울아파트'라는 이름으로 32평형과 42평형을 중간층 기준 평당 17만 원에 선착순 분양하였으나 주택경기가 침체된 탓에 잘 팔리지 않았다. 당시만 해도 교통 여건이 아파트값에 절대적 영향을 미쳤는데, 아직 동작대교가 놓이지 않았던 때라 강북 지역에 비해 교통이 매우 불편했고 주거환경도 좋지 않았다. 게다가 아파트에 입주하려면 평당 3만 원 정도의 내부시설 공사를 해야 하는 것도 사람들을 망설이게 했다.

작명 탓일까. 이듬해 이름을 '반포아파트'로 바꾸고 분양 조건도 완화해야만 했다.* 분양가격의 절반은 입주할 때 전세금 형식으로 내고 나머지는 분할상환 조건으로 입주자를 모집하였다.

서민들을 위해 주택공사가 건설한 개봉아파트** 13평형도 마찬가지였다. 해를 넘겨도 팔리지가 않자 임대로 전환해야만 했다. 가구당 임대보증금은 1년치 월세 금액인 7만 8,000원이고 월세 6,500원에 250가구를 임대했다. 그 덕분인지 공개추첨장에는 3,000여 명이 몰려들었다.

● 이른바 '구반포' 또는 '반포주공1단지'로 불렸던 곳으로 강남 아파트 시대의 시작을 알린 상징적 장소다. 현재는 재건축이 진행되어 1·2·4주구는 '반포디에이치클래스트'로, 3주구는 '래미안트리니원'으로 건설 중이다.

●● 당시 '개봉동 주공아파트'로 불렸으며, 1999년 재건축되어 '개봉한진타운'이 되었다. 개봉동 일대는 당시 '개봉 60만 단지'라 불렸던 대규모 주택단지였고, 개봉동 주공아파트는 그중 첫 번째 분양 단지였다. (매일경제 2009년 8월 21일자 칼럼 참조)

일반적으로 경제 활동에 대한 전반적 흐름인 실물경기가 침체되면 투자심리가 위축되어 주택수요도 함께 줄어들기 때문에 집값이 상승할 여지도 그만큼 적어지게 된다. 1971년에는 대통령과 국회의원 선거가 있었지만 침체된 실물경기가 살아나지 않았을 뿐만 아니라 부동산 경기에도 아무런 영향을 미치지 않았다.

1972년 5월, 반포아파트와는 달리 영동 신시가지에서는 시영 단독주택이 인기리에 분양되었다. 서울시가 청담동, 논현동, 신사동 등 열 곳에 단독주택 1,400가구를 지어 무주택자들에게 분양한 것이다. 여러 모델이 있었지만 가장 인기를 모았던 주택 규모는 대지 70평에 건평 20평짜리 단독주택이었고 분양가는 300만 원이었다. 당시 신흥 주택지역의 택지는 평당 5만 원선에 거래되었는데, 이는 중산층의 한 달 월급과 맞먹는 수준이었다.

영동 신시가지는 시영 단독주택이 들어서면서 개발이 촉진되었다. 도로가 포장되고 상·하수도, 전기, 전화, 학교, 시장, 목욕탕 등 생활편의시설이 갖춰지자 뒤따라 집장사들이 집을 짓기 시작했다. 더욱이 개발촉진지구로 지정되어 일정 규모의 주택을 건설할 경우 부동산 관련 세금 면제 혜택을 받게 되자 민간 주택사업이 더욱 활기를 띠었다. 이처럼 강남 지역은 반포아파트에 이어 영동지구에서 시영 단독주택이 분양되면서 본격적으로 개발되었다.

정부 최초의 경기부양 정책

불황이 장기화되자 정부가 경제 살리기에 적극적으로 나섰다. 이때 '경기부양 정책'이 처음으로 취해졌다. 부동산 투기 억제세도 대폭 완화하였고, 꽉 막힌 자금난을 풀어 위축된 기업 활동에 활력을 불어넣기 위해 '기업사채 동결'이라는 특단의 조치를 내렸다.* 기업의 금리 부담을 덜어주어 침체된 경기를 살리기 위해서였다. 결과는 성공적이었다. 지하에서 음성적으로 움직이던 검은돈이 새로운 돈맥을 찾아 시중에 쏟아져 나왔다.

1972년 10월, 이 같은 노력에 힘입어 실물경기가 서서히 회복 조짐을 보였는데 경기가 살아나고 있다는 징후가 각종 거시경제 지표에서 나타나기 시작했다. 청신호가 켜지며 경기회복에 대한 기대가 높아지자 저위험·

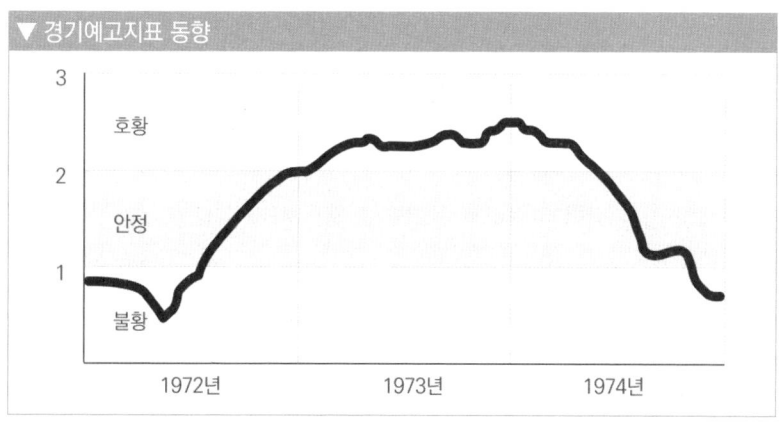
▼ 경기예고지표 동향

---

* 정식 명칭은 '경제의 안정과 성장에 관한 긴급명령 제15호'로 속칭 '8·3 사채동결조치'로 불린다. 당시의 한국 금융시장이 매우 후진적이었던 탓에 기업들은 운용자금을 조달할 때 제도권 금융기관보다 지하금융인 사채시장을 선호했는데, 전체 기업 자금의 30%가 사채였다는 통계도 있다. 문제는 사채금리가 연 40~50%까지 높아지면서 돈을 빌린 기업들이 부실화되고, 이 때문에 다시 제도권 금융에서 배제되는 악순환이 반복되었다는 점이다. 불황이 장기화되자 박정희 정부는 1972년 8월 2일 밤 11시 40분에 '긴급명령 제15호'를 발표하였는데, 주요 내용은 채권자들이 돈을 돌려받으려면 빌려준 돈의 출처를 밝혀야 한다는 것이다. 대신 일주일 안에 자진신고하면 자금출처조사를 면제해 주었는데, 이 기간에 신고된 금액은 무려 3,456억 원으로 당시 국내 통화량 전체의 무려 80%에 달했다. 정상적인 시장경제 시스템이라면 이런 식의 조치 자체가 불가능했겠지만 군사정부라 가능했다. 장기적으로는 이 덕분에 자본시장이 정상화되었다고 평가되기도 하지만, 한편으로는 한국에만 존재하는 특수 집단인 '재벌'이 이 조치 때문에 탄생했다는 비판적 평가도 있다.

고수익을 좇아 이리저리 떠돌아다니는 뭉칫돈의 흐름이 빨라졌다.

먼저 실물경기에 앞서 움직이는 주식 시장이 기지개를 켰다. 사채시장이 막혀 갈 곳 잃은 시중 눈치자금이 기대수익률이 높아진 주식 시장으로 몰린 것은 너무도 뻔한 일이었다. 마땅한 투자 대상이 없어 은행에서 빈둥거리던 뭉칫돈이 마치 블랙홀인 양 빨려 들어갔다. 돈바람이 불자 주식 시장은 용광로처럼 뜨겁게 달아올랐다.

그런데 부동산 시장은 영 신통치 않았다. 부동산에 돈을 묻어두겠다는 사람이 많지 않았던 것이다. 이때만 해도 시중자금의 규모가 작았기 때문에 주식이나 부동산 시장은 어느 한쪽으로 돈이 쏠릴 경우 다른 한쪽은 위축되는 대체 관계를 보였다. 게다가 토지 시장은 대도시마다 그린벨트를 지정하여 위축되어 있었고, 주택 시장도 한동안 침체되어 있었기 때문에 주택에 대한 투자수익률이 은행이자보다도 낮을 때였다.

그래서 집을 사려는 사람보다 전세를 찾는 사람이 많았는데 집값이 안정되자 굳이 집을 사야 할 필요를 느끼지 못했던 것이다. 또 주택을 매입할 경우 취득세, 등록세, 재산세 등 관련 세금이 만만치 않았고 금리도 높아 대출이자 등의 금융비용이 부담스러웠다. 이처럼 당시에는 주택을 소유하기보다 이용하려는 경향이 더 컸기 때문에 과거에 30평형 기준으로 매매가의 50% 선을 유지했던 전세가가 70% 수준까지 육박해 있었다.

토끼와 거북이의 끊임없는 경주

매매가와 전세가의 관계를 비유하자면 마치 토끼와 거북이의 경주와 같다. 여기서 토끼는 매매가격, 거북이는 전세가격을 의미한다. 이 경주는 오르막길을 토끼가 앞서고 거북이는 뒤따르며 펼쳐지는데, 동화와 달리 거북이가 토끼를 앞지를 수는 없다. 또한 토끼와 거북이가 어깨동무를 할 수도 없다. 토끼가 뜀박질하다 지쳐 숨을 고르면 거북이가 따라붙고, 거북이가 어느 정도 접근하면 다시 토끼가 껑충껑충 뛰어 저만큼 앞서가게 된다. 즉, 일정한 간격을 유지하며 끝없이 펼쳐지는 경주인 것이다.

주택수급이 균형을 이루며 전세 시장에 상식이 통할 때, 전세가 비율은 일반적으로 소형 아파트의 경우 40~50%, 중·대형 아파트의 경우 30~40%가 적당하다. 전세가 비율이란 전세가가 매매가에서 차지하는 비율을 말한다.

전세가는 보통 주택수급과 집값 움직임에 따라 매매가의 40~70% 선에서 오르내린다. 주택 공급이 감소하거나 집값이 하향안정세를 유지해서 내 집 마련을 서두르는 사람이 줄어들면 전세가가 오르게 되는데, 이때 거북이가 토끼에게 바짝 다가서며 전세가 비율이 70% 이상으로 높아지면 전셋집을 구하기 힘들어지는 전세난이 일어난다.

하지만 주택 공급이 크게 증가하면 전세가가 떨어지고 토끼와 거북이의 간격도 벌어진다. 전세가 비율이 40% 이하로 떨어지면 오히려 집주인이 전세금에 자기 돈을 보태서 내어줘야 하는 역(逆)전세난을 겪게 되어 무주택자가 상팔자가 된다.

1막 1장,
호황 속의 제비뽑기

　1973년 3월은 '배춧잎'으로 불리는 초록색 1만 원권 지폐가 첫선을 보인 때였다. 소득이 증가하면서 인간다운 삶을 살아가는 데 필요한 1인당 최소한의 주거면적도 넓어졌다. 판잣집이 즐비했던 1960년대에는 1인당 3평이면 충분하다고 여겼으나 1970년대 들어서면서 5인 가족 기준으로 1인당 5평이 필요하다는 국제기준이 적용되었다. 때마침 주택정책의 모법(母法)인 「주택건설촉진법」이 제정되어 국민주택규모를 전용면적 25.7평(85㎡) 이하로 규정하였다.

　1970년대에는 이사철이 뚜렷했다. 주택임대차 계약 기간이 통상 6개월이었기 때문에 봄·가을이면 어김없이 계절풍이 불었다. 이러한 계절적 영향일까. 생명력이 충만한 봄에는 새 집을 마련하고, 수확의 계절인 가을에는 큰 집으로 늘려가는 교체수요가 두드러지게 나타나 대조를 이뤘다.

　한강이 얼어붙는 겨울에는 거래가 뜸했지만 저렴한 관리비로 따뜻한 겨울을 보내기 위해 난방시설이 잘 갖춰진 아파트촌을 찾는 사람들도 있었다. 날씨가 풀리면 복덕방 영감님을 앞세우고 집을 보러 다니는 사람들의 모습이 눈에 띄게 늘어났다. 시내 곳곳에서는 이삿짐을 나르는 삼륜차들이 분주하게 움직였는데 당시 이사 비용은 보통 5,000원 정도 들었다.

실물경기는 호황 국면에 접어들었다. 주택 시장의 투자환경은 철근값이 35%나 오르면서 바뀌었다. 목재나 시멘트 등 건축자재값이 줄줄이 인상되자 사람들은 좀처럼 집 지을 엄두를 내지 못했다. 더욱이 이사철과 겹치자 집을 지으려는 사람보다 기존 주택을 매입하려는 경향이 커졌고 집값을 묻는 사람이 부쩍 늘어나면서 복덕방도 오랜만에 활기를 띠었다. 집주인들은 건축자재값이 오른 만큼 기존의 집값도 높여 불렀다.

경기회복에 따른 보상심리도 집값 상승을 한몫 거들었다. 그동안 팔리지 않아 전세로 내놓을 정도로 인기가 없었던 반포아파트가 전부 팔려 입주를 마감할 수 있게 되자 주택공사도 한숨 돌렸다. 한동안 아파트 시장에서 사라졌던 프리미엄도 다시 붙기 시작했다.

사실상 최초의 공개 추첨 분양

1973년 5월, 흑장미가 피는 화창한 봄날이었다. 1차 분양 때 반포아파트가 팔리지 않아 곤욕을 치른 주택공사는 2차에서 분양 조건을 대폭 완화하였다. 반포아파트 32평형을 585만 원에 분양하면서 200만 원을 융자해 주는 파격적인 조건이었으나, 대신 토를 달았다. 융자를 적게 받는 신청자들에게 동·호수를 결정하는 우선권을 주겠다는 것이었다.

그런데 철근값이 올라 아파트값이 들썩거릴 때라 융자를 받지 않고 분양금 전액을 일시에 납부하겠다는 희망자가 많아 주공아파트 분양이 오랜만에 순조롭게 이뤄졌다. 심지어 추첨에 의해 입주자를 결정하게 되어 사실상 처음으로 공개 경쟁입찰에 의해 아파트가 분양된 셈이었다.

열흘 후에 AID(미국 국제개발처)가 보증하는 차관으로 반포아파트 22평형˙을 무주택자들에게 분양하면서 입주금을 전례 없이 대폭 낮추었다. 분양가격이 360만 원이었는데 270만 원을 장기분할상환 조건으로 융자를 받을 수 있어 90만 원만 있으면 입주가 가능해 인기가 있었다.

입주금이 크지 않았기 때문에 분양을 받아 전매하려는 사람들도 많았다. 그래서 주택공사는 프리미엄을 노린 가수요를 막기 위해 5년간 전매를 금지하고, 가등기를 설정하여 금지조항을 어기면 일방적으로 계약을 해지하겠다는 결연한 의지를 보였다.

경쟁률은 5대 1로 비교적 높았다. 손꼽아 기다리던 공개추첨일, 가수요자를 포함한 많은 신청자들이 넓은 마당에 운집하였다. 시간이 되자 제비뽑기로 입주자를 결정하였는데 손에 땀을 쥐며 지켜보아야만 했다. 입주조건이 워낙 좋다 보니 추첨이 끝나자마자 5년간 전매금지 조항을 비웃듯 인근 복덕방에서 50만 원의 프리미엄이 붙어 거래가 되었다. 분양 현장에서 아파트로 돈벌이가 이뤄지기 시작한 것이다.

그런데 추첨 후 잡음이 일었다. 반포 차관아파트의 당첨자 중에 무주택자가 아닌 사람이 많았던 것이다. 이 사실은 사회적으로 물의를 일으켰다. 결국 부정 당첨자를 색출하기 위해 당시에는 최첨단 설비였던 컴퓨터가 동원되었고 아파트와 관련된 첫 구속자가 나왔다. 이 일을 계기로 주공아파트의 추첨 방식은 컴퓨터 추첨으로 바뀌게 되었다.

---

* 등기된 정식 명칭 역시 '에이아이디차관주택'으로, 반포주공1단지 중 3주구가 바로 이곳이다. 현재 '래미안트리니원'이라는 이름으로 재건축이 진행중이다.

주택공사는 반포에 아파트를 건설하면서 주공아파트가 값싸고 튼튼한 아파트라는 이미지를 심었다. 민간아파트에 비해 사후관리가 철저하고 관리비가 저렴하며 장기저리융자도 많아 인기가 있었다.

아파트, 투자 대상으로 거듭나다

일반적으로 실물경기가 회복되면 잠재된 수요를 자극하게 된다. 이때 쌓여 있던 미분양 아파트가 소화되고 새로운 주택 수요가 생기기까지 최소한 6개월 정도의 시간이 필요하다. 그래서 주택경기는 실물경기의 흐름과 맥을 같이 하지만, 실물경기보다 다소 늦게 회복되는 것이다. 이렇듯 실물경기와 주택경기는 바늘 가는 데 실 가듯이 뗄 수 없는 관계다.

투자심리가 살아나자 부동산 경기는 주택을 중심으로 회복세를 보였는데, 아파트가 새로운 투자 대상으로 부상하였다. 토지의 경우 투자의 손익분기점인 은행이자보다 높은 수익을 기대할 수 있었으나 팔고 싶을 때 제때 팔기 어렵다는 약점을 안고 있었다. 그래서 환금성과 수익성이 좋은 아파트가 선호되었던 것이다.

철근 품귀 현상까지 발생하자 주택 매입에 적극적으로 나서는 수요자들이 부쩍 늘어났고 복덕방에 나와 있던 매물이 소리 소문 없이 팔려나가면서 자취를 감추었다. 철근 소비를 줄이기 위해 40평이 넘는 대형 아파트의 신축을 규제하자 기존 아파트값이 자극되면서 평당 25만 원 선을 훌쩍 넘어섰고, 국세청은 이례적으로 매입자금출처조사를 강화하는 아파트 관련 첫 규제조치를 취했다.

1973년 7월 포항제철이 준공되었으나 공교롭게도 철근값이 또다시 40%나 올라 파동으로 확대되었다. 건축자재와 인건비 등 건축원가가 크게 오르자 분양가격이 오를 수밖에 없었고, 주택공사도 반포아파트 분양가격을 20% 인상하여 평당 20만 원에 분양하였다. 그리고 새로운 분양 방식을 적용하였다. 반포 차관아파트가 지나치게 까다로운 분양 조건으로 부작용을 빚자 처음으로 국민주택채권을 많이 매입하는 순서대로 동·호수 선택권을 주는 채권입찰제를 실시한 것이다.

   그런데 기존 아파트값도 덩달아 오르자 내 집 마련을 서두르지 않았던 전세 생활자들은 낭패를 보았다. 체념하는 사람도 있었지만 일부는 전세를 안고 집을 사두려는 움직임을 보이기도 했다. 경기도 호황을 누리고 있는데 철근파동이 겹치자 부동산 시장은 '수요 증가 - 매물 부족 - 집값 상승'으로 이어졌다. 주택 시장이 구조적으로 수요에 비해 공급이 매우 비탄력적이기 때문이다. 수요는 일순간에 늘어나지만 공급은 부지를 매입해 완공하기까지 오랜 시간이 필요하므로, 수요가 일시적으로 집중되면 집값이 여지없이 요동치는 것이다. 부동산은 일반 상품과는 달리 값이 뛰면 수요가 오히려 늘어나고, 값이 떨어지면 수요도 함께 줄어드는 속성을 지니고 있다.

   당시에는 경제적으로 여유가 있는 중·상류층이 선호하는 20평 이상 아파트를 중심으로 거래가 활발히 이루어졌다. 주거환경이 좋은 아파트일수록 많이 올랐는데, 예나 지금이나 환금성이 좋고 희소가치가 있는 아파트가 투자 대상 1순위였다. 하지만 철거 방침이 알려진 천덕꾸러기 시민아파트는 철저하게 왕따를 당해야만 했다.

1막 2장,
일단 사면 대박이 터진다

　1973년 10월, 철근파동으로 오르던 아파트값이 조금씩 안정되나 싶던 시기에 전운이 감돌던 중동에서 기어코 전쟁이 일어나면서 불똥이 튀었다. 값싸게 이용했던 원윳값을 아랍 산유국들이 일방적으로 대폭 인상하면서 오일쇼크가 터졌다. 더 이상 남의 나라 전쟁이라며 강 건너 불구경을 할 수 없게 된 것이다.
　고래 싸움에 새우등이 터진 격이었다. 정부는 서둘러 에너지 절약 대책을 발표하였다. TV 방송 시간을 단축하고 광고용 네온사인을 전면 금지하자 불야성 같았던 도시의 밤이 어두워졌다. 각급 학교들도 겨울방학을 앞당겨 실시해야 했는데 사정을 모르는 아이들은 마냥 좋아했다.
　그리고 석윳값을 평균 30% 올리자 밀가루, 설탕, 라면 등 생활필수품과 공산품, 공공요금이 줄줄이 올랐고 자장면값도 150원으로 껑충 올랐다.* 여기저기서 한숨이 터져 나왔다. 주부들의 장바구니가 가벼워졌고

---

* 60년대 말까지만 해도 자장면 한 그릇은 50원이 일반적이었는데, (사)한국물가정보 자료에 따르면 1970년의 자장면 한 그릇 가격은 100원이었으며, 70년대 중반 무렵에는 100원에서 150원을 유지했다.(경향신문 2023년 4월 6일자 참조)

가계부는 적자였다. 이때 전국적인 체인망을 갖춘 슈퍼마켓이 등장해 인기를 끌었다.

한국은 '수출 30억 달러'를 달성하고 12.8%라는 높은 경제성장률을 이룩하며 호황을 누렸지만, 무방비 상태에서 만난 오일쇼크라는 암초는 충격이 컸다. 원윳값이 오르면서 달갑지 않은 인플레이션이 수입된 것이다. 뒤늦게 유비무환(有備無患)을 통감해야만 했다.

오일쇼크로 추락한 시장, 그러나

1973년 11월, 실물경기가 고점을 찍고 곧바로 내리막길로 돌아서며 불황과 인플레이션이 뒤따랐다. 실물경기는 침체(stagnation)되고 있는데 물가는 폭등(inflation)하는 최악의 스태그플레이션(stagflation)이 발생한 것이다.

석윳값이 크게 오르자 기름보일러 시설을 갖춘 아파트촌에도 한파가 불어닥쳤다. 에너지를 절약하기 위해 실내 온도를 낮춰야만 했고 온수 공급도 제한되었다. 여기에 관리비 부담마저 가중되어 가계의 주름살은 깊어만 갔다.

이처럼 아파트 생활이 불편해지자 팔려고 내놓는 매물이 늘어났다. 모든 물가가 날개를 달고 치솟았는데 아파트값만은 10%가량 떨어졌다. 처음에는 모두가 이것을 당연한 현상으로 받아들여졌다. 그런데 한 달쯤 시간이 흐르자 전혀 예상하지 못한 일이 벌어졌다.

1974년 1월, 겨울철 비수기였는데 투자 분위기가 확 바뀌어 이례적으로 아파트 거래가 활기를 띠었다. 자고 나면 물가가 무더기로 오르자 가만히 있으면 뭔가 손해 보는 것만 같아 뒤늦게 '무조건 사놓으면 손해를 안 본다'는 환물(換物) 심리가 고개를 쳐들었던 것이다. 통상 인플레이션이 발생하면 화폐가치가 떨어지기 때문에 보상심리가 발동해서 사람들은 부동산 같은 실물자산을 선호하게 된다. 이때 수요가 일시에 몰리면 부동산값이 오르게 되는 것이다.

화폐가치를 보전하기 위한 효과적 수단으로 부동산 투자를 한 것이지만, 이는 인플레이션을 슬기롭게 극복하는 방법이기도 했다. 물가상승으로 떨어진 화폐가치를 부동산값이 상승하여 상쇄시켜 주었기 때문에 일종의 '인플레 보험'에 드는 효과가 있었다.

일찍 타오른 불꽃이 먼저 꺼지는 법. 경기침체로 활황 장세가 꺾이면서 주식 시장은 파장 분위기가 확연했지만, 실물경기에 후행하는 주택 시장은 오히려 뜨겁게 달아올랐다. 앞바람이었던 주식 바람에 이어 뒷바람인 부동산 바람이 불었던 것이다. 주가상승에 따른 '부(富)의 효과(wealth effect)'가 나타났다.* 주식 투자로 재미를 본 사람들이 시세가 좋을 때 팔고 집을 사자며 주택 시장을 기웃거렸다. 돈이란 돌고 도는 것이다. 주식 시장을 이탈한 투기성 자금이 부동산 시장으로 유입되었다.

물가가 크게 오르면 토지가격의 비중보다 건축자재 가격의 비중이 높은 아파트의 투자가치가 월등히 높아진다. 물가가 오를수록 땅값 상승률보다 건축자재값 상승률이 높아져 건축원가에 반영되고 이것이 아파트값을 끌어올리게 된다.

---

* '부의 효과' 또는 '자산효과'는 현재의 소득이 늘지 않았어도 보유한 자산의 가치가 높아져서 미래의 소득이 늘어날 것으로 예상될 때 사람들이 소비를 늘리려는 경향을 의미한다. 영국의 경제학자 아서 피구(Arthur Cecil Pigou)가 주창한 이론이다.

물가상승률이 은행 이자보다 훨씬 높기 때문에 여유자금을 예금해봐야 손에 쥐는 것이 별로 없었다. 그래서 사람들은 아파트를 매입하기 위해 분주하게 움직여야만 했다. 자가용을 타고 다니며 동분서주하는 부인들의 모습도 눈에 띄었는데 훗날의 복부인들이었다. 팔려고 내놓는 매물은 복덕방 매물장에 적힐 겨를도 없이 눈 깜짝할 사이에 팔려 나갔다.

　셋방살이를 하면서 내 집 마련의 꿈을 키우고 있는 사람들에게 인플레이션은 물귀신과도 같은 것이다. 한 번 발목이 잡히면 아무리 저축을 하고 근검·절약을 해도 헤어나지 못하기 때문에 사람들은 내 집 마련을 서둘렀다. 집값 상승을 예상한 사재기 세력마저 가세하자 매물이 금세 바닥났고 아파트값은 가파른 오름세를 보였다. 한편 토지 시장에서는 광역아산만 개발계획이 발표되어 주변 지역 땅값이 폭등하는 지진이 일어났다.•

　1974년 2월, 국제유가가 평균 82% 인상되며 인플레이션이 절정을 이뤘다. 여기에 부정부패를 척결하기 위한 매서운 공무원 사정(司正) 칼바람까지 불었다. 호화주택을 소유하고 있는 공무원은 사정 대상이 된다는 소문에, 이 기회에 집값 상승률이 처지는 단독주택을 처분하고 아파트로 옮기려는 사람들이 꽤 있었다. 마치 울고 싶은 아이의 뺨을 때려준 격이었다.

　이처럼 수요가 몰리면서 당연히 아파트가 부동산 시장 뉴스메이커가 됐다. 단독주택보다 비쌌지만 가격상승률이 높아 투자 대상 1순위로 손색이 없었다. 당시 주택 시장을 주도한 아파트 1번지는 한강변에 3,000여 가구의 아파트가 밀집되어 있는 동부이촌동이었다. 지역을 대표하는 한강

• 정확히는 1973년 발표된 '중화학공업 개발전략'에 따라 1974년 아산만 일대가 중화학공업 제2제철기지(아산만 산업기지)로 선정된 것을 의미한다. 이때 아산만과 남양만에 방조제가 건설되고 간척사업이 진행되었다. 90년대에 진행된 '아산만권 광역개발계획'과는 다르다.

맨션아파트의 가격이 주변 아파트 시세를 결정하는 잣대가 되어 영향을 미쳤는데 이른바 '황제아파트'였던 셈이다.

당시에는 도심과의 거리, 아파트단지 앞으로 버스가 다니느냐에 따라 아파트값이 절대적인 영향을 미쳤다. 주거환경이 좋은 맨션아파트의 경우 두 달 남짓 30~50% 상승해 평당 40만 원까지 치솟았다. 철근파동이 시작될 때 기대수익률을 낮춰 잡고 투자하여 첫차를 탄 사람들은 곱절치기를 했다.

누구나 몇 번이든 가능했던 선착순 분양

날씨가 풀리자 동부이촌동을 중심으로 여기저기서 아파트가 분양되었다. 수요자들이 상대적으로 값이 저렴한 신축 아파트로 눈을 돌리자 민간 주택업자들은 물 좋을 때 분양하자며 서둘러 공급을 확대하였다.

시세보다 싸게 분양되는 아파트에는 프리미엄이 붙기 마련이다. 당시 은행원 월급이 평균 5만2,000원이었는데 분양받는 즉시 50만~100만 원의 프리미엄이 붙어 거래가 되었다. 이처럼 시세차익이 커서 대출이자 같은 금융비용을 빼고도 투자수익이 짭짤했기 때문에 너도 나도 분양 시장으로 발걸음을 재촉했다.

아파트값이 상승기류를 타고 고공비행하자 분양 시장이 뜨겁게 달아올랐다. 요즘은 1가구 1주택 세대(분양 당시 무주택)에 우선 분양을 해주지만 당시에는 그런 분양 제한을 하지 않을 때였다. 계약금만 있으면 누구나 분양 신청을 할 수 있어 다모작(多毛作)도 가능했다. 또 선착순 분양을 했기 때문에 아파트를 분양하는 날은 통행금지가 풀리는 꼭두새벽부터 계약금을 싸 들고 몰려든 사람들로 붐볐다. 마치 집단최면에 걸린 듯했다.

선착순 분양이란 말 그대로 계약금을 먼저 들고 오는 사람에게 분양하는 방식이다. 남들보다 먼저 줄을 서면 돈을 벌 수 있었다. 당연히 줄서기 경쟁이 날로 치열해졌고 분양 현장은 새치기와 몸싸움으로 어수선했다. 전날부터 줄을 서야 간신히 분양을 받을 수 있게 되자 밤을 꼴딱 새우며 대신 줄을 서주는 신종 아르바이트가 등장하기도 했다.

분양받은 사람들의 대부분은 전매를 하려는 사람들이어서 미등기전매가 성행했다. 아직 양도소득세 제도가 만들어지지 않았던 때라 전매차익을 고스란히 챙길 수 있어 가수요가 기승을 부렸다.

아파트 1번지였던 동부이촌동과 강 건너 여의도에서는 평당 25만~30만 원에 분양이 되었는데, 한 채당 분양가격이 1,000만 원을 넘는 고급 맨션아파트도 수요가 넘쳐 날개 돋친 듯 팔려나갔다. 꽤 오랫동안 서울에서 가장 넓은 아파트였던 코스모스맨션 92평형도 이때 분양되었다.* 당시에는 20평 이하를 소형 아파트, 20평에서 40평까지는 중형 아파트, 40평 이상은 대형 아파트로 분류했는데 92평이면 그야말로 초대형에 속했다.

주택업체들은 짓기만 하면 팔리는 이른바 왕대박(완전분양)을 처음으로 터뜨렸다. 아파트를 짓기 전에 미리 분양하는 선분양 제도를 실시했기 때문에 아파트를 지을 땅만 구입해 놓으면 조감도를 그럴듯하게 그려놓고 말뚝만 박아놓아도 분양할 수 있었다. 선분양을 하면서 받은 계약금으로 땅

● 코스모스맨션은 용산구 이촌동에 위치한 총 30세대의 10층짜리 나홀로 아파트이며 현재 리모델링 추진중이다. 참고로, 2025년 기준 서울에서 가장 넓은 아파트는 도곡동 타워팰리스1차의 99.1평형(327.68㎡)이다.

값을 치르고, 중도금으로 아파트를 짓고, 잔금을 받아 수익을 챙겼다. 땅 짚고 헤엄치는 수지 맞는 사업이었다.

오일쇼크 이전에는 삼익주택, 한양주택 등 몇몇 선발 주택업체들만이 아파트를 건설하였으나 수요가 폭발하자 현대건설, 삼부토건, 라이프주택 등 여러 토목·건설업체들이 주택사업에 속속 진출했다. 맨션아파트가 황금알을 낳으면서 싹트기 시작한 아파트산업이 오일쇼크를 겪으며 새로운 성장산업으로 발전할 가능성을 보였다. 중산층이 두터워지면서 민간 주택업체가 짓는 아파트가 크게 늘었는데, 더불어 주택 시장 규모가 부쩍 커졌고 모양새도 갖추게 되었다. 그동안 좋지 않았던 민간아파트에 대한 고정관념도 불식시킬 수 있었다.

1차 파동의 마무리

1974년 3월, 아낙네들이 논두렁 밭두렁에서 상큼한 봄내음과 함께 냉이와 달래를 캐는 봄이 찾아왔다. 이사철이 시작되었건만 정작 이사하는 집은 별로 없었다. 집값이 석 달 남짓 큰 폭으로 올라 복덕방을 찾는 발길이 뜸해졌고 집을 꼭 사야 할 사람들만 간간이 들렀다. 정작 소득은 별로 늘어난 것이 없는데 아파트값만 잔뜩 올랐다는 인식이 확산되면서 사람들은 매입을 주저했다. 수요가 뒤따르지 않고 경기마저 침체되어가는 상황에서 아파트값만 지속적으로 오를 수는 없었다.

달도 차면 기우는 법. 물가 불안에 의한 환물심리가 나타남과 동시에, 실질소득이 줄어들면서 수요를 위축시키는 인플레이션의 양면성도 함께 나타났다. 들떴던 분위기가 차츰 가라앉으면서 아파트값 상승세도 주춤해졌는데, 정부는 아파트값을 진정시키기 위해 어떠한 개입도 한 것이 없었다. 그저 아파트값이 오를 만큼 오르자 제풀에 힘겨워 수그러들었던 것이다.

1974년 4월, 석윳값이 추가로 평균 22% 인상되었다. 그러나 실물경기 침체로 시중 자금 사정은 나빠지고 있었다. 주식과 부동산 등에 이리 쏠리고 저리 몰리던 시중 눈치자금도 눈에 띄게 줄어들었다. 이른바 '돈맥경화'

가 찾아오자 프리미엄을 노린 가수요가 꼬리를 감추기 시작했다.

집값 상승을 부추겼던 투기성 가수요가 사라진 주택 시장은 금세 활기를 잃었다. 바람이 거세게 불 때는 높이 날았던 연이 바람이 멈추자 곤두박질치는 것과 같았다. 이런 상황에서 새로 분양되는 아파트마저 크게 늘어나자 공급이 수요를 초과하는 공급과잉 현상이 나타나 후유증을 겪어야만 했다.

1974년 5월, 오일쇼크 이후 7개월 만에 반포아파트 32평형 분양가격이 또다시 25% 인상된 평당 25만 원에 분양되었다. 하지만 기세 좋았던 아파트값 오름세가 꺾인 때라 수요자들의 반응은 시큰둥했다. 당시 서울시의 주택보급률은 56%로 매우 낮았지만 실물경기가 침체되자 자연히 수요도 위축되었다.

집값은 올랐는데 소득은 그대로

아랍 산유국들이 원윳값 인하 움직임을 보이자 아파트 시장이 이내 썰렁해졌다. 그동안 아파트값을 지탱해온 물가상승이라는 버팀목까지 무너져 버린 것이다. 팔려는 사람은 많은데 정작 살 사람은 드물었고, 복덕방 거래장부에 매물이 빼곡히 적히며 거래가 뚝 끊겼다.

이럴 때는 구매의욕을 불러일으킬 수 있는 선까지 가격조정이 이뤄진다. 수완 좋은 복덕방 영감님이 흥정을 붙여 보는 것이다. 하지만 팔 사람과 살 사람이 원하는 가격 차이가 워낙 크면 공통분모를 찾기가 쉽지 않았다. 아파트값이 크게 오른 만큼 어느 정도의 가격조정은 예상됐으나, 실물경기가 급속히 냉각되며 낙폭이 훨씬 커졌다. 가수요에 의해 만들어진 거품 가격이 걷히기 시작한 것이다. 아파트는 일반 상품과 달리 정가가 없고 단지 분양가격만 있을 뿐이다. 따라서 어디까지나 시장경제의 가격 메커니즘, 즉 수요와 공급의 원리에 의해 가격이 결정된다. 이를 시장가격이라고 한다.

그런데 주택 시장에서는 집값이 한번 오르면 쉽사리 값을 낮춰 팔려고 하지 않는 보수적 거래 관행을 보인다. 이처럼 집값이 좀처럼 낮아지기 어려운 하방경직성(下方硬直性)을 유지하는 이유는 낮은 주택보급률로 인해 항상 수요가 공급보다 많았고, 물가가 오른 만큼 매번 집값도 뒤따라 올랐기 때문이었다. 그러나 투기성 가수요가 일시적으로 집중되면서 부풀려진 거품 가격은 예외였다. 거품 가격은 마치 사막의 신기루 같은, 실상이 아닌 허상이기 때문에 시간이 흐르면 가라앉게 마련이었다.

분양 열기도 싸늘하게 식어갔다. 곳곳에서 아파트를 분양하였으나 분양 실적은 신통치 않았다. 주택업체들이 분양가격을 낮추어도 분양률과 입주율을 높이지는 못했다. 미분양 아파트가 수두룩했고 일부 아파트는 분양가격 이하로 팔겠다는 매물이 나와 '마이너스(-) 프리미엄'이 형성되기도 했다. 마치 철 지난 바닷가처럼 썰렁했다.

양도소득세의 신설

1974년 9월, 수도권의 모습에 변화가 생겼다. 전차가 쓸쓸히 퇴출당한 지 3년 만에 착공된 시민의 발, 지하철 1호선이 개통된 것이다. 그동안 서울 시민들은 폭발적으로 늘어나는 교통수요로 인해 콩나물시루나 다름없는 만원버스를 이용해야만 했다. 승객이 너무 많다 보니 유니폼을 입은 여차장이 사람을 모두 차 안으로 밀어넣은 후 아슬아슬하게 매달려서 문짝을 손으로 두드리며 "오라이~"라고 외쳐야만 버스가 움직일 정도였다. 당시의 버스는 말 그대로 대중교통이 아니라 대중 '고통(苦痛)' 수단이었다.

그리고 거대한 댐이 강줄기를 떡 하니 가로막았다. 한강 팔당댐이 완공되어 호반이 모습을 드러낸 것이다. 이른 아침 물안개가 피어오르고 은빛 물결이 일렁이는 호숫가에 그림 같은 별장이 들어서면서 눈높이가 높아졌다. 팔당댐 주변이 수도권 최고의 별장지대로 자리매김을 했음은 말할 것도 없다. 착공 당시 평당 100원 정도 했던 산기슭 땅값이 2,000원까지 올랐고 괜찮은 별장지는 보통 평당 5,000원 내지 1만 원에 거래되었다.

주택 시장 투자환경은 갈수록 나빠졌다. 그동안 토지 양도차익에 대해 서만 과세되었던 부동산투기억제세가 폐지되고, 건물에 대해서도 과세할 수 있는 양도소득세 신설 계획이 발표되었다.* 직격탄을 맞은 곳은 당연히 주택 시장이었다. 양도소득세란 부동산을 샀다가 팔면서 생기는 차익에 매기는 세금이다. 세금 부담을 피하기 위한 매물이 쏟아져 나와 이사철임에도 불구하고 아파트값이 맥을 추지 못했다. 양도소득세는 매도자가 부담하는 것이지만, 시장 관계자들은 이것이 결국 주택 가격에 얹어지리라고 예상하였다.

실수요가 뒷받침되지 않자 원래의 가격으로 돌아가는 '요요현상'이 발생했는데, 아파트값은 분양가격을 약간 웃도는 수준까지 떨어졌다. 그러자 비로소 내림세를 멈추고 숨을 고르는 모습을 보였다. 한마디로 일장춘몽이었던 것이다.

• 1967년 도입된 '부동산투기억제세'가 1974년에 '양도소득세'로 개편되었다. 당시 세율은 토지의 경우 과세표준의 50%, 건물 및 기타자산은 과세표준의 30%였으며 누진세율은 없었다. (행정안전부 국가기록원 참조)

1차 파동을 돌아보며

▼
▼

 이상과 같이 '1차 파동'은 원자재값 파동이었다. 철근 파동으로 아파트값이 오르기 시작하였고, 석유파동 때 큰 폭으로 올라 1년 동안 100%가량 올랐다. 즉, '철근 파동 - 석유 파동 - 아파트값 파동'으로 이어진 것이다. 이밖에 실물경기 호황, 시중자금 풍부, 인플레이션으로 인한 환물심리, 토지 시장 위축 등이 복합적으로 상승작용을 하였다.

 하지만 아파트 시장 규모를 감안할 때 1차 파동은 '소(小)파동'이라 할 수 있다. 당시 서울에서는 아파트에 사는 세대가 스무 집에 한 집꼴에 불과했기 때문이다.

 한국의 주택 시장이 처음으로 경험한 1차 파동의 가장 큰 특징은 정부의 시장 개입이 거의 없는 가운데 철저하게 시장경제 원리에 의해 시작되고 마무리되었다는 것이다. 정부의 '보이는 손'보다는 모든 일을 효율적으로 처리하는 시장경제의 '보이지 않는 손(Invisible Hand)'에 의해 질서가 유지된 것이다. 그래서 가장 교과서적인 아파트값 파동이기도 하다.

 또한 실물경기의 '불황기 - 안정기 - 호황기 - 조정기'를 거치는 과정에서 전형적인 뭉칫돈의 흐름도 보여주었다. 먼저 기업사채 동결로 사채

시장이 붕괴되면서 실물경기에 선행하는 주식 시장에서 앞바람이 불었다. 시중자금이 이리저리 뒹굴며 덩치가 커졌을 때 오일쇼크로 실물경기가 침체 조짐을 보였다. 이러한 시중자금은 물가 불안에 따른 환물심리가 일자 늦게 뜨거워지는 부동산 시장으로 몰려가 남은 에너지를 쏟아부으며 뒷바람을 일으키고 난 후 잠복했다. 그 과정에서 시장은 경제 환절기에 대응하는 지혜를 터득할 수 있었다.

사람들 마음 한편에는 '부동산 투자로 큰돈을 벌고 싶다'는 욕망이 잠재되어 있다. 절약과 저축만으로는 결코 부자가 될 수 없기 때문이다. 하지만 부동산 투자는 목돈이 필요하고, 팔고 싶을 때 되팔기 힘들고, 전문지식을 갖춰야 하며, 적당한 투자 대상을 고르기가 힘들다고 생각해 멀리하는 사람이 많았다. 그런데 아파트가 이러한 고정관념을 모두 깨뜨렸고 초보자들도 쉽게 투자할 수 있는 대상이 되었다.

이로써 1차 파동이 막을 내렸다. 파동을 겪으면서 아파트는 투자의 삼박자인 '수익성·환금성·안전성'을 고루 갖추고 있음을 검증받게 되어 부

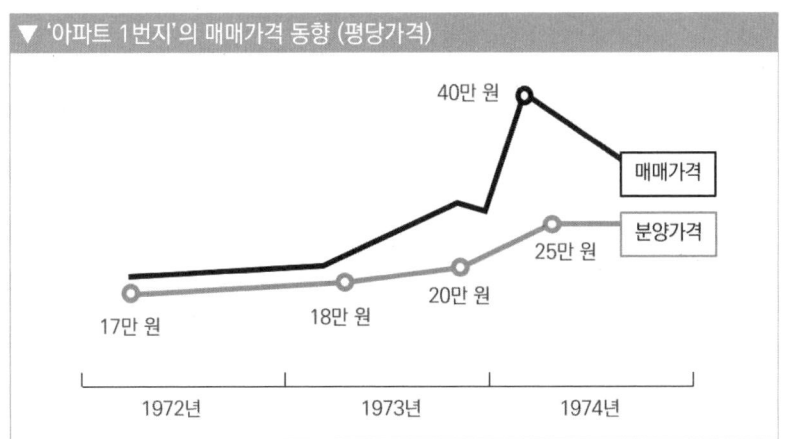
▼ '아파트 1번지'의 매매가격 동향 (평당가격)

동산 시장에서 단연 돋보이는 간판스타로 떠올랐다. 이전까지는 토지가 부동산 경기를 이끌어 왔지만 향후 부동산 경기 전체 흐름은 주택 시장, 그중에서도 아파트가 주도하는 '아파트 상위 시대'가 열리게 됐다.

{ insight }
서울시 유랑민이 거쳐간 발자취

서울시는 토지구획정리사업을 통해 도시를 개발하였다. 택지가 조성되면 그곳에 사람들이 채워졌고, 그 후에는 택지가 차츰 외곽지역으로 향했다. 아파트를 중심으로 서울시 유랑민이 거쳐간 발자취를 더듬어 보면 아파트 문화의 발생지는 한강변이었다. 동부이촌동에 한강맨션아파트, 공무원아파트 등이 옹기종기 모여 아파트촌을 형성했는데 30평이 넘는 '아파트다운' 아파트도 이때 등장하였다.

동부이촌동에 아파트를 지을 땅이 바닥나자 여의도에 아파트가 들어섰고, 건설회사들은 땅값이 싼 곳을 찾아 한강을 건너 남으로 향했다. 강바람에 모래 먼지가 날리던 반포에서 아파트가 분양되었는데, 교통이 불편하다는 약점 때문에 입주자를 모집하는 데 애를 먹었다. 하지만 반포에 아파트가 들어서면서 화려한 강남 시대가 열리게 되었다. 이때만 해도 서울에서는 스무 집에 한 집 정도만 아파트에 살고 있었다. 현대건설이 압구정동에 아파트를 짓기 시작한 것이 1975년이었고, 한신공영은 1976년부터 반포아파트 옆에 거대한 아파트단지를 조성해 '신반포'란 지명이 붙여졌다.

아파트가 건설되는 지역은 차츰 도심에서 멀어지고 있었다. 한강에 외롭게 떠있던 잠실도(島)를 매립하여 생긴 텅 빈 벌판에 봉나무 대신 지역개발 선발대 역할을 한 주공아파트가 우뚝우뚝 솟아오르며 사람들을 불러모았다. 이렇게 한강을 끼고 병풍처럼 세워진 아파트는 서울의 강남과 강북을 공간적으로 뚜렷하게 분할하였다.

해방 이후 시행해온 야간 통행금지 제도가 1982년에 폐지되며 대규모 주거지 이동이 예고되었다. 그리고 출퇴근 한계선도 도심에서 자꾸만 멀어져 갔다. 교통이나 생활환경은 열악했으나 집값이 싼 변두리 지역으로 한 무더기 사람들이 흘러 들어갔다.

인구가 증가하고 도로와 정보통신망이 갖춰지면 도시는 팽창하게 된다. 그런데 쉬지 않고 움직이던 정부의 불도저 군단이 더 이상 밀어붙일 곳이 서울에는 없었다. 마침내 개발 마지노선에 도달했으나, 택지는 오히려 바닥이 나서 달랑달랑했다. 서울이 갈수록 비좁아졌다. 그래서 남태령 고개 너머에 있는 전원도시 과천에 아파트가 건설되었고, 그래도 부족해서 도시의 평면적인 확산을 막고 자연을 보호하기 위해 지정한 개포동과 고덕동 일대 자연녹지를 풀어 택지로 개발해야만 했다. 보호해야 할 자연환경이 이 같은 명분으로 야금야금 파괴되었다.

때마침 명문고교들이 몰려 있는 강남8학군을 선호하는 바람이 불어 교육환경이 좋은 강남 지역으로 이사를 가려는 현상이 나타나면서 주거지 이동이 활발히 이뤄졌다. 또한 주택난을 해결하고 도심에 밀집된 인구를 분산하기 위해 목동과 상계동 일대를 신시가지로 개발하였다. 처음에는 열악한 주거환경으로 입주를 꺼렸으나 여의도 아파트가 10년이 넘어 노후화되면서 목동으로 이사를 가는 주민들이 차츰 늘어났다. 일시적인 소화불량에 걸려 목동과 상계동에서 미분양 아파트가 쌓이기도 했다.

그러나 아파트값이 짧은 기간에 큰 폭으로 오르는 아파트값 파동을 겪으며 주택수급불균형이 나타나자 화급하게 수도권 신도시를 건설하기에 이르렀다. 강남 지역을 개발한 지 20년 만에 포화 상태에 이르자 또 다른 신도시가 필요했던 것이다.

직장과 자녀 교육 문제 등으로 신도시로 가는 것을 쉽게 결정하지는 못했지만, 신도시 아파트는 웬만한 지역의 전셋값이면 사고도 남았기 때문에 매력이 있었다. 국토개발연구원이 조사한 당시 서울 강남 지역의 평균 전세가는 평당 230만 원인데 비해, 신도시 아파트 분양가격은 평형에 따라 평당 152만 원에서 181만 원. 따라서 전세살이를 청산하고 내 집을 마련하려는 사람과 집을 넓혀가려는 사람들이 신도시로 향했다.

뒤돌아보면 서울시 유랑민들이 거쳐 간 곳은 한두 곳이 아니다. 동부이촌동에서 시작하여 1970년대에 여의도, 반포, 영동, 잠실 등 한강변에서 맴돌았고 1980년대에는 과천, 개포동, 고덕동, 목동, 상계동 등 외곽지역을 거쳐 1990년대에 분당, 일산 등 수도권 신도시에 이르게 된 것이다. 실로 오랜 기간 이어진 대이동이었는데, 이는 서울 생활권이 넓혀진 발자취이기도 하다.

제3장

아파트값 2차 파동
(1977 ~ 1978)

돈바람의 풍향계가 아파트 시장을 가리켰다.
땅값, 건축자재, 인건비 등 주택원가의 기본요소 중 어느 하나라도 내릴 만한 것이 없었다.
기존 아파트값이 껑충 올라 평당 50만 원 선에서 강세를 유지하고 있었다.
그때 도곡동 개나리아파트를 평당 35만 원에 분양한다는 광고가 나붙었다.

2차 파동의 배경

　주택 시장 규모가 커지자 많은 변화가 뒤따랐다. 먼저 동네 토박이 노인들이 동네 어귀 양지바른 곳에 의자를 몇 개 내놓고 소일거리 삼아 운영하던 복덕방의 모습이 달라졌다. 과거의 복덕방은 장기를 두거나 잡담으로 시간을 보내면서 셋방이나 소개해 주고 담뱃값 정도를 받던 소박한 인심이 머물던 곳이었지만, 전문지식과 경험이 부족한 노인들이 운영해 왠지 미덥지 못했다.

　1차 파동 이후에 대학을 졸업한 젊은이들이 부동산 중개업에 진출하며 신선한 젊은 피가 수혈되었고 복덕방 물갈이가 시작되었다. 또 평범한 월급쟁이 생활을 청산하고 '떼돈 신드롬'을 좇아 중개업에 뛰어드는 사람도 많았다. 예나 지금이나 돈을 벌 수 있는 곳에 사람들이 모여들기 마련이다. 시대의 흐름에 따라 세대교체가 이뤄지면서 1세대인 노인들은 수완 좋은 젊은이들에게 밀려 하나 둘씩 복덕방 문을 닫았고, 2세대 학사부동산이 시장을 주름 잡게 되었다.

　당시 복덕방은 간단한 신고만으로 영업이 가능한 자유업이었다. 갖춰야 할 비품이라고 해야 사무집기, 전화, 지도가 전부여서 정부의 개발 전령인 불도저를 따라다니며 영업을 하는 경우가 많았다. 한탕을 위해 신흥개발지역을 이곳저곳 옮겨 다니는 철새 복덕방이 많아 미덥지 못했다. 이러한 불신을 씻기 위해 중개업자들은 정보수집 능력을 키우고 조직력을 갖추며 체질개선을 하였다. 그리고 새 술은 새 부대에 담듯이 복덕방이란 말이 고리타분하다며 '××개발', '○○부동산' 등으로 간판을 바꿔 달았다.

그리고 인플레이션으로 얄팍해진 남편의 월급봉투와 가벼워진 장바구니를 메우고자 부동산에 투자하는 여성들이 많아졌다. 가계에 보탬이 되기 위해 모아놓은 쌈짓돈으로 기존 아파트보다 싸게 분양되는 신축 아파트에 투자한 것이다.

그런데 짧은 기간에 단 한 번의 거래로 제법 짭짤한 시세차익을 챙기며 달콤한 돈맛과 짜릿한 투자의 묘미를 경험하게 되자, 종잣돈을 불리는 재미에 빠진 주부들이 새로운 치맛바람을 일으켰다.

로열층의 등장

1975년 1월, 대한민국의 1인당 국민소득이 530달러로 한 계단 올라섰다. 당시 아파트 건설은 서울에 편중되었으나 서울의 주택보급률은 오히려 뒷걸음질쳤다. 인구가 증가하고 전통적인 대가족제도가 핵가족화되면서 주택 수요가 해마다 크게 늘어났던 것이다.

정부는 대도시로의 인구 집중 때문에 갈수록 나빠지는 주택 문제를 해결하기 위해서 아파트 건설을 독려하는 한편, 토지 이용률을 높이기 위해 아파트를 10층 이상 짓도록 유도하기 시작했다.

아파트가 고층화되면서 사람들은 연탄난방을 하는 5층짜리보다는 엘리베이터가 있고 중앙난방을 하는 고층아파트를 선호하였다. 차츰 전망이나 일조(日照), 소음 문제 등을 따지게 되면서 선호하는 층도 세월 따라 높아져 갔다. 1972년에 건설된 여의도 시범아파트에서는 3층과 4층이 가장 인기가 있었으나 1974년에는 4~6층, 1976년에는 6~9층을 선호하였다. 하지만 이는 탁 트인 전망 때문은 아니었다. 아직까지는 전통적으로 중요시해 온 남향이 우선하였다.

이때만 해도 건축기술이 뒤떨어졌기 때문에 난방, 방수, 방음 등 여러 가지 면이 불편하였다. 특히 난방 방식에 문제가 많았다. 대부분 온수를 위에서 아래로 공급하는 하향식(下向式) 난방 방식을 채택했기 때문에, 뜨거운 물이 머무는 높은 층은 실내가 주체 못할 정도로 더웠으나 낮은 층은 온수가 내려오는 동안 식어버려 별도로 보조 난방기구를 사용해야 할 정도였다.

이처럼 실내 온도 차이가 크게 나자 자연히 높은 층을 선호했고 '로열층'이라는 개념이 만들어졌다. 12층짜리 아파트라면 8층을 중심으로 위아래 너댓 개 층을 로열층이라 불렀다.

그리고 단열에 취약해서 벽에 물방울이 맺히는 갓집, 이른바 사이드 라인(side line) 세대, 복도식 아파트에서 엘리베이터를 끼고 있어 시끄러운 박스(box) 세대도 기피 대상이 되었다. 이래서 싫고 저래서 꺼리다 보니 결국 같은 동, 같은 평형의 아파트가 층·향·전망·소음 등 내부적 요인에 의해 차별화가 이뤄지면서 아파트값에도 영향을 미쳤고 가격 구조를 복잡하게 만들었다.

시장이 잠시 들썩였지만

한국은 여전히 오일쇼크 충격에서 벗어나지 못했다. 인플레이션의 망령이 곳곳에 도사리고 있었기 때문에 '다소 무리를 해서라도 집을 사두는 것이 유리하다'는 생각이 남아있었다.

그 와중에 각종 물가가 높이뛰기를 하며 화폐가치가 크게 떨어지자 느닷없이 화폐개혁설*이 나돌았다. 또다시 환물심리가 꿈틀거렸다. 그렇지 않아도 환율이 인상되어 아파트값이 오름세를 보이며 주택경기가 회복되는 기미를 보이고 있을 때였다. 여기에 주택공사는 서울대학교가 관악산 캠퍼스로 떠나면서 남기고 간 동숭동 자리에 평당 60만 원짜리 초호화 아파트 건립 계획을 발표해서 적지 않은 파문을 일으켰다. 발표 시기가 이사철과 겹친 데다가, 일반적인 민영아파트는 평당 28만 원에 분양되던 때라 아파트값 상승을 부채질한 꼴이 되었다.

아파트값이 계약금으로 받은 금액보다 더 많이 올랐다. 그러자 집주인들이 변덕을 부렸다. 위약금을 물어주면서까지 이미 체결한 계약을 취소하는 해약 소동을 일으킨 것이다. 계약금은 보통 매매가의 10%를 거는데 사는 쪽이 계약을 어기면 계약금을 떼이고, 파는 쪽이 어기면 계약금의 두 배를 보상하는 것이 관례이다. 그렇게 두 배를 보상해도 남을 만큼 아파트값이 가파르게 오른 것이다.

---

* 리디노미네이션(redenomination)이라고도 한다. 인플레이션이 진행되면서 화폐가치가 줄어들면 액면가가 큰 화폐만 유통되면서 불편을 겪을 수 있는데, 이럴 때 화폐의 단위나 명칭을 변경함으로써 새로운 통화 체계를 만들 수 있다. 한국에서는 1953년 '100원'을 '1환'으로 바꾼 바 있고, 1962년에는 다시 '10환'을 '1원'으로 바꾼 바 있다. 심리적으로 돈의 크기가 줄어들었다는 느낌을 주기 때문에 소비가 늘어나는 효과가 있다.

주택경기가 되살아나는 듯했으나 시장의 흐름은 마치 도도히 흐르는 강물과도 같아서 쉽게 거스를 수 없는 것이다. 더 큰 흐름인 실물경기와 궤를 같이 하기 때문에 침체기에 일시적으로 일어나는 이상 열기는 약간만 규제를 가해도 가라앉힐 수 있다. 이번에는 정부도 가만히 있지 않았다. 때를 놓치지 않고 주택 시장을 안정시키기 위해 개입한 것이다.

먼저 호화 아파트를 구입한 사람들의 자금출처조사를 실시했다. 자금출처조사란 부동산을 매입한 자금이 어떻게 마련되었는지 조사해서 출처가 불분명한 금액에 대해서는 증여세를 매기는 것이다. 자금출처조사가 시작되면 뒤가 구린 사람들은 자연히 꼬리를 내리게 된다. 또 전매에 대한 과세도 강화하자 이내 들떴던 분위기가 싹 가셔 버렸다.

잊혀진 섬, 잠실도의 부활

1975년 8월, 미국의 혈맹국 월남이 패망하여 지구촌이 어수선하였다. 정부는 주택난도 해결하고 침체된 실물경기도 부양하기 위해 주택건설을 확대했다. 건설산업은 연관 산업에 대한 파급효과와 고용효과가 크기 때문이다.

이때 서울 서남쪽 끝 잠실도(蠶室島)를 매립하여 생긴 텅 빈 벌판에 뽕나무 대신 아파트가 우뚝우뚝 솟아올랐다. 철거민을 위한 시영아파트가 세워지고 뒤이어 지역개발 선발대 역할을 한 주공아파트가 들어서며 사람들을 불러 모았다. 원래 잠실도는 176만 평으로 여의도의 두 배나 되는 한강에서 가장 큰 섬이었다. 태조 이성계가 한양으로 천도하면서, 남산의 생김새가 누에 형상이므로 그 머리가 향하는 이곳에 뽕나무를 심었기 때문에 붙여진 이름이다.* 잠실도에는 초가집이 옹기종기 모여 있었는데 잠실동, 신천동, 삼성동으로 불리는 세 개 마을의 주민들이 밭농사로 생계를 꾸려가던 외딴 섬이었다. 장마철만 되면 물난리를 겪기 때문에 섬 한복판에 대피소를 만들어 놓아야만 했던 서울의 소외지대이기도 했다.

신천나루터가 섬으로 들어가는 유일한 통로였던 버림받은 섬 잠실도는 결국 구조조정을 당했다. 불도저로 언덕을 밀고 굴삭기로 샛강을 메우자 송파 지역과 합쳐졌고 '섬'이라는 꼬리표를 떼게 됐다.

당시 아파트 시장의 규모는 이촌동에 4,700가구, 반포는 주공아파트를 중심으로 5,000가구, 여의도에는 4,500가구가 모여 단지를 이루고 있는 정도였다. 동부이촌동에서 시작된 분양 시장은 여의도, 반포를 거쳐 잠실로 무대를 옮겼는데 아파트가 건설되는 지역이 점차 도심에서 멀어져 가고

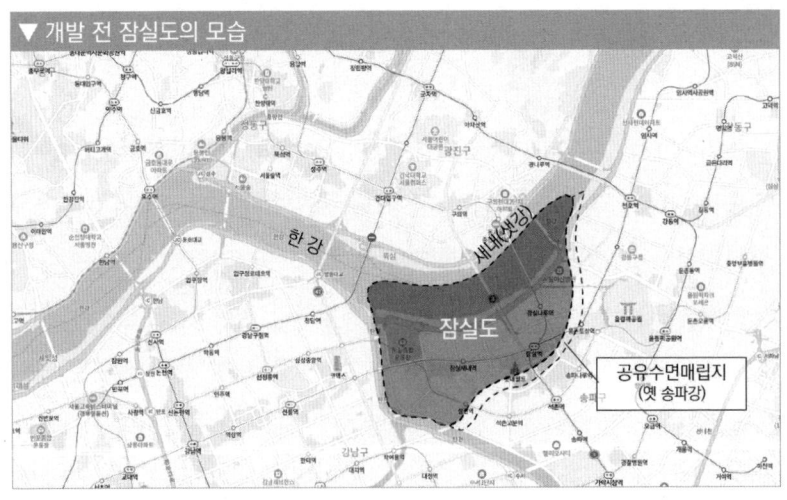

▼ 개발 전 잠실도의 모습

---

* 정설은 아니다. 다만 조선왕실이 누에를 먹여 비단을 뽑는 양잠 산업을 장려하였고, 이곳에 국립양잠소 격인 잠실도회를 설치하였으며, 뽕나무를 많이 심은 것은 사실이다.

있었다. 그러면서 한강을 끼고 병풍처럼 세워진 아파트가 서울이라는 공간을 강남과 강북으로 뚜렷하게 분할하기 시작했다.

민간 주택업체들은 동부이촌동에 아파트를 지을 땅이 바닥나고 땅값이 오르자 지역 이동을 감행하였다. 주택공사보다 한발 늦었지만 드디어 한강을 건너 여의도와 영동 신시가지(강남)로 진출하게 된 것이다. 현대건설이 압구정동에 아파트를 짓기 시작한 것이 1975년이었고, 한신공영아파트는 1976년부터 반포아파트 옆에 거대한 아파트 단지를 조성해 '신반포'란 지명이 붙었다.

2막 1장,
시작은 분양권이었다

    1976년 4월, 국민차 1호인 1,300cc급 '포니'가 생산되어 240만 원에 팔렸다. 주문이 밀려서 차를 받기까지 몇 달씩 기다려야만 했다.

    실물경기가 살아나자 기업공개가 활발히 이뤄지면서 공모주 청약 열기로 시장이 들떴다. 공모주를 배정받기만 하면 돈을 벌 수 있어 공모주 청약을 하는 날이면 증권회사 접수창구는 북새통을 이뤘다. 돈 놓고 돈 먹기 식 '묻지마 청약'이 이뤄지며 시중 눈치자금을 빨아들였다.

    세상 사람들의 눈과 귀가 온통 주식 시장으로 쏠리다 보니 주택 시장은 전반적인 침체 속에 실수요자 위주로 미지근한 매기(買氣)만 근근이 유지하고 있었다. 1974년 양도소득세가 신설되면서 기존 아파트는 아무래도 거래가 위축될 수밖에 없었다. 양도소득세는 파는 사람에게 부과되기 때문에 수요억제 효과는 없었으나 시장이 중압감을 느끼기에는 충분했다.

    하지만 신축 아파트만은 예외였다. 아파트값이 안정되자 기존 아파트보다 내부구조와 마감재가 훨씬 좋아진 신축 아파트에 관심이 높아지며 약간의 프리미엄이 붙어 거래가 되었다.

    여기저기서 분양을 알리는 오색 애드벌룬이 띄워졌는데 신축 아파트를 분양할 때마다 '핸드백 부대'가 우르르 몰리며 왕성한 수요가 일어났다. 선착순으로 분양했던 서초동 극동아파트는 분양 전날 밤 자정까지 종잣돈이 있는 주부들과 중개업자 등 수백 명이 몰려 밤을 지새기도 했다.

신축 아파트의 인기

신축 아파트는 프리미엄을 노린 가수요로 인해 대부분 분양 당일에 매진되었다. 이처럼 분양 열기가 뜨거워지자 분양 방법도 차츰 선착순에서 공개추첨 방식으로 바뀌어 갔다.

당시 민영아파트는 주공이나 서울시에서 짓는 서민아파트처럼 무주택자나 1가구 1주택자를 우선으로 제한하지 않았다. 그래서 계약금 200만 원 내지 300만 원으로 당첨만 되면 바로 그 자리에서 중·소형 아파트는 30만~50만 원, 대형 아파트는 50만~80만 원 정도의 프리미엄이 붙어 거래가 되었다. 입지 조건이 좋은 아파트의 경우 분양가격의 10% 정도가 프리미엄으로 붙기도 했다.

당첨 후 동·호수가 마음에 들지 않아도 걱정할 필요가 전혀 없었다. 당첨권을 포기하면 대부분의 주택건설업체들이 위약금을 한 푼도 공제하지 않고 신청금 전액을 돌려주었기 때문에 부담 없이 신청할 수 있었다. 그래서 한 사람이 여러 가구를 한꺼번에 신청하는 사례도 허다했고 수천만 원을 굴리는 큰손들도 상당수 끼어 있었다.

여의도 지역을 중심으로 아파트가 활발히 분양되었는데 분양 현장에는 인근 복덕방에서 나와 전매를 충동질하며 바람 잡기에 바빴다. 아파트 분양 가격이 평당 30만 원에서 33만 원으로 올랐지만 경쟁률은 처음으로 두 자리 숫자를 기록할 정도로 분양사무실이 붐볐다.

이처럼 분양 시장이 달아오르자 일부 주택업체들은 분양 시기에 대한 규제가 없는 점을 악용해 멋대로 분양을 했다. 아파트를 건설할 땅만 매입해 놓고, 착공도 하기 전에 분양 예정 광고를 내고 미리 분양하기도 했다. 또 자기들이 분양하는 아파트에 자기들이 무더기로 신청하여 경쟁률을 높였고, 당첨되면 프리미엄을 붙여 팔기도 했다. 심지어 투기꾼들과 짜고 뒷거래를 통해 분양 세대 일부를 빼돌리거나 전속 복덕방에 우선 분양해서 물의를 빚을 정도로 허술했다. 그 때문에 실수요자들은 청약 기회를 잃었을 뿐만 아니라 얹어진 프리미엄을 고스란히 떠안았다.

이처럼 민영아파트 분양이 무질서하게 이뤄졌으나 분양 시기와 방법을 규제할 법적·제도적 근거가 없었다. 종전에는 민영아파트도 주공아파트와 마찬가지로 전체 건설공정을 20% 이상 마쳐야 분양할 수 있었으나 민간 주택건설을 촉진하기 위해 규제 대상에서 제외되어 제멋대로 된 것이다. 투기꾼들이 끼어들지 못하도록 제도적인 대책 마련이 절실했다.

▼서울 지역 민영아파트의 평당 분양가격 현황			
연도	동부이촌동	여의도	영동지구
1972년	27만 원	-	-
1973년	28만 원	-	-
1974년	30만 원	27만 원	25만 원
1975년	-	29만 원	30만 원
1976년	-	30만 원	32만 원

세금 처방과 공급과잉으로 인한 숨고르기

　아파트 투기 경보가 울리자 특효약인 세금 처방이 내려졌다. 결과는 국세청의 압승이었다. 전매에 대해 세무조사에 착수하면서 분위기를 수습할 수 있었다. 그리고 문란해진 아파트 분양 질서를 바로잡기 위해 서둘러 '주택건설촉진법'을 개정하였다. 다시 전체 건설공정이 20% 이상 진척되었을 때 입주자를 모집하여 투명한 공개 추첨을 하도록 했다. 아울러 아파트 분양면적을 둘러싸고 말썽이 일어나는 것을 막기 위해 전용면적과 공유면적을 구체적으로 명시하도록 규정하였다.

　1976년 8월, 반월신도시(현 안산시) 건설 계획이 발표되었다. 자가용 행렬이 남쪽으로 이어지며 땅값이 하룻밤 동안 곱절로 뛰어올랐다. 그동안 잠실에서 순조롭게 분양되었던 주공아파트는 고층아파트가 분양되면서 공급 초과 현상이 나타났다. 34평형과 36평형 3,900가구를 평당 29만 원에 분양했는데 이는 반포에서 4년 동안에 걸쳐 분양된 물량과 맞먹는 규모였다. 이처럼 분양물량이 너무 많아 초기 분양률이 8.8%로 매우 낮았다.

　말할 것도 없이 민영아파트 분양도 영향을 받았다. 선착순 분양마저 활기를 잃자 민간 건설사들은 판매 전략 수립에 고심하였다. 품질 향상에 노력을 쏟음과 동시에 수요자들의 관심을 끌기 위해 모델하우스에 인기 여자 탤런트를 동원하는 스타 마케팅을 처음으로 시도해 좋은 반응을 얻기도 했다. 하지만 주택경기 침체는 지속되었고 자금회전을 위해 어쩔 수 없이 분양가격을 낮추는 할인판매를 시도하였으나 기대만큼 효과를 거두지 못했다. 아파트는 투자 대상으로 매력을 잃었고 한동안 고개를 들지 못했다.

　집값이 오를 가능성이 희박해지면 전세 시장은 오히려 바삐 움직인다.

당시에도 주택이 투자가치를 잃게 되면 전세 생활을 하며 여유자금으로 주식에 투자하거나 고수익 금융상품에 돈을 묻어두는 사람들이 있었다. 전세 물건은 나오기가 무섭게 계약되었다.

이사철마다 틈틈이 오르던 소형 아파트 전세가가 지역에 따라서는 매매가의 70% 선을 넘어서고 있었다. 거북이가 토끼에 바짝 다가선 것이다. 그래도 아파트 전세를 얻기가 하늘의 별 따기여서 중개업소에 별도의 사례금을 쥐어 주어야만 했다.

일반적으로 전세가는 주택수급이 균형을 이루면 아파트의 경우 매매가의 2분의 1, 단독주택은 3분의 1선을 넘어서지 않는다. 그런데 주택경기가 침체되면 건축 활동이 위축되어 공급물량이 줄어드는 데 반해 수요는 꾸준히 늘어나 균형이 깨지면서 전세가가 먼저 오르게 된다. 전세가 비율이 차츰 높아지면 집값 상승 잠재력도 커져서 뒤따라 매매가가 오른다. 그 때문에 전세가 비율은 집값 상승을 예고하는 선행지표 역할을 한다.

2막 2장,
너도나도 '아파트 신드롬'

1977년 1월, 국민소득은 864달러가 되었고 서울시 인구는 700만 명을 넘어섰다. 토정비결을 보며 한 해의 길흉화복과 운수를 점쳐보듯 사람들은 앞으로 펼쳐질 주택경기 전망을 짚어보지만 밝지 않았다. 전년의 어두운 그림자가 가시지 않은 탓이다.

복덕방 매물장에 적힌 매물이 많고 적음에 따라 주택경기를 가늠할 수 있는데, 매물은 여전히 많았다. 집값은 경기침체로 거의 오르지 못해 분양

▼ 경기예고지표 동향

가격을 조금 웃도는 정도였다. 정부의 정책적인 배려가 필요했다.

봄 이사철을 앞두고 '언제, 어디로, 어떻게'가 결정되지 않은 미완성 계획인 임시행정수도 건설 구상이 발표되었다. 투자자들은 저마다 유력한 후보지를 점치기에 바빴다. 하지만 수도인 서울을 옮기겠다는 것이어서 서울 지역 토지 시장은 썰렁해졌다.

집을 팔 사람이나 살 사람 모두 나름대로 유리한 시기를 점치며 이사철 준비를 하는 3월, 잔뜩 흐려 있던 주택 시장에 새로운 기상도가 펼쳐지고 있었다. 1977년 들어 처음으로 분양된 아파트는 여의도 목화아파트였는데, 건축원가가 올라 분양가격을 10% 인상한 평당 37만 원에 분양하였다. 당시 아파트의 경우는 땅값이 차지하는 비중이 매우 낮았기 때문에 건축원가가 오를 때마다 분양가격에 반영되었다.

목화아파트, 분양의 불씨를 당기다

주택경기 침체로 거의 오르지 못한 기존 아파트보다 비싸게 분양되었지만 여의도에서 보기 드문 소형 아파트(15평형·20평형·27평형)이기 때문에 수십만 원의 프리미엄이 붙을 것이라는 입소문이 이미 파다하게 퍼져 있었다. 약삭빠른 사람들이 이를 놓칠 리가 없었다. 분양 현장에 몰려드는 인파와 차량이 뒤섞여 혼잡을 이루자 분양 관계자도 한동안 영문을 몰라 어리둥절했을 정도였다.

공개추첨은 일종의 머니게임이다. 돈만 있으면 얼마든지 신청할 수 있었고 많이 신청할수록 당첨 확률은 높아진다. 따라서 한 사람이 보통

5~10가구를 신청하는 '묻지마 청약'이 이뤄졌는데, 2억 원을 내고 100가구를 신청한 사람도 있어 화제가 되기도 했다.

많은 인파가 몰려 신청서를 받을 수 없게 되자 사람들은 인근 복덕방으로 몰려가 장당 2,000원씩 주고 신청서를 구입해 접수하기도 했다. 당시 서울-부산간 고속버스 요금이 2,100원인 점을 감안할 때 신청서에도 상당한 프리미엄이 붙은 셈이다.

마감을 해보니 312가구 분양에 1만3,000여 명이 신청해서 평균 45대 1이라는 역대 최고 경쟁률을 기록했다. 높아진 경쟁률은 프리미엄을 끌어올렸다. 추첨이 끝나자 순식간에 프리미엄이 불어나 예상했던 것보다 많은 100만 원이 붙어 거래되었다. 3년 만에 1차 파동 때의 최고 시세인 평당 40만 원을 훌쩍 뛰어넘었는데 이는 아파트값 상한선이 올랐다는 것을 의미한다.

지난 겨울만 해도 소주를 냉장고에 보관할 정도로 매서운 혹한이 찾아오는 바람에 난방시설이 잘 갖춰진 따뜻한 아파트에 대한 관심이 어느 때보다 높아지긴 했다. 하지만 갑자기 신축 아파트를 분양받기 위해 야단법석을 떤 이유를 놓고 해석이 분분했다. 며칠 전에 서울 강북 인구를 분산하기 위해 수도권 지역에서의 아파트 신축을 규제하겠다고 밝혔지만 직접적인 이유라 하기는 어려웠다.

이처럼 딱 꼬집어 원인을 이야기하기 힘들었다. 다만 분명한 것은 한눈파는 사이에 시장 에너지가 응집되어 있었다는 것이다. 언제 어떻게 변할지 모르는 변화무쌍한 아파트의 인기를 실감할 수 있었다.

이틀 후, 주택건설을 촉진하기 위해 양도소득세를 완화하겠다는 말만 던져놓고 아무런 움직임이 없었던 정부가 1가구 2주택 면세기간을 6개월에서 1년으로 연장시켰다. 정부의 정책 방향을 읽을 수 있는 호재였다.

누구나 쉽게 투자하는 분양권

갑자기 높아진 아파트의 인기가 하늘을 찔렀다. 누구나 쉽게 접근할 수 있는 부동산 투자 상품이기 때문에 다음 달에 분양된 아파트에는 더 많은 사람이 모여들면서 경이로운 경쟁률을 기록했다. 화곡동 주공아파트의 경쟁률은 178대 1, 여의도 화랑아파트는 70대 1, 진주아파트는 30대 1. 적잖은 프리미엄 때문에 분양창구가 붐비면서 분양 시장이 후끈 달아올랐다. 한동안 분양이 안 돼 쩔쩔맸던 잠실 고층아파트에도 프리미엄이 붙을 정도였다.

분양실적은 주택경기의 지표다. 분양 광고만 하면 수십 대 1의 경쟁률을 보이자 정부는 비상이 걸렸다. 아파트 분양에 고질적으로 따르는 가수요를 억제하고 실수요자를 보호하는 것이 정부의 역할이기에, 이번에도 예의주시해오던 국세청이 나섰다. 투기 조짐을 보일 때 제일 먼저 취하는 조치는 자금출처조사였다. 세금 한 푼 안 내고 전매차익을 챙기는 미등기전매에도 철퇴를 가했다.

국세청은 전매에 따른 불로소득을 세금으로 흡수하기 위해 여의도 목화아파트를 분양받아 프리미엄을 받고 판 사람들에게 양도소득세를 물렸다. 조사 결과 당첨자 가운데 부녀자가 많은 것으로 밝혀졌는데 이는 아파트가 분양될 때마다 으레 치맛자락을 펄럭이며 휘젓고 다니는 복부인의 등장을 예고하는 것이었다.

그리고 전용면적 25.7평 이하의 국민주택 분양 제도를 개선하였다. 그동안 공개추첨하던 것을 순위분양제도로 변경하였다. 일종의 청약자격제도인 '국민주택 청약부금제도'를 신설하여 청약부금 가입자, 불임시술자, 해외근로자 등 세 가지 조건을 갖춘 사람에게 분양 우선권을 주었다.

5월 들어 국세청의 대대적인 세무조사로 분양 시장이 움츠러들자 주택경기를 활성화시키기 위해 조사 활동을 중단해야만 했다. 하지만 여의도 목화아파트의 프리미엄은 어느새 250만 원까지 올라 있었다.

2막 3장,
부가세 역풍과 중동특수

    1977년 7월, 여름철 비수기였지만 투자 열기는 삼복더위만큼 뜨거웠다. 부가가치세 제도*가 시행되면 매입가격에 혹이 붙어 물가가 오를 것으로 예상하고 생활필수품을 비롯해 무엇이든 사려는 사람이 많았다. 하지만 팔려는 사람이 없었다. 팔려는 사람은 매도 시기를 늦추었고 사려는 사람들은 앞당겨야만 했다. 하나라도 더 사놓으려는 사재기 현상까지 나타나 모든 것이 하룻밤 자고 나면 값이 올라 있었다.
    값이 가장 비싸고 덩치가 제일 큰 생활필수품인 주택도 마찬가지였다. 매도자는 팔기를 꺼려 복덕방에 내놓은 집이 없었는데 수요는 몰려 집값이 오를 수밖에 없었다. 더구나 매물이 없는데 집을 사기 위해 이곳저곳 복덕방을 돌아다니면 수요자가 많은 것처럼 부풀려지면서 집주인들이 배짱을 부리게 된다. 혹 팔려고 내놓아도 값을 엄청나게 높게 불러 거래가

- 상품이나 서비스를 구입하는 소비자가 내야 하는 세금이다. 징수의 편의를 위해 모든 소비자가격에 일괄적으로 10%의 부가가치세를 추가하여 거래하도록 하기 때문에 실질적으로는 모든 물가가 10%만큼 오르는 셈이 된다. 한국에서는 박정희 정부 당시 경제개발에 필요한 막대한 자금을 조달하기 위해 격렬한 반대 여론을 무릅쓰고 1977년 1월 1일부터 적용되었다.

안 됐다. 부가가치세의 과세로 전용면적 25.7평 이상 아파트의 건축원가에 10%의 세금이 붙었고 건축자재값도 올라 분양가격 인상요인이 발생해 아파트값을 한 단계 끌어올렸다.*

게다가 구실만 있으면 오르는 아파트값에 두 가지 비물가 요인까지 겹쳤다. '건물을 얼마나 높게 지을 수 있느냐'를 규정하는 용적률을 최고 300%에서 200%로 낮추었는데, 이 비율을 낮추면 세대별 주거공간은 넉넉해지지만, 아파트를 높이 지을 수 없어 그만큼 땅값 부담이 커지게 되고 결국 분양가격에 영향을 미치게 된다. 또 건설 주체의 보존등기가 의무화되어 세금과 비용 부담이 분양가격에 고스란히 얹어졌다.

"부동산을 사면 무조건 번다"

1977년 8월, 돈바람의 풍향계가 아파트 시장을 가리켰다. 땅값, 건축자재, 인건비 등 주택원가의 기본요소 중 어느 하나라도 내릴 만한 것이 없었다. 기존 아파트값이 껑충 올라 평당 50만 원 선에서 강세를 유지하고 있었다. 그때 도곡동 개나리아파트를 평당 35만 원에 분양한다는 광고가 나붙었다. 운이 좋아 당첨되기만 하면 즉석에서 평당 10만 원이 넘는 프리미엄을 챙길 수 있는 절호의 기회였다.

사람들은 50원을 주고 신문을 사서 시사만화나 오늘의 운세보다 아파

● 엄밀히 말해서 아파트 등 주거용 부동산에는 부가가치세가 붙지 않는다. 다만 아파트를 지을 때 들어가는 자재비와 인건비 등에 부가가치세가 붙기 때문에 건축원가가 상승하고, 이것이 분양가에 반영되어 아파트값이 오른다는 뜻이다.

트값 변동에 대한 내용부터 펼쳤다. 주변에는 아파트에 투자해 적게는 몇만 원, 많게는 수천만 원씩 재미를 본 사람들이 수두룩했는데 심지어 별 생각 없이 산 아파트값이 크게 올라 횡재한 사람들도 있었다. 때론 약은 사람보다 미련한 사람이 더 큰 호랑이를 잡는 법이다.

집값은 한 번 오르면 몇 달치 월급만큼 올랐기 때문에 직장인들도 '플러스 알파'를 기대하며 내 집 마련을 겸한 주테크에 열을 올렸다. 여고동창들의 모임에서 오가는 대화도 살림살이나 남편들 얘기보다는 '누가 어떤 아파트에 당첨되어 얼마를 벌었다'는 것이 화젯거리였다. 누군가 많은 돈을 벌었다고 하면 '나도 한번 남들처럼 벌어봐야지' 하고 벼르게 된다. 원초적인 본능이다. 사촌이 땅을 사도 배가 아프지 않은가.

오래전부터 '부동산에 투자하면 돈을 번다'는 통념에 길들어진 투자자들이 가세하였다. 아파트 분양권 투자는 전문지식이 많이 필요치 않아 초보자들도 쉽게 투자할 수 있었다. 또 많은 돈이 필요치 않았다. 계약금만 있으면 누구에게나 기회가 주어졌기 때문에 부유층만의 돈놀이가 아니었다. 돈이 돈을 낳던 시대였다.

분양 시장에 돈이 철철 넘치며 아파트 쟁탈전이 한바탕 벌어졌다. 너무도 손쉬운 돈벌이기에 행여나 기회를 놓칠세라 너도나도 뛰어들었는데, 친구 따라 강남 가는 사람들도 많았다. 종잣돈이 없는 사람들은 은행에서 대출까지 받아 투자 대열에 합류하기도 했다. 아파트값이 더 오를 것이라는 판단에 돈맛을 아는 투자자들이 엄청나게 몰렸다. 448가구 분양에 무려 2만6,000여 명이 몰린 것이다. 31평형의 경우 160가구 분양에 1만9,000여 명이 신청해 123대 1의 경쟁률을 기록하였다. 프리미엄이 붙을 만한 아파트를 분양받기란 이만큼 어려웠다.

들뜬 분위기 속에 추첨이 진행되었다. 추첨 방식은 은행알을 이용한 뺑뺑이 돌리기. 당첨자가 결정될 때마다 사람들이 일희일비하며 희비의 쌍곡선이 교차하였다. 그런데 실수요자와 가수요자의 기뻐하는 모습이 달라 보였다. 실수요자들은 살 집이 생겨 좋아했지만 가수요자들은 계산기를 두드리며 좋아했다.

미련을 남긴 채 추첨이 끝나자마자 복덕방 게시판에는 '축 당첨 프리미엄 400만 원'이라는 글자가 나붙었다. 5개월 전만 해도 고작 100만 원이었던 프리미엄이 어느새 분양신청금보다 많아진 것이다.

중동특수로 유동성이 넘쳐흐르고

중동특수를 누리며 외환 인플레이션이 나타났다.* 중동에 진출한 건설업체 근로자들이 송금하는 '오일달러'가 쏟아져 들어와 시중에는 돈 풍년이 들었다.

물이 높은 곳에서 낮은 곳으로 흐르듯 돈은 높은 수익을 좇아 떼지어 몰려다닌다. 당시 시중에 떠돌아다니는 투기성 자금은 2,000억 원 정도로 추정되었는데, 개나리아파트 분양에 몰린 신청금은 무려 530억 원. 현금화가 수월한 아파트 시장으로 돈이 몰린 것이다. 하지만 돈이 모이는 곳에는 여러 가지 부작용이 따랐다.

● 중동 산유국들이 대규모 SOC 투자에 나서면서 한국의 건설노동자들이 대규모로 파견되었다. 이들은 한국보다 서너 배 높은 임금을 받아 이를 국내로 송금함으로써 외화벌이 및 경상수지 흑자에 크게 기여했다. 80년대 들어 중동 산유국들이 자국 노동자 우선 정책을 강화하면서 조금씩 쇠퇴했다.

평상시 주택 시장은 '주택건설업체 - 실수요자'로 연결되는 이원화된 유통구조를 갖는다. 그리고 시장경제 메커니즘에 의해 결정된 가격으로 거래가 이뤄진다. 주택 투자도 엄연히 주식이나 예금과 함께 전통적인 재산 3분법의 하나이다. 문제는 주택의 투자가치가 커지면 가수요가 끼어들어 거래질서를 엉망으로 만든다는 것이다. 주택 수요는 거주 목적의 실수요와 투자 목적의 가수요로 구분되는데, 가수요가 끼어들면 주택 시장의 유통구조는 '주택건설업체 - 투기꾼·복부인 - 투자자 - 실수요자' 등으로 복잡해진다.

사막의 건설현장에서 더위와 싸우며 내 집 마련의 꿈을 키운 중동 근로자들의 월급이 주택 시장으로 흘러들어왔다. 시중에 돈이 넘치고 주택 수요가 크게 늘어나면서 공급량은 턱없이 부족한 상태, 즉 수요 초과 현상이 나타난 것이다. 수요가 증가하면 집값은 오르기 마련인데, 아파트의 매력은 공급이 달릴 때 특히 돋보인다.

실수요가 뒷받침되자 투기꾼들이 부족한 주택을 가지고 농간을 부렸다. 이들은 돈벌이를 위해서 집을 사고팔면서 미등기전매를 통해 손쉽게 시세차익을 챙겼다. 그런데 선분양을 하는 아파트는 미등기전매가 이뤄질 수밖에 없었다. 몇 차례 전매되는 과정에서 프리미엄이 눈덩이처럼 불어났고 집값도 뻥튀기되었다. 중간상인을 많이 거칠수록 농산물값이 비싸지는 것과 같다.

값이 비싼 듯 싶어도 수요층이 두텁다 보니 사겠다는 사람이 많았다. 그래서 뚜렷한 이유 없이 하룻밤 사이에 수십만 원이 오르기도 했다. 투기꾼들의 등쌀에 정작 살 집이 필요한 실수요자들은 발붙일 틈이 좁아져 뒷전으로 밀렸고 프리미엄만 잔뜩 짊어지게 됐다. 결국 가수요자들은 투자라는 명목으로 실수요자의 호주머니를 털어가는 존재들인 것이다.

'꿩 잡는 것이 매'라 고삐를 늦추었던 국세청이 다시 나섰다. 아파트 분양 접수창구에 세무공무원을 입회시켜 1가구당 한 구좌에 한해서만 신청을 받으며 본인 여부를 철저히 확인했다. 1가구 1주택 우대 정책을 추진한 것이다. 여차하면 상습 투기꾼 명단도 공개하겠다고 으름장을 놓자 투기꾼들이 꽁무니를 빼기 시작했다. 돈방석이 가시방석으로 바뀐 것이다.

청약경쟁률이 뚝 떨어지며 기세가 한풀 꺾이는 듯했다. 하지만 아파트값을 크게 떨어뜨리지는 못했다. 소나기를 피하듯 잠시 숨을 죽였을 뿐이었다. 궁하면 통한다고 세금 공세가 강화되자 매매금액을 낮추어 신고하기 위해 이중계약서를 작성하거나, 사는 사람이 세금을 부담하는 조건으로 거래가 이뤄지기도 했다.

2막 4장,
전국으로 퍼져나간 열기

　당시 서울의 복덕방은 도심보다 영동, 잠실, 여의도 등 신흥 개발지역에 밀집되어 있었다. 이들은 매매를 알선해주고 받는 복비에 만족하지 않았다. 단순 중개보다는 돈이 될 만한 부동산에 직접 투자를 하기도 했는데 제 때에 물건을 잡아 돌리자면 자금이 필요했다.

　복덕방의 고객은 스폰서(후원자), 복부인, 실수요자로 나뉘는데 단골 VIP 고객인 스폰서는 물주 노릇도 했다. 싸고 괜찮은 물건이 나오면 돈줄을 쥐고 있는 스폰서에게 제일 먼저 연락하는데, 이들은 대부분 사회적 체면상 겉으로 드러나는 걸 싫어했다. 그래서 뒷전에서 돈만 대주면 복덕방이 임의로 투자해서 수익이 생기면 미리 정한 비율로 나누어 갖는 것이 통례였다. 소규모 복덕방이라도 수천만 원 정도는 금방 동원할 능력을 갖추고 있었고, 규모가 큰 복덕방은 스폰서를 십여 명씩 거느리고 있어 전화 몇 통화만 하면 일시에 수억 원의 자금도 거뜬히 동원했다.

　이렇게 동원한 자금으로 마땅한 물건이 확보되면 2차로 복부인들에게 연락하게 된다. 물건이 좋고 값이 싸면 서너 명에게 한 바퀴 돌리는 것은 식은 죽 먹기처럼 쉬웠다. 인감증명 유효기간 동안 단골고객인 복부인에게 차례로 소개해 약간씩의 프리미엄을 붙여 전매시키는 '돌려치기'가 가장 고전적인 방법이었다.

한 번 넘어갈 때마다 웃돈이 얹어져 전매차익을 남겼다. 물론 등기를 하지 않고 전매하는 수법을 사용하기 때문에 세금을 낼 리 없고, 복덕방은 전매될 때마다 중개수수료를 챙길 수 있어 도랑 치고 가재도 잡게 된다. 아니, 몇까지 갚을지도 모르겠다. 만약 단골고객이 손해를 보게 되면 반드시 만회할 기회를 만들어 주는 것이 이들의 불문율이었다.

이렇게 돌려치다가 막판에는 복덕방의 꾐에 빠져 멋모르고 뛰어든 왕초보 투자자가 있으면 여지 없이 덮어씌워 팔아치운다. 이를 '시집 보낸다'고 하였다. 또 일부 악덕 복덕방은 돈을 가지고 우물쭈물하는 세상 물정 모르는 고객에게 접근해 사탕발림으로 꼬드겨 비싼 값에 팔아먹었는데, 이를 '막차 태운다'고 했다. 막차를 타게 되면 되돌아올 수 없어 낭패를 당하게 된다. 급매물도 표적이 되었다. 다급한 사정에 일시불 조건으로 싸게 나오면 단골에게 넘겨주고 구전을 받는데 이를 '현금 박치기'라 했다. 아무튼 농간을 부리는 수법도 여러 가지였다.

아파트 투기 억제에 행정력이 집중되자 아파트보다 투자수익률이 뒤져 넘버투(No.2)가 된 단독주택으로도 불똥이 튀었다. 때마침 가을 이사철 계절풍이 불어 그동안 실수요자를 중심으로 근근히 거래되었던 단독주택 값이 하루가 다르게 올랐다.

서울 지역 아파트값이 주춤거리자 이 틈을 이용해 서울 투기꾼들이 떼 지어 부산으로 원정을 가서 분양 아파트를 싹쓸이하는 투기 바람을 일으키기도 했다. 이처럼 복덕방들이 지방 원정 투기를 일삼으며 활동 영역을 넓히자 이듬해 정부는 이들의 영업 활동지역을 제한하는 족쇄를 채우기도 했다.

한편 투기꾼들은 땅따먹기에도 열을 올려서 땅값도 올려놓았다. 서울 지하철 2호선 건설 계획 발표로 강남 지역, 특히 잠실 일대 땅값이 크게 올라 주택지의 경우 평당 10만 원을 넘어섰다. 도심보다는 외곽지역 상승률이 높았고, 열기는 지방도시로도 파급되었다. 임시 행정수도 건설 추진으로 인해 대전을 중심으로 한 중부권과 중문관광단지와 신제주지역 개발이 진행되고 있던 제주도 땅값도 이때 크게 올랐다.

이와 같이 신축 아파트에서 시작된 투기 바람은 '기존 아파트 – 단독주택 – 대도시 택지 – 지방 토지'로 이어지며 산불 번지듯 전국으로 퍼져 나갔다. 투기꾼들이 돈바람을 일으키며 국토를 점령한 것이다.

전국을 주름잡는 투기꾼들

부동산 투기 바람이 휩쓸고 지나간 지역에 가보면 숱한 얘기가 나돌았다. 정체 모를 도깨비불에 홀려 막차를 타거나 패가망신을 당해 한숨과 눈물로 얼룩진 천일야화(千一夜話)가 펼쳐지는 것이다. 투자에 정석이 없어서일까. 곳곳에서 변칙적인 수법이 난무했다. 그렇게 잊혀진 'X파일'을 공개한다.

물 말아 먹기 ▶ 장소는 변두리 신흥 개발지역. 뿌연 흙먼지를 일으키며 비포장도로를 달려온 자동차 한 대가 도로변 허름한 복덕방 앞에 섰다. 말쑥한 신사복 차림의 젊은 두 사람은 차에서 내려 망설이지 않고 문을 열고

들어갔다. 안에는 대여섯 명의 마을 노인들이 둘러앉아 화투 놀이에 정신이 팔려 있었다. 복덕방을 찾는 사람들의 발길이 끊기고 사무실 유지비도 건지기 힘들자 상당수 복덕방들은 견디다 못해 문을 닫았고, 그나마 영업을 하는 사람들은 무료함을 화투 놀이로 달랬다. 잠시 어깨너머로 지켜보던 이들이 말문을 열었다.

"요즘 경기가 어떻습니까?"

손을 놓고 있던 한 노인이 흘깃 쳐다보더니 귀찮은 듯 퉁명스럽게 대꾸했다.

"어쩌다 길을 묻는 사람들만 찾아듭니다."

몇 달째 공치고 있었기 때문에 사무실을 찾은 손님들에게도 큰 기대를 걸지 않고 있는 듯했다. 사무실이 협소해 엉덩이를 붙일 자리가 없어서 옆에 서 있던 젊은이가 나섰다.

"땅을 좀 사러 왔는데 요즘 땅금(金)은 어떻습니까?"

짧은 순간이었지만 어수선한 분위기가 멈칫하며 긴장감을 느낄 수 있었다. 그제야 상황을 판단한 노인들이 부산을 떨었다. 화투판을 한쪽으로 치우고 젊은 손님들에게 앉을 자리를 권했다. 주인으로 보이는 사람이 정색을 하며 물었다.

"어떤 용도의 땅을 찾습니까?"

"투자가치가 있는 땅을 추천해 주시죠."

순간 복덕방 주인의 머리는 빠르게 회전되었다. 젊은 손님의 옷차림과 밖에 세워져 있는 차종이 무엇인지 살펴보는 것도 잊지 않았다. 그리고 지역개발 정보를 세련된 솜씨로 브리핑하기 시작했다. 30분쯤 시간이 흘렀을까. 손님은 매물로 나온 땅을 살펴보기 위해 복덕방을 나섰다. 지난 밤에

돼지꿈이라도 꾼 것일까. 저녁 무렵 복덕방 주인은 오래간만에 계약서를 쓸 수 있었다.

다음 날 아침 일찍 운전기사를 앞세우고 찾아온 중년의 부인이 제법 덩치가 큰 임야를 망설이지 않고 매입하였다. 그런데 한 가지 이상한 것은 다른 사람들과는 달리 계약금을 듬뿍 걸고 중도금 건네는 날도 앞당겨 잡은 점이었다. 나중에야 알게 된 일이지만 해약을 못 하게 하기 위해서였다. 이후에도 매물장에 오랫동안 적혀 있던 땅들이 빠르게 팔려나갔는데, 일주일 후 복덕방에는 더 이상 팔 매물이 없었다.

이때부터 2단계 '값 올리기' 작전이 시작된다. 일당을 주고 동원한 바람잡이들이 옷을 부티 나게 차려입고 고급 승용차를 타고 복덕방을 헤집고 다니며 들쑤셔 놓는다. 한 차례 야단법석을 떨고 나면 투자 분위기가 고조되는데, 이미 매물이 자취를 감췄기 때문에 호가가 껑충 오른다.

한편 땅을 사들인 복덕방에서는 보란 듯이 자기들끼리 물건을 넘겨 치며 땅값을 올린다. 손 바뀜이 활발하게 이뤄지며 하루가 다르게 오르는 땅값을 지켜본 현지 복덕방도 '아차' 하고 무릎을 치게 된다. 하지만 때가 늦었다는 것을 직감적으로 알아차리고, 이왕 늦었으니 좀 더 두고 보자며 관망하게 된다.

여기에 가짜 개발계획 도면을 그럴듯하게 만들어 보여주고 개발 정보를 포장해 흘리면 '발 없는 말이 천 리를 간다'고 입소문이 퍼지지 않을 리 없다. 잔금을 지불할 때쯤 땅값은 턱 밑까지 오르게 되는데, 이때가 절정이다. 뭔가 낌새를 눈치채고 복덕방을 기웃거리던 지역 주민, 망원경으로 땅값 동향을 살피며 군침을 삼키던 외지 투기꾼, 머뭇거리다 혹시나 하고 뛰어든 아마추어 투자자들을 되돌아올 수 없는 막차에 태우고 재빨리 철수해

버린다. 보기 좋게 상투를 잡은 꼴이다.

도둑 한 사람을 열 사람이 잡지 못한다. 이들은 기회만 포착되면 곳곳에서 뜬금없는 바람을 일으키고 부동산값을 띄워 분위기에 현혹된 사람들에게 떠넘겼다. 이렇게 차익을 챙긴 후 또다시 한탕 할 것을 기약하며 쫑파티를 하고, 한동안 잠수함을 타고 수면 아래로 잠적한다. 마치 주식 시장의 작전 패거리와 같이, 이들은 치고 빠지는 게릴라 전술을 구사해 좀처럼 꼬리를 잡기 힘들다.

해약 붙이기 ▶ 부동산을 소개한 후 중도금을 치르기 전에 값이 크게 오를 경우, 싸게 판 원매자에게 해약하도록 꼬드겨 위약금을 챙기고 원매자가 얻는 이익을 나눠 먹는 수법이다. 주연은 악덕 복덕방이고, 조연은 원매자이며, 피해자는 중간 전매자이다. 굵직한 개발계획이 발표되어 땅값이 폭등하는 지역에서 흔히 일어나는데, 한 예를 들어보자.

원매자 A는 복덕방의 소개로 B에게 땅을 1억 원에 팔고 계약금 조로 1,000만 원을 받았다. 그리고 중도금은 20일 후에 치르기로 했다. 그런데 난데없이 개발계획이 발표되어 땅값이 오르자 B는 곧바로 C에게 1,000만 원을 얹어 팔았다. 그리고 C는 D에게 2,000만 원, D는 E에게 다시 2,000만 원을 얹어 판다. 땅값이 눈덩이처럼 불어났다. 불과 열흘 사이 네 사람을 거치면서 1억5,000만 원이 됐다. 이처럼 땅 투기 바람이 불면 사고파는 것이 순식간에 이뤄진다.

원매자 A가 중도금을 받기도 전에 땅값이 5,000만 원이나 오르자 지켜보던 복덕방이 이때쯤 슬그머니 끼어든다. 친한 F라는 사람을 내세워 E로부터 1억6,000만 원에 매입하게 하고 1,600만 원을 계약금으로 건네게

한 후, 땅을 싸게 판 원매자 A에게 이 사실을 알린다. 해약을 하면 위약금 1,000만 원을 물어주고도 5,000만 원을 벌 수 있다고 꼬드긴다. A는 솔깃해져 B에게 일방적인 해약 통보를 할 것이다.

이렇게 되면 차례로 영향을 미치는 도미노 현상이 발생한다. 땅을 처음으로 샀던 B는 계약불이행에 따른 배상금 1,000만 원을 받게 되지만, 자기가 판 C에게는 1,100만 원을 물어주어야 하기 때문에 100만 원을 손해보게 된다. C와 D는 200만 원씩 손해를 본다. 하지만 해약을 주도한 복덕방은 계약금 1,600만 원만큼 배상을 받고, 원매자가 얻는 이익도 나눠 갖게 된다. 따라서 '해약 붙이기'는 중간 전매자들을 골탕 먹이는 가장 악랄한 수법이다.

되돌려치기 ▶ 고객이 받아달라는 가격보다 싸게 팔아 차액을 챙기는 수법이다. '갑'이라는 사람이 땅을 5,000만 원에 팔아달라고 내놓고 '을'이라는 사람이 4,800만 원에 사겠다고 나설 경우 복덕방이 중간에서 농간을 부리게 된다.

두 사람 사이를 오가며 갑에게는 살 사람이 있으니 값을 조금 내려 4,800만 원에 팔도록 하고, 을에게는 물건이 좋으니 5,000만 원에 사도록 설득하는 수완을 발휘한다. 이때 갑과 을을 한 장소에서 만나게 하는 것이 아니고 다방 같은 별도의 장소에서 양쪽을 왕래하며 거래를 성사시킨다.

다음 단계는 이중계약서를 작성하는 것이다. 복덕방은 지체 없이 '병'이라는 가까운 사람을 내세워 갑과는 4,800만 원에 매수 계약을, 을과는 5,000만 원에 매도 계약을 따로 체결한다. 중도금과 잔금 지급일을 똑같이 맞추면 병은 돈 한 푼 안 들이고 땅을 샀다가 파는 격이 된다. 재주 부린 복덕방은 중간에서 손쉽게 200만 원의 차액과 함께 중개수수료까지 챙길 수 있다. 극히 일부 악덕 복덕방에서 이뤄진 거래 수법이지만 요지경 세상의 한 단면이기도 하다.

헌 집 팔고 새 집 사기

부가가치세의 과세로 기존 아파트값이 엄청나게 오르자 이에 뒤질세라 신축 아파트 분양가격도 뒤따라 오르는 모습을 보였다. 하지만 민영아파트의 분양가격을 규제할 법적 근거가 없었다. 국민주택자금을 융자받아 짓는 아파트에 대해서만 분양가격을 통제하였기 때문에 주택건설업체들은 국민주택자금 사용을 기피하면 그만이었다.

그래도 수요가 공급을 앞서고 있었기 때문에 분양 아파트는 치열한 쟁탈전을 벌일 정도로 불티나게 팔렸다. 아파트의 가격, 내부구조, 품질, 분양 조건 등에 대해서는 관심이 없었다. 주거환경보다 투자가치가 우선하였는데, 아파트에 살면서 경험을 통해 비교적 많은 정보를 얻은 사람이 많아지면서 쉽게 투자가치를 판단할 수 있었다. 가족 동반으로 구경 나온 실수요자들만이 모델하우스를 꼼꼼히 살펴보았을 뿐이었다.

당시 서울 도곡동에서 세 차례에 걸쳐 분양된 개나리아파트 분양가격을 살펴보면 다음 쪽의 표와 같다. 다섯 달 동안 분양가격이 무려 50%나 오르는 상황에서 투기꾼들을 막을 수는 없었다.

알뜰하게 살림하며 근검절약하거나 저축만 해서는 오르는 집값을 따라잡기 힘들었다. 주부들은 좁은 집을 조금이라도 넓혀 보려고 투자 대열에

▼도곡동 개나리아파트 분양가격

회차	분양 시기	평형	평당 가격
1차	1977년 4월	32평형	28만 원
2차	1977년 8월	31평형	35만 원
3차	1977년 9월	30평형	42만8,000원

뛰어들었는데, 계획은 의외로 간단했다. 타이밍이 문제였지만 살고 있는 집은 값이 많이 올랐으니 팔고 상대적으로 값이 싼 신축 아파트를 분양받으면 되는 것이다. 이는 일석이조의 효과가 있어서 '헌집 팔고 새집 사기'가 마치 유행처럼 되어 버렸다. '주테크 IQ'가 높은 세입자들은 빚을 얻어 집을 사서, 집값이 오르면 되팔아 시세차익을 챙기면서 몇 차례 이사하면 집 한 채를 마련할 수 있었다.

주거 목적 이외에도 투자가치 때문에 수요자들이 필요 이상으로 큰 아파트를 선호해서 주택 과소비 현상이 뒤따랐다. 대형 아파트일수록 프리미엄이 많이 붙었다. 융자를 안고 큰 평수를 사서 살다가 집값이 오르면 팔고 옮기는 1가구 1주택 범위 내에서의 투자도 적지 않았다.

아파트를 사고팔기만 잘해도 주테크에 성공할 수 있어 이사를 자주 해야만 했다. 1977년 한 해 동안 물가는 10% 오른 데 비해 집값은 무려 100% 올랐기 때문이다.

1978년 1월, '농민들의 재즈'인 사물놀이가 첫 공연을 한 해였다. 사물놀이 가락에 취해 어깨춤을 추어서일까. 수출 100억 달러를 달성했고 해외건설 수주도 35억 달러에 이르렀다. 이처럼 호황을 누리며 시중에 돈이 많이 풀려 물가가 불안한 가운데 '부동산에 투자를 해야 돈을 번다'는 의식은 여전히 팽배해서 엄청난 투기성 자금이 부동산 시장에 머물러 있었다.

종잣돈을 불려 나가는 가장 효과적이고 손쉬운 방법이 부동산 투자였던 것이다.

주택청약제도가 시작되다

1978년 부동산 시장은 경기도 과천에 제2정부종합청사 건립 계획이 발표되면서 시작되었다. 평당 5만 원 하던 과천의 땅값이 치솟자 정부는 이곳을 서둘러 생산녹지로 묶어야만 했다.* 아파트값도 다시 상승기류를 타기 시작했다. 분양이 안 되어 고전했던 잠실 고층아파트 34평형도 분양 가격에 가까운 800만 원의 프리미엄이 붙어 1,800만 원에 거래되었다. 땅값, 건축자재, 인건비 등 건축원가가 잇달아 오르자 아파트값 상승을 예상한 선취매(先取買)가 일었다.

아파트값이 다시 고개를 쳐들자 정부는 아파트 투기를 억제하고 넘치는 돈을 주택건설 재원으로 활용하기 위해 민영아파트 분양제도를 대폭 손질하였다. 지금도 시행하고 있는 '주택청약예금' 제도를 신설하여 가입자에게 민영아파트 분양우선권을 주기로 한 것이다. 아파트를 분양받기 위해서는 주택청약예금이나 청약부금에 가입해야만 했다.** 서울, 부산, 대구

---

* 생산녹지는 농업·임업 등을 위해 보전할 필요가 있을 경우 지정하는 도시계획상 녹지지역이다. 원칙적으로 건축물 신축, 증축, 용도변경 등이 제한되며 개발을 위해서는 허가를 받아야 한다.

** 둘다 신규 분양 아파트의 입주권을 받기 위해서는 반드시 가입해야 하는 저축 상품이지만, 주택청약예금은 한 번에 정해진 금액을 예치해야 하는 반면 주택청약부금은 매월 일정 금액을 납입해야 했다. 또한 주택청약예금은 국민주택 규모(분양면적 85㎡)를 초과하는 중대형 평형에, 주택청약부금은 국민주택 규모 이하의 중소형 평형에 청약할 수 있었다. 2015년부터 '주택청약종합저축'으로 통합되었다.

등 세 개 대도시에서 시범적으로 실시했는데, 원하는 아파트 평수에 따라 예치금액이 달랐다. 전용면적 기준으로 25평 이하는 200만 원, 26~30평은 300만 원, 31~40평은 400만 원, 41평 이상은 500만 원이었다.

아파트 분양창구도 주택은행*으로 바뀌었고, 민영아파트도 뺑뺑이 추첨 방식을 없애고 컴퓨터로 추첨하게 되었다. 이래저래 아파트를 분양받기가 점점 어려워져 갔다.

이와 함께 정부는 부동산 투기를 원천적으로 봉쇄하기 위해 세금 공세를 강화하였다. 부동산에 투자하는 사람들이 가장 겁내는 것은 세금이다. 하지만 당시에는 과세 기준이 되는 시가표준액이 낮았기 때문에 설령 세금을 내더라도 쥐꼬리만큼 내고 다시 투자를 했던 것이다.**

국세청은 부동산 관련 세금이 적은 것이 투기의 한 원인이라고 보고 토지 투기가 성행하는 지역과 서울의 여의도, 잠실, 반포, 영동 등 네 개 아파트 지구를 부동산투기지역으로 고시하였다. 그리고 이 지역에서 이뤄진 부동산 거래는 특별 세무조사와 함께 시가표준액이 아닌 시장가격을 기준으로 양도소득세를 중과세하였다.

부동산 거래에서 실수요와 가수요를 구분짓는 것만큼 어려운 일은 없다. 불확실하고 불안전한 투자를 '투기(speculation)'라고 하지만, 모든 투자에는 위험이 따르기 때문에 투자와 투기는 종이 한 장 차이라고도 한다. 그

- 1967년에 설립된 주택은행은 청약통장 제도를 운영하는 등 정부의 주택 정책을 진행하는 공공기관 성격이 강했으나, IMF 사태 이후 민영화가 추진되었고, 이 책의 초판이 출간된 후인 2001년 9월 현재의 KB국민은행으로 합병되었다. KB국민은행이 현재까지도 부동산 시세 등에 막강한 영향을 끼치는 이유도 이것이다. 이 책에서는 초판에 나온 그대로 '주택은행'으로 표기하였다.

- ● 재산세, 취득세, 등록면허세 등 지방세를 책정할 때는 실제 거래가격(시세)이 아닌 시가표준액을 기준으로 한다. 지자체가 매년 산정해서 고시하는 평가 가격으로, 국세에서 사용되는 '공시가격'과는 다르다.

러나 국세청 기준은 명쾌했다. 투기지역에서 6개월 이내에 샀다가 팔거나 미등기전매를 했을 때 여지없이 투기 행위로 간주하였다.

복부인 전성시대

펄럭이는 치맛바람도 거세졌다. 한때 초등학교를 휘저어 놓았던 치맛바람 못지 않았다. 이들의 한심한 작태를 곱지 않은 시선으로 바라보던 사람들은 복덕방을 출입하며 부동산 투기를 일삼는 부인들을 싸잡아 복부인(福婦人)이라 불렀다. 하지만 물가와 집값이 치솟는 상황에서 복부인의 등장은 우연이 아니라 필연이고, 인플레 시대의 산물이라 할 수 있다.

사회 전반에 걸쳐 나쁜 영향을 미친 복부인들의 움직임이 처음으로 포착된 것은 전선 위의 '참새 시리즈'가 유행했던 1975년이었다.* 이들은 맨션아파트가 분양되던 이촌동과 여의도, 신흥 개발지역인 영동과 잠실 등에서 모습을 드러냈는데 이들이 처음부터 복부인이라 불린 것은 아니었다. 사회적으로 문제가 되지 않았던 초기에는 '부동산 투기 부인' 또는 '토지 부인' 등으로 표현되기도 했다.

이들은 삼삼오오 짝을 지어 복덕방 주변을 어슬렁거렸는데 대부분 계(契)나 사채놀이를 하다가 인플레이션으로 화폐가치가 곤두박질치자 환물투자에 나선 유한부인(有閑夫人)들이었다. 집안일은 가정부(식모)에게 맡겨둔

---

* 참새가 사냥꾼의 총에 맞아 떨어질 때 멘트를 날리는 형식의 짧은 유머다. 예를 들어 '전깃줄에 앉았던 참새가 총에 맞아 떨어지며 하는 말은 "포수가 윙크하는 줄 알았는데…"'와 같은 것들이다.

채 밖으로 나돌았다. 핸드백 속에 고액수표를 잔뜩 넣고 자가용을 타고 전국을 누볐던 '핸드백 부대'가 바로 복부인의 전신이었다. 주로 신흥 개발지역과 아파트 분양 현장을 자기 집 드나들 듯했다. 대부분 단독 투자를 했지만 일부는 부동산 투자 클럽을 만들어 돈을 모아 공동으로 투자하여 이익을 분배하기도 했다.

반면 좁은 집을 넓혀가기 위해 아파트 분양 현장을 발이 퉁퉁 붓도록 돌아다니는 '또순이' 형도 있었다. 생활전선 최전방에 있었던 이들은 억척스럽게 생활비를 아끼거나 계를 들어 푼푼이 모은 종잣돈으로 부동산에 투자했다. 재산 목록 1호인 집을 사두면 돈이 된다는 강한 믿음을 갖고 있었다. 그러나 이처럼 살림에 보탬이 되기 위해 순수한 마음으로 뛰어들었다가 이재(理財)에 눈을 뜨면서 복부인이 되는 경우도 많았다. 욕심이 욕심을 낳는 법. 한번 발을 들여놓으면 쉽게 발 빼기가 어렵다. 그렇게 한 번 복부인은 영원한 복부인이 되었다.

복부인들의 전공은 아파트 사재기, 부전공은 땅따먹기였다. 아지트는 다방이었는데 커피 한 잔에 130원 하던 시절이었다. 애창곡인 윤수일의 「아파트」를 들으며 소일하다가 프리미엄이 듬뿍 붙을 만한 아파트가 분양되면 행동을 개시했다.

통이 큰 이 복부인들에게 콕 찍히면 그 아파트는 반드시 떴다. 공개추첨으로 분양할 경우 많이 신청할수록 당첨 확률이 높아지기 때문에 엄청난 자금을 동원, 무더기로 분양을 신청해 경쟁률을 크게 높여서 인기를 조작하였다. 그리고 당첨되면 프리미엄을 붙여 되팔아 손쉽게 전매차익을 챙겼다. 그래서 이들이 몰려 시끌벅적한 곳은 투자가치가 높다는 등식이 성립되기도 했다.

투자 수법도 갈수록 대담해졌다. 이를테면 값을 뻥튀기하여 미등기전매를 하거나, 가명으로 부동산을 사고팔아 좀처럼 노출이 되지 않았다. 또 탈세와 절세 사이를 교묘하게 넘나들며 세금 한 푼 안 내고 전매차익을 쏙싹했다.

어디 그것뿐인가. 모름지기 끼리끼리 노는 법. 초록(草綠)은 동색(同色)이라고, 악덕 복덕방과도 결탁하였다. 확실한 개발 정보가 입수되면 무리를 지어 지방으로 원정 다니며 활동 무대를 넓혀갔다. 이들의 발길이 닿는 곳마다 투기 바람이 불었는데, 특히 빨간 바지를 입고 다니는 복부인들이 유난히 극성스러웠다.*

---

* '연희동 빨간 바지'는 본래 전두환 전 대통령의 부인 이순자 씨의 별명이었다. 그녀가 70년대에 강남 지역을 누비며 엄청난 재산을 만들어 유명해지면서 '빨간 바지'는 복부인의 상징처럼 사용되기 시작했다. (프레시안 2011년 1월 16일자 참조)

2차 파동의 마무리

1978년 3월, 아파트 1번지는 이제 동부이촌동이 아니라 여의도였다. 사람들은 낡은 아파트를 수리해서 사는 것도 귀찮았지만 값이 많이 오른 동부이촌동의 아파트를 팔고 투자가치가 높은 신흥 인기지역으로 옮겼다.

아파트값은 두 달 동안 20~30% 상승하였다. 역시 희소성이 있는 대형 아파트의 상승률이 높았다. 주택청약예금 실시 후에도 신축 아파트에 대한 과열 현상은 좀처럼 수그러질 줄 몰랐다. 경쟁률은 다소 낮아졌어도 당첨되기는 여전히 쉽지 않았고, 입지조건이 좋은 아파트에는 많은 프리미엄이 붙어 거래되었다.

여의도 지역의 기존 아파트는 평수와 층에 따라 다소 차이가 있었지만 평당 90만 원 선에 거래되었는데, 여의도 미성아파트 47평형이 평당 58만 원에 분양되자 사람들이 구름처럼 몰려들었다. 평당 30만 원의 가격 차이는 당시 중산층 월평균소득보다 많은 금액이었다. 당시 도시근로자의 월평균가계소득은 20만 원 정도였다.

경쟁률은 100 대 1을 넘어섰다. 이 대열에 끼지 못하면 '팔불출'이 되었다. 신축 아파트를 분양받는다는 것은 마치 주택복권에 당첨되는 것과 같았다. 경쟁률을 뚫고 당첨되기만 하면 돈방석에 앉을 수 있어 오히려 주택복권보다 나았다.

경쟁이 치열해 당첨 확률이 낮아질수록 프리미엄은 많이 붙는 법이다. 당첨자가 발표되자 순식간에 1,000만 원의 프리미엄이 붙으며 아파트 투기가 절정을 이뤘다. 1,000만 원은 웬만한 봉급생활자가 10년을 벌어도 모으지 못할 금액이라 입이 딱 벌어질 수밖에 없었다. 국산차 1호인 '포니'가 240만 원에 팔릴 때, 불과 1년 만에 프리미엄 단위가 100만 원에서 1,000만 원대로 열 배나 껑충 뛴 것이다.

정부, 복덕방을 규제하기 시작하다

부동산 거래를 중개하는 복덕방의 역할 중 하나는 팔 사람과 살 사람 사이에서 공정하게 값을 조율하는 일이다. 이들은 집값이나 땅값의 결정에 절대적인 영향력을 행사한다.

특히 아파트값은 복덕방의 입심에 의해 좌우된다고 해도 과언이 아니다. 객관적인 기준이 없기 때문에 복덕방이 매긴 값, 즉 복덕방 시세에 의해 거래되는 것이다. 기업형 복덕방은 대학을 졸업한 직원 50여 명을 거느렸는데, 여섯 개 지점망을 갖추고 여덟 대의 자가용을 굴리면서 영업을 해 당시로서는 규모가 엄청나게 컸다.

국세청은 흙탕물을 일으키는 복덕방에 대한 세무조사를 처음으로 실시하며 복덕방 들볶기에 나섰다. 비밀거래장부를 찾기 위해 불시에 사무실을 급습, 숨바꼭질을 한 끝에 전매 과정을 추적조사할 수 있었다. 그 결과 한 사람이 1년 6개월 동안 부동산 거래를 무려 22차례나 했고, 인기 지역 아파트의 경우는 한 가구를 가지고 무려 15차례 전매한 것으로 밝혀져 서민들의 입맛을 씁쓸하게 했다. 부동산 투기가 일어날 때마다 어김없이 거론되는 복덕방에 대해 규제를 강화하자 악덕 중개업자들은 화급한 상황에서 꼬리를 자르고 도망가는 도마뱀처럼 꽁무니를 뺐다. 그러나 시간이 흐르면 꼬리가 다시 자라게 될 것이다.

한 번 당첨되면 3년 동안 신청 자격을 잃게 되는 재당첨 금지 조항이 추가되자 투자자들은 아파트를 청약하는 데 신중해졌다. 프리미엄이 많이 붙는 주거환경이 좋은 지역, 대형 아파트, 이름 있는 주택업체가 건설해서 요즘 말로 브랜드 가치가 있는 아파트를 선호하였다. 반면 입지조건이 나쁜 지역은 청약이 미달되는 양극화 현상이 나타났다.

규제를 피해 틈새시장으로 향하는 돈바람

1978년 5월, 짓기만 하면 팔려 황금알을 낳는 주택건설 사업에 대기업들이 대거 참여하였다. 연간 1,000가구 이상의 주택을 의무적으로 건설해야 하는 주택건설 지정업체가 선정되면서 아파트 공급물량이 크게 늘어났다. 그러나 건축 활동이 활발해질수록 각종 건축자재의 공급 능력은 한계에 이르렀다.

건축자재가 품귀 현상을 빚으면서 건축자재값이 오른 것도 문제지만, 무엇보다 주택건설 자체가 어려움을 겪게 되는 게 문제였다. 특히 시멘트 파동까지 겹치자 정부는 건축허가를 선별적으로 제한해야만 했다. 그러면서 40평이 넘는 아파트의 건축 규제 조치가 내려지자 희소가치가 있는 대형 아파트가 빛을 발하며 여세를 몰아 평당 100만 원 고지를 점령하였다.

이렇게 강남 지역 아파트에서 또다시 불기 시작한 투기 바람은 한강을 건너 북상하였다. 단독주택이 밀집되어 있는 강북 지역 집값을 투자자들이 휘젓자 강남 지역을 뺨칠 정도가 됐다. 돈바람은 방향을 바꿔 외곽지역으로 향했다.

아파트와 단독주택값에 비해 상대적으로 저렴한 연립주택도 관심의 대상이 되기 시작했다. 아파트의 평당 분양가격은 60만 원선인 데 비해 연립주택은 절반 수준을 맴돌자 투자의 표적이 된 것이다. 당시 연립주택은 땅값이 싼 변두리 지역에서 영세한 주택업체들에 의해 대부분 2층으로 지어졌다. 값은 2층보다 1층이 약간 비쌌고, 출입구가 가구별로 따로 나 있는 연립주택이 선호되었다.

단독주택과 아파트를 절충한 중간 형태의 주택이기 때문에 내부구조는 아파트와 비슷하였으나 대부분 20평 정도의 소형으로 지어졌고, 연탄난방을 했으며, 생활환경도 뒤떨어져서 서민층이 사는 곳이라는 인식이 있었다. 하지만 돈바람이 휩쓸고 지나가자 아파트에 밀려 찬밥 신세를 면치 못했던 연립주택값마저 고삐가 풀려 버렸다. 연립주택경기가 이보다 더 좋을 순 없었다.

미등기전매 근절을 위한 초강수 '8.8조치'

1978년 7월, 지금도 최고의 아파트로 꼽히는 압구정동 현대아파트 80

평형이 평당 62만 원에 분양될 무렵, 결국 말썽이 일어나고 말았다. 문제가 된 압구정동 현대아파트는 현대그룹 계열사인 한국도시개발이 지은 것으로, 원래는 사원용으로 950가구를 지었다. 그 가운데 350가구만 사원들에게 분양하고 나머지 600가구를 사원이 아닌 행세깨나 하는 공직자들에게 나눠준 것이 사건의 발단이었다.

아파트를 분양받기가 하늘의 별 따기인 시대인데, 이유야 어떻든간에 사원들에게 분양해야 할 아파트를 빼돌렸다는 데 문제가 있었다. 분양평형도 사원용이라 하기엔 규모가 큰 35평형, 48평형, 52평형, 65평형이어서 뇌물로 준 게 아니냐는 의심을 샀다. 더욱이 평당 44만 원에 분양된 아파트의 시세가 평당 90만 원으로 올라 있었기 때문에 이 사건은 세상을 떠들썩하게 만들었다. '빙산의 일각'일 것이라는 여론 속에 현대아파트 특혜분양 수사 결과가 발표되었다. 분양받은 사람이 실수요자인지, 투자 목적으로 아파트를 분양받은 것인지가 처벌 기준이어서 팔았거나 전세를 준 50여 명이 애꿎은 희생양이 되었다.

현대아파트 특혜분양 사건 이후에도 정부의 부동산 투기 뿌리 뽑기 파상공세는 계속되었다. 서울 강북과 수도권 지역을 부동산 투기지역으로 추가 고시했고, 토지 소유 상한선을 설정하여 소유를 제한하려는 움직임도 일었다. 또 토지공개념 제도˚ 도입 여부도 신중히 검토하기에 이르렀다.

서울시도 가만있지 않았다. 아파트 분양가격이 평당 70만 원에 이르자 아파트 목에 방울을 매달아 놓았는데, 상한선을 정해놓고 사업승인 내용에

● 공공의 복리를 위해 사유재산인 토지의 소유 및 이용을 제한할 수 있다는 개념으로, 한국에서는 1972년 박정희 정권에 의해 처음으로 헌법에 포함되었다. 구체적인 법령이라기보다는 그 법을 만들기 위한 원칙으로 농지개혁, 그린벨트, 초과이익환수, 종합부동산세 등의 제도가 이를 근거로 한다.

분양가격을 포함시켜 통제하기 시작했다.

소 잃고 외양간을 고치는 격이었지만, 고삐 풀린 망아지처럼 길길이 날뛰는 부동산값을 잡고자 다각적인 조치를 취했으나 실효가 없자 고삐잡이인 정부는 결국 큰 칼을 뽑아들었다. 시장 에너지가 워낙 강해서 국세청의 세금 공세만으로는 역부족이라고 판단한 것이다. 부동산에 기생하는 복부인과 투기꾼들이 투기를 해서 이익을 본 만큼 손해를 보게 만들어서 본보기를 보여줄 필요가 있었다.

가을 이사철 턱밑인 8월이었다. 강력한 '부동산 투기억제 종합대책(8.8조치)'이 발표되기에 이르렀다. 주요 내용을 살펴보면 이렇다.

- 양도소득세 기본 세율을 인상하고(건물세율 30% →50%), 2년 이내의 단기 거래는 70%, 미등기전매는 100% 중과세
- 토지거래 허가 및 신고제 도입 추진
- 인감증명 유효기간을 3개월에서 1개월로 단축
- 공한지세율 누진 적용

일순간 부동산 시장이 숨을 죽였다. 미등기전매를 뿌리 뽑기 위해 가혹할 정도로 높은 세율을 매기자 들떠있었던 투자 분위기가 가라앉으며 부동산경기가 폭삭 주저앉았다.

아닌 밤중에 홍두깨 봉변이었던 8.8조치는 히로시마에 원자폭탄을 투하해 일본으로부터 무조건 항복을 받아낸 것 같은 엄청난 위력이 있었다. 부동산 거래는 올스톱 상태에 빠져 버렸고 매물이 쏟아져 나왔다. 투기꾼들은 사들였던 아파트를 빨리 팔아버리기 위해 헐값에 손절매를 해야만 했다.

막차를 탄 사람들의 고충은 이만저만 아니었다. 욕심이 화를 부른 것이

다. 중도금이나 잔금의 준비 없이 계약금만 가지고 투자를 했던 사람들은 하루아침에 날벼락을 맞고 넋을 잃었다. 뒤늦게 발을 동동 굴러봐야 소용없었다. 군중심리에 휩쓸려 무작정 뛰어들었다가 뒷감당을 하지 못해 금쪽같은 계약금을 고스란히 날리기도 했다. "너 자신을 알라." 철학자 소크라테스가 한 말이지만 머니 게임의 법칙 제1조이기도 하다.

값을 내려도 거래가 안 됐다. '혹시나' 이사철이 되면 회복될까 하고 기대하였으나 '역시나'였다. 이따금 복덕방을 찾는 사람들도 해약을 하거나 빨리 처분하려고 독촉하는 사람들뿐이었다. 회복 기미가 보이지 않자 매물은 계속 쌓여만 갔다.

극성스럽게 설쳐대던 복부인들은 미련을 버리고 하나 둘 뿔뿔이 흩어졌다. 하지만 은퇴를 선언한 건 아니고, 언젠가 '컴백'할 것임을 암시했다.

2차 파동을 돌아보며

'2차 파동'은 1976년의 주택경기 침체로 건축원가 상승 요인을 분양가격에 제대로 반영하지 못해 시작되었다. 아파트가 1974년에 평당 30만 원에 분양되었으나 3년째 제자리걸음을 하고 있었다.

1977년 봄 이사철 분양가격 인상에 따른 아파트값 상승을 예상한 복부인들의 전신 핸드백 부대는 신축 아파트에 붙는 프리미엄 따먹기에 나섰다. 신축 아파트는 주식 시장에서 신주(新株)를 공모하는 것과 같아서 분양만 받으면 짭짤한 시세차익이 보장되었다. 이때만 해도 신축 아파트에 붙은 혹(프리미엄)이 작아 응급실(?)인 국세청에서 수술하면 충분히 제거할 수 있었다.

그런데 1977년 7월 부가가치세의 과세가 기폭제가 되어 기존 아파트값이 한두 달 사이에 50% 오르자 환금성이 좋은 아파트가 폭발적인 인기를 끌며 '아파트 신드롬'이 일어났다. 아파트 분양가격도 이에 뒤질세라 따라 올랐는데 공교롭게도 인상요인이 계속 발생하였다. 집값의 3대 요소인 땅값·건축자재값·인건비의 상승뿐만 아니라 비물가요인까지 겹쳐 인상 속도가 매우 빨랐다.

아파트값이 물가상승을 뒤따르는 것이 아니라 오히려 물가상승을 주도하는 느낌마저 주었다. 분양가격이 계단식으로 오르는 에스컬레이션 현상(escalation, 상승)*이 나타나자 '내 집을 가져야 한다'는 집착이 강해졌다. 내 집도 마련하고 집값 상승의 엘리베이터에도 무임승차할 수 있기 때문이다. 실수요가 뒷받침되자 가수요가 더욱 기승을 부리며 상승기류를 타기 시작했다. 기존 아파트와 신축 아파트의 가격 차이가 많이 나서 투기꾼들이 놀기 좋은 투자환경이었고, 아파트가 재산 증식의 수단이자 도구가 되고 말았다.

여기에 중동 근로자들의 송금으로 오일달러가 쏟아져 들어와 외환 인플레이션이 발생하였다. 시중에 돈이 넘치고 소득 증가로 주머니가 두둑해져 주택에 대한 절대수요가 크게 늘어났으나 공급량은 턱없이 부족했다.

분양 시장에서 시작된 투기 바람은 한강변과 강남 지역의 기존 아파트값을 휘저어놓고, 한강을 건너 넘버투(No.2)인 단독주택이 밀집된 강북 지역으로 북상하였다. 그리고 방향을 바꿔 이번엔 넘버쓰리(No.3)인 연립주택이 모여 있는 외곽지역을 찍고, 대도시 택지와 지방 토지 시장을 차례로 휩쓸고 지나갔다.

기존 아파트가 앞에서 끌고 신축 아파트가 뒤에서 밀며 아파트값이 가파른 오르막길을 잘도 올라갔다. 아파트 1번지가 동부이촌동에서 여의도로 바뀌었고, 평당 35만 원에 거래됐던 기존 아파트값이 1년 6개월 만에 평당 110만 원까지 올랐다. 잠실 고층아파트 34평형은 2,800만 원까지

● 분양가격이 계단식으로 오르는 이유는 분양이 순서대로 이뤄지기 때문이다. 먼저 분양된 아파트가 완판되면 다음에 분양하는 건설회사는 이를 기준으로 분양가를 높게 책정하고, 그래도 완판되면 다음 건설회사는 분양가를 조금 더 올리는 식이다.

올라 2년 동안 무려 180% 상승했다. 몇 년에 걸쳐 올라야 할 아파트값이 일순간 한꺼번에 올라 소득 수준에 비해 집값이 훨씬 비싸게 되었다. 땅값도 크게 올라 전국에서 가장 비싼 서울 명동 땅값이 평당 600만 원에서 1,000만 원이 되었고, 강남 지역 택지가격은 평당 30만 원을 호가했다.

네 번에 걸쳐 아파트값이 오른 '2차 아파트값 파동'은 결국 자율적인

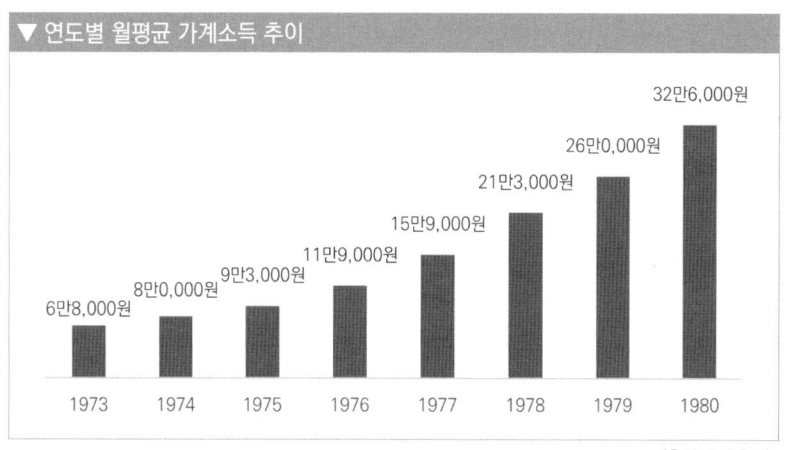

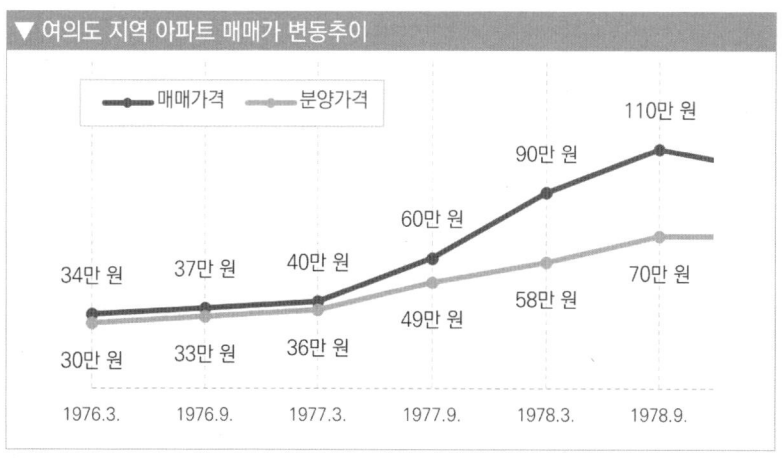

시장 기능에 의해서가 아니라 정부의 강력한 행정적 규제로 '2막 4장'의 공연을 마치고 쉼표를 찍게 되었다. 산이 높으면 골도 깊다고 했는데 그렇지 않았다. 다행인지 불행인지 수직하락은 면할 수 있었다. 하지만 집 없는 서민들의 내 집 마련 꿈은 가도 가도 안 잡히는 무지개처럼 멀어져 갔다.

이와 같이 '2차 파동'은 중동특수를 누리며 구매력을 지닌 유효수요가 크게 증가하면서 자생적으로 발생했고, 복부인의 치맛바람에 휘말려 1년 6개월 동안 진행되며 전국을 휩쓴 '대(大)파동'이었다.

{ insight }
떴다방, 그들은 누구인가

분양권 전매가 허용되면 목 좋은 곳에 아파트가 분양될 때마다 어김없이 떴다방(이동 중개업자)들이 들끓는다. "떴다 떴다 아파트~ 날아라 날아라~ 하늘 높이 날아라~" 떴다방 행진곡(?)이 울려 퍼지면 모델하우스 근처는 돈이 될 만한 분양 현장을 찾아 부평초처럼 이리저리 떠돌아다니는 떴다방들의 파라솔로 뒤덮이는데, 떴다방들도 목 좋은 자리를 차지하기 위해서는 파라솔을 펼쳐놓고 밤을 꼬박 새워야만 한다.

떴다방이란 소속된 곳이 없이 이리저리 떠돌아다니는 중개인들을 말한다. 해방 이후 시행해온 야간통행금지 제도가 1982년에 폐지되면서 수도권에서 아파트와 연립주택이 조심스럽게 분양되었는데, 생각만큼 팔리지 않자 부녀자들을 판촉요원으로 고용해 수요자를 유치해야만 했다. 주로 전철역 광장에 파라솔을 펼쳐놓고 가슴에 분양을 알리는 띠를 두르고 판촉 활동을 했다. '역전 아줌마'로 불렸던 이들이 요즘 모델하우스에서 활동하는 떴다방의 원조인 셈이다.

비슷한 시기에 서울의 아파트 분양 현장인 모델하우스에는 복덕방 영업사원인 '판돌이'들이 북적거렸다. 떴다방 복덕방은 키 크고 잘 생기고 넉살이 좋을 뿐만 아니라 화술이 뛰어난 직원들을 채용해서 아파트 거래가 이뤄지는 최전방인 모델하우스에 파견하였다. 이들은 고객을 확보하고 정보를 수집하기 위해 모델하우스를 장악했는데, 명함을 한 움큼씩 들고 있다가 방문객들에게 건네며 "당첨되면 좋은 값에 팔아 드릴 테니 연락하세요"라는 호객행위를 했다. 평범한 가정주부에게도 비위를 맞추기 위해 '사모님'이란 호칭을 남발한 탓에 이 호칭이 서비스 언어로 평가절하되기도 했다.

투기 바람이 한바탕 휩쓸고 지나간 후 주택경기가 침체되자 떴다방도 생존을 위해 차츰 진화하였다. 아파트 분양 현장에 봉고차를 동원하거나, 천막까지 설치해 놓고 영업하는 떴다방들이 등장해 호객행위를 하며 극성을 부렸다. 이들은 거품을 몰고 다녔다. 한몫 잡기 위해 과장된 소문을 퍼뜨리며 바람을 잡았다. 청약경쟁률을 부풀려야 떡고물을 챙길 수 있기 때문에 분위기를 띄우는 것이다. 분양권 시세는 당첨자를 발표할 시점에 오르고, 계약 시점이 되면 떨어진다. 이 점에 착안하여 프리미엄을 부풀어 오르게 만든 다음, 집이 꼭 필요한 실수요자들의 주머니를 털어갔다.

사서 곧바로 되파는 '벼락치기'와 '당일치기' 거래를 통해 세금도 없는 불로소득을 챙겼다. 또, 불법적인 통장 거래를 일삼으며 분양 질서를 어지럽히기도 한다. 아파트를 선착순으로 분양하는 경우는 더 했다. 청약 자격에 특별한 제약이 없어 수백 명이 밤샘 줄서기를 한다. 청약통장이 필요치 않아서 계약금만 가지고 운 좋게 당첨되면 미련 없이 즉석에서 웃돈을 받고 팔아치울 수 있어 밑져야 본전이기 때문이다.

이처럼 떴다방은 재미있는 영화가 개봉되어 입장권이 매진되면 웃돈을 얹어 파는 극장의 암표상들과 같다. 분양 현장이 만원 사례가 되어 사람들이 북적북적해야 활동할 수 있는 존재들인 것이다.

제4장

아파트값 3차 파동
(1982 ~ 1983)

'3차 파동'은 약간 엉뚱한 곳에서 시작되었다. 사채시장에서 경제 지진이 일어난 것이다.
"경제는 유통이다"라고 큰소리를 친 '장여인 어음 사기 사건'으로 금융시장이 쑥밭이 됐다.
건국 이래 최대 경제 사건을 수습하기 위해 정부는 많은 돈을 풀었고,
금리도 한 자릿수로 대폭 낮추어 처음으로 저금리 시대를 경험하게 되었다.

3차 파동의 배경

　모든 일에는 다 정해진 때가 있지만, 해마다 연초엔 장님 코끼리 만지는 격이라 해도 조심스럽게 부동산 경기를 점쳐보게 된다. 앞으로의 경기 흐름을 예측한다는 것은 날씨를 예측하는 것보다 훨씬 어렵다. 그런데 1979년도 부동산 경기는 예측하기가 어렵지 않았다. 성급하게 "부동산에 투자해 한몫 잡던 시대는 종쳤다"고 말하는 사람도 있었다. 그러나 국민들 의식 속에 깊이 뿌리 박혀 있는 한탕주의가 쉽사리 사라질 것 같지 않았다.

　집값이 덜미를 잡혀 투자가치를 잃자 복부인도, 뭉칫돈도 썰물처럼 빠져나갔다. 더 이상 머무를 이유가 없었던 것이다. 겉으론 평온을 되찾은 듯했지만 장밋빛 꿈은 사라지고 회색빛 악몽만 가득했다. 돈 바람이 휩쓸고 지나간 자리마다 많은 생채기가 남았기 때문이다. 갈 곳 없어 우왕좌왕하던 일부 투기성 자금이 골동품 시장으로 흘러들어가 골동품값을 크게 올려 놓은 것도 이때였다. 제 버릇 어디 가겠는가.

　1979년 1월, 약효가 빠를수록 부작용도 컸다. 복부인이 사라진 주택시장은 썰렁했다. 마치 북적거리는 잔치가 끝난 후 휑하니 찾아오는 적막한 분위기였다. 복덕방마다 가수요자들이 내놓은 매물이 잔뜩 쌓여 주택경기가 쉽게 회복될 것 같지 않았다. 일시적으로 공급과잉 현상이 나타나 전세가가 매매가의 25% 선까지 떨어지기도 했는데, 그만큼 집값을 밀어올리는 시장 에너지가 약해졌다는 것을 의미했다.

아파트 품질은 오히려 좋아졌다

주거환경과 학군이 좋은 여의도 지역을 제외한 모든 아파트값이 하락세를 보였지만 그렇다고 크게 떨어지진 않았다. 물가가 꾸준히 오르고 있어 집값 하락의 버팀목 역할을 했다. 그래서 집값이 원래 자리로 돌아가는 요요현상은 나타나지 않았다.

집값이 제법 떨어졌으나 감히 사겠다고 나서는 사람들이 없었다. 살 사람은 값이 더 떨어지기를 기다리는 눈치였으나 집주인은 세금이 무서워 특별한 사정이 없는 한 팔려고 하지 않았다. 정상적으로 세금을 내고 부동산 거래를 한다는 것은 거의 생각할 수 없는 일이었다. 양도세율이 워낙 높아 매매차익의 거의 전부를 세금으로 내야만 했다.

황새와 뱁새의 걸음걸이 차이만큼이나 소득 수준에 비해 아파트값이 저만치 앞서갔다. 내 집 마련 수요자들은 적극적인 자세를 보이지 않았다. 인기 지역을 조금만 벗어나도 분양이 잘 안 됐다. 한강변 일대에서만 수요가 맴돌았고 지명도가 높은 주택건설업체에 대한 집중도, 즉 '브랜드 파워'가 점점 커졌다. 따라서 차별화와 양극화가 이뤄졌는데, 위치가 좋고 믿을 만한 주택업체가 지은 아파트를 제외하고는 별다른 매기가 없었다.

신문에는 아파트 분양 광고가 가득했고 프리미엄도 뚝 떨어졌다. 선착순 분양을 해도 청약 미달 사태를 빚었고, 재분양을 해 보지만 결과는 마찬가지였다. 궁여지책으로 '골라 골라'를 외치며 밑지고 파는 떨이 세일을 해야만 했다. 할인판매, 할부판매 등 다양한 판매 방법을 동원해 분양가격을 변칙적으로 낮추고 품질은 높였지만, 미분양 아파트는 좀처럼 줄어들지 않았다.

들떠 있던 분위기가 차분히 가라앉자 실수요자의 눈높이가 높아졌다. 주변 생활환경과 아파트 내부구조, 마감재 등에 이르기까지 아파트를 고르는 기준이 무척 까다로워졌다. 그래서 주택경기가 침체될수록 주택 품질은 좋아지게 된다.

전용면적 비율도 꼼꼼히 따졌다. 분양면적은 전용면적과 공유면적을 합친 것인데 공유면적은 엘리베이터·계단·지하실·복도 등 공동 이용 시설이 차지하는 면적을 가구 수로 나눈 면적이고, 전용면적은 입주자들이 실제로 사용할 수 있는 개별 공간이다. 5층짜리 아파트가 주종을 이룰 때에는 전용면적 비율이 90% 이상 되는 아파트가 많았으나 아파트가 고층화되면서 차츰 낮아져 80%대로 떨어졌다. 그리고 짓기만 하면 팔리는 아파트값 파동을 두 차례 겪으면서 분양면적이 부풀려지기도 했다. 같은 평수의 아파트인데도 전용면적이 각기 달라 조금이라도 넓게 살기 위해 실속을 챙겼다. '봉'이었던 수요자들이 깐깐해진 것이다.

또 한 가지 변화는 여의도에서 아파트가 분양되면서 학군이 아파트 선택 기준에 포함된 것이다. 가장의 권위가 우선하던 때에는 출퇴근 시간에 쫓기면 생활에 여유가 없게 된다며 남편 직장 근처에 집을 마련했으나, 차츰 자녀의 교육환경을 중요하게 생각했다. 공자 왈 "농사는 1년을 보고 짓지만 자식 교육은 10년을 내다보라"고 했다.

'5일 춘몽'으로 끝난 재당첨 금지 해제

1979년 3월, 이사철이 실종되었다. '손'이란 귀신은 동서남북을 이틀 간격으로 돌아다니며 사람들에게 해코지를 하고 음력 아홉 번째 날과 열 번째 날은 하늘로 올라간다고 한다. 사람들은 액운을 피하기 위해 '손 없는 날'을 택해 이사를 했다. 그런데 바야흐로 아지랑이 피어오르는 봄날인데 살고 있는 집이 팔리지 않아 꼭 이사를 해야 할 사람들마저 발이 꽁꽁 묶였다. '손'이란 귀신도 별 수 없이 손을 놓고 있었다.

주택건설의 이정표 역할을 하는 분양률도 갈수록 낮아져 50%를 밑돌았다. 미분양 아파트가 반년 만에 8,000여 가구가 쌓여 주택건설업체들이 자금난에 시달렸고, 자금 회전이 안 돼 사업을 연속해 나가는 데 영향을 주었다. 모델하우스를 찾는 사람의 숫자마저도 분양 가구에 미달되자 사업계획을 축소해야만 했다.

주택 공급에 차질을 빚을 우려가 생기자 숨통을 어느 정도 열어 줄 필요가 있었다. 그래서 규제의 고삐를 늦추지 않던 정부는 조심스럽게 재당첨 금지 규정을 폐지하였다. 한 번 당첨되면 3년 동안 아파트 분양을 신청할 수 없도록 한 규정을 푼 것이다.

그런데 주택 시장에는 미련을 버리지 못하고 있던 복부인들이 있었다. 걸림돌이 치워지자 이들은 기다렸다는 듯이 몸풀기에 나섰고, 잽싸게 미분양 아파트를 무더기로 사들였다. 아파트값 상승을 예상한 것이다. 실제로 사재기로 매물이 바닥난 일부 지역에서 아파트값이 오르기 시작했는데 모든 것이 일순간에 이뤄졌다.

복부인들이 물 만난 고기처럼 행동을 개시했다는 소문에 관계 당국이 황급히 거래동향조사에 나섰다. 곳곳에서 투기 조짐이 포착되자 곧이어 복부인 출현 경계경보가 내려졌다. 자라 보고 화들짝 놀란 가슴 솥뚜껑 보고 놀란다고, 정부는 다시 강경해져서 불과 닷새 만에 재당첨 금지 규정 폐지를 없던 일로 했다. 아무래도 시기상조라 판단하고 식언(食言)을 한 것이다.

얼마 후 국세청장이 허름한 잠바 차림으로 여의도와 잠실 등 아파트 밀집 지역의 복덕방을 두루 돌아본 사실이 알려졌다. 백문(百聞)이 불여일견(不如一見)이라 부동산 경기가 어떻게 돌아가고 있나 직접 살펴보기 위해 시골 영감으로 가장해 투기 현장을 암행 시찰한 것이다. 그런데 "세금은 빠져나갈 구멍이 얼마든지 있으니 걱정할 것 없다"며 떠벌리는 복덕방의 교묘한 탈세 수법을 들었을 때는 기가 막혔을 것이다.

1979년 7월, 한 해의 허리가 꺾였다. 중동특수가 끝나갈 무렵 터진 '율산그룹 부도 사건'으로 시중엔 돈이 돌지 않았다.˙ 실물경기가 침체에 빠져 있었는데, 엎친 데 덮친 격으로 '2차 오일쇼크'마저 호되게 불어 닥쳤다. 원윳값이 큰 폭으로 오르자 국가 경제가 휘청거렸다. '아껴 쓰고, 나눠 쓰고, 바꿔 쓰고, 다시 쓰는' 소비 절약 바람이 불었다. 하지만 시간이 흐를수록 경기침체가 가속화되며 스태그플레이션이 또다시 발생하였다.

소득 감소와 고용 불안으로 투자심리가 위축되며 주택 시장에도 한파

• 율산그룹은 신선호 회장이 27세에 자본금 100만 원으로 설립한 건축자재 기업으로, 중동특수를 타고 3년 만에 1억6,500만 달러 수출의 신화를 만들었다. 수출을 장려했던 박정희 정권으로부터 각종 특혜를 받았으나, 과도한 부채로 기업 자체는 매우 부실했다. 그 와중에 사우디아라비아에서 규정 위반으로 벌금을 받은 사실이 국내에 와전되면서 기업 신뢰에 금이 갔고, 채권자들이 부채를 회수하자 자금난에 빠졌다. 여기에 업무상 횡령 및 외환관리법 위반 등으로 신 회장이 구속수감되자 기업은 순식간에 와해되었다. 일각에서는 정권에 밉보인 탓에 기업회생이 백지화된 것 아니냐는 추측도 있는데, 어쨌든 4년간의 짧았던 율산그룹 신화가 70년대 정경유착 구조를 상징적으로 보여주었다는 데에는 큰 이견이 없다.(조세금융신문 2019년 11월 23일자 참조)

가 몰아쳤다. 각종 건축자재값이 올라 분양가격 인상이 불가피했음에도 불구하고 아파트값이 오를 기미가 전혀 보이지 않았다. 실물경기가 호황일 때 발생한 1차 오일쇼크 때와는 달리 기존 아파트값은 여의도 지역을 제외하고 8.8조치 이전보다 20~30%가량 떨어졌다.

침체기에는 하방경직성(下方硬直性)이 강해 하락 폭이 작고, 상승할 때는 제일 먼저 상승할 뿐만 아니라 탄력을 받아 상승률도 높은 것이 아파트 1번지인 여의도다. 아파트값이 떨어지는 와중에도 꿋꿋하게 버틸 수 있었던 여의도 지역은 평당 100만~120만 원 선을 유지했다. 하지만 한때 평당 100만 원까지 올라갔던 압구정동 현대아파트는 90만 원을 밑돌았다. 잠실 고층아파트도 평당 85만 원에서 70만 원 선으로 떨어져 하락폭이 컸으나 거래는 거의 이뤄지지 않았다.

실시 한 달 만에 3만6,000명을 넘어선 주택청약예금 가입자도 이제는 고작 3,000명. 주택경기가 바닥에 떨어져 있음을 말해주었다. 거래가 없어 사무실 유지비도 건지기 힘든 형편에 견디다 못해 문을 닫거나 다른 업종으로 간판을 바꿔 다는 복덕방이 늘었다.

불황 속 짧은 들썩임

1980년 1월, 일본 소니사(Sony社)가 헤드폰을 끼고 움직이며 음악을 들을 수 있는 워크맨을 개발했고, 홍콩영화 「취권」이 개봉되어 코믹 쿵푸 바람을 일으켰다. 정부는 깊은 수렁에 빠진 경제를 살리기 위해 외국 돈과 바꾸는 비율인 환율을 대폭 인상하고 금리도 연 24%로 올렸다. 그러나 이는 그렇지 않아도 석윳값이 크게 올라 불안해진 물가에 날개를 달아준 격이었다.

주택경기는 의외성을 갖고 있다. 실물경기와 밀접한 관계가 있지만 가끔 생각지도 못했던 정책 변화로 투자가 활발해지기도 한다. 일반적으로 물가가 오르면 환물심리와 구매력이 약해지는 현상이 동시에 발생하는데 물가상승폭이 커질수록 환물심리가 강하게 작용한다.

각종 물가가 연쇄적으로 오르며 아파트 분양가격도 20% 정도의 인상요인이 발생하였다. 집값이 들썩거리자 내 집 마련을 준비하던 사람들이 당황하여 서둘러 매입에 나섰다. 찬스에 강한 복부인들도 끼어들었으나, 아뿔싸, 한발 늦었다. 팔 사람들이 눈치 빠르게 매물을 거둬들였기 때문이다. 이 틈에 서울에 쌓여 있던 미분양 아파트 4,000여 가구가 거의 다 팔렸다.

분양가격을 통제해오던 서울시도 민영아파트 분양가격 상한선을 국민주택규모(전용면적 25.7평 이하)는 평당 90만 원, 국민주택규모 초과는 평당 96만 원으로 인상하였다. 기존 아파트값도 평당 10만~20만 원씩 올라 웬만한 아파트는 평당 100만 원을 넘어서며 1978년 8월의 최고 시세를 훌쩍 뛰어넘었다. 인기 지역은 평당 150만 원을 호가해, 한 채에 1억 원이 넘는 대형 아파트가 등장한 것도 이때였다.

때마침 서울시청의 서초동 이전 계획까지 발표되어 투자 분위기가 무르익었다. 서초동 꽃마을 일대 땅값이 크게 오르며 '강남 1번지'가 되는 듯했다. 부동산 경기가 되살아나는 듯하자 관계 당국은 바짝 긴장하였다. 투기조사반을 편성하고 세금 한 푼 안 낸 채 시세차익을 꿀꺽하는 미등기전매에 대한 세무조사를 강화하는 등 분주하게 움직였다.

1980년 3월, 기존 아파트값이 어느 정도 오르자 분양가격이 통제되는 신축 아파트와의 가격 차이가 평당 20만 원 이상 벌어져 양극화 현상이 나타났다. 따라서 값이 오른 기존 아파트를 매입해봐야 별 소득이 없다고 판단한 사람들의 관심이 분양 시장으로 쏠렸다. 주택경기지표로 활용되는 주택청약예금 가입자도 증가해 1만 명에 육박하고 있었다. 입지조건이 좋은 신축 아파트에 프리미엄이 붙어 거래되자 주택청약예금 통장에도 1,000만 원의 프리미엄이 얹어졌다.

그러나 오래 가지 못했다. 석 달도 못 가 발병이 난 것이다. 광주민주화운동이 일어나 정국이 불안했기 때문에 투자심리가 다시 위축되었다. 사회 분위기가 뒤숭숭해 불확실성이 지배하던 시대였다. 투자환경이 높은 은행금리를 따라잡기 힘들자 집값이 하락세로 돌아섰다. 당시 지역별 아파트 시세를 살펴보면 이렇다.

여의도 지역 : 평당 140만~160만 원
반포 지역 : 평당 100만~120만 원
영동 지역 : 평당 100만~130만 원
잠실 지역 : 평당 80만~100만 원

같은 지역에서도 아파트값이 들쭉날쭉하자 가격이 낮게 형성된 아파트 단지 주민들은 반상회에 모여 "아파트를 얼마 이하로는 팔지 말자"며 담합을 하기도 했다.

1980년 12월, 고대하던 컬러TV 방송이 시작되어 세상을 총천연색으로 바라볼 수 있게 되었다. 주택 시장에서는 거래가 끊기자 가격이 비슷한 부동산을 서로 바꿔치기하는 변칙적 거래 방식이 등장하였다. 이른바 물물

교환 형식이었다. 그러나 주로 덩치가 커 매각이 힘든 토지나 상가건물 등이 교환 대상 매물로 나와서 원하는 물건끼리 짝을 찾기도, 거래조건을 맞추기도 쉽지 않았다. 하지만 혹시나 하는 기대감에 최후의 거래 수단으로 이용되었다.

주택경기가 침체되면 세금도 세일을 한다. 정부는 세금 부담 때문에 움츠러들었던 주택 거래를 촉진하기 위해 양도소득세율과 과세표준을 두 차례에 걸쳐 대폭 완화하고, 그것도 부족해 한시적으로 탄력세율을 적용해 세금을 감면해주었다.* 그러나 주택 시장은 별다른 반응을 보이지 않았다. 실물경기가 침체되어 투자심리를 자극하지 못했던 것이다. 미분양 아파트가 쌓인 가운데 한 해가 저물어 갔는데 1980년에는 70년대 들어 처음으로 마이너스 성장률을 기록한 해였다.

주택임대차보호법의 탄생

1981년 1월, 예년에 비해 봄 이사철이 일찍 시작되었다. 1년 중 이맘때가 전셋값이 가장 낮았지만, 새 학기 시작 전에 교육환경이 좋은 곳으로 미리 옮기려는 사람들이 많아져 이사철이 조금씩 앞당겨지고 있었다. 이처럼 방학을 이용해 이사하려는 사람들에 의해 주택 시장이 서서히 움직였다.

1월은 봄 이사철을 앞두고 계약이 이뤄지는 시점이다. 설 연휴 이후 본

● 양도소득세율은 1978년 개정을 통해 기본 50%(2년 미만 보유 시 70%)로 변동되었고, 1981년에는 탄력세율제를 한시적으로 적용하면서 2년 미만 보유 시 35%, 2년 이상 보유 시 25%로 낮춰졌다.

격적인 이사철이 시작되는데 겨우내 움츠렸던 주택 시장이 활기를 띠며 매수자와 매도자 모두 가격 탐색전을 벌이게 된다. 집단적으로 비슷한 평형을 찾는 예비 신혼부부들과 기업의 정기 인사이동까지 겹쳐 주택경기가 발돋움하는 것이다.

이사철이 끝나면 매물이 쌓이는 것은 당연한 현상이다. 여름 장마는 주택 시장에 악재로 작용하는데, 열대야와 찜통더위에 지쳐 산과 바다로 도시 탈출 행렬이 이어지면 집값도 더위를 먹는다. 하지만 비수기는 내 집 마련 수요자들에게는 매입 적기이다. 매물이 많아 싼값에 입맛대로 고를 수 있기 때문이다.

코스모스 꽃이 피면서 시작되는 가을 이사철은 메밀꽃이 필 무렵 한 차례 고비를 맞는다. 주택 시장도 추석을 전후해 설날 때와 같이 '명절 증후군'을 겪기 때문이다. 수확의 계절 한가위는 항상 풍요로워 좋다. 차례 지내랴, 친척 만나랴 바쁜 가운데 마음은 음식만큼 넉넉하다. 하지만 자금 성수 기이기 때문에 시중에 돈이 귀해지고 수요자들의 움직임도 뜸해진다. 그래서 집값은 찔끔 상승하고 그저 그렇게 끝나는 경우가 많다.

기온이 떨어지고 겨울이 성큼 다가오면 주택 시장은 비교적 안정된 모습을 보인다. 매물 소화 기간도 다소 길어지는데 비수기에는 거래가 없는 것이 오히려 자연스럽다. 이렇듯 주택경기는 계절에 따라 흐름을 타게 된다. 집값은 매년 봄·가을 이사철을 전후해 주기적으로 오르내리며 'M자형' 상승곡선을 그리게 된다.

세입자 보호를 위해 주택임대기간을 1년으로 하도록 못 박은 「주택임대차보호법」이 제정되었다. 자리 잡고 살 만하면 6개월마다 이삿짐을 꾸려야 했던 세입자들은 한숨 돌릴 수 있었으나, 그 대가는 톡톡히 치러야 했다. 법 시행을 앞두고 집주인들이 전세금을 한꺼번에 왕창 올려버려 전세가율이 매매가의 절반 수준까지 오른 것이다. 울며 겨자 먹기였다. 형편이 어려운 세입자들은 집주인의 성화에 등 떠밀려 둥지 잃은 새처럼 이곳저곳을 전전해야만 했다.

여의도에 아파트를 지을 땅이 바닥나자 한강변에 위치해 입지조건이 좋은 압구정동이 새로운 '아파트 1번지'로 부상하였다. 동부이촌동에서도 그랬듯이 집값이 정체되는 기존 인기 지역보다 투자가치가 높아진 신흥 인기 지역으로 주거 이동이 이뤄졌다. 집값이 상대적으로 싸기 때문에 집을 넓혀 갈 수도 있기 때문이다. 이처럼 아파트도 자동차와 같은 교체주기가 있다. 몇 년 살다가 아파트값이 오르면 팔고, 새 아파트를 분양받아 이사 가는 풍속도가 연출되었다.

미분양 아파트가 쌓여 갔지만 유독 압구정동에서 분양되는 아파트는 높은 경쟁률과 함께 많은 프리미엄이 붙었다. 심지어 분양가격과 프리미엄을 합친 것이 주변 기존 아파트 시세보다 웃도는 기현상이 나타나기도 했다. 분양가격이 빠른 속도로 오르자 서울시는 1977년부터 물가안정을 위해 사업승인 과정에서 민영아파트 분양가격을 통제해 왔다. 일종의 행정지도 가격인 셈이다.

주택경기는 바닥을 기었지만 전년도에 물가가 큰 폭으로 올라 또다시 인상 조정해야만 했고, 분양가격이 국민주택규모는 평당 105만 원, 국민주택규모 초과는 평당 113만 원이 되었다. 아파트 분양가격이 바닥에 1만 원짜리 지폐를 깔아 놓은 것과 맞먹게 된 것이다.

이처럼 분양가격이 인상되었으나 시장에너지가 약해져 기존 아파트값은 꼼짝도 하지 않았다. 지난해와 비슷한 수준에서 맴돌며 양극화되었던

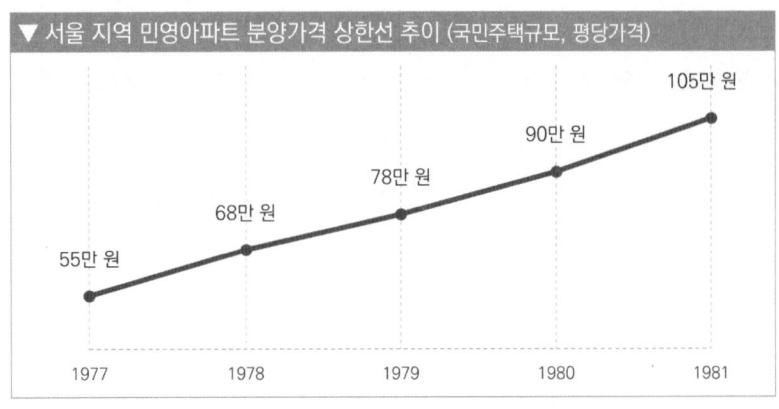

▼ 서울 지역 민영아파트 분양가격 상한선 추이 (국민주택규모, 평당가격)

가격 구조가 평준화되어 갔다. 8.8조치 이후 기존 아파트값 오름세는 둔화된 데 비해 분양가격은 건축원가가 인상됨에 따라 꾸준히 올라 기존 아파트와 신축 아파트의 가격 차이가 점점 좁혀졌다. 불황 3년 만에 기존 아파트값이 신축보다 비싸다는 등식이 무너졌는데, 일부 지역에서는 기존 아파트 시세가 분양가격을 밑돌아 주택경기 전망을 어둡게 했다.

정부의 공공주택 공급정책도 바뀌었다. 지금까지 시행해오던 청약부금 제도를 폐지하고 '국민주택 선매청약저축 제도'를 신설한 것이다. 매달 정해진 금액을 꼬박꼬박 불입해야 하는 청약부금과 달리 선매청약저축은 개인의 능력에 따라 매달 2만 원 내지 10만 원 범위 내에서 저축할 수 있도록 하되, 저축액이 많은 사람에게 분양 우선권을 주었다.

뭘 해도 시장은 반응이 없었다

1981년 6월, 정부는 침체의 늪에 빠진 주택경기를 살리기 위해 고심하였다. 가수요를 자극하지 않는 범위 내에서 주택경기를 화끈하게 부양하기가 쉽지 않았던 것이다. 경기도 과천에서 주공아파트가 평당 90만 원에 분양될 무렵 주택경기 활성화 대책이 발표되었는데, 무거운 세금이 부과되는 부동산투기억제지역을 전면 해제하고 소형주택 건설의무제도를 폐지해 주택건설업체의 부담을 덜어주었다. 또 투기가 아닌 투자에 대해서는 자금출처조사를 하지 않겠다고 공표하였다.

북소리는 요란했으나 '호재 불감증'에 걸린 주택 시장은 이렇다 할 움직임을 보이지 않았다. 소문난 잔치에 정작 먹을 게 없다고, 시장의 반응은 냉담했다. 3년간 재당첨 금지, 미등기전매 중과세, 1가구 1주택자도 6개월 이상 거주해야 양도세를 면제받는 등 여러 가지 제약이 여전히 버티고 있었기 때문이다.

내친김에 전용면적 25.7평 이상 아파트의 분양가격도 자율화하였다.˙ 분양가격과 시장가격이 다른 이중가격 구조로 인해 시세차익을 노리는 투기꾼이 끼어들지 못하도록 하기 위한 획기적인 정책 변화였다. 제일 먼저 반응을 보인 것은 복덕방 전화였다. 문의전화가 빗발쳤다. 사람들은 앞으로 집값이 어떻게 움직일지 궁금했던 것이다.

잠시 눈치를 살폈던 주택건설업체가 분양가격을 냉큼 올렸다. 한신공영이 신반포 15차 아파트를 평당 138만 원에 분양한 것이다. 당시 가구당 월평균소득은 24만 원이었는데, 자그마치 평당 25만 원을 올려버려 고양이에게 생선가게를 맡긴 꼴이 되었다. 그래도 입지조건이 좋은 곳에서 대

● 이전에는 공공주택뿐만 아니라 민간주택의 분양가격도 정부가 정해주었다. 평당 건축원가인 '표준건축비'에 택지비용을 더하고, 여기에 건설사 이윤을 15% 내외로 제한함으로써 분양가격을 산정하였다. 이중 표준건축비는 원자재 비용 등을 반영했는데, 가장 핵심적인 통제 수단이었다.

형 아파트가 분양되어 경쟁률이 16대 1로 높았다.

기존 아파트값이 덩달아 들썩이며 여론이 시끌시끌했으나 수요자들의 움직임은 의외로 차분했다. 중요한 정책 변화에도 민감하게 반응하지 않을 정도로 주택경기가 침체의 늪에서 허우적거렸음을 말해준다. 수요가 뒷받침되지 않자 분양가 자율화 파장은 더 이상 확대되지 않았다. 미분양 아파트가 쌓여 있어 분양가격 인상을 자제하려는 움직임을 보이며 싱겁게 막을 내렸다. 분양가격이 명목상으로는 자율화되었으나 실질적으로 다시 서울시의 통제하에 놓이게 된 것이다.

1981년 10월, 황금빛 들판은 가을걷이로 분주했다. 가을이사철이 되면 다소 활기를 띨 것으로 기대했던 주택경기는 회복될 기미를 보이지 않았다. 86아시안게임과 88올림픽 유치를 계기로 잠실을 포함한 서울 강동지역에 올림픽타운 개발 바람이 조용히 불었을 뿐이었다.

그런데 서울이 갈수록 비좁아졌다. 쉬지 않고 움직였던 정부의 불도저 군단이 더 이상 밀어붙일 곳이 없었다. 마침내 개발 마지노선에 도달했으나 택지는 오히려 바닥나서 달랑달랑했다. 부족한 택지난을 해결하는 방법은 단 하나, 도시의 평면적인 확산을 막고 자연을 보호하기 위해 지정한 녹지(그린벨트)를 풀어 택지로 개발해야만 했다. 해방 이후 처음 있는 일이었다.

맨 먼저 그린벨트가 뭉개진 곳은 산자락을 끼고 있는 개포동 일대. 자연녹지 241만 평이 택지로 개발됐는데, 보호해야 할 자연환경이 이 같은 명분으로 야금야금 파괴되었다.

곧이어 주공아파트 분양을 알리자 분양 현장을 이리저리 떠돌아다니는 철새 복덕방들이 하나 둘씩 보따리를 챙겨 모여들었다. 길목에 있는 양계장과 외양간을 개조한 곳에 자리를 잡고 청약부금통장 뒷거래에 열을 올렸다. 하지만 여전히 분양경쟁률은 매우 낮았다.

1차 분양이 끝나자마자 현장에는 다시 인적이 끊기고 흙먼지를 일으키는 대형 덤프트럭의 행렬과 공사장 중장비 굉음만 요란했다. 그나마 약간의 프리미엄이 붙은 것으로 만족해야만 했다. 복덕방 영감님의 하품 횟수가 많아지면서 주택경기가 때 이른 겨울잠에 빠져들 것을 예고하였다. 이때만 해도 개포지구가 '3차 파동'의 진원지가 되리라고는 아무도 예상하지 못했다.

집이 통 팔리지 않았다. 주택보급률이 73%로 낮아 주택난은 심각한데도 미분양 아파트의 숫자는 좀처럼 줄어들지 않았다. 집을 사려는 사람은 대체로 집이 없는 사람, 살고 있는 집이 낡아 새집으로 옮기려는 사람, 가족이 늘었거나 아이들이 성장해 큰 집으로 넓혀가려는 사람, 여유자금을 투자하려는 사람 등으로 나눌 수 있다. 그런데 집값 상승률이 은행이자에도 못 미치자 집을 사려는 사람들이 별로 없었다. 다소 여유가 있는 무주택자들도 굳이 무리를 해가며 집을 장만하려 하지 않아 전셋값만 잔뜩 올라갔다.

아파트 수요가 신통치 않자 대형 주택업체들이 틈새시장 개척에 나섰다. 서울의 손꼽히는 고급 주택가인 논현동과 청담동의 자투리땅을 활용해 아파트와 단독주택의 장점을 모두 살린 새로운 주거공간인 빌라를 지었다.

빌라(villa)는 원래 중세 유럽의 귀족들이 사용했던 호화스러운 별장을 가리키는 말이다. 하지만 사실은 서민주택의 대명사였던 연립주택을 고급스럽게 꾸민 '무늬만 빌라'였다. 그럼에도 단독주택 같은 느낌을 주면서 독립성이 보장되어 답답하고 단조로운 아파트 생활에 싫증 난 사람들이 관심을 보였다. 여전히 높은 곳에서 사는 것은 왠지 부자연스럽다고 생각한 사람들도 빌라촌으로 떠났다.

    당시의 빌라는 분양가격 규제가 덜해서 수입 대리석과 욕조, 실크벽지, 샹들리에 등 고급 마감재를 사용했고 벽난로와 사우나 시설까지 갖춰 분양가격이 아파트보다 비쌌다. 일부 부유층의 사치스러운 취향을 자극하기에 충분했다. 이처럼 새로운 스타일의 고급 주택인 빌라가 인기상품으로 자리잡아 갔다.

3막 1장,
긴 잠에서 깬 부동산 시장

1982년 6월, 불황의 골이 깊어지면서 두 손으로 꼽아야 할 만큼 여러 차례의 주택경기 활성화 대책이 마련되었다.

- 1가구 2주택 면세 기한을 1년에서 1년 6개월로 연장
- 공공주택 전매 금지 기간을 2년에서 6개월로 단축
- 신축주택을 매입할 경우 양도세 대폭 완화

그러나 여전히 경기회복의 실마리는 찾지 못했다. 소를 물가에 끌고 갔지만 물을 먹일 순 없었다. 가수요 억제는 바람직했으나 현실적으로 실수요만으로는 주택경기를 살리기가 벅찼던 것이다. 주택 시장을 활발하게 움직이게 하기 위해서는 윤활유 역할을 하는 가수요가 어느 정도 필요했다. 투기 억제를 위한 제도적 안전장치를 하나 둘 제거했으나, 죽은 말에 채찍질 하듯 정책 효과는 별로 없었다.

이처럼 무진 애를 쓴 이유는 주택경기가 살아나면 연관 산업의 생산 활동을 촉진시켜 고용 증대 효과와 더불어 내수경기를 자극하게 되기 때문이

다. 주택경기를 활성화시켜 실물경기를 일으키고자 했던 것이다.

그런데 '3차 파동'은 약간 엉뚱한 곳에서 시작되었다. 사채시장에서 경제 지진이 일어난 것이다. "경제는 유통이다"라고 큰소리를 친 '장여인 어음 사기 사건'으로 금융시장이 쑥밭이 된 것은 말할 것도 없고 전 분야에 엄청난 파장을 몰고 왔다.* 건국 이래 최대 경제 사건을 수습하기 위해 정부는 통화 인플레이션이 우려될 만큼 시중에 많은 돈을 풀었고, 금리도 한 자릿수로 대폭 낮추어 처음으로 저금리 시대를 경험하게 되었다.

은행 예금금리는 연 8%로 낮아졌는데, 당시 주택임대 수익률은 월 3%(연 20~30%)로 세 배였다. 전세보증금을 은행에 맡겨 이자를 받는 것보다 월세를 받는 것이 훨씬 유리해진 것이다. 이에 전세를 월세로 전환하는 사례가 잇따르자 상대적으로 전세물량이 부족해져 전셋값이 크게 올랐다. 이처럼 거북이(전세가)가 따라붙자 쿨쿨 잠자고 있던 토끼(매매가)가 움직였다. 높은 임대소득을 얻기 위해 소형 아파트를 매입하는 사람들이 부쩍 늘었는데, 금리가 낮아 금융비용 부담이 적어 은행에서 대출을 받아 투자하기도 했다.

뭉칫돈은 사채시장에서 부동산으로

닷새 후 금융실명제 실시가 발표되자 시장은 소용돌이에 휘말렸다.**

---

* 흔히 '장영자·이철희 어음 사기 사건'으로 알려져 있다. 사채업자인 장영자와 중앙정보부 차장 출신의 정치인 이철희는 부부 사이로, 권력의 후광을 이용해서 각종 어음을 끌어모으고 엄청난 금액의 무담보 대출을 받았다. 이후 회수 불가능한 어음 때문에 최소 1,800억 원, 최대 7,100억 원으로 추정되는 단군 이래 최대 피해가 발생했는데 이는 국내 금융망이 붕괴될 정도의 위력이었다. 전두환 정권과 연결된 권력형 비리의 대표 사례로 꼽히며, 이후 금융실명제 논의에 불을 지폈다.(민주화운동기념사업회 아카이브 참조)

실명 노출을 꺼리는 검은돈이 잠시 엉거주춤했으나, 대신 기대수익률이 높아진 부동산 시장으로 흘러들어가는 기미를 보였다. 뭉칫돈이 은행발(發) 부동산 시장행(行) 직행열차에 올라 탄 것이다.

사채시장은 장여인 사건으로 붕괴되었고 주식 시장마저 신통치 않자 금융권에서 맴돌던 시중 눈치자금은 부동산 시장 말고 달리 갈 곳이 없었다. 투자가치가 떨어져 한동안 거들떠보지도 않던 부동산이 가장 안정적인 투자 대상이 된 것이다. 여기에 양도세 완화, 통화 팽창 등 그동안 빛을 발하지 못했던 호재들이 서로 상승작용을 일으키며 심상치 않은 조짐을 보였다.

투자심리가 되살아나자 주택경기가 회복 조짐을 보이기 시작했다. 복덕방마다 집값을 알아보는 사람들의 발길이 이어지면서 안 팔려 애태우던 집들이 하나 둘 팔려나갔다. 중개업소에 쌓여있던 매물이 동나면 집주인들은 호가를 높여 부르게 된다.

내 집 마련을 미루며 전세로 살며 여유를 부렸던 실수요자들은 집값이 오를까 봐 초조해졌다. 장마철 비수기에 접어들었으나 가격과 조건이 괜찮은 매물은 찾아보기 힘들어졌다. 집주인들이 앞으로 집값이 오를 것이라고 판단해 매물을 거둬들였기 때문이다.

주택경기는 누가 흥정 주도권을 쥐고 있느냐에 따라 좋은지 나쁜지를 알 수 있다. 얼마 전까지만 해도 웬만하면 값을 낮춰서라도 팔려 했던 집주인들이 이제는 팔기를 망설이거나 값을 한 푼도 깎아주려 하지 않았다. 행

●● 모든 금융거래에서 반드시 본인의 실명으로만 할 수 있도록 강제하는 제도로, 이전까지는 다른 사람의 명의로 거래를 해도 인정이 되었다. 장여인 사기 사건 이후 본격적 논의가 이뤄졌으나, 실제 시행은 1993년 김영삼 정부에 와서 이뤄졌다.

여나 값을 깎으려 하면 흥정이 깨지기 일쑤였다. 오히려 값을 올려서 흥정 붙이는 복덕방을 애먹였다. 상황이 바뀐 것이다. 이처럼 집값은 투자환경이 바뀌면 순식간에 오르기 때문에 우물쭈물하다가는 기회를 놓치기 십상이다.

역시 아파트였다. 여기저기서 시장이 들썩거렸지만 실수요자들이 많이 찾는 소형 아파트와 전세가가 가장 먼저 올랐다. 특히 서울 강남 지역 소형 아파트 전세가는 매매가의 70% 수준까지 올라 있었는데 이는 1차와 2차 파동 때와 비슷한 수준이다. 소위 명문고가 몰려 있어 학군이 좋기 때문에 학교 배정을 앞두고 전입하는 가구가 크게 늘면서 전세가를 올리는 새로운 요인으로 작용했다.

개포지구에서 팡파레가 울렸다

집값 상승을 선도한 곳은 개포지구였다. 때마침 2차 주공아파트가 분양되어 복부인들이 다시 나타나 바람을 일으켰다. 그동안 집값이 더 떨어지길 기다리던 잠재된 수요가 일시에 표면화되자 수요와 공급의 균형이 깨지며 아파트값이 춤을 췄다. 압구정동 현대아파트 61평형에 프리미엄이 4,000만 원 붙어 거래되었으나 당연하다는 분위기였다. 주택경기가 4년 만에 기지개를 켜는가 싶더니 어느새 과열될 조짐을 보였다.

입주 후 6개월 동안 전매가 금지된 주공아파트의 분양권 거래가 성행하자 이를 지켜보던 관계 당국이 고민에 빠졌다. 국지적 현상을 단속하자니 모처럼 살아난 주택경기에 찬물을 끼얹을 것 같았다. 규제하기는 쉬워도 띄우기는 어렵다는 것을 뼈저리게 느낀 것이다. 부동산 투기를 잡기 위해 시장을 너무 조인 바람에 실물경기를 지나치게 위축시킨 1978년 8.8조치로 경험했듯이 오버 킬(over kill)에 대한 우려가 따랐다.

정부는 한동안 경기회복과 투기 억제의 틈바구니에서 이러지도 저러지도 못하는 미적지근한 태도를 보였으나 바람이 다른 지역으로 확산될 조짐이 보이자 결국 투기해결사 국세청이 나섰다. 1단계 조치로 국민주택 전매행위에 대한 세무조사를 대폭 강화하고, 미등기전매와 투기를 부추기는 복덕방을 강력히 단속하겠다고 으름장을 놓았다.

다행히 서슬 시퍼런 엄포가 먹혀들었다. 도둑이 제 발 저리다고, 개포동 일대 복덕방들은 세무조사를 당하지 않을까 지레 겁먹고 꼬리를 내렸다. 국세청에서 단속을 나온다는 소문만 퍼져도 좌불안석, 자기 그림자에 화들짝 놀라 잽싸게 문을 닫고 몸을 피할 정도였고 행여나 머리카락이 보일세라 꼭꼭 숨어버렸다. 그리고 "과열된 부동산 경기를 진정시키기 위해 당분간 휴업합니다"라며 반성문 같은 안내문을 써 붙이는 것을 잊지 않았다.

이처럼 숨바꼭질이 시작되면서 오름세를 보였던 아파트값이 한풀 꺾였다. 추석을 앞둔 때였다.

3막 2장,
청약통장 확보 전쟁

　1982년 10월, 가을이 무르익었다. 잠실벌에서 프로야구 원년 우승팀의 윤곽이 드러나고 있을 때 개포벌에서는 주택건설업체들이 인기쟁탈전을 한 판 벌였다. 아파트 인기는 입지조건과 회사 지명도에 따라 결정되었는데, 조건이 같은 지역에서 많은 주택업체들이 아파트를 분양하게 되자 브랜드 파워를 높이기 위해 '사운을 걸고' 치열한 품질 경쟁을 벌여야만 했다.
　30평대 아파트를 복도식이 아닌 계단식으로 설계해 인기를 끌었던 것도 이때였다. 그밖에 동(銅)파이프 시공, 서비스 면적 늘리기,* 고급 마감재 사용 등이 이뤄졌다. 그리고 방문객들의 마음을 사로잡아 분양률을 높이기 위해 모델하우스를 최대한 호화롭게 꾸몄다.
　교통이 편리하고 학군이 좋은데다 주변 자연환경과 잘 조화된 개포지구에서 민영아파트가 분양되자 잠잠했던 주택 시장이 다시 꿀렁거렸다. 실물경기도 불황의 터널을 벗어날 조짐을 보여 힘을 실어주었다. 어디서

● 서비스 면적은 아파트 분양 시 입주자에게 추가로 제공되는 면적으로, 실제 사용이 가능하면서도 분양가에는 포함되지 않는다. 주로 발코니(베란다)나 팬트리 등의 형태로 제공된다.

나왔나 싶을 정도로 시중에 돈이 풍성해지자 상가건물 전체가 복덕방으로 꽉 찬 '복덕방 백화점'이 등장할 정도로 분위기가 고조되었다. 전매 금지된 주공아파트는 입주 6개월 후에 명의 이전을 해주는 조건으로 여전히 거래됐지만 미분양 아파트가 1만여 가구 쌓여 있어 정부는 단속을 미루고 있었다.

0순위 통장을 잡아라

민영아파트 분양이 임박해지자 잔뜩 벼르고 있었던 복덕방들이 민첩하게 움직였다. 분양 정보를 수집하여 수요 및 분양 후 형성될 프리미엄을 나름대로 분석한 기업형 복덕방이 마치 농산물 밭떼기하듯 복부인들과 짝짜꿍이 되어 '0순위 통장'을 사들이기 시작했다. 주택 시장은 이렇게 0순위 통장 거래가 활발히 이뤄지며 달궈졌다.

민영아파트를 분양받기 위해서는 일종의 '자격증'인 청약예금통장이 필요하다. 가입한 후 3개월이 경과되면 1순위가 되고 분양우선권을 얻게 되는데 컴퓨터 추첨을 하면서 '낙첨 회수'를 따지게 됐다. 또 늦게 가입한 사람이 먼저 분양받는 일이 속출하자 이를 보완하기 위해 6회 이상 낙첨한 장기 예치자에게 최우선 순위인 '0순위' 혜택을 주었다.

분양가격과 시장가격이 상당한 차이가 있어 구조적으로 입지조건이 좋은 신축 아파트에 프리미엄이 붙게 되어 있었다. 따라서 0순위 통장에도 프리미엄이 붙어 거래되었고 프리미엄 단위도 갈수록 커졌다. 주택청약제도의 부산물인 0순위 통장이 하나의 부동산 상품으로 버젓이 자리 잡게 된 것이다.

그래서 인기 지역에서 아파트가 분양되면 허허실실(虛虛實實) 청약이 기승을 부렸다. 낙첨 회수를 늘리기 위해 낙첨될 것을 뻔히 알면서 신청해 0순위 통장 만들기에 열을 올렸다. '낙첨 별이 몇 개냐'에 따라 프리미엄도 차이가 났는데 6개짜리 0순위 통장을 만들면 돈 세는 일만 남게 된다.

통장 시세는 주식 시세와 마찬가지로 유동적이었다. 입지조건이 좋은 아파트 분양이 예고되면 낙첨 횟수가 많거나 가입일자가 빠른 통장 거래가 활기를 띠며 프리미엄이 오르게 된다. 당시 0순위 통장 시세는 아래와 같았다. 특히 대형 아파트를 분양받을 수 있는 500만 원짜리 통장에 보다 많은 프리미엄이 붙어 뒷거래되었다.

- 200만 원짜리 : 약 1,300만 원
- 300만 원짜리 : 약 1,400만 원
- 400만 원짜리 : 약 1,500만 원
- 500만 원짜리 : 약 2,500만 원

호화스럽게 꾸민 개포동 우성1차아파트 모델하우스가 개장되자 수만 명이 몰려 장터처럼 붐볐다. 당시에도 잘 나가는 주택건설업체들의 브랜드 파워는 대단해서 전국의 복부인들이 개포동에 집결하였다.

분양 현장인 모델하우스는 복덕방 영업사원인 '판돌이'들로 북적거렸다. 일명 '떡방'으로도 불렸던 복덕방은 키가 크고 잘 생기고 넉살이 좋을 뿐만 아니라 화술이 뛰어난 직원들을 채용해 아파트 거래가 이뤄지는 최전방, 모델하우스에 파견하였다.

이들은 고객을 확보하고 정보를 수집하기 위해 모델하우스를 장악했는데, 명함을 한 움큼씩 쥐고 방문객들에게 건네며 "당첨되면 좋은 값에 팔아드릴 테니 꼭 연락하세요"라고 호객행위를 했다. 비위를 맞추기 위해 평범한 가정주부에게도 '사모님'이란 호칭을 남발하며 이 단어를 서비스 언어로 평가절하시켰다.

청약 열기가 뜨거웠다. 동·호수가 결정되기 전에 당첨이 확실한 분양신청서(일명 딱지)*의 당첨 조건부 거래가 이뤄졌다. 이는 투전판의 '끗발보기'와 같은 것으로, 운이 좋아 로열층에 당첨되면 대박이 터지게 된다. 당첨자 발표 현장에는 많은 복덕방 판돌이들이 나와 즉석 현상이 가능한 폴라로이드 카메라를 동원, 당첨자 명단을 찍어서 당첨 여부를 알아보기 위해 나온 분양신청자에게 착 달라붙어 확인시켜 주며 전매하도록 꼬드겼다.

주공아파트 13평형이 1,000만 원에 분양되고 있을 때 우성1차아파트 65평형에 무려 4,000만 원의 프리미엄이 붙었다. 평당 134만 원에 분양했는데, 프리미엄을 포함할 경우 분양가격이 평당 200만 원에 달하는 셈이었다. 분양 시장이 과열되고 있긴 했지만, 서민주택 몇 채 값이 프리미엄으로 붙은 것은 예상 밖이었다.

얻는 사람이 있으면 잃는 사람도 있는 법. 내가 버는 만큼 누군가는 반드시 손해 보는 제로섬(zero-sum) 게임의 희생양은 실수요자들이었는데, 이들이 이른바 '봉'이었다. 여러 사람 손을 거치면서 눈덩이처럼 불어난 프리미엄을 실수요자들이 고스란히 떠안아야만 했다.

---

* 분양권이 있음을 증명하는 분양계약서가 한 장짜리 종이에 불과했기 때문에 속어로 '딱지'라 했는데, 현장에서는 이를 위해 작성하는 분양신청서도 딱지라 불렀다. 간혹 분양신청서를 작성해도 조건을 갖추지 못해 분양권을 못 받는 경우도 생기는데, 이를 '물딱지'라 한다.

이렇게 엄청난 프리미엄을 짊어진 실수요자들은 강남8학군으로 이사하려는 사람들이었다.• 당시 서울의 고교학군은 아홉 개로 쪼개져 있었다. 강북 지역에 있던 대학 진학률 높은 명문고들이 대부분 강남8학군으로 옮겨오면서 소위 '일류병'이 도졌다. 같은 학군 내에서도 거주지에서 가까운 학교에 우선 배정하였기 때문에 명문고 주변의 아파트값 오름세가 두드러졌다. 지은 지 10년 넘은 기존 아파트값도 학군 덕에 강세를 유지할 수 있었다.

웃돈을 주더라도 교육환경이 좋은 지역으로 이사를 가겠다는 학부모가 많아 이른바 '학군 프리미엄'을 얹어줘야만 했다. 맹자 어머니가 자식 교육을 위해 이사를 세 번 했다는 맹모삼천지교(孟母三遷之敎)를 충실하게 실천한 것이다.

아파트값을 춤추게 한 마술사들

꽃이 있는 곳에 벌과 나비가 모이고, 실수요가 뒷받침되면 투기꾼들이 꼬이게 마련이다. 그곳에 달콤한 꿀, 즉 프리미엄이 있기 때문이다. 부동산 투기의 중심권에는 언제나 복부인을 등에 업은 악덕 복덕방의 농간이

• 고등학교를 배정하기 위한 서울시의 학군은 이전까지 일곱 개였으나 강남 지역 개발과 함께 1977년 강남구·서초구·송파구·강동구 일대를 묶은 여덟 번째 학군, 즉 '8학군'이 생겨났다. 이때 방배동과 반포본동은 동작구·관악구와 함께 9학군으로 묶였다. 당시의 강남 지역은 지금처럼 부유층이 선호하는 곳이 아니었기 때문에 정부는 일부러 강북에 있던 명문학교들을 이전시켰는데, 이것이 현재까지도 강남 인근의 명문고들을 통틀어 '8학군'이라 부르게 된 계기다. 2025년 현재 서울시의 학군은 총 열한 개이며 이중 실제 8학군에 속한 지역은 강남구와 서초구뿐이지만, 현재까지도 '강남8학군'이라는 말은 실제 학군과 상관없이 일반명사처럼 쓰이고 있다.

있었다.

시대가 만들어 준 황금 콤비 '복덕방과 복부인'은 뭉치면 살고 흩어지면 죽는 공생 관계였다. 이들의 만남은 우연이 아니라 운명이었다. 복덕방의 영향력이 차츰 커지면서 역학구조가 대등해졌고 찰떡궁합을 이뤘는데, 이들이 콕 찍는 아파트는 반드시 떴다.

기업형 복덕방은 수십 명의 직원을 거느리고 조직적으로 움직이면서 아파트 시장을 쥐락펴락했다. 아파트 분양 시기, 0순위 통장 보유자, 당첨자 명단 등의 정보를 수집·분석해 투자설명회를 통해 복부인들에게 제공하기도 했다. 따라서 복부인들은 인기 있는 아파트가 분양되면 복덕방에 진을 치고 출사표를 던졌다.

후천성 양심결핍증에 걸린 이들에게 0순위 통장은 좋은 사냥감이 되었다. 당시 0순위 통장은 수천 개에 불과해 닥치는 대로 사들여 매점매석함으로써 가격 조작을 자행했다. 규모가 큰 복덕방은 0순위 통장을 수십 개씩 확보하고 있었다. 이들은 프리미엄이 듬뿍 붙을 아파트를 노렸는데, 당첨이 되면 다시 웃돈을 얹어 되팔기 위해서였다.

이 같은 분위기에 편승해 개포동 일대에서는 '아파트청약 계'가 성행하였다. 복덕방이 0순위 통장을 가지고 있는 조무래기 복부인들을 모아 5~10명 단위로 계를 조직, 인기 있는 아파트가 분양되면 계원들이 모두 신청한다. 그렇게 당첨된 아파트를 팔아 챙긴 프리미엄을 똑같이 나눠 갖는 계모임이었다. 끼리끼리 모여 여러 사람이 조를 짠 이유는 로열층 당첨 확률을 높일 수 있을 뿐만 아니라, 웃돈을 주고 통장을 샀는데 프리미엄이 별로 안 붙는 비로열층에 당첨되면 손해를 볼 수 있기 때문이다. 따라서 일종의 보험 성격을 띤 아파트 투자 수법이었다.

일부 주택업체들도 브랜드 파워를 높이기 위해 수요자 시장에 한 발 걸쳤다. 분양을 앞두고 복덕방을 초청하여 분양설명회를 열었는데, 자사 아파트에 프리미엄이 얼마가 붙느냐에 따라 브랜드 파워가 결정되기 때문이다. 또 0순위 통장을 매입하여 자기 회사 아파트가 분양될 때 신청함으로써 경쟁률을 높여 인기를 조작하는 얕은 꾀를 부리기도 했다. 아파트가 미분양되면 분양된 것처럼 꾸미고 미분양된 세대를 뒷구멍으로 빼돌려 복덕방들과 유착관계를 맺었는데 서로의 이익을 위해 공생하는 악어와 악어새의 관계를 유지했다.

개포지구에서 우성1차아파트가 분양되면서 투기 망령이 되살아났다. 정부의 맞바람 대책이 늦어지면서 우물쭈물하는 사이에 주택 시장에 큰 불이 붙었다. 돈의 흐름을 바꿔놓은 금융실명제 실시가 두 달 만에 사실상 연기됐으나 아파트 투기는 조금도 진정되지 않았다.

'투기를 결코 용납하지 않겠다'는 엄포는 계속되었으나 정책 결정의 어려움이 따랐다. 아파트 투기가 서울 강남 지역의 몇몇 대형 아파트에 집중되어 나타났을 뿐 강북 지역과 변두리 등 비인기지역에서는 웃돈은커녕 분양이 안 돼 쩔쩔매고 있었다. 따라서 전체적인 주택경기를 살리면서 국지적인 과열 현상도 막아야 하기 때문에 강력한 대책을 마련하기는 어려운 실정이었다. 자칫하면 쥐를 잡자고 항아리를 깨뜨릴 수도 있기 때문에 정부도 섣불리 행동하지 못했다.

'세무조사가 실시된다'는 소문이 나돌면 뒤가 켕기는 복덕방은 문을 닫고 눈치 보기를 몇 차례. 주의보가 내려졌어도 단속하는 기미가 없으면 다시 활동을 재개하였다. 마치 참새가 들판에 세워져 있는 허수아비에 익숙해지듯 더 이상 정부의 으름장은 통하지 않았다.

투기꾼들이 즐겨 구사하는 전략은 '바람 작전'이었다. 기회만 포착되면 곳곳에서 뜬금없는 바람을 일으키고 부동산값을 띄워 차익을 챙긴 후 잽싸게 모습을 감추었다. 치고 빠지는 게릴라 전술을 구사해 좀처럼 꼬리를 잡기 힘들었다. 가끔 꼬리가 길어 밟히기도 하지만 실제 적발되는 것은 빙산의 일각에 지나지 않았다. 투기꾼 몇 명을 색출하는 것으로는 과열된 분위기를 가라앉히기 어려웠다.

개포지구에서 인기 있는 아파트가 계속 쏟아져 나와 신축 아파트에 많은 프리미엄이 붙어 거래되었으나 기존 아파트값은 요지부동이었다. 오히려 신축 아파트의 가격이 기존 아파트값을 웃돌자 열 받은 아파트 주민들이 반상회를 통해 아파트값 올려 받기에 나섰다. 목마른 사람이 샘을 파는 법이다. 오지랖 넓은 복부인들도 참석해 담합에 앞장섰다. 이해관계가 얽혀있지 않아 쉽게 만장일치로 결정되었는데, 담합된 아파트값은 보란 듯이 게시판에 써 붙여졌고 기존 아파트값을 끌어올리는 데 한몫했다.

공권력이 칼을 빼들었다

가을 이사철이 끝나갈 무렵이었다. 세풍(稅風)만으론 어렵다고 판단한 정부는 윽박지르기 강도를 높여 본보기를 보여줄 필요가 있었다. 어지럽혀진 거래질서를 바로잡기 위해 처음으로 경찰력을 투입해서 벼르던 악덕 복덕방 토벌 작전에 나섰다.

개포동 일대 거물급 복덕방을 급습해 샅샅이 뒤져 비밀거래장부를 찾아냈다. 그리고 미등기전매로 불로소득을 챙긴 투기꾼들의 그림자를 추적해 무거운 세금을 부과하였다. 미등기전매는 세금을 한 푼도 안 내고 흔적 없이 시세차익을 챙기는 전형적인 투기 수법이다. 따라서 법을 어기면서 잇속을 챙기는 악덕 복덕방과 상습 투기꾼을 가려내 엄하게 처벌하였다. 이제까지 경험하지 못한 법풍(法風)이 거세게 불었다.

경찰 수사와 세무조사로 혼쭐이 난 복덕방들이 삼십육계 줄행랑을 쳤다. 몸을 사리고 10여 일째 문을 닫아 거래가 마비 상태에 빠졌다. 가수요자는 물론 실수요자들의 발길마저 끊겨 아파트값 상승세가 꺾였지만 가격 자체는 크게 내리지 않고 약보합세를 유지했다.

과열된 분위기가 진정되는 기미를 보였으나 정부는 계속 몰아붙였다. 주택경기 활성화 대책이 나온 지 불과 6개월 만에 투기 억제 대책을 발표하게 됐다.

- 골칫거리인 주택청약예금 0순위 제도 폐지
- 주택청약예금 1순위 자격을 '가입 후 3개월'에서 '9개월'로 변경
- 기존에는 착공과 동시에 분양이 가능했으나, 전체 공정이 10% 이상 됐을 때 분양하도록 조정
- 국민주택 전매 금지 기간을 6개월에서 1년으로 연장

찬물을 뒤집어쓴 아파트 분양 시장은 쥐 죽은 듯이 고요했다. 그러나 시장 에너지가 워낙 강해서 한 곳을 억누르자 다른 곳이 불거져 나왔다. 아파트 투기에 대한 규제를 강화하자 투기꾼들은 노출이 잘 되는 아파트에서 손을 떼고 지방 임야로 눈을 돌린 것이다. 때마침 놀리고 있는 야트막한 야산을 초지(草地)로 개발하기 위해 전 국토의 66%를 차지하는 '산지개발 10

개년 계획'이 발표되어 여기에 불을 붙였다.

　서울 번호판을 단 투기꾼들의 자가용이 전국을 누볐는데 투자 대상으로는 서울 근교, 대전을 중심으로 한 중부권 지역,˚ 국제관광지로 개발되는 삼다(三多)의 섬 제주도 등이 손꼽혔다. 특히 전원생활을 위한 주말농장터와 전원주택지에 대한 관심이 높아지면서 투기꾼들은 활용가치가 있는 쓸만한 임야를 사들였다. 노후의 삶을 대비하여 장기적인 안목으로 우선 땅만이라도 마련해 두기 위해 값싼 임야를 사두는 경향을 보였다.

● 1983년 전두환 정부는 청와대와 국방부 이전을 적극 검토했는데, 그 후보지가 대전이었다. 이후 모든 정부에서 비슷한 논의가 이뤄졌지만, 결국 2012년에 대전이 아닌 인근의 공주, 연기, 청원 일대에 '세종시'가 건립되었고, 2025년 이재명 대통령 당선 이후에는 세종시에 제2행정수도를 만드는 계획이 구체화되었다.

3막 3장,
채권입찰제와 목동 개발

    1983년 2월, 전자오락 게임인 '벽돌깨기'가 선풍적인 인기를 모았고, 개인용 컴퓨터(PC) 보급으로 '제3의 물결'이라 일컬어지는 정보산업시대가 열렸다.·

    쉽게 번 돈이기에 물 쓰듯 펑펑 써댔다. 유흥특구가 명동이나 무교동에서 강남 지역으로 바뀌었고, 팁이 뿌려지는 밤거리는 흥청거렸다. 룸살롱, 나이트클럽, 카바레 등 유흥업소와 대형 갈비집들이 호황을 누렸는데 이 틈에 포장마차 주인도 매상이 올라 신바람이 났다. 그리고 아파트값 파동을 겪을 때마다 어김없이 늘어났던 자동차 판매량은 이번에도 늘어났다.

    0순위 통장 소유자들이 손꼽아 기다리던 개포동 현대아파트와 압구정동 한양아파트 분양이 예고되자 분양 시장이 또다시 술렁거렸다. 이를 겨냥한 통장 거래가 단속도 아랑곳하지 않고 활발히 이뤄졌는데, 이는 더 이

- 제3의 물결(The Third Wave)은 미래학자 앨빈 토플러가 1980년에 책을 통해 주창한 개념이다. 그는 인류 문명을 농업사회(제1의 물결), 산업사회(제2의 물결), 정보사회(제3의 물결)로 구분하였다.

상 복부인들만의 전유물이 아니었다. 실수요자들마저 차라리 돈을 주고 통장을 사는 게 싸게 먹힌다는 걸 알고 매입에 나섰다. 당첨이 확실한 0순위 통장값이 하루가 다르게 올라서 200만 원짜리는 2,500만 원에, 500만 원짜리는 무려 4,000만 원에 거래되었다.

악순환의 연속이었다. 돈바람에 휘말려 분별력을 잃어서일까. 통장에 붙은 프리미엄으로 30평대 아파트 한 채를 살 수 있게 된 것이다. 이쯤 되자 국세청은 아파트 투기를 뿌리 뽑기 위해 규제의 무풍지대였던 청약예금 통장의 전매차익에 대해서도 양도소득세를 부과하였다. 불법행위를 합법화시킨 것이다.

정부의 진화작업이 계속되었다. 꺼진 불도 다시 봐야만 했다. 개포동 현대아파트 분양을 연기시키고 내친김에 민영아파트 분양제도를 대수술하였다. 분양가격 통제로 주변 아파트와 시세 차이가 벌어지며 생기는 프리미엄 때문에 아파트 투기가 발생한다고 보고 분양가격 현실화 방침을 발표하였다.

그런데 산 넘어 더 큰 산이 버티고 있었다. 분양가격이 오를지도 모른다는 불안감이 이사철 수요와 맞물려 평지풍파를 일으켰다. 불똥은 그렇지 않아도 반상회를 통해 값이 오르던 강남 지역 기존 아파트로 튀었는데, 타오르는 불에 기름을 부은 격이었다. 잠재된 수요가 일시에 폭발하자 아무도 아파트를 팔려고 하지 않았다. 한두 달 동안 거래도 없이 가격만 현기증이 날 정도로 치솟아 아파트값 평당 200만 원 시대가 앞당겨 펼쳐졌다.

이때가 '3차 파동'의 절정을 이뤘다. 미분양 아파트가 완전 매진된 것은 말할 것도 없고 이제는 웃돈을 얹어줘야 살 수 있게 됐다. 한때는 동마(銅馬)

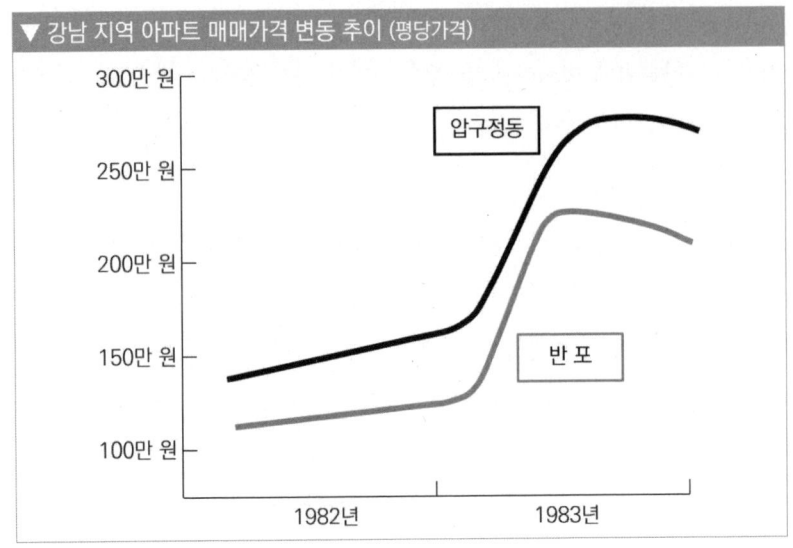

▼ 강남 지역 아파트 매매가격 변동 추이 (평당가격)

아파트로 불렸던 은마(銀馬)아파트를 이제는 금마(金馬)아파트로 바꿔 불렀지만 전혀 어색하지 않았다.

투기 억제를 위해 결국 2단계 조치로 '특정지역'을 고시해야 할 지경에 이르렀다. 특정지역이란 2차 파동 때 지정되었던 부동산 투기 억제 지역의 명칭을 바꾼 것으로, 투기가 성행하는 지역에서 이뤄지는 부동산 거래에 무거운 세금을 매기기 위한 것이었다.

세 차례에 걸쳐 고시되었는데 강북 지역은 한 곳도 없었다. 특정지역 고시는 투기적 거래뿐 아니라 정상적인 거래 활동까지 크게 위축시켰는데, 아무리 투기꾼이 아니라도 괜히 팔았다가는 세금을 두들겨 맞기 때문이었다.

논란의 그 제도 '채권입찰제'의 등장

한 달 후 관계부처 간 불협화음으로 논란을 거듭해온 새로운 민영아파트 분양제도가 결정되었다. 1973년에 주택공사가 분양한 반포아파트에서 두 차례 실시한 적이 있었으나 관심을 끌지 못하고 잊힌 채권입찰제였다.

채권입찰제는 아파트 투기가 예상되는 지역을 투기과열지구로 지정하여, 분양가와는 별도로 국민주택채권을 많이 사는 사람에게 우선 분양하는 것이었다. 즉, 신축 아파트에 붙는 프리미엄을 주택채권으로 흡수하여 투기꾼들이 끼어들 여지를 없애고, 서민을 위한 임대주택 건설자금으로 활용하겠다는 취지였다.* 그러나 채권 매입 경쟁으로 아파트값이 오르고, 채권매입액에 프리미엄이 얹어져 제2의 분양가격이 될 소지를 안고 있었다. 결과론이지만 한 마디로 설익은 정책이었다.

아파트 투기(가수요)가 일어나는 것은 손쉽게 프리미엄을 챙길 수 있기 때문이다. 그렇다면 프리미엄은 왜 생기는 것일까. 여러 가지 이유가 있지만 근본적으로는 투자환경이 좋아져 수요가 넘칠 때 공급량이 부족하면 발생한다.

이러한 문제를 해결하기 위해 정부는 내팽개쳐져 있던 서울 서부지역 안양천변 뚝방 동네인 목동 일대 132만 평 개발에 나섰다. 토지공영개발 방식**을 도입하여 서울시가 직접 '도시 속의 도시'로 만들겠다는 것

---

* 채권입찰제가 도입되면 분양가에 국민주택채권 매입 비용이 추가되기 때문에 실질적 분양가는 높아지는 셈이 된다. 어차피 분양가에 프리미엄이 붙어서 거래된다면 차라리 그 금액을 채권 매입에 사용하게 만들어서 이를 임대주택 건설 등에 사용하자는 아이디어였다.

이었다.

목동신시가지 개발 계획이 발표되자 집을 장만하려는 사람들의 관심이 온통 목동으로 쏠렸다. 2,500가구가 분양될 예정이기 때문에 내 집 마련에 조바심을 갖던 수요자들이 심리적으로 여유를 갖게 되었다. 목동아파트를 분양받기 위해 주택청약예금에 가입하는 사람이 많아지면서 더 이상 집값을 올려 부르는 것도 어려워졌다.

1983년 5월, 찔레꽃 향기가 그윽할 때 채권입찰제가 시험대에 올랐다. 채권입찰이 처음으로 실시되는 개포동 현대아파트 모델하우스는 중개업자의 출입을 금지했고 명함을 나눠주는 호객행위도 단속하였다.

입찰은 비로열층 1군과 로열층 2군으로 구분되었으나 채권 매입 상한선이 없어 관심의 초점은 '채권을 얼마나 사야 아파트를 분양받을 수 있을까'였다.

갖가지 예측이 무성했지만 자신 있게 말하는 사람이 없었다. 그만큼 당첨권을 점치기가 어려웠던 것이다. 은행에서는 신청서를 손에 쥔 0순위 통장 소유자들이 한결같이 진지한 표정으로 이리저리 기웃거리며 곁눈질하는 모습이 눈에 띄었다. 채권매입액을 놓고 청약자들 간에 불꽃 튀는 눈치작전이 펼쳐졌는데, 마치 대학입시 원서접수창구를 방불케 했다.

입찰 결과 경쟁률은 평균 7대 1이었고, 뒤따르는 채권매입액 발표에 관심이 집중됐다. 이때 주택 시장에는 빛과 어둠이 뒤섞여 있었다. 자칫하면

●● 토지공영개발방식은 정부 또는 공공기관이 토지를 직접 매입 또는 수용을 통해 확보하여 개발하는 방식이다. 오늘날의 재건축 사업이 기존 소유자의 재산권은 그대로 유지한 채 인허가 및 재정지원만 하는 것과 비교하면 공공적 성격이 훨씬 강하다. 땅을 전부 사서 다시 짓는 것이기 때문에 대단위 주거단지를 계획적으로 조성할 수 있다. 목동뿐만 아니라 이후 분당과 일산에서도 비슷한 방식으로 진행됐다.

채권입찰제로 분양된 아파트에 또다시 프리미엄이 붙어 투기가 재발할 가능성이 있었기 때문이다.

숨을 죽이고 뚜껑을 열어보니 평균 채권매입액은 평당 46만 원으로 예상보다 낮았다. 분양가격을 포함해도 평당 181만 원밖에 안 됐는데, 대형 아파트의 경우 평당 240만 원 수준인 기존 아파트값보다 평균 30% 정도 낮은 수준이었다.

뜻밖의 결과에 아파트값은 잠시 방향감각을 잃고 엉거주춤한 상태로 있었다. 다행히 계절적으로 비수기로 접어든데다 채권매입액이 예상보다 낮아 아파트값이 내림세를 보였고, 터무니없이 높은 채권매입액을 써낸 사람들은 눈물을 머금고 계약을 포기해야만 했다.

일단 큰 불길은 잡혔다. 뒤이어 압구정동과 가락동에서 한양아파트가 분양되었는데 경쟁률이 낮았고 일부 평형은 미달되기도 했다. 채권매입액도 조금씩 낮아져 분위기가 차분해 졌다.

그리고 채권매입액을 양도차익으로 간주하여 중과세하겠다는 방침이 전해지자 기대수익률이 낮아져 투기성 자금도 더 이상 아파트 시장에 머무르지 않았다.*

---

* 양도차익을 계산할 때 '매도가격-(분양가+채권매입액)'이 아니라 '매도가격-분양가'로만 계산한다는 의미. 즉, 채권을 아무리 많이 매입해도 그 금액은 양도세에서 공제되지 않는다는 뜻이다. 분양받는 사람 입장에서는 '분양가+채권매입액'이 실질적인 분양가격이라고 생각하기 쉽지만, 사실 채권은 나중에 되팔수 있는 것이기 때문에 채권매입액을 분양가에 포함하지 않는 게 이론상 맞긴 하다. 다만 채권을 되팔아서 최종적으로 발생한 차액은 양도세에서 공제를 해준다. 참고로, 현재도 집을 살 때는 국민주택채권을 의무적으로 매입해야 하는데, 대부분은 소유권이전등기를 마침과 동시에 이 채권을 할인, 즉 되팔아 버린다. 그래서 등기비용 명세서에는 '국민주택채권 매입'이 아니라 '국민주택채권 할인'에 대한 금액만 기록되고, 이 금액은 양도세에서 공제해주는 것이다.

당장의 큰 불은 잡혔지만

1가구 1주택에 대한 양도세 면세 혜택을 축소하는 등 갖가지 투기 억제 조치가 취해진 가운데 실시된 채권입찰제는 일단 절반은 성공한 것으로 평가되었다. 그러나 여전히 불합리한 요소를 잉태하고 있었다. 수요층이 두터워 경쟁이 치열한 소형 아파트를 분양받으려면 오히려 대형 아파트보다 더 많은 채권을 사야 했기 때문에 채권을 포함한 실제 분양가격은 별 차이가 없게 된 것이다.

채권입찰제 실시로 개포 바람을 잠재웠으나 미련을 버리지 못한 조무래기 복부인들이 수도권 지역으로 몰려갔다. 표적은 선착순 분양하는 아파트였는데 인기가 없어 으레 입주 때나 되어야 겨우 아파트를 팔아 놓고 뒤풀이를 하기도 했다.

당시 수도권에서는 해방 이후 시행해온 야간통행금지 제도가 1982년에 폐지되면서 아파트와 연립주택이 조심스럽게 분양되었다. 하지만 생각만큼 팔리지 않자 부녀자들은 판촉요원을 고용해 수요자를 유치하기도 했다. 주로 전철역 광장에 파라솔을 펼쳐놓고, 가슴에 분양을 알리는 띠를 두르고 판촉 활동을 했다. '역전 아줌마'로 불렸던 이들은 훗날 모델하우스에서 활동하는 '떴다방'의 원조인 셈이다.

개포지구에서 아파트 분양이 끝나가면서 파장 분위기는 확연해졌다. 아파트값이 상투권에 도달했다는 경계심리도 일었다. 더 이상 오르기 힘들다고 판단되자 값이 떨어지기 전에 팔려는 매물이 늘어났다. 열기가 식자 상승기류를 타고 고공비행했던 아파트값이 서서히 내림세를 보였다. 일부 아파트 주민들이 반상회를 통해 막아보려 했지만 대세를 바꾸지는 못했다.

   돈바람은 1년 동안 '서울 강남 지역 신축 아파트 – 지방 임야 – 기존 아파트'를 두루 거친 후 뒤늦게 아파트 위세에 밀려 정체되었던 단독주택값도 올려놓았다. 땅값 상승폭만큼 올라 아파트값과 균형을 맞추었는데, 서울의 택지가격은 평당 100만 원대로 상향평준화되었다.

3차 파동을 돌아보며

　3차 파동은 실물경기가 불황권에 있을 때 발생한 '정책 파동'이다. 건국 이래 최대 경제 지진이라 했던 '장여인 어음사기사건'으로 금융시장이 쑥밭이 되자 시중에 돈을 많이 풀었는데, 은행 금리도 한 자릿수로 낮아져 시중자금 흐름이 바뀌었다.
　연 24%의 은행 금리가 1년 6개월 만에 연 8%로 뚝 떨어져 처음으로 저금리 시대를 맞았다. 이때 주택 임대수익률은 월 3%였다. 뒤이어 금융실명제 소용돌이에 휘말리자 눈치를 살피던 떠돌이 뭉칫돈은 주택 시장 말고 달리 갈 곳이 없었다. 투자환경이 변하자 투자 대상도 바뀐 것이다.
　3차 파동은 1년 동안 세 차례에 걸쳐 아파트값이 올랐다. 첫 번째는 저금리 정책으로 투자심리가 되살아나자 그동안 빛을 발하지 못했던 호재들이 서로 상승작용을 일으키며 나타났다. 먼저 소형 아파트의 매매가와 전세가가 동반상승했다. 전매가 금지된 주공아파트의 분양권 거래가 성행했으나 시장 에너지가 응집되지 않아, 투기 해결사인 국세청의 세무조사 엄포만으로 진정될 수 있었다.
　두 번째는 집값 상승을 선도한 개포지구에서 민영아파트가 분양될 때였다. 주택경기가 4년 만에 기지개를 켜는가 싶더니 어느새 과열될 조짐을 보였다. 프리미엄 사냥꾼인 복부인들이 바람을 일으켜 주공아파트 13평형이 1,000만 원에 분양되고 있을 때, 우성1차아파트 65평형에 무려 4,000만 원의 프리미엄이 붙으며 시장이 달궈졌다. 경기회복과 투기 억제의 틈바구니에서 우물쭈물하는 사이에 정부의 맞바람 대책이 늦어졌고, 주택 시장에는 큰 불이 붙었다.

여기에 복덕방이 북 치고 장구 치고 추임새까지 넣자 주택청약제도의 부산물인 '0순위 통장' 시세에 따라 아파트값이 너울너울 춤을 췄다. 웃돈을 주더라도 대학 진학률이 높은 강남8학군으로 이사를 가겠다는 학부모들이 많아 복부인들이 설칠 수 있었다.

이미 면역이 생겨버린 세무조사만으로 시장을 잡기는 어렵다고 판단, 정부는 처음으로 경찰력을 투입해 벼르던 악덕 복덕방 토벌 작전에 나섰고 주택경기 활성화 대책이 나온 지 불과 6개월 만에 투기억제 대책을 발표해야만 했다.

세 번째는 해가 바뀌어 분양가 현실화 방침을 발표한 때였다. 돈바람에 휘말려 악순환의 연속이었다. 개포지구 분양의 하이라이트였던 '메이드 인 현대(Made in Hyundai)' 마크가 찍힌 아파트 분양을 앞두고 0순위 통장에 붙은 프리미엄만으로 30평형대 아파트 한 채를 살 수 있게 되자 정부는 프리미엄을 채권으로 흡수하고자 했다. 그러나 채권을 사는 만큼 아파트값이 오르기 때문에 잠재수요가 일시에 폭발했고, 임무 교대한 기존 아파트가 전체 아파트값 상승을 주도하였다.

대부분의 기존 아파트값이 이때 큰 폭으로 올랐다. 평당 100만 원 수준이었던 아파트값이 200만 원대로 껑충 올라 버렸다. 1978년 이후 5년여 동안 정체되었던 아파트값이 한두 달 동안 일시에 올라 그 충격이 컸다. 이후 목동 신시가지 개발계획과 투기억제 대책이 잇달아 발표되었지만, 개포지구에서 아파트 분양이 끝나가면서 열기도 식어갔다.

짧았던 3차 파동은 채권입찰제라는 긴 여운을 남겼다. 주택 시장을 주도한 아파트 1번지도 여의도에서 압구정동으로 자리바꿈을 했다. 그리고 아파트값 파동이 4~5년마다 주기적으로 일어난다는 '주기설(週期說)'이 설득력을 얻어갔다.

이전까지 주택경기에 가장 직접적 영향을 미친 것은 물가상승에 따른 환물심리였다. 그런데 3차 파동에서는 분양가 현실화를 위한 채권입찰제 실시, 저금리 정책, 강남8학군 조성, 누적된 공급 부족 등이 복합적으로 상승작용을 일으켜 아파트값을 끌어올렸다. 그러나 서울 강남 지역의 몇몇 대형 아파트를 중심으로 일어났을 뿐 지방도시로 확산되지는 않은 '반쪽 파동'이기 때문에 소(小)파동이라 할 수 있다.

{ insight }
떠돌이 뭉칫돈의 속성

은행은 세상을 움직이는 돈이 잠시 머무는 곳이다. 요즘 은행에 몰려 있는 돈은 상당하다. 요구불예금과 저축성예금을 합친 총 예금이 사상 처음으로 400조 원을 넘어섰다. 시중 눈치 자금도 300조 원에 육박하고 있다. 집단최면에 걸려 아파트값을 평당 1,000만 원으로 끌어 올렸던 1987~1991년의 시중자금이 3조 내지 6조 원이었던 것과 비교하면 덩치가 엄청나게 커졌다.●

종잣돈이 있는 사람들은 은행이자 이상의 수익을 올릴 대상을 찾게 되는데 이는 원초적인 본능이다. 돈은 굴려야 불어난다. 물이 낮은 곳으로 흐르듯 돈도 한 군데 가만히 머물지 않고 황금알을 낳는 오리를 찾아 쉴새 없이 움직인다.

시장을 움직이는 떠돌이 뭉칫돈의 흐름은 아주 단순하다. 불확실한 미래에 대한 투자는 항상 위험이 도사리고 있어 투자 대상을 잘못 선정하면 원금을 까먹기도 하지만, 고인 물은 쉽게 썩기 때문에 한곳에 오래 머물지 않고 보다 높은 수익을 쫓아다닌다. 돈이란 흐르는 물과 같아서 막아두기가 어렵다. 투자할 만한 금융상품이 마땅치 않으면 집을 나와 기회를 엿보며 이리저리 떼 지어 몰려다니는 뭉칫돈이 많아지게 된다. 그리고는 온갖 말썽을 부리는데, 부동산 시장과 주식 시장을 넘나들며 투기 바람을 일으키기도 한다.

뭉칫돈은 철저하게 기대수익률이 높은 곳으로 움직이는데, 실질금리가 뚝 떨어지면서 방

● 현재는 그보다 훨씬 커졌다. 2025년 1분기 기준으로 은행의 총 예금 규모는 약 1,351조 원(요구불예금 약 244조 원, 저축성예금 약 1,107조 원)이다. 또한 2024년 말 기준으로 눈치자금, 즉 단기 부동·유휴자금의 규모는 약 1,700조 원에 달한다. (한국은행 통화금융통계 참조)

향감각을 잃기도 한다. 안전한 은행에 그냥 두자니 이자가 너무 적고, 주식 투자를 하자니 미국 증시의 영향권에서 외국인에 의해 좌지우지되는 게 왠지 불안하다. 그렇다면 재테크를 위해 뭉칫돈이 갈 곳은 예금, 주식과 함께 전통적인 재산 3분법 중 하나인 주택 시장뿐이다.

저금리에 가장 민감하게 반응하는 이들은 목돈을 은행에 예금하고 이자를 받아 생활하는 사람들이었다. 이자소득세를 빼고 물가상승률까지 감안하면 손에 쥐는 것이 없는 저금리 시대를 맞아, 이들은 재테크 포트폴리오를 다시 짜야만 했다. 이들은 수익률이 높을 뿐만 아니라 고정적으로 월세를 받을 수 있는 임대사업용 주택상품에 관심을 보였다. 이러한 일부 뭉칫돈들이 은행발(發) 주택 시장행(行) 직행열차에 올라타기 시작하면 여기저기서 집값이 들썩거리기 시작한다. 돈바람의 풍향계가 주택 시장을 가리키자 입체 바람이 부는 것이다.

돈은 돈을 좇아 움직인다. 누군가 "돈 봤다!" 하고 외치면 나도 돈을 벌 수 있다는 횡재 심리가 발동하여 앞뒤 안 가리고 우르르 몰리게 된다.

제5장

아파트값 4차 파동
(1987 ~ 1991)

3저 호황에 올림픽 특수까지 누리며 한국의 국제수지는 놀라운 흑자를 냈다.
여기에 16년 만의 대통령선거와 국회의원 선거를 치르면서 엄청나게 많은 돈이 풀리자
수 년간 유지해온 물가안정 기조가 뿌리째 흔들렸다.
물이 낮은 곳으로 흐르듯 유동자금은 한 군데 가만히 머물지 않고,
먹잇감을 찾아 떼지어 몰려다니다가 온갖 말썽을 부린다.
이번에도 부동산과 주식 시장을 넘나들며 투기 바람을 일으켰다.

4차 파동의 배경

　한바탕 투기 바람이 휩쓸고 지나간 후 생활 수준이 나아진 것일까.「한국일보」가 여론조사를 했는데 당시 국민의 63%가 스스로를 '중산층'으로 여기고 있었다. 아파트값 파동을 겪었지만 중산층은 한층 두터워진 것이다. 하지만 돈이 돈을 낳는 법. 잘사는 사람들은 더욱 부유해지고, 못사는 사람들은 더욱 가난해지는 부익부 빈익빈(富益富 貧益貧) 현상도 나타났다.

　재산목록 1호인 집값이 크게 오르자 사람들 마음은 넉넉해졌고 씀씀이도 커졌다. 당시 도시 가구 월평균소득은 47만 원이었는데 소득보다 주택가격에 맞춰 지출하는 과소비 현상이 나타났다. 하지만 아파트값 파동을 겪게 되면 얻는 것만큼 잃는 것도 많아서 모두가 피해자가 된다.

　'마이 홈(My Home)' 다음 단계는 바로 '마이 카(My Car)'이다. 드러내놓고 과시할 수 있어 전시효과가 뛰어난 자동차의 수요가 폭발적으로 늘어났다. 자동차는 일상생활을 송두리째 바꿔놓았다. 마음만 먹으면 가족끼리 시간의 제약을 받지 않고 언제 어디로든 훌쩍 떠나는 자유를 누릴 수 있게 된 것이다. 백화점에서 쇼핑을 하고, 주말에는 외식을 하거나 오붓한 가족 나들이를 즐겼다. 이처럼 생활에 활력을 불어넣는 자동차가 필수품이 되어 갔으며, 중산층이 되기 위해서는 아파트 열쇠 외에 자동차를 위한 또 하나의 열쇠가 필요하게 됐다.

생활도 가족 중심으로 변해갔다. 나들이 기회가 많아지면서 가족 단위 여행이 보편화되었고, 관광휴양지에 가족호텔인 콘도미니엄(condominium)이 세워진 것도 이때였다. 1년에 기껏해야 며칠 이용하면서 관리인을 두어야 하는 별장을 대신해 인기가 많았다.

숲속을 산책하며 청정한 공기로 건강을 다지는 삼림욕(森林浴)이 보급될 무렵, 경기도 고양시 벽제동에 있는 조그만 예술인 마을에 세상 사람들의 시선이 집중되었다. 도예가, 화가, 조각가들이 하나 둘 모여 살면서 자연스럽게 형성된 마을이었다. 사시사철 변화하는 자연을 온몸으로 느낄 수 있는 곳에 아담한 아틀리에(작업실)를 짓고 창작 활동에 전념하기 위해 답답한 도시를 떠나는 예술인들이 늘어났다. 더불어 경제적인 여유가 있는 사람들의 전원주택 소유욕도 꿈틀거렸다.

아파트, 중산층의 표준이 되다

그러나 도시 생활에 길들어진 대다수의 사람들은 아파트가 대중화되면서 독특한 생활 문화를 만들어갔다. 생활 속에서 아파트가 차지하는 비중도 점점 커졌다. 사회 분위기상 아파트에 산다고 하면 제법 괜찮게 살고 있다고 여겨졌고, 30평대 아파트를 소유하면 중산층으로 인정해주는 편이었다. 그리고 '짜리' 등급이 매겨졌다. '어느 동네에서 얼마짜리 또는 몇 평짜리 아파트에 사느냐'가 개인의 능력을 평가하는 잣대가 되기도했다.

울타리가 없는 아파트 생활은 이웃 관계에도 영향을 미쳤다. 정을 쌓고 사는 사람들도 있었지만 '멀리 있는 친척보다 가까운 이웃사촌'을 실제로 찾기는 쉽지 않았다. 엘리베이터를 타거나 계단을 오르내릴 때 이웃과 마주치게 되면 인사를 나누기보다 슬쩍 피해 버리는 경우가 많았다. 어디에 사는 누구인지 얼굴조차 모르고 지내는 것이다. 같은 아파트에 살면서 옆집에 누가 사는지 알려고 하지 않는 폐쇄적 생활 태도 때문이다. 이웃 간의 벽을 허물고 함께 더불어 살아가는 문화를 창조할 필요가 있다.

하지만 자신들의 권익을 지키기 위해서는 공동체 의식을 키워나갔다. 특히 부녀회 활동이 두드러졌다. 관리비를 줄이기 위해 꼬치꼬치 따지거나, 주변 상가의 물건값이 비싸면 단결하여 불매운동을 벌이거나, 알뜰장터를 열어 상인들과 맞서기도 했다. 행여나 아파트값을 떨어뜨리는 쓰레기 소각장, 하수처리장 등의 혐오시설이 들어설 것 같으면 발 벗고 나섰다. "우리 동네는 사절"이라는 머리띠를 동여매고 집단 시위도 불사하였다.

1983년 10월, 당첨금이 1억 원이나 되는 올림픽복권이 발매되자 폭발적 인기를 끌었다. 돼지꿈을 꾸지 못한 사람들도 혹시나 싶어 지갑을 열었다. 그러나 '명성그룹 부정 사건' 등 대형 금융사고가 잇따라 터지자 사채 시장이 휘청거리며 금융 시장은 살얼음판으로 변했다.• 주식 시장까지 침

• 명성그룹은 65만 평 규모의 골프장을 비롯하여 여러 콘도미니엄 및 레저타운을 개장 운영한 국내 최대 레저기업이었으나, 성장 배경은 다소 불투명했다. 세무조사 결과, 명성그룹 회장과 상업은행 대리가 결탁하여 예금 형식의 사채를 모집하고, 이를 어음 결제 형식으로 바꿔 명성그룹의 자금으로 조달하였다는 것이 밝혀졌다. 당시에는 은행 업무가 전산화되지 않아 통장과 회계장부를 손으로 작성했기 때문에 이중장부를 만드는 것이 충분히 가능했다. 문제는 당시에 이렇게 사채를 변칙적으로 끌어다 쓰는 방식이 다른 기업에서도 암암리에 사용되었지만 유독 명성그룹만 타깃이 되었다는 점이다. 이를 두고 항간에는 전두환 전 대통령의 장인 이규동이 우회적 뇌물을 요구했는데, 명성그룹 회장이 모른 척 한 데 대한 보복이라는 소문이 떠돌았다. (비즈한국 2020년 10월 6일자, 민주화운동기념사업회 아카이브 참조)

체되자 갈 곳 없는 뭉칫돈이 부동산 시장으로 몰릴 것이라는 예상이 나왔다. 그러나 보기 좋게 빗나갔다. 뭉칫돈은 철저하게 기대수익률이 높은 곳으로 움직이는데, 주택 시장도 이미 파장된 터라 돈을 굴릴 만한 곳이 마땅찮았다. 그래서 이 돈들은 금리가 낮지만 안전한 은행에서 빈둥거렸다.

88올림픽을 앞두고 세계 속의 도시로 발돋움하기 위해 서울시가 대대적 성형수술에 나섰다. 산등성이에 낡고 허름한 불량주택이 무질서하게 들어서 있는 달동네가 첫 번째 대상으로 꼽혔다. 서울시가 도시미관을 정비하겠다며 행정 지원을 하는 등 발 벗고 나서자 택지난에 허덕이던 주택건설업체들도 낡은 집을 헐고 새 집을 짓는 재개발 사업에 관심을 보였다.

주민들은 땅을 제공하고, 건설업체는 공사비를 부담하여 아파트를 지어 주민들을 입주시켰다. 이때 남는 세대는 일반분양하여 건설 경비를 충당함으로써 주민들의 부담을 최소한으로 줄였다. 이처럼 서로의 이해타산이 맞아떨어진 재개발 사업은 도시화의 그늘 속에서 정체된 영세민들이 고단한 삶을 살아가던, 하늘과 가까운 달동네에도 아파트가 들어서며 '쨍' 하고 해가 떠오르게 만들었다.

'7당6락'의 아시아선수촌아파트

1984년 4월, 봄비가 내린 후 굳어진 땅을 뚫고 연녹색 싹이 파릇파릇 돋아났으나 매물이 쌓여 있는 기존 아파트값은 약세를 면치 못했다. 분양시장도 의외로 잠잠했다. '0순위' 제도가 폐지되자 기회를 엿보던 1순위자들이 몰려 경쟁이 치열해질 것으로 예상됐으나, 이렇다 할 움직임을 보이지 않았다.

그러나 인기 지역 아파트에는 채권입찰제 실시 후에도 여전히 프리미엄이 붙었다. 분양가격에 채권매입액이 얹어졌고 여기에 프리미엄까지 붙어 거래가 되었다. 혹 떼려다 혹을 키운 격이었다. 그런데도 채권매입액은 점점 높아지고 있었다. 채권을 많이 사더라도 당첨만 되면 최소한 밑지지는 않을 것이라는 믿음이 있었다.

채권입찰제 실시 1년 만에 개포동에서 우성3차아파트가 분양되었는데, 경쟁이 치열했던 34평형의 채권매입액이 처음으로 분양가격을 뛰어넘었다. 우려했던 일이 현실로 나타난 것이다. 채권입찰제는 소형 아파트일수록 경쟁이 치열해서 채권을 더 많이 사야 하는 모순이 있다. 집 없는 사람들이 내 집을 마련하는 데 전혀 보탬이 되지 않는 채권입찰제를 폐지해야 한다는 주장이 강하게 제기되었다.

1984년 8월, 한몫 잡기 위해 목동 일대에 어깨를 맞대고 꽉 들어찬 복덕방들이 손님을 맞기 위해 부산하게 움직이자 목동은 '제2의 강남'이 되는 듯했다. 목동아파트가 처음으로 분양되었는데, 모델하우스를 짓지 않고 축소된 모형주택을 전시하였다. 목동아파트를 분양받기 위해 청약예금에 가입한 사람은 꾸준히 늘어서 어느새 9만여 명. 당첨이 가능하려면 채권을 얼마나 사야 할지 어림잡기가 어려웠다.

1,882가구 분양에 평균 경쟁률 3.8대 1. 경쟁률은 예상 밖으로 저조했고 당첨자 간 채권매입액의 차이도 컸다. 당첨자 발표 후 곧바로 프리미엄이 붙은 매물이 나왔으나 시세는 대부분 채권매입액보다 낮게 형성되었다. 계약을 포기하는 사람도 많아서 계약률은 76%로 낮았다. 약정한 채권을 사는 것보다 프리미엄을 주고 사는 것이 훨씬 유리하기 때문에 기대에 못

미쳤던 것이다. 결국 재분양 끝에 간신히 분양을 마칠 수 있었다.

1984년 12월, 시장 에너지가 약해진 주택 시장과 달리 토지 시장은 쌩쌩 잘 나가고 있었다. 중부고속도로 건설 계획이 발표되면서 주변 지역 땅값이 크게 오르며 투기 조짐을 보이자 기회 있을 때마다 정부가 비장의 무기처럼 들먹였던 토지거래신고제가 실제로 실시되었다.•

이때 잠실 아시아선수촌아파트가 분양되면서 주택 시장이 모처럼 활기를 띠었다. 아시아선수촌아파트는 채권입찰제가 아니라 기부금입찰제를 실시해서 올림픽 기금에 기부금을 많이 낸 사람에게 소위 로열층을 우선적으로 배정함으로써 경쟁을 부추겼다. 순위 제한이 없었고 청약예금에만 가입하면 누구나 신청할 수 있었다.

코빼기도 안 보이던 복덕방 영업사원인 '판돌이'들이 오랜만에 모델하우스에 나오면서 인기를 짐작케 했다. 커트라인은 66평형의 경우 '7당6락(七當六落)', 즉 7,000만 원 써내면 당첨되고 6,000만 원은 떨어진다는 말이 나돌았는데 예상이 딱 맞아떨어졌다. 그런데 실속은 없었다. 투자심리가 위축되어 딱지(분양권) 거래가 활발하지 못했고 떡고물도 챙길 수 없었다. 김칫국을 마시며 헛물을 켠 것이다.

1985년 4월, 8개월 후 목동아파트가 2차 분양되었다. 수요를 무시하고 중·대형 아파트 위주로 짓는 바람에 결과는 더욱 참담했다. 분양 가구의 20% 정도가 미분양됐는데 주로 중·대형 아파트였다. 열병합발전소를 세워

• 토지거래신고제는 특정 지역의 토지를 일정 면적 이상 거래할 경우 거래 사실, 면적, 용도, 금액 등의 정보를 관계기관에 반드시 신고해야 하는 제도다. 1978년 '8.8 조치'를 통해 공포되었으나 최초 적용은 1984년이다. '신고제'는 '허가제'와 달리 정부의 심의를 거쳐야만 계약할 수 있는 것은 아니지만, 당시에는 개인 간의 토지 거래를 관공서에 별도로 알리는 문화가 아직 없었던 때라 시장을 위축시키기에 충분했다.

지역 냉난방시설을 갖추었는데도 목동아파트가 인기를 얻지 못한 이유는 학군이 좋지 않았고 전년에 홍수로 물난리를 겪었던 곳이라는 인식 때문이었다. 이처럼 낮은 인기도는 프리미엄에 고스란히 반영되었다.

경기가 침체되자 부동산 투자의 귀재들이 세운 기업들도 부도를 내고 침몰하였다. 중개업에 뛰어들어 돈을 번 반포의 금진부동산은 복덕방 간판을 내리고 '한일상공'을 설립했고, 처음으로 국세청의 세무조사를 당했던 여의도의 아세아부동산은 '오대양건설'로 화려한 변신을 했다. 주로 대형 쇼핑센터를 지어 분양했는데, 분양 실적이 저조하자 돈줄이 막혀 파산하고 말았다. 부동산으로 쌓아 올린 공든 탑이 결국 부동산에 발목이 잡혀 무너진 것이다.

1985년 10월, 서울지하철 3·4호선의 개통으로 교통체계가 지하철 중심으로 개편되었다. 지하철역을 중심으로 거주인구와 유동인구가 증가했고 생활문화권이 조성되어 역세권이 형성되었다. 하지만 이때만 해도 주변 아파트값에 '역세권 프리미엄'이 얹어질 정도로 대단치는 않았다.

중개업계도 개편이 이뤄졌다. 1세대 '노인 복덕방'과 2세대 '학사부동산'에 이어 3세대 '공인중개사'가 등장해 세대교체를 재촉하였다. 첫 번째 공인중개사 자격시험은 전국에서 20만 명이 응시한 가운데 치러졌는데 그중 30%인 6만여 명이 합격해 간판을 바꿔 달았다. 한편 아파트 분양 현장에는 봉고차를 이용한 이동 복덕방이 등장했다. 주택경기가 침체되자 '떴다방'도 생존을 위해 차츰 진화한 것이다. 떴다방이란 소속된 곳이 없이 이리저리 떠돌아다니는 중개인들을 말한다.

목동아파트 3차 분양을 앞두고 분양 주체인 서울시가 분주하게 움직였다. 재분양을 해도 안 팔리자 서둘러 모델하우스를 만들고 홍보에 열을 올렸다. 그러나 대부분의 평형이 미달되어 모든 노력이 허사가 되고 말았다.

실수요자가 주로 찾는 목동의 아파트들은 미분양되었으나 같은 시기에 송파구 가락지구에서 분양된 우성아파트는 사정이 달랐다. 인기 지역이기 때문에 가수요가 끼어들어 경쟁이 치열했으며 주택채권도 2,000만 원 이상 사야만 했다. 돈 되는 아파트에만 수요가 몰리는 양극화 현상이 나타난 것이다.

소형 아파트 건설을 촉진하기 위해 정부는 4년 만에 국민주택규모(전용면적 25.7평 이하) 아파트의 분양가격을 평당 105만 원에서 115만 원으로 상향 조정하였다. 집주인들은 분양가격을 올린 만큼 기존 아파트값이 오르지 않겠나 싶어 매물을 거둬들였으나 매수세를 자극하지는 못했다. 기대만 컸을 뿐 근본적으로 수요가 증가하지는 않았다. 단지 슬금슬금 떨어지기만 하던 아파트값을 잠시 멈추게 했을 뿐이었다.

"집 없이 폼 나게 살자"는 신세대

1986년 4월, 경기(景氣)란 전반적인 경제 활동 상태를 말하는데 좋았다 나빴다 하는 법이다. 오랫동안 불황에 시달려온 국내 경기가 국제 원윳값이 곤두박질치면서 회생 조짐을 보였다. 이어 국제금리 인하, 엔화 강세 등 세계 경제 환경이 호전되면서 이른바 '3저(低) 시대' 막이 올랐다.* 3저 호

---

* '3저'란 저유가·저달러·저금리를 의미한다. 국제유가가 하락하면서 수입 원자재 가격이 낮아졌고, 달러가 약해지면서 엔화가 높아져 한국의 수출 경쟁력이 반사이익을 얻었으며, 여기에 금리까지 떨어지면서 기업 투자와 소비가 활발해졌다. 이렇게 세 박자가 맞아떨어지자 한국은 유례 없는 호황을 맞았다.

황에 힘입어 수출이 활기를 띠자 국제수지가 개선되면서 경제가 새로운 국면을 맞게 됐다.

그러나 다른 분야보다 늦게 뜨거워지는 주택 시장은 느릿느릿 움직였다. 아파트가 평당 115만~134만 원에 분양되는데 전세가는 평당 100만 원을 훌쩍 넘어섰다. 건설부 조사에 따르면 이전 2년 동안 서울 지역 매매가는 7.5% 하락했으나 전세가는 무려 38.2% 상승한 것으로 나타났다. 지금까지 전세가는 계절적 영향을 받아 약세를 보이기도 했지만 이사철마다 조금씩 계속 올랐다. 한강변에 아파트가 들어선 이후 투기 바람이 전국을 휩쓸고 지나간 1978년에 일시적인 공급과잉 현상이 나타나 단 한 차례 크게 떨어졌을 뿐이다.

소형 아파트 전세가 비율이 80%를 육박하였으나 내일보다 오늘을 중요시하는 '신세대' 맞벌이 부부들은 태평했다. 잠재 수요층을 이루고 있는 이들은 내 집 마련 콤플렉스에 시달리며 살아온 '쉰세대'들의 인생을 닮는 것을 거부했다. 내 집을 마련하면 삶의 질을 한 단계 끌어 올릴 수 있으나 굳이 의미를 두지 않았다. 폼 나게 살기 위해 집보다 차를 먼저 구입할 정도로 내 집 마련에 적극성을 보이지 않았다. 일부는 증시가 활황세를 보이자 집을 팔고 전세로 살면서 남는 돈으로 주식 투자를 하기도 했다.

한마디로 '주테크'에는 관심이 없었다. 집값이 하향 안정되자 집을 장만해 봐야 돈만 잠길 것 같으니 차라리 전세살이를 자청할 정도로 생활 패턴이 바뀐 것이다. 언론은 또 한 번 "주택에 대한 패러다임이 소유에서 거주로 바뀌었다"고 호들갑을 떨었다. 그러나 이것은 집값이 안정될 때 나타나는 과도기적 현상일 뿐이었다.

전세 수요가 증가해 전셋값이 오르고 주택 공급마저 부족해 전세난을 겪게 되면 틈새 주택상품이 등장한다. 수요가 넘치면 자연히 공급이 따르게 되는 것이다. 덕분에 단독주택과 연립주택의 중간 형태인 다세대주택이 틈새상품으로 등장해 반짝 인기를 누렸다.

목동에 이어 서울 동북부 외곽지역인 상계동의 광활한 마들평야 일대 145만 평이 신시가지로 개발되었다. 상계동은 1966년에 도심재개발계획에 따라 중부방산시장을 헐어내고 세운상가를 건설하면서 철거민들이 집단 이주해서 생긴 동네다. 주공아파트가 소형 위주로 평당 110만 원에 분양되었는데, 전용면적이 넓고 관리비가 적게 드는 저층 아파트가 선호되었고 그중 27평형이 가장 인기 있었다. 중·대형 아파트를 많이 짓는 목동지구와는 대조를 이뤘는데 분양은 비교적 잘 됐다.

목동에 20층, 상계동에 25층짜리 아파트가 세워지면서 초고층 아파트 시대가 활짝 열렸으나 아파트단지의 하늘은 점점 좁아져 갔다. 15층 이하로 규제해온 민영아파트의 층수 제한도 풀렸다. 땅값이 오름에 따라 토지 이용률을 높여 집을 한 채라도 더 짓기 위해 아파트 최고 용적률을 250%로 상향 조정한 탓이다. 또 고층용 소방장비가 개발되어 안전 문제도 뒷받침해줬다. 고층 아파트 입주자들은 높은 층일수록 전망이 좋고 생활 소음이 적으며 통풍이 잘 된다며 전반적으로 만족도가 높았다.

1986년 9월, 한강이 되살아났다. 생명력을 불어넣어 새롭게 태어난 것이다. 시민 휴식공간으로 말끔하게 단장되자 한강을 찾는 사람들이 많아졌다. 한강 개발사업이 추진된 덕분에 시원스럽게 정비된 한강을 바라볼 수 있는 강북 지역의 강변 아파트값이 조금 올랐다.

뜻밖이었다. 방음벽을 설치해도 강변도로의 차량소음이 심해서 찾는 사람이 거의 없었던 한강변 아파트에 놀랍게도 '한강 조망권' 프리미엄이 붙은 것이다. 볼거리가 별로 없었던 70년대에는 대형 세대일수록 차량소음으로 시끄러운 한강변을 피해 조용한 단지 안쪽에 배치하는 배려를 했다. 그런데 이제는 한강변 세대가 단지 안쪽 세대보다 값이 비싸진 것이다.

아파트 가치는 가격으로 평가된다. 그렇다면 탁 트인 전망과 흐르는 강물을 바라보는 것의 값어치는 얼마나 될까. 이때만 해도 한강 조망권 프리미엄은 끽해야 수백만 원 정도였다. 그렇지만 이것은 의미 있는 변화였다. 지금까지는 교통, 교육환경, 생활편의시설 등과 같은 주거환경에 의해 아파트값이 결정됐으나 한강변 아파트가 인기를 얻음으로써 주변 자연환경이 아파트값에 반영되기 시작한 것이다. 살기 좋은 집에 대한 패러다임의 변화로 자연과 차단된 아파트의 주거환경도 바뀌기 시작한 것이다.

2차 파동의 진원지였던 여의도 지역 아파트값은 계속 내림세를 보였다. 한때 '아파트 1번지'로 각광받던 곳이지만 압구정동이나 개포동에 비해 상대적으로 약세를 면치 못했다. 여의도에는 8,400여 가구의 아파트가 밀집되어 있는데 63빌딩이나 대기업 사옥 등 대형 빌딩이 잇달아 들어서면서 포화상태에 이르자 주거지로서의 매력을 상실하였다. 주거보다는 금융, 업무, 방송의 중심지로 탈바꿈한 것이다. 아파트도 거의 10년이 넘어 노후화되자 목동으로 이사를 가는 주민들이 늘어났다.

집값안정기 혹은 아파트 암흑기

1987년 1월, 다사다난했던 한 해의 마지막 밤이 지나고 새해를 알리는 제야(除夜)의 종소리가 보신각에서 울려 퍼지며 흐르는 시간에 의미를 부여하였다. 1987년은 유엔(UN)이 정한 '무주택자의 해'였다. 한국은 매년 주택을 20만 가구 이상 짓고 있지만 주택보급률은 69%로 뚝 떨어져 있었다. 그런데 주택난과는 대조적으로 미분양 아파트는 전국적으로 1만여 가구가 쌓여있어 주택경기 전망을 어둡게 했다.

전년에 12%의 높은 경제성장률로 국민소득이 2,826달러가 되며 월급봉투도 제법 두둑해졌으나, 집 평수를 늘려서 이사 가는 중산층은 많지 않았다. 주택 시장은 구매력이 낮은 무주택자의 내 집 마련 수요보다 집을 넓혀 가거나 새 아파트로 옮겨가기 위한 대체수요가 일어나야 거래가 활발해지며 순환이 제대로 이뤄진다. 그런데 투자가치가 떨어지면 집값이 꽤나 비싸게 느껴져서 서두르지 않게 된다. 집값 상승률이 은행 이자보다 낮을 때 집을 소유하면 손해를 보기 때문에 수요가 위축되어 정체가 되는 것이다.

주택경기가 4년째 맥을 추지 못했다. 집값은 변변히 올라보지도 못하고 게걸음과 뒷걸음질을 반복하면서 1983년 기록한 최고 시세보다 10%

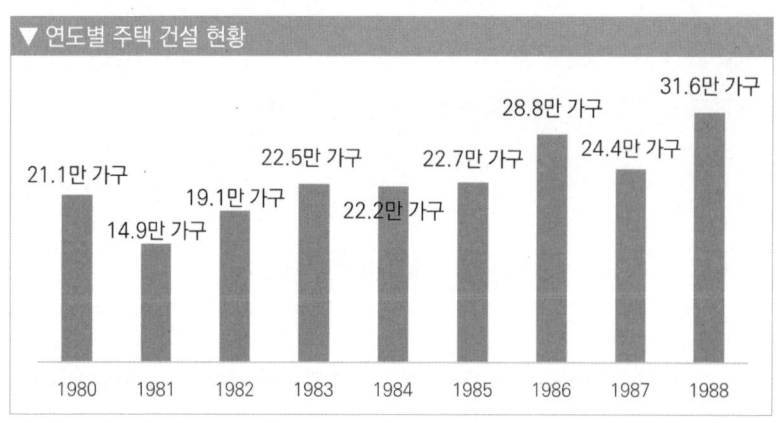
▼ 연도별 주택 건설 현황

(출처:건설교통부)

정도 떨어진 수준에 머물러 있었다. 강남 지역 아파트값은 평당 200만 원이 넘었으나 목동아파트는 평당 150만 원선에 거래되었다.

시세보다 싸게 나온 급매물만 이따금 거래되었고 프리미엄이 붙은 신축 아파트 거래는 거의 없었다. 대부분 분양가격 언저리에서 거래되었는데, 일부 아파트는 마이너스(-) 프리미엄이 붙어 분양가 이하로 거래될 정도로 아파트 인기는 땅에 떨어져 있었다. 집값이 언제 올랐는지 기억조차 가물가물해지자 어떤 이는 성급하게 "아파트에 투자해 돈 버는 시대는 끝났다"고 서슴없이 말할 만큼 주택 시장 분위기가 썰렁했다.

서울에서 분양되는 아파트도 지역에 따라 명암이 엇갈렸다. 주택이 절대적으로 부족했으나 강남 지역보다 수요가 적은 목동, 상계동 등 변두리 지역에서만 아파트가 대량 공급되어 서울에서만 5,000가구가 넘는 미분양 아파트가 쌓여 있었다. 특히 수요층이 얇았던 중·대형 아파트의 분양률이 낮았다. 아파트 선호도가 낮았던 수도권 지역에서는 많은 미분양 아파트가 '땡처리' 시장에 나왔다. 수요자들의 환심을 사기 위해 분양가격을 깎아주고 가전제품을 끼워 파는 선심 공세는 기본이고, 승용차를 경품으로 내걸고 판촉에 나서기도 했다.

미분양 아파트가 쌓이면 때맞춰 주택 시장에 새 바람이 분다. 대충 지어서는 팔리지 않자 분양률을 높이기 위해 아파트 품질을 높이지 않을 수 없었다. 단지 내 녹지공간을 넓히기 위해 지하에 주차장을 설치하기 시작한 것도 이때였다. 30평형대 아파트에 욕실을 두 개 배치하고 서비스 면적을 넓히는 등 수요자를 감동시킬 필요가 있었다. 고객은 더 이상 장기판의 '졸'이 아니라 '왕'인 것이다.

1987년 3월, 상큼한 꽃향기가 코끝을 간질이는 봄날에 분양된 올림픽선수촌아파트도 수요자들로부터 철저히 외면을 당했다. 올림픽 기금을 조성하기 위해 기부금을 많이 내는 순서대로 분양하는 기부금입찰제를 실시하였는데, 하루 전까지 청약예금에 가입하면 무조건 분양신청 자격을 주었다. 뿐만 아니라 재당첨 금지 기간을 적용하지 않는 등 각종 특혜 속에 분양을 했으나 계약률이 31%. 당시 아파트 분양 사상 최저 계약률을 기록했다. 부채꼴형 단지로 설계되어 전체적인 짜임새는 돋보였지만 앞뒤가 꽉 막혀 답답한 느낌을 주는데다 남향으로 배치하지 않은 게 트집을 잡혔다. 또 복층식으로 설계된 아파트도 처음이라 생소하였던 것이다.

뒤이어 홈 오토메이션(home-automation)을 처음으로 설치한 올림픽패밀리아파트가 분양되었다.* 분양 현장 주변에 천막 복덕방들과 봉고차를 이용한 이동 복덕방들이 진을 치고 바람을 잡았지만 계약률은 55%로 낮았다. 염불보다 잿밥이라, 프리미엄이 별로 붙지 않자 가수요자들이 무더기로 계약을 포기해 재분양을 해야만 했다.

침체에 빠진 주택경기는 이사철이 와도 꿈쩍하지 않았다. 선뜻 집을 사두려는 사람이 거의 없어 이사철 반짝 수요마저 일어나지 않았다. 실수요자들마저 값만 알아볼 뿐이었다. 하지만 주택 수요가 줄었어도 집값은 크게 떨어질 것 같지 않았다.

아파트값이 약세로 돌아서면 더 떨어질 것이라는 기대심리로 매입 시기를 늦추게 되고, 거래가 잘 이뤄지지 않으며 매물이 쌓이게 된다. 매물이 쌓일수록 살 사람들은 느긋해지는 법이다. 흥정을 붙이는 중개인이 거래를 성

● 홈오토메이션은 집안의 조명, 냉난방, 보안 시스템, 가전제품 등을 자동으로 또는 원격으로 관리하는 기술이다. 올림픽패밀리아파트에 설치된 홈오토메이션은 통합 인터폰, 가스벨브 차단기, 중앙난방 제어, 시간대별 조명 제어, 긴급호출버튼 등으로 오늘날에는 그다지 특별하지 않은 것들이지만 당시에는 매우 획기적이었다.

사시키기 위해 싸게라도 팔라고 윽박지르면 집주인들은 하는 수 없이 값을 낮춰 부르는데, 이처럼 매물량과 하락 폭은 비례하게 된다. 시간이 흐를수록 구매 의욕을 불러일으킬 만한 수준까지 자연스럽게 가격 조정이 이뤄진다. 하지만 심리적인 저항선에 이르면 집값은 더 이상 떨어지지 않게 된다.

집값이 하향안정세를 보이자 전세 생활자가 더욱 늘어났다. 중개업소마다 팔려고 내놓은 집이 수두룩했지만, 사람들은 제값을 받으려는 매물은 흑싸리 껍데기인 양 거들떠보지도 않았다. 간혹 중개업소를 찾아오는 사람들도 매매가 아닌 전세를 구하는 사람들이라 전세 시장만 붐볐다.

소형 아파트의 전세가 비율은 80%선까지 높아졌고 강남 지역은 전세가가 오히려 신축 아파트의 분양가격을 웃돌았다. 그런데도 전셋집 구하기가 힘들어 선금을 미리 맡겨놓고 기다려야 할 정도였다. 분양물량은 많아도 실질적 공급 효과가 큰 입주물량은 계속 부족했고, 전세금을 올려주고 눌러사는 경우가 많아 전셋값 상승세가 이어졌다.

이처럼 아파트 시장은 별 볼 일 없었지만, 한 편에선 기대수익률을 낮춰 잡고 투자 목적으로 소형 아파트를 무더기로 사들이는 패거리들도 있었다. 전셋값이 올라 임대 여건이 좋아지자 전세를 끼고 샀다가 집값이 오르면 되팔기 위해 사재기를 했다. 당시 개포동 주공아파트 13평형의 경우 매매가는 1,500만~1,700만 원인데 비해 전세가는 1,300만 원이었다. 따라서 전세 세입자가 이미 살고 있는 아파트를 살 경우 200만~400만 원 정도의 소액으로 투자가 가능했다.

4막 1장,
시장 분위기를 바꾼 '3저 호황'

　1987년 8월, 주택 시장에 먹구름이 걷히고 쌍무지개가 뜬 때는 노랑참외가 익어가던 여름날이었다. 원유가격 하락으로 시작된 '3저 호황'을 누리며 국제수지 흑자가 확대되자 '활황 증후군'이 나타났다.
　경제 성적표가 좋아지고 실물경기가 뒷받침되자 현재보다 미래에 대한 기대감이 반영되는 주식 시장이 뜨겁게 달아올랐다. 시중에는 돈이 넘쳤으며, 어림잡아 3조 원에 육박할 정도로 덩치가 커져 있었다. '재테크(財-tech)'란 말도 이때부터 사용되었다.
　근로자들도 제 몫 찾기에 나섰다. 전국적으로 확산된 노사분규가 장기화되면서 임금인상에 따른 물가 불안심리가 싹텄다. 또 넉 달 후면 16년 만에 치러질 대통령선거를 앞두고 있어 선거 인플레이션 경계 심리도 확산되었다.˙ 선거철만 되면 선거자금이 엄청나게 많이 풀려 부동산값이 오를

● 그 이전의 마지막 국민직선제 선거는 1971년 제7대 대통령선거로, 박정희의 세 번째 연임이었다. 이때 힘들게 승리한 박정희는 이후 10월 유신을 통해 대통령을 국민직선제가 아닌 '체육관선거'로 뽑도록 헌법을 바꾸었고, 제8대와 제9대 대통령으로 선출되었다. 이후 제11대와 제12대 대통령을 지낸 전두환은 1987년 '6월 항쟁' 이후 개헌을 약속했고, 대통령선거는 16년 만에 다시 국민직선제로 돌아왔다. 이때 당선된 것은 노태우였다.

것이라는 생각이 퍼져 있었다.

이러한 시장 분위기가 이사철과 겹치자 아파트값이 꿈틀거렸다. 무더위가 한풀 꺾이면서 가을 이사철이 일찍 시작되었다. 집값이 오를지 모른다는 불안감에 사로잡힌 전세 생활자나 실수요자들이 움직이자 중개업소마다 쌓여 있던 매물이 하나 둘 팔려나갔다.

미분양은 줄고, 청약가입자는 늘고

급매물이 어느 정도 소화되면 제값을 받으려는 움직임이 뒤따르는 법이다. 집주인들은 기다리면 값을 올려 받을 수 있겠다는 기대심리로 매물을 거둬들이거나 오히려 값을 올려 불렀다. 일부는 값을 떠보기 위해 호가(呼價)를 올려 부르며 탐색전을 벌여 팽팽한 주도권 다툼이 펼쳐졌다.

얼마 전까지만 해도 매수자들은 값을 깎아서 살 수 있었으나 이제는 호락호락하지 않게 됐다. 주택경기가 회복되면 팔 사람들이 호가를 고집하면서 매매 시장이 매수자 중심에서 매도자 중심으로 바뀌게 된다. 그럼에도 해를 넘기지 않고 집을 장만하려고 서두르는 사람들이 많아서 매물이 나오는 대로 거래가 이뤄지는 편이었다. 자연히 실수요자들이 주로 찾는 소형 아파트를 중심으로 주택 시장이 활기를 띠면서 4막 1장의 막이 올랐다.

초기 상승 단계에서는 '전세가 상승 → 소형 아파트값 상승 → 미분양 아파트 감소'로 이어진다. 아파트값이 약간 오르자 전셋값 정도의 돈에 은행 융자를 곁들이면 구입할 수 있는 미분양 아파트에 관심이 쏠렸다. 교통이 불편하고 생활편의시설이 부족해 미분양되었던 목동과 상계지구 아파트 분양도 순풍에 돛을 달았다. '단지 설계부터 잘못됐다'는 혹평 속에 미분양된 올림픽선수촌아파트도 뒤늦게 빛을 보았다. 재분양을 했는데 1차 분양 때와는 딴판이었다. 갑자기 인기가 높아져 분양 접수창구에 많은 인파가 몰려 밤늦도록 북새통을 이뤘고 프리미엄까지 붙었다. 불과 6개월 만의 변덕이었다.

단순히 이사철의 반짝 경기만은 아닌 듯했다. 가을 이사철 경기는 추석이 지나 봐야 알 수 있는데 오름세를 보이던 아파트값은 오히려 추석 이후 주춤해졌다. 노사분규가 진정되고 추석을 전후한 자금 성수기에 제동이 걸린 탓이다. 구매력을 지닌 수요자의 상당수가 어느 정도 내 집을 장만하고 나자 '상투 경계 심리'가 일었던 것이다. 이사철이 끝나가자 점차 안정되어 갔다.

이와 같이 주택경기가 회복될 때는 선취매가 이뤄지며 이사철이 한 달 정도 앞서 시작되므로 매년 8월과 12월의 거래동향은 주택경기의 선행지표로 활용된다. 또 당시 주택청약 관련 예금 가입자도 청약예금 5만 명, 청약저축 11만 명 정도로 많아졌다는 사실은 많은 것을 시사한다.

4막 2장,
16년 만의 대선과 미분양 해소

 1988년 1월, 대통령선거로 '보통 사람' 시대가 열렸으나* 갖가지 선심성 지역 개발 공약이 남발되면서 곳곳에서 투기 조짐이 보였다. 개발계획이 발표될 때마다 뭉칫돈이 이리저리 몰리며 개발예정지역 임야를 싹쓸이했다. 토지 투기 억제의 최후 수단으로써, 정부는 시행을 계속 미뤄왔던 토지거래허가제를 결국 시행하였으나 오르는 땅값을 막기에는 역부족이었다.

 당시 아파트 분양가격은 국민주택규모(전용면적 25.7평 이하)는 평당 115만 원, 이를 초과하는 중·대형 아파트는 평당 134만 원으로 이원화되어 있었다. 그런데 각종 건축자재와 땅값, 인건비 등이 올라서 국민주택규모 아파트 분양가도 상향 조정해야만 했다.

 행정지도를 통해 묶여 있던 분양가가 평당 126만 8,000원으로 오르자 주택 시장에 이상기류가 흘렀다. 3년 전에 평당 115만 원으로 상향 조정

• 제13대 대통령으로 당선된 노태우의 선거 슬로건이 '보통 사람들의 위대한 시대'였다. 대통령 스스로도 '보통 사람 노태우'로 브랜딩했는데, 유행어가 될 만큼 성공적이었다.

했을 때에는 아파트값이 꿈쩍도 하지 않았으나 이번에는 달랐다. 시장 에너지가 강해져서 기존 아파트값을 자극하기에 충분했다. 상향 조정한 만큼 아파트값이 오를 것이라는 기대심리로 집주인들이 내놓았던 매물을 거둬들이자 숨바꼭질이 펼쳐졌다. 술래는 당연히 매수자였다.

"밀집모자는 겨울에 사라"는 투자 격언이 있다. 집도 마찬가지다. 다른 사람들이 관심을 보이지 않을 때 사면 싼 값에 골라 살 수 있다는 것인데, 알면서도 선뜻 실천에 옮기지 못한다. '더 떨어지겠지' 하고 느긋했던 수요자들은 집값이 올라야 자극을 받게 된다. 조금이라도 싸게 사기 위해 뜸 들이다가 매입 기회를 놓치는 것이다. 이때 당황하여 급한 마음에 허둥지둥 서두르다 보면 오히려 비싸게 구입할 가능성이 높아지는데, 시장 흐름이 빨라질수록 시야가 좁아지기 때문이다.

덤비면 바가지를 쓰고, 꼬치꼬치 따지면 기회를 놓치는 이러한 순간에 '주테크(住-tech)의 IQ'가 확연히 드러난다. "사느냐 마느냐, 이것이 문제로다"라는 독백을 거듭하며 우유부단하게 행동하는 '햄릿 형'은 대부분 머뭇거리다가 매입 시기를 놓친다. 심사숙고한 탓에 결국 집값이 한 단계 오르고 난 후 서둘러야 된다는 조바심에 사로잡혀 뒤늦게 사게 되므로 뒷차를 타는 것이다. 이런 유형은 집값이 오를 듯 말 듯 엉거주춤한 상태로 있을 때 장점이 있다.

반면 풍차를 향해 거침없이 "돌격 앞으로!" 하듯 일단 저질러놓고 보는 '돈키호테 형'은 시장이 오름세를 보일 때 장점이 있다. 약은 사람보다 미련한 사람이 호랑이를 잡는다고, 느낌으로 판단하고 행동하므로 발 빠르게 움직인 만큼 첫차를 탈 확률이 높은 것이다.

집값을 밀어 올리는 시장 에너지가 강해졌다고 판단되면 남보다 먼저 흐름을 탈 필요가 있다. 조금 일찍 나와서 기다리는 사람은 절대로 버스를 놓치지 않는다.

밀짚모자는 겨울에 사둬라

잠재됐던 수요가 일시에 몰리며 중개업소가 문전성시를 이루자 매물이 더욱 귀해졌고 시세는 초강세를 보였다. 뭉칫돈들도 규제가 덜한 아파트 시장을 기웃거리자 토지와 주식에 이어 아파트값마저 오르는 트리플(triple) 상승세가 연출되었다.

아파트값이 크게 오르자 상대적으로 값이 싼 신축 아파트를 분양받기 위해 주택청약 관련 예금에 가입하는 사람들이 급증하였다. 아파트가 분양될 때마다 청약자가 몰려 경쟁이 치열해지자 정부는 한동안 실시하지 않았던 채권입찰제를 서울시 전역으로 확대해야만 했다. 채권입찰제는 분양가격이 인근의 기존 아파트 시세보다 크게 낮을 때 실시하므로, 이는 아파트 값이 제법 올랐음을 의미한다.

아파트 분양 계약률이 높아지며 신축 아파트를 분양받기는 점점 힘들어졌다. 미분양 아파트도 거의 바닥났고 분양권에 붙은 프리미엄도 오름세를 보이며 한동안 잊혔던 장외 시장(분양권·시장)이 모습과 구색을 갖추어 갔다.

거래가 활발히 이뤄지면서, 지역에 따라 차이는 있었으나 아파트값이 전반적으로 10~20%씩 올랐다. 1983년 기록한 최고 시세를 훌쩍 뛰어넘더니 더 높은 곳으로 향했다. 입주물량이 부족해 전세가도 크게 올랐는데 전세가가 앞서 오르면 매매가가 뒤따르면서 동반 상승하는 모습을 보였다.

    매물은 값이 오를 만큼 오르고 나서야 조금씩 나오기 시작했다. 수요자들은 오른 값에 매입하기를 망설였지만 팔 사람은 급할 게 없다는 분위기였다. 아파트를 팔아야 할 사람들은 어지간히 팔고, 사야 할 사람도 어느 정도 사고 나서야 주택 시장이 안정되어 갔다.

4막 3장,
꿈틀대기 시작한 투기 바이러스

 1988년 7월, 3저 호황에 올림픽 특수까지 누리며 한국의 국제수지는 1986년 46억 달러, 1987년 98억 달러, 1988년 141억 달러의 흑자를 냈다. 이번에는 외환 인플레이션이 우려되었다.˚ 대통령선거와 국회의원 선거를 치르면서 엄청나게 많은 돈이 풀리자 수 년간 유지해온 물가안정 기조가 뿌리째 흔들렸다. 여기에 국내 투자환경이 좋아지자 해외 투기성 자금(hot money)이 유입되었는데, 일본 야쿠자 조직의 검은돈까지 흘러들어올 정도로 시중 유동자금의 덩치와 위력은 날이 갈수록 커졌다.

 돈은 굴려야 불어난다. 물이 낮은 곳으로 흐르듯 유동자금은 한 군데 가만히 머물지 않고 황금알을 낳는 오리를 찾아 쉴 새 없이 움직였다. 이러한 떠돌이 뭉칫돈은 먹잇감을 찾아 허공을 떠도는 독수리의 눈과 발톱을 가졌다. 기회를 엿보면서 떼 지어 몰려다니다가 온갖 말썽을 부리게 마련인데 이번에도 부동산과 주식 시장을 넘나들며 투기 바람을 일으켰다.

• 국제수지가 좋아지면 원화 가치가 높아지고, 환율이 낮아짐으로써 수입품의 물가가 상대적으로 오른다. 이것이 국내 전체에 영향을 미치면 '외환 인플레이션'이 발생하는데, 경제학에서 사용되는 정식 용어는 아니다.

시중에 돈 풍년이 들자 "올림픽 이후 물가가 뛰고 아파트값도 오른다"는 카더라 통신이 동네방네 '쫙' 했다. 이처럼 물가 불안심리까지 폭넓게 확산되며 70년대 인플레이션의 망령이 되살아나는 듯했다. 집값이 안정된 채 소득이 증가해 구매력이 높아진 상태라, 시장은 불만 붙으면 활활 타오를 여건을 충분히 갖추고 있었다. 집값이 오른다는 사실을 의심하는 사람이 별로 없었다. 관심은 '얼마나 오를 것인가'에 맞춰졌다.

투자환경이 바뀌면 투자자도 변한다. 귀가 얇고 진득하지 못하면 분위기에 휩쓸려 이랬다 저랬다 마음을 바꾸기 때문에 춘향이 엄마 월매 뺨치는 변덕쟁이가 된다. 돈 냄새를 맡고 원초적인 본능이 발동하자 시장 분위기는 한껏 들떠 있었다. 개중에는 애써 외면하는 사람도 있었으나, 금융상품보다 높은 수익을 올릴 수 있게 되자 아파트를 사들여 재산을 불리려는 사람이 기하급수적으로 늘어났다. 돈벌이에 혈안이 되자 돈을 빌려 투자를 하기도 했는데 이자가 비싸도 상관이 없었다. 한 번 오르면 수백만 원씩 올랐는데 이는 몇 달치 월급에 해당하는 금액이기 때문이다.

사실 아파트만 한 투자 대상도 없었다. 사두면 오를 것 같으니까 길목을 지키기 위해 "우선 사놓고 보자"는 식의 묻지마 투자도 크게 늘어났다. 대부분 내 집을 갖고 있는 사람들이라 내 집 마련에 대한 절박함도 없이 그저 너도나도 주테크에 열을 올렸다. 누군가 "돈 봤다!"라고 외치면 사람이 몰리는 것은 당연한 이치이다.

이때는 복부인이 따로 없었다. 아니, 복부인이라는 개념 자체가 희미해졌다. 흉보면서 닮는다고, 점잔 빼고 있어 봐야 팔불출이 되기 십상이라며 종잣돈이 있으면 누구나 부동산에 뛰어들었다. 마치 집단최면에 걸려 내 몫 챙기기에 혈안이 되었는데, 눈치는 물론 염치도 없었다. 그저 프리미엄만 쫓아다녔다.

아파트를 사서 비싸게 전세를 놓고, 전세금으로 또 다른 아파트를 사들이는 '집 한 채 더 갖기'가 유행처럼 번지며 이판사판 투기판이 되어갔다. 매스컴에서는 더 이상 복부인의 존재를 거론하지 않았다. 우연의 일치일까. 한국이 '투기 바이러스'에 빠른 속도로 전염되고 있을 때 정보화시대의 천적 '컴퓨터 바이러스'도 국내에 상륙했다. 끼리끼리 통하는 게 있는 모양이다.

기대감만으로도 시장은 흔들린다

4막 3장은 정부가 아파트 분양가 자율화를 거론하면서 비롯되었다. 대통령선거 공약으로 내건 주택 200만 가구를 건설하기 위해서는 무엇보다 민간부문의 주택 건설을 촉진시킬 필요가 있었다. 주택 건설 재원이 크게 모자라니 민간 주택업체를 앞세워 주택난을 해결하려면 당근 정책을 추진해야만 했다. 아니 땐 굴뚝에 연기가 날까. '분양가 자율화'설(說)이 모락모락 피어올랐다.

불과 5개월 전에 분양가격 상향 조정으로 아파트값이 크게 오른 것을 경험한 수요자들이 민감하게 반응하였다. 같은 돌부리에 두 번 넘어져서야 되겠는가. 곧바로 '상승 주의보'가 내려졌다. 분양가를 자율화하면 아파트값이 오른다는 것은 유치원에 다니는 아이들도 예측할 수 있는 일이었다. 좀 더 지켜보자며 관망하던 수요자들이 마음을 바꿔 오르기 전에 사두자며 중개업소를 찾았다.

하지만 반대로 집주인들은 지금 팔면 손해라는 생각에 이미 매물은 자취를 감춘 뒤였다. 이때 사려는 사람이 많고 매물은 자취를 감추는 가격급등기의 증후군이 나타났다. 여름철 비수기임에도 불구하고 아파트값이 강한 오름세를 보이며 시장 에너지가 강해져 있음을 암시했다.

남의 떡이 더 커 보이는 법이다. 지금 사도 늦지 않는다며 가수요까지 가격을 불문하고 덤벼들자 수요가 불처럼 일어나 기세 좋게 타올랐다. 어렵사리 매물을 찾아서 막상 계약을 하기 위해 무릎을 맞대면 파는 쪽은 값을 올려 부르며 딴소리하기 일쑤였다. 그야말로 넘치는 돈에 아파트값이 춤을 췄다.

아파트값이 불과 며칠 새 수백만 원 오르자 곳곳에서 해약 소동이 벌어졌다. 매매계약을 체결한 후 중도금을 받기도 전에 계약금으로 받은 금액보다 더 많이 오르자 위약금을 물어가면서 해약하는 사례가 잇따라 발생하였다.

재건축·재개발 사업의 시작

이때 다소 생소한 '재건축'이란 곁바람도 불었다. 재건축이란 낡아서 안전사고 우려가 있는 주택을 헐고 공동주택을 새롭게 짓는 사업이다. 재건축을 이해하기 위해서는 1981년으로 거슬러 올라가야 한다. 서울이 올림픽 유치에 성공하자 잠실을 포함한 서울 강동 지역에 올림픽타운 개발 바람이 불었다.

그런데 아파트가 건설된 지 불과 5년밖에 안 됐는데 뜬금없이 잠실1단지 주공아파트의 철거 괴담이 퍼졌다. 잠실종합경기장에 인접한 볼품없는 잠실1단지 아파트를 헐고 녹지대를 조성한다더라, 또는 주차장을 만든다더라는 등의 입소문이 주민들 사이에서 빠르게 퍼져나갔다. 동요한 주민들이 이사를 가기 위해 내놓는 매물이 늘어나면서 집값이 떨어지자, 서울시가 서둘러 진화에 나서면서 이는 한 순간의 해프닝으로 끝나는 듯했다.

그리고 3년이라는 시간이 흘러 1984년이 되었다. 뽕나무가 사라져 잠실의 터가 기운이 세진 것일까. 원로 아파트들을 제치고 지은 지 10년도 안 된 잠실 주공아파트 1단지에서 밑도 끝도 없이, 재건축도 아닌 재개발이 될 것이라는 뜬소문이 나돌았다. 당시에는 재건축이란 개념조차 생소했는데, 사연은 이랬다. 3년 전에 벌어진 해프닝으로 아파트가 철거될지 모른다는 불안을 느낀 주민들이 자구책으로 재개발 추진위원회를 구성한 것이다. 이들이 재개발지구로 지정받기 위한 주민 동의서를 받으러 다니면서 엉뚱한 결과가 빚어졌다.

입소문이 부풀려져서 재개발하여 고층 아파트를 짓는다더라는 카더라 통신이 퍼지자 13평짜리 주공아파트가 금세 25평형으로 둔갑하는 시나리오가 만들어졌다. 아파트값이 치솟는 소동이 벌어진 건 당연하다. 이후 서울시와의 지루한 재건축 줄다리기가 시작되었고, 이러한 소동으로 인해 잠실 주공아파트 1단지는 재건축의 진원지가 되었다.

그런데 고대하던 「주택건설촉진법」이 개정되면서 지은 지 20년 이상 된 낡은 아파트를 헐고 재건축할 수 있는 길이 열리게 되었다. 멀쩡한 주택까지 헐어내는 재건축이 심각한 자원 낭비라는 지적도 있지만, 토지의 효율적 이용과 주거환경 개선에 기여하는 것은 사실이다. 아울러 보다 넓은 아파트를 공짜(?)로 얻을 수 있어, 재건축 대상 아파트에는 재건축 프리미엄이 자연스럽게 없어졌다.˙ 이 같은 재건축 바람 덕분에 10년만 넘어도 퇴물 취급을 받던 노후 아파트의 값이 용틀임을 했다.

아파트 투자 열기는 서울 강남 지역이 주도하였고 지하철 역세권을 거쳐 인근 강동 지역과 외곽지역인 목동·상계동까지 영향을 미쳐 차츰 서울 전역으로 확산되었다. 또 한 달가량의 시차를 두고 수도권 지역도 뒤를 이었는데 '노 프리미엄(no premium)' 지역이었던 지방도시 아파트에도 프리미엄이 쏠쏠하게 붙었다. 심지어 입주하면 분양권을 덤으로 얻을 수 있는 임대아파트에도 웃돈이 붙어 불법 전매될 정도였다.

상승세가 가장 두드러지게 나타난 곳은 '생활 특별구'인 강남 지역이었다. 교통과 교육환경이 좋아 생활 중심지로 떠오르면서 '강남 생활권' 프리미엄이 붙은 것이다. 따라서 '아파트 1번지'도 압구정동에서 강남 지역 전역으로 광범위해졌다.

그리고 소형보다는 중·대형 아파트값이 상승을 주도했다. 1년 전만 해도 평당 200만 원 수준이던 서울 강남 지역의 아파트값이 300만 원대로 껑충 뛰어, 1억 원이 넘는 30평대 아파트가 등장한 것도 이 무렵이었다. 투기 조짐이 보이자 정부는 분양가격 자율화 방침을 당분간 보류하기로 했으나 상승세가 수그러들지는 않았다.

일이 이쯤 되자 정부는 다시 주택 시장 다스리기에 나서지 않을 수 없었다. 허겁지겁 부동산 대책회의를 열고 대책 마련에 고심했는데, 발표된

● 무조건 공짜는 아니다. 재건축은 조합원이 자신의 기존 주택을 재건축조합에 맡긴 후, 새 아파트를 분양받을 때 내야 하는 분양가격에서 기존 주택의 가치(권리가액)만큼을 차감받는 구조다. 즉, 기존 주택의 가치가 크다면 추가로 돈을 내지 않고 새 아파트를 받을 수 있지만, 기존 주택의 가치가 크지 않다면 분양가격과의 차액을 추가로 내야 한다. 이렇게 추가로 내는 돈이 분담금이다.

것은 급한 불이나 끄고 보자는 식의 엄포성 대증(對症) 대책이라 어떻게든 집값을 안정시키겠다는 의지만 밝힌 셈이었다. 또 투기 바람이 한 차례 거세게 불고 나서야 늑장 단속에 나서 별 효과를 보지 못했다. 투기 단속을 실시하는 지역에서조차 아파트값이 올랐을 정도였다.

국세청도 특정지역을 지정하여 실제 거래가격을 토대로 정한 기준시가로 세금을 중과세하였으나 잠시 거래가 위축되었을 뿐 오히려 아파트값만 올려놓았다. 세금 부담이 늘어난 만큼 아파트값을 올려도 사겠다는 사람들이 얼마든지 있었기 때문이다.

목청을 한 옥타브 높이며 잇따라 발표된 정부의 투기 억제 대책을 비웃듯 아파트값은 계속 오름세를 보였다. 항아리에 물을 부어도 차지 않는다면 어딘가 구멍이 난 밑 빠진 독인 것이다. 하루가 다르게 치솟는 아파트값에 집 없는 서민들은 허탈감을 느껴야만 했다.

양도세 중과로 급한 불은 껐지만

1988년 8월, 경제장관들이 근본적 대책을 마련하기 위해 한 자리에 모였다. 투기 바람을 잠재우기 위해 어느 때보다 강력한 의지를 보일 필요가 있어 양도세 면세 요건을 대폭 강화한 '부동산 투기 억제 대책(8.10조치)'을 발표하였다.

8.10조치는 별로 새로운 것은 없었지만, 1978년 이후 대부분의 부동산 대책이 선언적 의미만 강했던 데 비해 10년 만에 정부가 동원할 수 있는 수단을 총망라한 강력한 대책이었다. 주요 내용을 간추려 보면 이렇다.

- 1가구 1주택 비과세 요건을 1년 이상 거주 또는 3년 이상 보유에서 3년 이상 거주 또는 5년 이상 보유로 연장
- 1가구 2주택 양도세 면세 기간을 2년에서 6개월로 단축*

그런데 처방은 과거형이었다. 양도세 정책은 1978년 8.8조치로 위력이 입증된 이후 투기 억제를 위해 휘둘러온 전가의 보도(傳家의 寶刀)였다. 세월이 흘러 녹슬고 무뎌졌지만 주택경기와 수급을 조절하는 데 양도세만 한 특효약도 없었던 것이다. 경기를 부양하기 위해서는 세금을 깎아주었고, 과열되면 중과를 해서 열기를 식히곤 했다.

그동안 집을 팔려고 내놓아도 제때 팔지 못해서 억울하게 1가구 2주택자가 된 사람들을 구제하고 주택경기를 활성화하기 위해 1가구 2주택에 대한 양도세 면제 기간은 조금씩 늘어났다(1974년에 6개월 → 1977년에 1년 → 1982년에 1년 6개월 → 1986년에 2년). 그랬던 것이 단숨에 6개월로 단축되었다. 1가구 1주택 우대정책을 강화한 것이다. 집 있는 사람이 또 다른 주택을 소유하는 것은 투기 행위로 보고 거칠게 몰아붙였다.

세금을 중과하여 투기꾼들을 주택 시장 밖으로 내몰고자 했던 8.10조치의 효력은 곧바로 나타났다. 날벼락을 맞은 부동산 시장이 일순간 마비 상태에 빠졌다. 팔려는 사람만 있어 거래가 통 이뤄지지 않자 이번에는 폭락을 우려한 해약 소동이 일어났고 일부는 손절매를 하기도 했다. 뜨겁게

• 원래 1주택만 보유했던 가구도 이사를 가기 위해서, 결혼이나 부모 봉양 때문에, 상속을 받아서, 혹은 그 밖의 피치 못할 사정으로 주택이 두 채가 될 수 있다. 이런 상황을 고려하여 세법에서는 주택 한 채를 팔아 다시 1주택자가 될 수 있도록 시간적 여유를 주고, 이 기간 동안에는 양도세를 면제해 준다. 이 기간이 기존 2년이었던 것을 6개월로 단축한다는 뜻이다.

달아올랐던 열기가 식자 삼복더위에 찬 바람이 불었다. '떡 본 김에 제사 지낸다'고, 복덕방들은 문을 닫고 여름휴가를 떠나야만 했다.

투기를 뿌리 뽑기 위한 의지가 워낙 강해서 상승세가 꺾이자 실수요자들은 '천천히 사겠다'는 관망세를 보였다. 세금을 두들겨 맞는 것을 겁내 단기 전매 차익을 노리는 가수요도 크게 줄었다. 이처럼 투자심리가 위축되며 매물이 크게 늘어났으나 아파트값은 생각만큼 많이 떨어지진 않았다. 억지 자장가를 부른 탓에 잠자는 척을 한 것이다.

88올림픽을 치른 후 아파트를 중심으로 투기 바람이 거세게 불 것이라는 예상이 8.10조치로 보기 좋게 빗나갔다. 막히면 돌아가라고, 한 무더기 뭉칫돈이 아파트 단지내상가와 오피스텔 분양 시장으로 흘러들어가 분위기를 휘저어 놓았다.

급한 불은 껐지만 불씨는 여전히 남아있었다. 8.10조치에도 불구하고 싼값에 분양되는 신축 아파트는 여전히 경쟁이 치열했기 때문이다. 분양 현장에는 봉고차를 동원하거나 천막과 파라솔 등을 설치해놓고 영업하는 떴다방(이동 복덕방)들이 호객행위를 하며 극성을 부렸다. 또 대기수요층이 두터운 강남 지역 아파트값은 거의 떨어지지 않았다. 하지만 연말까지 올림픽선수촌아파트, 상계동, 목동 등에서 대규모 입주가 이뤄질 예정이라 아파트값은 물론 전셋값도 그럭저럭 안정될 것으로 보였다.

4막 4장,
판도라의 상자가 열렸다

 1988년 12월, 서울에는 아파트를 지을 만한 땅이 거의 바닥나 있었다. 조금씩 공급되던 아파트도 올림픽선수촌아파트 분양을 끝으로 사실상 중단된 상태였다.
 땅값, 건축자재값, 인건비 등 건축원가는 잔뜩 올랐는데 시장가격을 무시한 분양가격 통제로 인해 땅값이 비싼 지역에서는 도저히 채산을 맞출 수 없어 건설업체들은 아파트 건설을 꺼렸다. 1981년부터 행정지도를 통해 분양가격을 평당 134만 원으로 꽁꽁 묶어 놓은 후유증이 나타나면서 잠시 동안 누렸던 안정이 깨졌다.
 주택 200만 가구 건설 계획을 세워 놓은 건설부는 전전긍긍 했다. 분양가격 통제가 주택 공급을 확대하는 데 걸림돌로 작용했기 때문이다. 민간

▼ 아파트 평당 분양가격 상한선 추이		
	국민주택규모(전용 25.7평) 이하	국민주택규모(전용 25.7평) 초과
1981년	105만 원	134만 원
1985년	115만 원	134만 원
1988년	126만8,000원	134만 원

아파트 건설을 촉진하기 위해서 주택 공급 제도의 수정이 불가피했다. 해결할 방법은 단 하나, 분양가를 자율화하여 시장 기능에 맡김으로써 주택 공급을 늘릴 수밖에 없었다. 따라서 분양가 자율화 문제를 신중하게 검토하지 않을 수 없었다. 분양가를 자율화하면 일시적으로 가격 상승이 초래될 수 있으나 장기적으로는 공급이 늘어나 아파트값이 안정될 것으로 예상했다.

그러나 예상이 빗나가고 말았다. 결과론이지만 성급하게 정책을 결정한 것이다. 건설부장관의 "분양가를 자율화하는 방안을 구체적으로 검토하겠다"는 발언에만 뉴스 초점이 맞춰져 일파만파로 번졌다. 주택난을 해결하기 위해 불가피한 선택이었으나 시기가 좋지 않았던 것이다.

우물쭈물하는 사이에 주택 시장은 크게 흔들렸다. 앞으로 아파트값이 오를 수밖에 없다는 판단에 무조건 사놓고 보자며 덤벼든 사람들로 걷잡을 수 없게 됐다. 판도라의 상자가 열렸을 때 이랬을까. 주택 시장을 꽁꽁 묶어 두었던 8.10조치가 넉 달 만에 물거품이 되는 순간이었다.

'분양가 자율화', 정말 된다고?

아파트 투기병(病)이 다시 도졌다. 정부의 강력한 투기 억제 의지에도 불구하고 아파트값은 지역 구분 없이 무차별적으로 수직상승했다. 값이 오를 것이라는 기대심리 때문에 꼭꼭 숨어버린 매물들은 당분간 쉽사리 나올 것 같지 않았다. 집주인들은 아파트값을 멋대로 올려 불렀지만 그래도 매물이 없어 부르는 게 값이었고, 순식간에 8.10조치 이전 시세를 가뿐하게 뛰어넘었다.

이와 같이 아파트값은 수요와 공급의 원리가 아니라 심리적 요인에 의해 결정되기도 한다. 분양가 자율화에 따른 실질적인 공급 증가는 최소한 2년 6개월 정도 시간이 걸려 비탄력적이다.* 하지만 수요는 값이 오를 것이라는 불안심리가 퍼지면 즉각적으로 발생하기 때문에 아파트값이 예상보다 큰 폭으로 오르게 된다.

시중에는 돈이 넘쳐나고 아파트에 대한 수요는 갈수록 늘어나는데 공급이 절대적으로 부족하다면 가격상승은 불 보듯 뻔한 일이다. 이러한 상황에 분양가격마저 자율화되면 아파트 투기가 일어날 것은 어느 정도 예견된 것이었다. 사두면 오를 것이라는 기대심리가 워낙 강해서 가수요를 만들어내는 투자자도 일부 특정 계층에 국한되지 않고 폭이 넓어졌다.

특히 국민소득이 향상되면서 두텁게 형성된 신흥 중산층의 투자 활동이 두드러졌다. 당시 중산층의 가구당 연간 소득은 750만 원 정도였다. 실수요층이기도 한 이들은 때에 따라선 가수요자로 돌변하기도 했다. 투자금의 성격도 단기 전매 차익을 위해 빚을 내가면서 하는 투자가 아니라, 여유자금을 활용하는 투자 성향을 보였다. 복부인이 치맛바람을 일으키며 투기를 일삼던 시대와는 비교가 되지 않을 정도로 주택 시장이 커진 것이다.

1989년 1월, 해외여행 문이 활짝 열리며 해가 바뀌었다.** 우려했던 소

---

* 선분양 제도에서는 아파트를 건축하기 전에 분양부터 하는데. 실제 주택 공급은 다 지어진 아파트에 입주할 때 이뤄진다. 그래서 분양과 입주 사이에 최소 2~3년의 시간차가 생기는데, 이미 분양 계약이 끝난 아파트의 물량을 쉽게 늘리거나 줄일 수는 없다. 아파트 공급이 비탄력적일 수밖에 없는 이유는 이것이다.

** 요즘 세대는 믿기 힘들겠지만, 1989년 이전에는 일반인의 해외여행이 거의 불가능했다. 기업 출장, 유학, 해외 취업 등 특별한 경우가 아니면 아예 여권이 발급되지 않았던 것이다. 이는 공산주의 국가의 주민과 접촉하는 것을 막고 외화가 유출되지 않도록 하기 위한 조치였다. 그러나 88서울올림픽 이후 국제화와 개방화에 대한

비자물가는 7.2% 오르는 데 그쳤다.* 대통령 봉급이 186만 원으로 인상됐으며, 정주영 현대그룹 회장이 북한을 방문하여 금강산 공동개발을 합의해 세상을 깜짝 놀라게 했다.** 또, 한 번 빠지면 이런저런 사연으로 밤을 새우기 일쑤인 PC통신 대화방이 개설되어 채팅족 사이에서 '식인종 시리즈'가 얘깃거리가 되었다.***

예년에 비해 이사철 계절풍이 일찍 불었다. 새 학년이 시작되기 전에 교육특구인 강남8학군으로 이사하려는 전입 행렬이 이어졌다. 학군 내 학생을 모두 수용하지 못하자 1987년부터는 거주기간이 오래된 순서대로 입학시키는 제도가 실시되었기 때문이다. 대다수의 학부모가 명문대학 합격률이 높은 고등학교가 몰린 8학군 지역으로 이사하면 자기 자녀들의 학업성적도 향상되리라고 믿었는데, 바로 '강남8학군 신드롬'이었다.

생활이 안정된 학부모들의 높은 자녀교육 열기로 인해 '1등 콤플렉스'가 제2의 치맛바람을 일으켰다. 좋은 교육환경이 사람을 불러모으며 집값에 미치는 영향이 더욱 커졌다. 아파트값에 '8학군 프리미엄'이 얹어져서, 소득 수준에 비해 비싼 편이었는데도 선뜻 사겠다는 수요자들이

요구가 거세지면서 출국 전 반공교육을 이수하면 누구나 여권을 발급받을 수 있게 됐다.

* 요즘 기준으로는 높아 보이지만, 직전년도인 1981년의 소비자물가상승률이 약 21.4%였고, 그 이전인 1980년에는 약 28.7%였던 걸 감안하면 매우 낮은 수준이었다.
** 다만 실제로 금강산 관광이 시작된 것은 1998년이고, 이때의 방북은 정주영 회장과 측근 세 명이 베이징을 거쳐 방북한 조촐한 규모였다. 그러나 이때를 계기로 1991년 세계탁구선수권대회 남북단일팀 참가 및 유엔 동시 가입, 1992년 남북기본합의서 합의 등 한반도 평화 분위기가 조성될 수 있었다는 점에서 의미가 크다.
*** 식인종이 주인공인 짧은 유머. 예를 들어, 식인종 아빠가 아이와 버스를 타는데 차비를 자기 것만 내자 버스기사가 아이의 차비는 왜 안 내냐고 물었고, 아빠는 "도시락도 차비를 내냐"고 답했다는 식이다. 다소 허황되고 어처구니없는 개그지만, 급속한 경제성장과 함께 각박해진 시대를 풍자하며 엄청난 인기를 끌었다.

의외로 많았다.

　양도세 과세를 강화한 8.10조치도 더 이상 약발이 안 들었다. 1가구 1주택 양도세 비과세를 받기 위한 보유 기간이 대폭 늘어나는 바람에 사람들이 세금 부담을 의식해 집을 팔려고 하지 않아 이래저래 매물 부족 현상이 나타나며 아파트값만 오르게 하는 부작용을 초래했다. 또, 1가구 2주택 양도세 면제 기간을 2년에서 6개월로 단축하면 양도세를 물지 않으려는 매물이 쏟아져나와 집값이 하락할 것이라는 예상도 헛다리를 짚었다. 분양가 자율화 검토로 아파트값이 치솟자 설령 세금을 두들겨 맞아도 엄청난 투자수익을 챙길 수 있게 됐다. 서둘러 팔 필요가 없어진 1가구 2주택 소유자들의 거래까지 약화시킨 셈이 되어 더 이상 투기를 억제하지 못했다.

　탈세가 아닌 절세도 엄연한 재테크 기법 중 하나이다. 매도자가 시장을 지배하였기 때문에 세금쯤이야 매수자에게 슬쩍 떠넘기면 그만이었다. 아파트값이 크게 올랐는데도 세금을 파는 사람이 아니라 사는 사람이 부담하는 조건으로 계약이 이뤄지기도 했다.

갈팡질팡 정책이 시장을 부추겼다

　춤추는 아파트값에 속수무책이었다. 궁여지책으로 해외 부동산 투자를 허용했으나 조금도 진정되는 기미를 보이지 않았다. 아파트값이 거침없이 오르자 정부는 한 달 후 긴급 부동산 대책회의를 열고 물가에 미치는 영향을 고려해 물가가 안정될 때까지 분양가 자율화 문제를 보류한다고 말 뒤 집기를 했다.

그런데 어찌 된 일인지 기대와는 달리 아파트값이 또 다시 요동치는 게 아닌가. 앞으로 상당 기간 강남 지역에서 아파트공급이 없을 것이라는 입소문이 나돌면서 가수요가 더욱 기승을 부렸다. 당시 서울시의 주택보급률은 60%였는데 분양가격을 인상 조정하지 않으면 땅값이 비싼 서울 지역에는 사업성이 없어 민간아파트 공급이 중단될 것이라는 판단 때문이었다.

이렇게 아파트값은 분양가 자율화를 구체적으로 검토하면서 올랐고, 한 달 후 물가가 안정될 때까지 보류한다고 하자 아파트 공급 전망이 불투명해져 또다시 뛰었다. 한마디로 긁어 부스럼 만든 격이었다. 결국 주택 정책이 갈팡질팡하면서 이래저래 아파트값 폭등을 부채질한 꼴이 되어 결국 '파동 국면'으로 확대되었다.

파죽지세였다. 아파트값 상승 폭이 8.10조치 이전보다 커서 충격적이었다. 실수요와 가수요가 뒤섞여 강남 지역의 중·대형 아파트를 중심으로 큰 폭으로 올랐다. 평당 300만 원 선에 거래되었던 중·대형 아파트값이 두세 달 만에 500만 원대로 껑충 뛰어 50% 이상 올랐다. 1년 6개월 전만 해도 미분양 아파트가 쌓여 있었는데 그동안 곱절로 뛴 것이다. 김치가 '금(金)치' 되듯 아파트가 황금값이라 '금(金)파트'라는 말이 나올 정도였다.

강남 지역 아파트값이 크게 오른 이유는 경제적으로 여유가 있는 중산층들이 너도나도 교통이 편리하고 교육환경이 뛰어나며 생활 편익 시설과 문화공간이 잘 갖춰져 주거환경이 좋은 '강남 생활권'에서 살고자 했기 때문이다. 이처럼 사람을 불러 모으는 요인이 많아 수요가 증가하자 아파트값이 오른 것이다.

1969년 말 제3한강교(현 한남대교)가 개통될 당시만 해도 '깡촌'이었던 강남 지역은 남서울 개발계획에 따라 집중적으로 개발되면서 신도시의 원조가 되었다. 생활 중심이 빠른 속도로 강남 지역으로 이동하였다. 옛 명문고들마저 강남으로 이전하자 강북은 단독주택, 강남은 아파트 밀집지역으로 차별화되면서 '강남 특별시 - 강북 보통시'로 뒤바뀌었다.

자족 기능을 갖추지 못했던 강남 신도시는 거대한 베드타운(bed town)이었다. 직장이 있는 강북으로 출퇴근하는 사람들로 한강다리는 하루 종일 교통체증으로 몸살을 앓아 '짜증대교'로 변했지만, 그래도 사람들은 주거 환경이 좋은 신도시에서 살기 위해 강남 지역으로 꾸역꾸역 모여들었다. 집값도 남고북저(南高北低) 현상이 나타났다. 강남 전성시대였다. 강남 지역에 아파트를 장만하면 중산층으로 인정받을 수 있었다.

소득 수준도 향상되어 집을 넓혀가려는 추세가 뚜렷해졌다. 또 대형 아파트일수록 가격 상승폭이 커서 투자가치가 높았다. 빚을 얻어서라도 큰 집을 마련하면 얼마 안 있어 집값이 올라 빚도 갚고 집도 넓힐 수 있었다. 도랑 치고 가재도 잡을 수 있는 흔치 않은 기회였다.

당시 서울에는 40평 이상 되는 아파트가 6만여 가구 있었는데 이 중 80% 정도가 강남 지역에 밀집되어 있었다. 그런데 공급은 올림픽선수촌아파트가 분양된 이후 전혀 없었다. 특히 강남 지역은 서초동 삼풍아파트*가 분양된 1986년 이후 3년 동안 단 한 채도 공급되지 않았다.

절대량이 부족해 희소가치가 높아진 중·대형 아파트의 수요는 자꾸만 늘어나는데 오히려 서민용 아파트 공급을 확대하겠다고 하자 중·대형 아파트값이 크게 올랐다. 공급이 충분하게 뒷받침되지 않을 경우 아파트값 상

● 흔히 '서초 삼풍'이라 불리는 대단지 아파트로, 옛 외인주택단지를 철거한 후 1988년 삼풍백화점과 함께 들어선 고급 아파트다. 2025년 현재 재건축을 추진 중인데, 강남권 최초로 조합이 아닌 신탁 방식을 사용하는 신통기획(신속통합기획) 방식이다. 한동훈 전 법무부장관이 보유한 아파트로도 유명하다.

승은 불가피한 것이다. 참고로 중·대형 아파트의 기준은 일반적으로 주택청약예금의 평형 구분에 근거를 두고 있다. 전용면적을 기준으로 국민주택 규모인 25.7평 이하를 소형 아파트, 25.7평 내지 40.8평을 중형 아파트, 40.8평 이상을 대형 아파트로 보는 것이 무난하다.

강남 지역 아파트값이 가파르게 올라 숨을 고르는 모습을 보이자 이번에는 상대적으로 싸게 느껴진 강북 지역과 수도권 지역으로 매수세가 몰려 아파트값 상승 도미노 현상이 나타났다. 지방 도시 아파트도 서울 지역의 영향을 받아 눈에 띄게 상승했다. 어디 그뿐인가. 배후 상권이 탄탄한 지하철 역세권 지역은 말할 것도 없고 신흥개발지역의 단독주택과 택지 값도 동반 상승하였다. 시장 에너지가 분출되자 걷잡을 수 없었다.

뭉칫돈이 보기 드물게 겹치기 출연해 바람이 입체적으로 불었다. 때를 같이 해 주식 시장도 달궈져 종합주가지수마저 1,000포인트를 돌파하였다.* '개미군단'이란 집단언어가 만들어졌고, 운 좋게 큰돈을 움켜쥔 소수의 부풀려진 투자 성공 사례에 도취되어 농촌에서조차 '소 팔아 주식 사자'에 나설 정도였다. 쌀 80㎏ 한 가마니를 10만 원에 사 먹을 때였다. 신문도 앞다투어 투자 정보를 쏟아냈는데, 한마디로 온 나라가 '재테크 열풍'에 휩싸여서 못 끼면 팔불출이 되었다.

값싸고 목 좋은 아파트를 분양받기 위한 지름길은 일종의 자격증이라고 할 수 있는 주택청약 관련 예금에 가입하는 것이다. 주택청약 관련 예금은 아파트값이 하락하여 신-구 아파트, 즉 기존 아파트와 분양되는 아파트

● 한국의 유가증권시장(KOSPI)은 1980년 1월 4일 '종합주가지수 100'이라는 숫자로 개장했다. 이후 오랫동안 200에서 300 사이를 유지하다가 서울올림픽을 전후로 크게 올랐고, 1989년 3월 31일에 최초로 1,000을 돌파했다. 다만 이후에는 다시 600 내지 700선으로 하락했다.(한국거래소 통계자료 참조)

간 시세 차이가 없어지면 해약자가 증가하고, 아파트값이 상승하면 시세차익을 노리는 가입자가 증가하였다. 따라서 주택청약 관련 예금 가입자 수는 주택경기의 지표로 활용되어 왔다.

   2년 전만 해도 불과 5만 명이었던 주택청약예금 가입자가 무려 60만 명, 청약저축 가입자도 71만 명으로 늘어나 과열된 주택경기를 표출하였다. 대기수요가 많아졌다는 것은 아파트를 분양받기가 그만큼 어려워졌다는 것인데 쉽게 말해 좁은 문이 바늘구멍으로 변했다는 것이다.

   공급물량에 비해 주택청약 관련 예금 가입자가 폭발적으로 늘어나 청약 경쟁이 치열해지자 가수요자의 무분별한 신청을 막기 위해 청약예금 가입액을 소형 아파트 300만 원 이상, 대형 아파트 1,500만 원 이상으로 대폭 인상해야만 했다. 그리고 매달 일정액을 불입하면 전용면적 25.7평 이하의 민간아파트 청약 자격과 주택자금을 융자받을 수 있는 주택청약부금

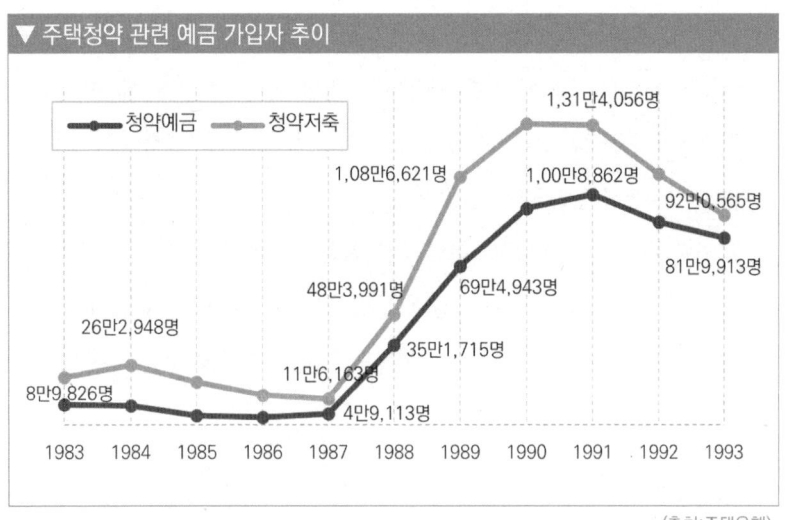

▼ 주택청약 관련 예금 가입자 추이

(출처: 주택은행)

제도를 신설하였다.

'억파트'의 등장

1989년 4월, 벚꽃잎이 눈송이처럼 떨어지던 봄이었다. 한동안 분양 소식을 접하지 못했던 서울에서 오랜만에 아파트가 분양되었다. 1989년 들어 첫 분양된 아파트는 한강변 옥수동 현대재개발아파트.* 평당 134만 원에 묶여 있는 분양 아파트와 기존 아파트의 가격 차이 때문에 시세차익을 노린 가수요까지 몰려 북적거렸다.

경쟁률은 47대 1. 하늘의 별 따기만큼 어려운 아파트를 분양받기 위해선 채권입찰액을 높게 써야만 했다. 눈치 싸움과 돈 싸움을 벌인 결과 37

▼ 주택청약예금 평형별 예치 금액

면 적	기 존	개 정		
		서울·부산	직할시	시 지역
25.7평 이하	200만 원	300만 원	250만 원	200만 원
25.7평 초과 30.8평 이하	300만 원	600만 원	400만 원	300만 원
30.8평 초과 40.8평 이하	400만 원	1,000만 원	700만 원	400만 원
40.8평 초과	500만 원	1,500만 원	1,000만 원	500만 원

* 현재 이름은 옥수현대아파트. 옥수동 일대 재개발을 통해 1990년 준공되었으나 30년이 훌쩍 넘은 2025년 현재는 재건축 추진을 위한 안전진단을 통과한 상태다.

평형의 경우 채권매입액이 분양가격의 두 배에 가까운 1억 원을 기록하며 서초동 삼풍아파트 62평형이 3년 전 세운 최고기록 6,700만 원을 갈아치웠다. 서울에서 아파트 공급이 거의 중단되어 수요자의 다급한 심리가 채권매입액을 높인 것이다.

배보다 배꼽이 곱절로 커지자 파문을 일으켰다. 더욱이 제2의 분양가격이 된 채권매입액이 최고기록을 세우자 기존 아파트로 불똥이 튀어 또다시 아파트값을 끌어올렸고, 주범인 채권입찰제는 여론의 도마 위에 올라야만 했다. 주택 시장의 구조적인 문제점이 불거져 나온 것이다.

수요자 입장에서 본다면 분양가격을 묶어놓고 채권입찰제를 실시한 후 이득을 본 것이 거의 없었다. 분양가격에 맞춰 아파트를 지으라는 것이기 때문에 품질향상과는 거리가 멀었다. 현실을 외면한 분양가 통제로 분양가격과 시장가격이 다른 이중가격 구조가 형성되었고, 시세차익을 노리는 가수요가 꼬여 경쟁이 치열해졌고, 그에 따라 높아진 채권매입액은 아파트값을 상승시키는 부작용을 낳았을 뿐이었다. 채권입찰제는 분양가와 시세의 차액을 환수해 국민주택기금을 조성하는 데에는 성공했지만 아파트값을 올리는 데도 한몫한 셈이었다.

아파트값이 오르고 분양받기가 갈수록 어려워지자 집 없는 사람들이 모여 공동으로 땅을 매입해 주택을 짓는 주택조합 설립이 활발해졌다. 채권입찰을 하지 않고 값싸게 아파트를 마련할 수 있어 빛을 발했다.

그런데 산 넘어 산이 버티고 있었다. 며칠 후 경기도 성남시에서 해외토픽에 나올 만한 아파트 추첨 행사가 치러졌기 때문이다. 성남시 신흥동에 한신공영이 건설할 아파트는 투기꾼들이 일찌감치 점찍어 놓았던 아파트였다.* 분양 전부터 2,000만 원 정도의 프리미엄이 붙을 것이라는 소문이 나돌아 당첨만 되면 한밑천 잡을 수 있었다.

    채권입찰제를 실시하지 않고 지역 주민에게 우선 분양한다는 발표가 나오자 투기꾼들이 활동을 개시했는데, 실제로 거주하지 않는 유령 주민이 늘어난 것은 말할 것도 없고 서울의 '꾼'들이 대거 원정길에 나서 바람을 일으켰다. 이들은 당첨되면 수백만 원의 사례금을 주기로 하고 분양신청에 필요한 서류를 10만~20만 원에 닥치는 대로 사들였다.

    분양신청일에는 밤샘 소동을 벌이며 1만여 명이 몰려 신청서를 서로 먼저 받으려고 뒤엉켜 10여 명이 부상을 당하기도 했다. 분양신청일을 연장하는 등 우여곡절 끝에 신청이 마감됐는데, 투기꾼들이 긁어모은 서류를 무더기로 접수하면서 25평형과 31평형 585가구 분양에 2만4,000여 명이 신청했다. 이처럼 신청자가 많자 공개추첨을 하기 위해 넓은 공간이 필요했고, 결국 공설운동장을 빌려야만 했다.

    실수요자들이 들러리를 선 가운데 5만여 명이 뙤약볕 아래서 콩닥콩닥 뛰는 가슴을 진정시키며 추첨을 초조하게 지켜보았는데 그 모습이 천태만상(千態萬象)이었다. 남의 행복은 나의 불행, 당첨자가 발표될 때마다 희비의 쌍곡선이 엇갈렸다. 이날 추첨 행사는 유선TV로 생중계까지 되었는데 우리네 아파트 투기의 현주소를 보여주는 현장이기도 했다.

    정부가 무디어진 칼을 휘둘러 보았지만 역부족이었다. 시장 에너지가 워낙 강해 각종 투기 억제 대책이 실효를 거두지 못했다. 오히려 주택정책의 한계를 드러내며 이빨 빠진 호랑이 신세가 되고 말았다. 서울에서 30평

• 현재 성남한신아파트로 불리며 성남시 수정구에 있다. 1990년에 준공 및 입주했다. 2024년 고시된 「2030 성남시 기본계획」에 따라 재건축 기대감이 크지만, 2025년 현재 구체적 움직임은 아직 없다.

대 아파트는 지역에 관계 없이 분양가격 1억 원을 넘어서며 '억(億)파트'가 됐다. 집 없는 서민들은 억장이 무너졌다. 황금날개를 달고 천정부지로 치솟는 아파트값에 커다란 상실감과 함께 분노마저 느껴야 했다.

신도시 건설, 유일한 희망이 되다

과연 아파트값을 진정시킬 묘책은 없는 것일까. 머리를 맞대고 대책을 짜내 보지만 아파트 투기를 막는 방법은 단 하나, 한꺼번에 대량으로 공급해서 넘치는 수요를 충족시켜주는 길밖에 없었다. 맞불을 놓아 분양아파트로 수요가 몰리면 분양가격을 올리지 않고도 아파트값을 안정시킬 수 있을 것 같았다.

필요하다면 투기 억제를 위해 헌법상 대통령에게 부여된 긴급명령권을 발동해서라도 반드시 투기를 뿌리 뽑을 것이라고 천명한 가운데 대대적인 물량 공세를 취했다. 주택난을 해결하고 집값을 안정시키기 위해 분당, 일산 등 아껴두었던 땅에 신도시 건설계획을 발표한 것이다.

서울에서 한 시간 거리 이내에 생활·교육·문화 등 도시 기반시설과 편의시설을 갖추고 녹지와 휴식공간을 대폭 늘려 쾌적한 신도시를 건설하겠다는 것이었다. 강남 지역을 개발한 지 20년 만에 포화상태에 이르자 또 다른 신도시가 필요했던 것이다. 특히 서울 강남 지역과 맞닿아 있는 분당 신도시에 중·대형 아파트를 많이 건설해 중산층을 흡수, 제2의 강남으로 개발하고자 했다.

다섯 개 신도시에 공급될 주택 물량은 자그마치 29만여 가구. 서울 지

▼ 수도권 신도시 건설계획					
	분당	일산	평촌	산본	중동
면적	556만 평	475만 평	149만 평	128만 평	164만 평
건설될 주택 수	9만7,500가구	6만9,000가구	4만2,500가구	4만2,500가구	4만2,500가구
수용인구	39만 명	27만 명	17만 명	17만 명	17만 명
공원·녹지 비율	21%	23%	14%	14%	12%

역 전체 아파트 42만 가구의 69%이고, 강남 지역의 23만 가구보다 많은 엄청난 규모였다.

신도시 건설계획 발표로 주택 시장은 새로운 국면을 맞게 되었다. 연일 최고 시세를 경신하던 서울 지역 아파트값 오름세에 제동이 걸린 것이다. 신도시 아파트가 대량 공급될 것이라는 기대로 수요자들이 심리적인 안정감을 갖게 되었다.

수요자들이 아파트값이 떨어지길 기대하며 관망세를 보이자 매물도 조금씩 늘어나고, 부르는 값도 낮아지는 추세를 보였다. 투기성 가수요마저 머뭇거리자 매매시장은 차츰 매도자 중심에서 매수자 중심으로 바뀌어 갔다. 값을 흥정할 수도 있고, 골라 살 수 있는 여유가 생긴 것이다. 그러나 한 번 오른 강남 지역 아파트값은 좀처럼 떨어질 줄 몰랐다.

서울 지역 아파트값 오름세가 진정되자 수도권과 지방도시 아파트 분양 열기도 점차 가라앉았다. 일부 지방도시에서는 공급과잉 현상이 나타나 아파트가 미분양되기도 했다.

신도시에 대한 관심은 주택청약 관련 예금 가입자가 늘어나는 것으로 알 수 있었다. 내 집을 마련하는 가장 경제적인 방법일 뿐만 아니라 적잖은 시세차익도 챙길 수 있기 때문이다. 신도시 아파트를 분양받기 위해 매입을 미루고 일시적으로 거주할 전세를 찾는 경우가 많아 전셋값이 크게 올랐다.

조상 대대로 살아온 삶의 터전을 잃게 될 원주민들의 반대를 무릅쓰고 첫 삽을 뜬 신도시 건설은 많은 문제점을 안은 채 빠르게 추진되었다. 터 닦기 공사가 한창인 가운데 신도시를 연결하는 지하철 건설계획과 아파트 분양 일정이 발표되며 신도시의 모양새가 점차 드러났다. 더불어 신도시에 관심과 기대를 갖는 사람들도 늘어났다. 자녀 교육과 출퇴근에 큰 불편이 없다면 신도시로 이주할 마음의 준비가 되어 있었다.

이 무렵 뭉칫돈 흐름에도 변화가 있었다. '빨리 달구어지는 냄비가 쉬이 식는다'는 속담처럼 국제 경제 환경이 나빠지며 3저 시대가 막을 내리자 주식 시장은 파장 분위기였다. 주㈜테크냐 주(住)테크냐, 이것이 문제였다. 무역수지 흑자가 크게 줄어들자 증권회사 객장을 찾는 사람들이 부동산 시장으로 발길을 옮겼다. 일부 증시자금도 뛰는 말로 바꿔 타기 위해 실물경기에 후행하는 부동산 시장으로 흘러들어 왔다.

정부도 흐트러진 전열을 정비했다. 집을 사서 전세를 놓고, 그 전세금으로 다시 집을 사는 소위 '새끼치기'로 여러 채의 주택을 소유하고 있는 사람들이 집값을 부채질한다고 판단, 1가구 2주택 소유자에 대한 과세를 강화하고 주택 가수요 억제 대책을 마련하였다. 거주 목적으로 주택을 분양받고자 하는 구입 능력이 있는 무주택자, 즉 실수요자를 보호하기 위해서였다. 내용을 간추려 보면 이렇다.

- 아파트를 한 번 분양받은 사람은 재당첨 금지 기간이 지나도 영원한 2순위가

된다.
- 민간아파트 분양권도 전매가 금지됐다. 중도금만 내면 명의이전이 가능했던 것을 입주 때까지 불가능하게 만들었다. 즉, 당첨자와 계약자 그리고 최초 입주자가 동일인이 아니면 분양 계약을 취소한다는 것이다.

이 참에 분양가격 규제 방식도 바꾸었다. 민간아파트 공급을 늘리기 위해 1981년부터 시행해 온 분양가격 상한선 제도를 폐지하고 원가연동제(原價運動制)를 도입하였다. 원가연동제란 적정 이윤이 포함된 건축비에 지역별로 차이 나는 땅값을 더해 분양가격을 정하는 제도이다. 땅값과 건축비를 한 데 묶어 통제하던 것을, 건축비를 부분적으로 현실화하면서 정부가 어느 정도 통제기능을 갖겠다는 것이었다.

따라서 분양가격 자율화와는 거리가 멀었다. 사실상 좋은 집을 짓지 말라는 제2의 분양가 상한선 제도이므로 건축자재, 인건비 등이 올라 표준건축비 인상요인이 발생하면 매년 연례행사처럼 상향 조정해야만 했다.

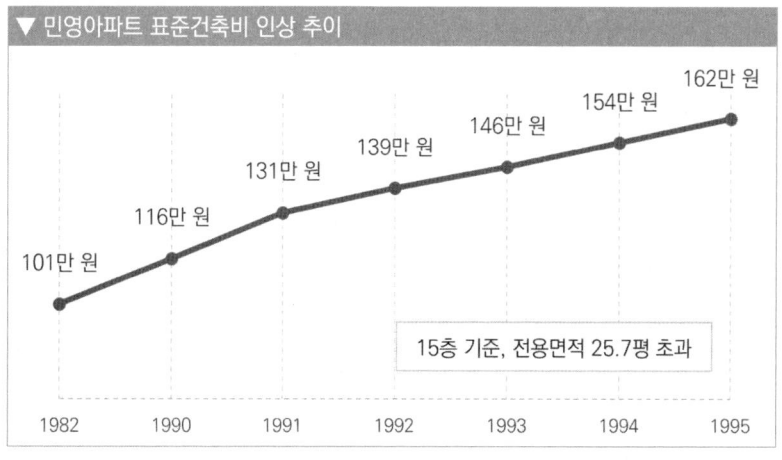

▼ 민영아파트 표준건축비 인상 추이

주택 시장에 적지 않은 변화가 예상되었다. 강남 지역 아파트가 평당 200만 원대에 분양될 것으로 보여 기존 아파트값 상승이 점쳐졌다. 한 달 후 진통 끝에 평당 71만5,000원이었던 표준건축비가 평형과 층수에 따라 평당 98만 원에서 113만 원으로 결정되어 50%가량 인상 조정되었다.

그러나 아파트 시장의 움직임은 의외로 담담했다. 잠시 동안 부산스러웠을 뿐이었다. 이제까지의 경험으로 볼 때 표준건축비가 상향 조정되어 분양가격이 오르면 기존 아파트값을 부추길 것으로 보였다. 그러나 지방도시에서 미분양 됐던 아파트가 삽시간에 팔려나갔을 뿐 이렇다 할 반응은 오지 않았다. 신도시 아파트 분양을 앞두고 있어서 사려는 사람이나 팔려는 사람 모두 눈치를 보는 분위기였다. 신도시에 거는 기대가 컸기 때문에 신도시 아파트가 분양될 때까지 큰 변화가 없을 듯했다.

신도시 신드롬과 '묻지마 청약'

1989년 11월, 드디어 기다리던 신도시 아파트가 분양되었다. 최고급 수입자재로 내부를 장식한 100평짜리 호화판 빌라가 평당 850만 원에 분양되어 이목을 끌었을 때였다. 첫 테이프를 끊은 곳은 분당신도시 시범단지였다.

분양신청 5일 전에 모델하우스가 공개되자 사람들은 잔뜩 기대에 부풀어 분당신도시로 향했다. 집을 넓혀가거나 내 집을 마련할 수 있는 절호의 기회였다. 그러나 분당으로 가는 길은 처음부터 멀고도 고생스러웠다. 첫날 10만 인파가 몰려 소동이 벌어졌는데, 이른 아침부터 밤늦게까지 차량과 인파가 뒤엉켜 큰 혼잡을 빚었다. 모델하우스는 방문객으로 인산인해를 이뤘고 연일 발 디딜 틈이 없을 정도로 미어터졌다.

인파에 이리저리 떠밀리며 여기저기를 기웃거리는 방문객의 관심을 가장 많이 끌었던 것은 첫선을 보인 선택사양제(옵션제)였다. 기본형과 선택형을 비교 전시했는데 선택형은 거실장, 싱크대, 실내등, 벽지 등을 건축비의 7% 범위 내에서 고급 마감재로 꾸밀 수 있었다. 선택의 폭은 넓어졌지만 아무래도 분양가를 슬쩍 올린 거나 다름없다는 인상이 짙었다.

홈 오토메이션 설치가 보편화 되었고 30층짜리 아파트가 들어서면서 상계동에서 세운 25층 기록을 갈아치웠다. 분양가격은 평형에 따라 평당 152만 원에서 181만 원에 결정되었다.

표준건축비가 높게 책정돼 분양가격이 비싸졌지만 서울이나 수도권 지역 아파트보다 훨씬 싸기 때문에 웬만한 지역의 전셋값이면 신도시 아파트를 사고도 남았다. 당시 국토개발연구원의 조사에 의하면 서울 강남 지역의 평균 아파트 매매가는 평당 483만 원, 전세가는 평당 203만 원이었다.

분당신도시는 살고 있는 집이 왠지 좁다고 느꼈던 서울 강남 지역 사람들이 매력을 느끼기에 충분했다. 당시 강남 지역 31평형 아파트는 1억 5,000만 원을 호가했다. 여기를 팔면 9,300만 원에 분양된 분당의 53평형으로 넓혀 이사를 가고도 5,700만 원을 남길 수 있었다. 견물생심(見物生心)이라. 집을 넓혀가려는 교체 수요가 일면서 주택 과소비 현상이 나타나기도 했다.

분양 시장이 술렁였다. 내 집 마련을 위한 실수요와 시세차익을 노리는 투기성 가수요가 뒤엉켜 신도시 아파트 분양 열기는 가히 폭발적이었다. 1

차로 4,036가구를 분양했는데 신도시행 티켓을 구입하려는 청약 인파가 구름처럼 몰려들어 예상을 훨씬 뛰어넘었다. 수도권 청약예금 1순위자 36만 명 중 절반 가까이가 청약을 했다. 시세보다 싸게 분양되는 아파트에는 프리미엄이 붙기 때문에 이른바 '묻지마 청약'도 많이 이뤄졌는데, 사회 저변에 폭넓게 퍼져있는 '떼돈 신드롬'을 단적으로 보여 주었다.

서울에서만 실시되었던 채권입찰제가 신도시 아파트에도 적용되었다. 그러나 채권입찰제를 확대 실시하면 서울 지역 아파트값을 자극할 우려가 있기 때문에 적용 대상을 대폭 축소해야만 했다. 전용면적 40.8평 이상(분양면적 기준 55평형 이상)의 대형 아파트에 한해서만 실시하되, 채권입찰 상한액을 평당 70만 원으로 정했다.

따라서 가장 인기 있었던 평형은 채권입찰제를 실시하지 않는 47평형, 49평형, 50평형, 53평형이었고 여기에 가수요가 집중되었다. 당첨되는 순간 손쉽게 수천만 원의 시세차익을 얻을 수 있기 때문에 아파트를 분양받는다는 것은 마치 복권에 당첨되는 것과 같았다. 주택복권 당첨 확률은 수백만 분의 1이지만 아파트는 '청약경쟁률 = 당첨확률'이기 때문에 고작 수십 대 1로 매우 확률이 높은 복권인 셈이었다. 주택청약 예금통장 뒷거래가 되살아난 것은 어쩌면 당연했다.

4막 5장,
전세대란에 의한 또 다른 상승

1990년 1월, 국민소득은 5,883달러로 향상되었다. 서울의 자동차 대수가 100만 대를 돌파했으며 전국에서 한 해 동안 40만 쌍이 한 이불을 덮기 위해 결혼했다. 자장면값은 1,200원으로 올랐고, 근로자들의 의식도 변했다. 월급을 조금 덜 받더라도 남들 쉴 때 쉬고 싶다며 일요일 근무를 기피하던 때였다.

신도시 아파트 청약 열기가 고조되면서 서울 지역 아파트값은 대체적으로 약보합세를 보였다. 아무래도 사려는 사람보다 팔려는 사람이 많아 값이 조금씩 떨어지는 추세였다. 이제 집값이 안정되나 싶었는데 연초부터 전세 시장이 꼬이며 예상을 뒤엎고 말았다.

전년에 신도시에 입주하기 위해 일시적으로 전세를 찾는 사람들이 늘어나면서 전셋값이 평당 200만 원을 넘어섰다. 그러자 정부는 세입자들을 보호해야 한다며 「주택임대차보호법」상의 임차인 보호기간을 1년에서 2년으로 개정했다. 그러자 집주인들은 개정된 법이 적용되기 전에 전세금을 한꺼번에 왕창 올려 버렸다. 그뿐만 아니었다. 전세 계약기간에 따라 전셋값을 달리 부르기도 했다. '1년 계약 시 5,000만 원, 2년은 5,400만 원'

식으로 구분해 2년을 계약할 경우 10% 정도 비싸게 전셋값을 매겼다.

개정된 시기도 좋지 않았다. 공교롭게도 겨울방학 이사 수요와 맞물린 것이다. 타 학군에 비해 명문대학 진학률이 어느 해보다 높았던 강남8학군 지역으로 이사하기 위해 수요가 넘칠 때였다. 전셋값은 철저하게 수급의 원리에 따라 그림자처럼 움직인다. 강남 지역에서 3년여 동안 아파트 공급이 거의 이뤄지지 않았으니 새로 입주할 아파트가 없었고, 전세물량이 절대적으로 부족해 전셋값이 오를 수밖에 없는 상황이었다.

전세가가 매매가를 밀어올렸다

이사철만 되면 어김없이 부는 계절풍은 매년 겪는 연례행사였지만 이번에는 어째 심상치 않았다. 서울에서 시작된 전셋값 폭등이 거센 바람을 타고 수도권 지역으로 광범위하게 확산되었다. 아파트를 중심으로 단독주택 연립주택은 물론 달동네의 단칸방에 이르기까지 무차별적으로 전셋값이 올랐다. 지역에 따라 두세 달 동안 무려 30~50% 올라 3년 전의 집값으로는 전세도 얻을 수 없게 됐다. 서민들이 피부로 느끼는 전셋값 상승률은 이보다 훨씬 높았다.

대부분 중하위 소득계층인 전세 생활자들의 도시살이는 매우 고달프다. 매매가가 크게 오른 상태에서 전셋값마저 폭등하자 집 없는 설움을 톡톡히 겪었다. 아등바등 살면서 아무리 열심히 돈을 모아 봐야 매매가는커녕 치솟는 전셋값도 감당할 수 없었다. 목에 울대를 세우며 울컥 대들고 싶은 현실 앞에 초라해지는 자신의 삶이 무척이나 슬펐을 것이다. 그저 신세를 한탄하고 야속한 세상을 원망할 뿐이었다.

서민층의 주거비 부담이 가중되자 심각한 사회문제로 대두되었다. 전세금 인상을 둘러싸고 집주인과 마찰이 잦았고, 극성스런 성화에 못 이겨 변두리나 달동네로 내몰려야만 했다. 뛰는 전셋값을 감당하지 못해 주거의 하향이동이 이뤄졌다. 일부는 고단한 서울살이를 청산하고 수도권 지역으로 '피난길'에 오르며 탈(脫) 서울 현상이 뚜렷이 나타났다. 처음으로 겪은 최악의 전세대란이었다.

그런데 전셋값만 오른 것이 아니었다. 크게 오른 전세가가 약간의 시차를 두고 매매가를 밀어 올렸다. 거북이(전세가)와 토끼(매매가)의 간격이 좁혀지자 "전세금을 올려주느니 차라리 집을 사자"는 매수세력이 형성되었다. 시간이 흐를수록 수요층이 두터워지자 집값이 오를 것이라는 기대심리가 작용, 부르는 값도 점점 높아졌다.

호가(呼價)는 팔려는 사람이 받고 싶어 하는 가격이다. 거래가 이뤄지면서 정상적으로 형성된 시장가격이 아니므로 그 자체를 시세로 보기에는 무리가 있다. 실제 계약도 5% 정도 낮은 선에서 이뤄지는 경우가 많다. 하지만 시장 에너지가 강할 경우에는 사정이 다르다. 시세보다 값을 높여 불러 호가 공백이 생겨도 거래가 이뤄진다. 매물이 귀하기도 하지만 시세차익에 대한 기대감으로 추격매수를 하기 때문이다. 그렇게 거래가 되면 이 가격이 곧바로 새로운 시세가 되어 주변 아파트값을 다시 끌어올리게 되는 것이다.

결국 한동안 주춤했던 아파트값이 강남 지역을 중심으로 또다시 큰 폭으로 올랐다. 신도시 아파트가 분양되면 아파트값이 떨어질 것으로 판단, 서둘러 집을 판 사람들은 큰 손해를 보았다. 신도시 건설로 인한 집값 안정 효과가 더 이상 나타나지 않는 분위기였다.

정부는 부랴부랴 전셋값 안정 대책을 마련하였는데, 이때 주택 시장에 슬쩍 끼어들어 전셋값을 안정시킨 일등 공신은 다가구주택이었다. 다가구주택이란 단독주택과 연립주택의 중간 형태로, 1986년에 등장한 다세대주택과 유사한 주택이다. 한 집에 여러 가구가 살 수 있게 가구별로 독립된 현관, 부엌, 화장실을 갖춘 임대 전용 주택으로 전세물량을 늘릴 수 있는 장점이 있었다.* 껑충 오른 전셋값으로 건축비를 충당할 수 있게 되자 투자가치가 높아져 너도 나도 다가구주택 신축에 나선 결과 전셋값은 차츰 안정되어 갔고, 이사철이 끝나갈 무렵에는 전셋집을 한결 수월하게 구할 수 있게 됐다. 시장경제원리에 의해 균형을 되찾게 된 것이다.

뜻하지 않게 전세대란을 겪게 되자 다른 신도시 아파트의 분양이 앞당겨졌다. 분당선 전철이 착공될 무렵 분당의 시범단지 2차 아파트가 분양되었다. 전셋값 폭등에 놀라 무리를 해서라도 내 집부터 마련해놓고 보자는 사람들로 분당이 또다시 북적거렸다. 실수요자들이 아파트가 분양될 때마다 모델하우스를 기웃거리며 주택청약통장을 들이밀자 경쟁은 더욱 치열해졌고 '채권입찰액 = 상한액'이란 등식이 만들어졌다.

신도시 분양만 기다리는 대기수요들

1990년 5월, 연둣빛 어린 녹찻잎을 따는 아낙의 손길이 바빠지는 햇차

---

* 다세대주택과 다가구주택의 결정적 차이는 등기상 세대 분리 여부다. 다세대주택은 각 세대가 한 채의 주택으로 각자 등기되지만, 다가구주택은 건물 전체가 한 채의 주택으로 취급된다.

의 계절이다. 기하급수적으로 증가하던 주택청약 관련 예금 가입자가 청약예금 80만 명, 청약저축 120만 명이 되어 총 200만 명을 넘어섰다. 가입 후 일정 기간이 경과되면 1순위가 되어, 그 이상의 장기예치자에게는 추첨으로 당첨자를 가리는 분양제도가 불리했기 때문에 이들을 배려하기 위해 1순위 자격을 강화하였다. 청약예금은 9개월에서 2년으로 조정했고, 청약저축은 12회에서 24회 이상 불입해야 1순위가 될 수 있었다.

또 가수요를 억제하기 위해 1가구 2주택 이상 소유자의 1순위 자격을 박탈하였고, 5년 이상 무주택자에게는 국민주택규모 아파트를 우선 분양하였다. 그런데 애꿎은 청약대기자들이 골탕을 먹었다. 주택 공급에 관한 규칙을 걸핏하면 뜯어고치는 바람에 아파트 분양제도가 갈수록 복잡해졌기 때문이다.

수요가 넘치자 주택건설업체의 자금부담을 덜어주기 위해 앞으로 분양할 아파트를 예매할 수 있는 주택상환사채 발행을 부활시켰다. 분양 예정 가격의 절반가량을 미리 내면 일정 기간이 지난 후 주택으로 상환받게 되는 제도다. 1978년에 주택공사가 처음으로 발행하여 둔촌동 주공아파트를 지어 채권자들에게 상환한 전례가 있다.

고수익 투자상품을 찾아 떠도는 시중 유동자금도 6조 원 정도로 커졌다. 알다가도 모를 게 주식 시장이다. 고공비행하던 주가가 곤두박질치며 대박의 꿈이 깨지자 쪽박을 찰 염려가 없는 부동산이 재테크 수단 1순위가 되었다. 부동산만한 안정적인 투자 대상도 드물었다.

그중에서도 '토지는 나만의 것이 아닌 우리 모두의 것'이라는 토지공개념의 확대 도입으로 주눅이 든 토지 시장보다는 구조적인 수급불균형을 보이고 있는 주택 시장으로 시중 눈치자금이 흘러들어왔다. 주택 시장에는 횡재할 기회가 널려 있었다.

값이 좋을 때 팔자는 매물이 간간이 나왔으나 1가구 1주택이라도 3년 거주기간, 5년 보유기간이 지나지 않은 상태에서 팔면 양도소득세를 면제받지 못하기 때문에 전체적으로 매물이 귀했다. 아파트값이 오를 대로 올라 거래가 한산한 가운데도 슬금슬금 오르는 모습을 보였다. 서울에서는 아파트가 채권상한액을 포함해 평당 300만 원에 분양되고 있었다.

부동산 투기 억제 조치가 잇달아 나오고 상습적으로 전매행위를 하는 투기꾼의 신상명세가 신문지면에 공개되었다. '명단공개 공포증'이 투자심리를 상당히 짓누른 덕에 아파트값 오름세가 멈칫거렸다. 그러나 표준건축비가 올라 분양가격이 불과 6개월 만에 평균 10% 인상되었고, 채권입찰 상한액도 상향조정되어 내릴 기미는 좀처럼 보이지 않았다.

아파트 1번지인 강남 지역을 대표하는 몇몇 대형 아파트값이 평당 1,000만 원을 훌쩍 넘어섰다. 그러나 공급이 절대적으로 부족한 서울과 부산을 제외한 수도권과 지방도시에서 미분양되는 아파트와 연립주택이 조금씩 쌓여 갔다. 수요자들이 값싼 신도시 아파트를 분양받기 위해 몰렸기 때문이다.

4막 6장,
'평당 천만 원' 시대의 개막

1990년 9월, 토지 투기에 대해서 강도 높은 규제조치가 취해진 데 비해 주택 소유에 대해서는 상대적으로 조치가 미흡했다. 투자와 투기란 '내가 하면 투자이고 남이 하면 투기'로 구분하는 게 아니다. 예술과 외설의 애매한 구분처럼 보는 관점에 따라 다르기 때문에, 주택은 토지와 달리 주거 목적의 실수요와 투기목적의 가수요를 구분하기 힘들었다.

값이 떨어지는 아파트가 점점 늘어나고 있었으나 전체적으로 볼 때는 강보합세가 유지됐다. 신도시 아파트를 분양받은 사람들이 많이 사는 지역은 매물이 비교적 많아 호가보다 다소 낮은 선에서 거래가 이뤄지기도 했다. 그러나 생활환경이 좋은 강남 특별구는 여전히 상승하는 지역이 많았다. 단지 상승폭이 낮아졌을 뿐이었다.

초가을 문턱을 넘어서면서 이사철이 시작될 무렵 중동 이라크 사태로 전운이 감돌면서 원유가격이 크게 올랐고,* 물가 불안심리가 빠르게 확산

---

* 이라크는 이란과의 전쟁으로 재정난을 겪고 있었는데, 쿠웨이트가 석유를 과잉 생산하여 유가를 하락시키자 1990년 8월 2일 침공을 감행한다. 쿠웨이트가 역사적으로 이라크의 영토였다는 게 표면적 이유였지만, 사담 후세인 정권이 내부 불만을 외부 전쟁으로 돌리려 했다는 분석이 많다. 이는 결국 걸프전쟁으로 이어졌다.

되며 마음도 덩달아 뛰었다. 게다가 신도시 건설로 건설경기가 과열되어 시멘트, 철근 등 건축자재비와 건설인력 부족으로 건축원가가 오르던 때라 분양가격 인상이 불가피했다.

정부 정책도 먹히지 않았다

이번에도 굼뜬 실수요자보다 날쌘 가수요자들이 먼저 움직였다. 이들은 기회를 포착하면 놓치지 않고 틈새를 파고든다. 이사철 계절풍마저 불어 일순간 수요가 집중되자 수요초과 현상이 다시 나타났고 값을 올려 부르는 지역도 점차 늘어났다. 팔려고 내놓았다가도 사려는 사람이 나서면 계약을 늦추거나 매물을 거두어들이는 배짱을 부렸다.

주택 당국은 집값이 들먹거리자 쐐기를 박기 위해 다각적인 주택가격 안정대책을 마련하여 발표하였다. 주요 내용은 다음과 같다. 그러나 별다른 효과를 거두지 못하자 오히려 주택 정책의 한계를 드러낸 셈이 되었다.

- 아파트 공급 확대
- 주택 가수요 억제
- 투기 합동조사
- 소형 아파트 건설 확대
- 건축자재 수급 안정

평당 1,000만 원이 넘는 '황제아파트'가 점차 늘어났다. 몇 달 전만 해도 압구정동과 서초동의 몇몇 대형 아파트만이 이 자리에 올랐으나 이제는 대치동, 개포동, 잠실 등 지역을 대표하는 대형 아파트들도 평당 1,000만 원에 거래되었다. 3년 전 불과 평당 250만 원에 거래되던 아파트가 네 배 올라 '아파트값 평당 천만 원 시대'가 열린 것이다.

신도시 아파트 분양권에도 거액의 프리미엄이 붙어 뒷거래되고 있었다. 소형 아파트 3,000만 원, 중형 아파트 5,000만 원, 대형 아파트는 1억 원이 넘었다. 이처럼 당첨과 동시에 거액의 프리미엄이 보장되는 제도 하에서는 아무리 투기 억제 정책을 발표해 봐야 밑 빠진 독에 물 붓는 격이었다. 수단과 방법을 가리지 않고 목적만 달성하면 된다는 가치관이 사회 전체에 팽배해 국민들 의식 속에 깊이 뿌리 박혀 있는 '한탕심리'를 쉽게 없애지 못할 것이다.

사상 최대의 물량 공세

정부는 아파트 공급을 확대해 가수요를 억제하고 청약 경쟁 과열을 방지하기 위해 5개 신도시 아파트 2만6,326가구를 동시에 분양하였다. 사상 최대의 물량이었다. 내 집 마련 문이 대문짝만하게 커졌을 뿐만 아니라 선택의 폭도 넓어져, 그동안 집값이 올라 속앓이를 했던 무주택자들 마음을 설레게 했다.

참여한 30여 개 주택건설업체들의 모델하우스가 일제히 공개되자 마치 아파트 축제가 열린 듯했다. 분양을 알리는 현수막이 곳곳에 나붙었고 오색 애드벌룬은 높이 높이 띄워졌다.

수요자의 시선을 끌기 위해 잘 짓기 경쟁이 벌어지면서 아파트 품질이 눈에 띄게 향상되었다. 새로운 평면을 개발해 부부 전용 공간을 만들고, 확장형 발코니로 공간 활용의 폭을 넓히는 등 다양한 내부설계를 선보였다. 또 주부들의 생활 속 아이디어를 반영하기도 했는데, 주방에 작은 창문을 설치해 자연 채광과 통풍 효과를 높여 좋은 반응을 얻기도했다.

아파트에도 유명 메이커가 있어서 브랜드 파워(brand power)가 있는 주택건설업체가 선호되었다. 서울로 진출한 청구주택, 건영, 우방주택 등 '대구 3인방'이 수요자 마음을 휘어잡아 새로운 명문 건설업체로 부상하기도 했다.

1990년까지 분양된 신도시 아파트는 전체 가구의 33%인 8만8,000가구. 싼값에 계속 분양되었지만 아파트값은 떨어지지 않고 오히려 구실이 생길 때마다 올랐다. 시장 에너지가 넘쳤기 때문이다. 신도시 아파트를 분양받은 사람들이 입주를 기다리며 살고 있는 집을 처분하지 않아 아파트값을 안정시키는 데 기여하지 못한 것이다.

4막 6장의 파동은 3개월 동안 한바탕 법석을 떨고 난 후에야 진정되었다. 이사철이 끝나가자 지역에 따라 상승과 하락이 교차하면서 시장은 서서히 숨 고르기에 들어갔다.

전세대란으로 시작된 1990년은 봄, 가을 두 차례에 걸쳐 아파트값이 수직상승했다. 경향신문 조사에 따르면 한 해 동안 서울 지역 아파트값은 상반기에 33%, 하반기에 24% 올라 평균 57% 오른 것으로 나타났다.

조사 대상 아파트 가운데 상승률 1위를 기록한 아파트는 영등포구 당산동 상아아파트 43평형이었다. 1월에 1억3,000만 원에 거래됐으나 12월에는 2억9,000만 원을 호가해 무려 123% 올랐다. 그런데 당시 물가는 겨우 9.4% 올랐다. 중동사태로 원유가격이 올라서 우려가 컸는데도 말이다.

4막 7장,
믿음이 애써 떠받친 상승장

　1991년 2월, 수서지구 택지(주택조합용지) 특혜 분양 사건으로 부동산 시장이 시끌시끌했다.˚ 사과상자에 사과가 없었다. 돈다발을 가득 담은 사과상자가 "좋은 사과를 준비했으니 절대로 다른 사람에게 주지 말고 집에 가지고 가서 드십시오"라며 전해졌다. 무주택자를 위해 나무랄 데 없는 제도였던 주택조합 제도가 시련을 겪으며 이러쿵저러쿵 말도 많고 탈도 많아졌다.

　전운이 감돌던 중동에서는 기어코 걸프전이 터졌다.˚˚ 오일쇼크에 대한 위기감이 경제 전반에 영향을 미쳤다. 자연히 물가불안심리를 자극했는데, 그중에서도 분양가 인상설이 파다하게 퍼져서 매물이 마파람에 게눈 감추

● 서울 강남구 일대(수서동, 세곡동, 자곡동, 일원동 등)에 대규모 국민주택·임대주택 단지를 개발하는 사업이 진행되었으나, 주택공사가 공공택지를 민간건설업자 및 정·관계 인사들에게 헐값에 넘긴 사실이 드러났다. 그 과정에서 한보그룹 정태수 회장이 노태우 대통령 등 고위관료들에게 사과상자에 현금을 담아 전달했음이 알려지면서 한동안 '사과상자'는 뇌물의 상징처럼 사용되었다. (뉴스투데이 2019년 5월 30일자 참조)

●● 1990년 쿠웨이트를 점령한 이라크 후세인 정권에 대항해 미군을 중심으로 다국적군이 결성되었고, 199년 1월 결국 전쟁이 시작되었다. 이라크는 압도적으로 패배하였고, 쿠웨이트는 해방되었으며, 한동안 국제유가가 요동을 쳤다.

듯 사라졌다. 이사철 수요에다 '풀뿌리 민주주의'라는 지자제(地自制) 선거까지 앞두고 있어 아파트값이 들썩거렸다.*

이사철 집값 상승은 4년째 되풀이되고 있었다. 오를 만큼 올라 꼭짓점에 도달했다 싶어서 팔고 나면 값이 오르길 벌써 여섯 차례, 아직도 추가 상승 여력이 있었던 것이다. 지방도시에서 미분양 아파트가 증가하고 있었지만 전혀 문제가 되지 않았다.

팔고 나면 또 올랐던 학습효과

주택 정책은 공급을 늘리는 것만큼 중요한 가수요자 솎아내기에 초점이 맞춰졌다. 전용면적 25.7평 이상 아파트 소유자의 1순위 자격을 제한하였고, 오랫동안 기다려온 장기예치자들에게 분양우선권을 주기 위해 20배수 범위 내에서 청약을 제한하면서 또 다른 0순위 제도를 시행하였다.**

그런데 자주 바뀐 주택 공급에 관한 규칙은 오히려 아파트값을 끌어올리는 데 결정적인 역할을 했다. 아파트값이 안정될 만하면 '분양가 자율화'를 거론하였고, 표준건축비를 연례행사처럼 상향 조정했으며, 주택청약 제

---

* 지자제(지방자치제)는 중앙정부가 나라의 모든 살림을 관장하는 게 아니라, 지역별로 구성된 '지방의회'를 통해 상황에 맞는 현실적 정책을 펴도록 하는 제도다. 한국은 오래 전부터 지자제를 시행했지만, 1961년 발생한 5.16 군사정변으로 중앙정부가 모든 행정권을 장악하면서 사라졌다가, 1991년 지방의회 기초의원 선거와 함께 부활했다. 이후 광역의회(도의회·시의회) 의원 선거, 단체장(시장·도지사) 선거, 교육감 선거 등으로 점차 확대되었고, 그 과정에서 지역마다 엄청난 선거자금이 뿌려졌다.

** 분양하는 세대 수의 20배까지는 무조건 1순위 장기예치자들에게 우선적으로 기회를 준다는 뜻이다. 즉, 청약경쟁률이 20대 1만 넘어가지 않으면 1순위 장기예치자는 무조건 당첨된다.

도를 변경하는 등 수요자들이 오히려 내 집 마련을 서두르도록 등을 떠민 탓에 집값에 거품이 낀 것이다.

또 분양가격 인상요인이 동시다발적으로 쏟아져 나왔다. 예정되었던 표준건축비가 상향 조정되어 분양가격이 평형에 따라 6~9% 차등 인상되었다. 분양가격도 1군(비로열층)과 2군(로열층)으로 나눠 차별화했다. 신도시의 채권입찰 대상 아파트를 전용면적 40.8평 이상에서 25.7평 이상으로 확대하고, 채권입찰 상한액도 평형에 따라 평당 30만~120만 원으로 올렸다. 그밖에 지하주차장 건설비 인상, 선택사양폭 확대 등도 이뤄졌다.

신도시 아파트 분양가격이 최고 40% 올랐다. 40평형의 경우 3,000만 원이 넘는 금액을 추가 부담해야만 했다. 신도시 아파트 분양권 프리미엄이 일제히 상승해 평균 1,000만 원 이상 올랐으니 당연한 결과였다. 특히 중·소형 아파트값이 강세를 보였다. 32평형(분양가 5,700만 원)의 경우 분양가를 포함해 1억2,000만 원, 37평형(분양가 7,500만 원)은 1억4,000만 원에 거래되었다.

기존 아파트값도 거침없이 올라 대형 아파트의 경우 평당 1,300만 원을 넘어섰는데, 서울 압구정동 한양아파트 69평형이 평당 1,594만 원인 11억 원에 거래되어 집 없는 서민들의 입을 떡 벌어지게 만들었다.

아파트값 오름세는 멈출 줄 몰랐다. 무언가에 홀린 듯했다. 신도시 아

▼ 서울 지역 아파트 가격 동향 (평균 평당가격)			
	1988년 4월	1991년 4월	상승률
서울 전체	280만 원	727만 원	160%
강남 지역	332만 원	1,017만 원	206%

파트 입주가 시작되면 사람들이 그동안 살던 집을 매물로 내놓기 때문에 집값이 떨어질 수 있다는 조심스러운 전망도 나왔으나, 대부분은 '설마' 했다. 아파트값이 쉽게 떨어지지 않을 것이라는 강한 믿음이 있었다.

이번에는 강남 지역보다 상대적으로 덜 올랐던 강북과 수도권 지역이 큰 폭으로 올랐다. 같은 지역 내에서도 단지에 따라 시세가 들쑥날쑥하자 일부 아파트 주민들은 값을 담합하여 멋대로 가격을 끌어올리기도 했다.

거래는 줄었는데 호가는 오르고

매물이 동나자 매도자들이 호가를 한껏 높여서 거래가 거의 이뤄지지 않았다. 거래는 별로 없이 호가에 의해 값이 오르는 '복덕방 시세'였다. 그러나 곧 수요자들이 감당하기 어려울 정도로 오르자 매수세력이 뒷받침되지 않아 제풀에 꺾여 버렸다. 시장 에너지가 약해진 것이다.

중앙경제신문이 3년간(1988년 4월 ~ 1991년 4월) 서울 주요 지역 아파트 가격 동향을 조사했는데, 전체 아파트값이 평균 160% 올랐다. 상승을 선도한 강남 지역은 206% 오른 것으로 나타났다. 그런데 같은 기간에 소비자물가는 겨우 25% 올랐을 뿐이었다.

특히 대치동 선경아파트 55평형은 평당 327만 원에서 1,218만 원으로 272% 올라 가장 높은 상승률을 기록했다. 강남구의 40평 이상과 서초구·송파구·영등포구의 50평 이상, 용산구의 60평 이상은 모두 평당 1,000만 원을 넘어섰다.

또 대고소저(大高小低) 현상도 나타났다. 같은 지역이라도 중·대형 아파트가 소형보다 많이 훨씬 많이 올랐다. 강남 지역 20평형과 60평형의 평당 가격 차이가 1988년 4월에는 187만 원이었으나 1991년 4월에는 599만 원으로 크게 벌어졌다. 1987년에는 1억 원으로 개포동 현대아파트 46평형을 살 수 있었으나, 1991년에는 같은 지역의 주공아파트 15평형을 사기도 힘들어졌다.

4차 파동의 마무리

1991년 5월, 숲속의 신선한 공기로 번잡한 일상생활에 찌든 심신을 말끔히 씻어내는 삼림욕의 계절이다. 일산신도시와 인접한 고양 성사지구에서 오랜만에 돈 놓고 돈 먹기 투기판이 벌어진다는 소문이 돌았다. 공개추첨으로 아파트가 분양되기 때문에 채권입찰과 재당첨 금지 적용을 받지 않아, 당첨만 되면 시세차익은 따놓은 당상이었다.

어디서 소문을 들었는지 동사무소에는 현지인 우선분양권을 노려 위장전입하려는 서울 사람들로 바글바글했다. 성남 분당신도시의 투기 소동이 재현되는 듯했다. 투기 조짐이 일자 뒤늦게 국세청의 투기단속반이 파견되었고 위장전입자를 색출하는 뒤치다꺼리를 해야만 했다.

좀처럼 내릴 것 같지 않던 아파트값 하락 조짐이 주택은행의 「도시주택가격 동향조사」에 포착되었다. 서울 지역 아파트값이 보름 동안 0.3% 하락했다고 발표하자 신문과 방송은 마치 기다렸다는 듯이 대대적으로 보도하였다. 신도시 건설계획 발표 이후 2년여 만에 처음으로 아파트값이 하락세를 보였다는 소식은 톱뉴스 거리였다. 집값이 너무 많이 올랐다는 데에 정부와 언론의 공감대가 형성된 것이다.

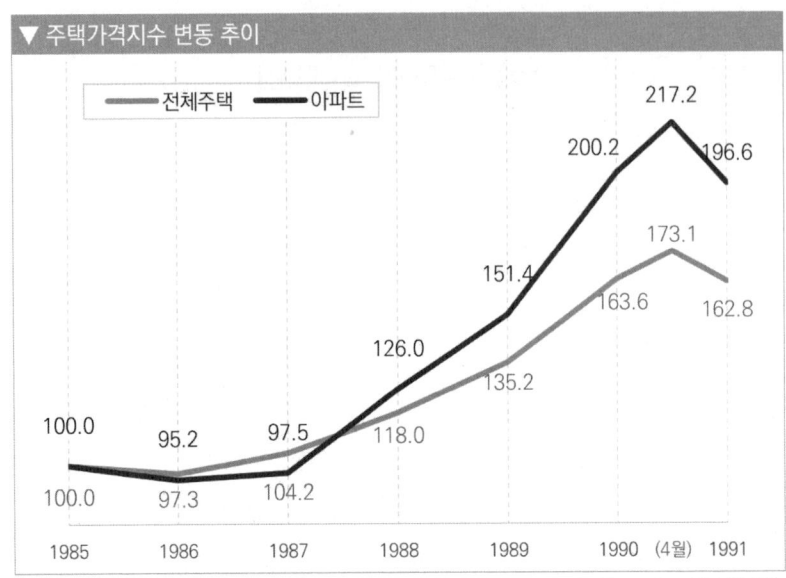

(출처:주택은행 / 1985년말 가격을 100으로 하여 환산함)

올라도 너무 올랐다

매스컴에서 요란스럽게 대서특필하면 기정사실이 되는 게 우리네 정서 아닌가. 경계심리와 불안심리가 교차하면서 의견이 분분해졌다. 저마다 보는 관점에 따라 전망을 달리 했다. 이사철이 끝나가면서 외곽지역에서 진행되던 하락추세가 반영된 것으로 비수기에 나타나는 일시적 현상이라 보는 사람도 있었고, 아파트값이 꼭짓점에 도달해 대세가 전환되는 것이라 확대해석하는 사람도 있었다.

하지만 어쨌든 매스컴에서 집값이 떨어지고 있다고 발표하자 막연한 불안감이 조성되면서 투자심리를 오그라들게 만들었다. 지금까지는 오를 때는 강남 지역에서 먼저 오르기 시작해서 주변 지역으로 확산되었고, 내릴 때는 외곽지역부터 떨어졌다. 그러나 강남 지역도 하락세가 뚜렷해지자 그것이 전국으로 확산되는 것은 시간 문제였다.

집값이 안정되면서 투자 목적의 수요도 눈에 띄게 줄었다. 여기에 신도시 입주가 다가오면서 매물들이 시장에 나오기 시작했다. 특히 1988년 8.10조치로 연장된 '1가구 1주택 양도세 비과세' 기간은 3년을 거주한 경우 충족되는데, 이 시기가 다가옴에 따라 세금 부담 때문에 처분하지 못했던 매물이 시장에 나왔다.

중개업소를 찾는 사람들이 뜸해지자 이젠 사는 쪽에서 가격흥정의 주도권을 쥐게 되었다. 집을 사는 데 이것저것 가릴 만큼 선택의 폭이 넓어졌다. 매물이 늘어나는 만큼 기다려보자는 수요자들도 늘어났다. 집값이 떨어질 것이라는 기대심리가 빠르게 확산되었으나 매도자들은 값을 내려가면서 팔려고 하지는 않았다. 그렇게 한동안 약보합세가 유지됐다.

전세 시장은 신도시 아파트 입주예정지들의 대기수요로 오름세를 보인 반면 매매시장은 조정 국면에 접어들었다. 여름철 비수기라는 점을 감안하더라도 수요가 없는 가운데 강보합세를 보였던 지난해 여름과는 대조를 이뤘다. 럭비공이 어디로 튈지 가늠하기 어렵듯이 아파트값도 가을 이사철이 지나 봐야 대세 전환 여부를 알 수 있을 것 같았다.

주택 시장을 짓누르는 분위기 탓일까. 신도시 아파트에 대한 청약 열기도 점차 식어갔다. 20배수 청약제가 실시되면서 경쟁률이 떨어지더니 '채권입찰액 = 상한액'이란 등식이 깨지기 시작했다. 곳곳에서 "축 당첨! 채권 1만 원"의 사례가 속출하였다. 처음 있는 일이었다. 급할 게 없는 20배수

내 1순위자들이 '당첨되면 좋고 안 돼도 그만'이라는 소신청약을 하면서 미달되는 평형이 많아졌고 채권매입액도 낮아진 것이다. 당첨자들의 채권매입액과 상한액의 차이가 커졌다는 것은 앞으로 아파트값이 떨어질 가능성이 높다는 것을 의미했다.

그 사이에 말머리 모양의 분당신도시는 불쑥 솟아올라 있었다. 대규모 아파트단지들이 골격을 갖추어 가면서 서서히 모습을 드러냈으나, 짧은 기간에 무리하게 추진되는 바람에 부작용이 뒤따랐다. 건설경기가 과열되어 시멘트 및 철근 등 건축자재가 바닥났고, 아파트 뼈대를 세우는 데 필요한 레미콘에 염분이 많이 섞인 값싼 바다모래를 사용해서 파문을 일으켰다. 불량 레미콘을 사용한 공사현장의 아파트를 헐어내는 소동까지 벌였으나, 부실시공으로 신도시 아파트의 안전성 문제가 제기되었다. "신도시가 아니라 쉰 도시"라는 비아냥에 정부는 한동안 신도시 노이로제에 시달렸고, 만전을 기하기 위해 분양일정과 입주시기를 연기해야만 했다. 졸속 개발로 추진된 신도시의 인기는 땅에 떨어졌다.

신도시 아파트 분양권 프리미엄이 폭락세를 보여 상대적으로 서울 지역 아파트값이 오를지 모른다는 우려가 있었으나 다행히 별 영향을 미치지는 않았다. 기우였던 것이다. 며칠 후 예정된 신도시 아파트를 분양했는데, 부실시공 파문에도 불구하고 청약경쟁률만 약간 떨어졌을 뿐이었다.

드디어 시작된 신도시 입주

1991년 10월, 가을 이사철에도 아파트값이 계속 떨어지자 일시적인 현상이 아닌 장기침체의 서곡(序曲)이라는 인식이 확산됐다. 수도권에 인구가 집중되고 교통난, 부실시공 파문, 토지 수용에 따른 민원 제기 등 갖가지 부작용을 무릅써가며 추진하였던 신도시 건설 효과가 뒤늦게 나타났다.

신도시 입주가 코앞에 닥치자 입주 예정자들이 중도금과 잔금을 마련하기 위해 살던 집을 내놓기 시작했다. 매물이 쌓여 가면서 수요 체증이 풀린 것이다. 시장 에너지가 강할 경우 공급 확대에 따른 실질적인 아파트값 하락은 분양 시점보다 입주 시점이 더 크다는 것을 보여준 셈이다.

때마침 온 국민의 기대와 관심 속에 분당신도시 시범단지 아파트 입주가 시작되면서 '이사 도미노 현상'이 나타났다. 보통 한 집이 이사를 하면 서너 가구가 연쇄적으로 이사를 하게 된다.˙ 게다가 반드시 당첨자 본인이 입주해야 한다는 규정 때문에 신도시 입주는 철저한 조사 속에 이뤄졌다. 이삿짐 점검, 한밤중 기습적인 가구 방문 등을 통해 부정 당첨자를 적발했다. 효과는 기대 이상이었다. 분양받은 사람들은 전세를 놓지 못하고 어쩔 수 없이 살던 집을 팔고 직접 입주할 수밖에 없었다.

추석이 지나면서 매물이 급격히 증가했고 이사철이 끝나가자 한꺼번에 쏟아져 나와 시장을 혼란에 빠트렸다. 아파트값 하락 전선이 상륙한 강남권도 예외는 아니었다. 매질 앞에 장사 없듯, 매물이 쌓이자 아파트값이 곤두박질쳤는데 마치 가을바람에 우수수 떨어지는 추풍낙엽 같았다. '신도시 입주 쇼크'가 나타난 것이다.

주택이 절대적으로 부족한 형편이지만, 집을 살 수 있는 실수요계층의

˙ 이사를 하는 세대의 대부분이 기존에 살던 집 전세보증금 또는 매매잔금을 받은 후, 그 돈으로 이사 들어갈 집의 잔금을 치르기 때문이다. 이사할 세대, 들어갈 집에 살던 세대, 그리고 새롭게 이사 들어올 세대 등 여러 세대가 동시에 이사를 진행하는 게 한국의 보편적인 문화다.

구매력에는 한계가 있기 때문에 어느 정도 공급이 늘어나면 집값이 떨어지게 된다. 분양받은 신도시 아파트에 입주하기 위해 집을 팔아야 할 대부분의 사람들은 '설마 집값이 떨어질까' 하고 여유를 부리며 집 팔기에 늑장을 부렸다. 욕심 많은 사람들은 조금 더 받기 위해 배짱을 부리다 파는 시기를 놓치기도 했다. 이처럼 웃고 즐기는 사이에 자신도 모르게 수건돌리기의 술래가 된 셈이었다.

집이 팔리지 않자 걱정거리가 하나 더 생겼다. 살던 집을 6개월 내에 팔지 못하면 1가구 2주택에 해당되어 양도세를 내야 했던 것이다.* 사람들은 더욱 전전긍긍했다. 양도세를 물지 않기 위해 어쩔 수 없이 시세보다 싸게 빨리 팔아달라는 급매물도 등장했다.

값이 더 떨어지기 전에 처분하려는 경계심리가 발동, 일부 지역에서는 '싸게라도 팔아 치우자'라며 앞다퉈 매물을 내놓는 투매(投賣) 현상까지 빚어졌다. 모든 것이 순식간에 이뤄졌다. 급히 팔려는 매물이 중개업소마다 수북이 쌓였고 유리창에도 가격 종이가 잔뜩 나붙었다.

시세보다 10% 이상 싼 급매물과 제값을 받으려는 일반매물이 뒤섞여서 호가의 폭이 넓어지며 호가 공백이 생겼다. 하지만 실제 거래는 가장 싸게 내놓은 매물부터 이뤄지는 법이다. 따라서 급매물이 시세를 주도하는 전형적인 침체기의 모습을 보였다.

가수요에 의해 부풀어 올랐던 거품 가격이 걷히며 하락폭이 커졌다. 복덕방에는 안달복달 형 투자지들의 빨리 팔아달라는 독촉전화가 이어졌으나,

---

● 지금 사는 집과 앞으로 이사갈 집까지 두 채를 보유한 사람은 엄밀히 말하면 1주택자가 아니므로 양도세 면제 혜택을 받을 수 없다. 그러나 일정 기간(이 경우에는 6개월)을 지킴으로써 조건을 충족하면 투기가 아니라 실거주를 목적으로 한 '일시적' 2주택자로 보아 양도세를 면제해 준다.

급매물마저 팔리지 않을 정도로 거래가 거의 이뤄지지 않았다. 투자심리가 싸늘하게 식자 집값이 더 떨어질 것이라는 판단에 아무도 거들떠보지 않았던 것이다. 오를 때 그랬듯이 하루가 다르게 아파트값이 떨어졌다. 팔 사람만 많고 살 사람이 없어 중개업소마다 쌓여 있는 매물을 소화하는 데 상당한 시간이 필요했다. 집을 사기는 쉬워졌지만 팔기는 어렵게 된 것이다.

시장 에너지가 소멸되자 아파트를 위한 진혼곡이 울려 퍼졌다. 중천에 떠 있던 해가 서산으로 뉘엿뉘엿 지고 있었다. 영원히 해가 지지 않을 것 같았던 아파트 왕국에 어둠이 내리며 환상이 사라지고 거품도 가라앉았다. 아파트값이 곤두박질쳐 연초보다 낮은 수준으로 떨어졌다. 서울 지역은 강북보다 강남 지역, 희소가치가 있는 중·대형보다는 소형 아파트가 더 많이 떨어진 것으로 나타났다.

신도시가 가져온 전혀 다른 생활방식

신도시로 가는 길이 열렸다. 좀 더 거창하게 표현하면 신도시 시대가 열린 것이다. 직장과 자녀교육 문제 등으로 신도시로 가는 것을 쉽게 결정하지는 못 했지만, 전세살이를 청산하고 내 집을 마련해 이사하는 사람들의 발걸음은 가벼웠다. 또 신도시 아파트가 상대적으로 싸기 때문에 집을 넓혀 가는 사람들도 뒤처지지 않았다.

분당에 이어 평촌과 강북지역의 유일한 신도시인 일산도 입주를 하자 신도시로 향하는 이삿짐 행렬이 꼬리를 물며 이어졌다. 이사철이 따로 없었다. 포장이사가 대중화되면서 계절과 날씨에 영향을 받던 이사 문화를 바꿔 놓았기 때문이다. 여기저기서 집들이 모임으로 떠들썩한 가운데 가슴 설레는 새집 살림이 시작되었다. 하지만 출퇴근 한계선은 도심에서 자꾸만 멀어지고 있었다. 인구가 증가하고 도로와 정보통신망이 갖춰지면 도시가 팽창하기 때문이다.

뒤돌아보면 서울시 유랑민들이 거쳐 간 곳이 한두 곳 아니었다. 아파트 문화의 발상지는 한강변이었다. 동부이촌동에서 시작한 아파트 유랑민들은 70년대에는 여의도-반포-영동-잠실 등 한강변에서 맴돌았고, 80년대에 과천-개포동-고덕-목동-상계동 등 외곽지역을 거쳐, 90년대에 분당과 일산 등 수도권 신도시에 이르게 된 것이다. 실로 오랜 기간 동안 이어진 대이동이었는데, 이는 서울생활권이 넓어져 간 발자취이기도 하다.

어둠이 채 가시지 않은 시간, 도시는 잠에서 덜 깨어 느릿느릿 움직였지만, 모든 것이 낯설고 불편한 신도시의 아침은 일찍 열렸을 뿐만 아니라 부산스러웠다. 아직 도시 형태를 갖추지 못해 고생을 감수해야 할뿐 아니라, 날마다 끔찍하고도 지긋지긋한 출퇴근 전쟁을 치러야만 했다. 도로망이 빈약해 서울 진입로마다 병목현상이 나타나 만성적인 교통체증에 시달렸다. 짜증나는 일이지만 모든 신도시가 입주 초기에 겪는 불편이었다.

신도시에 대한 평가도 엇갈렸다. 집안일에만 전념하는 전업주부들도 차가 필요할 정도로 열악한 생활환경은 둘째 치고 교육 여건마저 나빠 서울로 되돌아가는 소위 'U턴 현상'이 빚어지기도 했다. 따라서 입주율이 낮았고 신도시 입주자의 절반가량이 교통과 자녀교육 문제로 5년 이내에 신도시를 떠날 의사를 갖고 있는 것으로 조사됐다. 그냥 잠시 머무르는 도시로 생각했던 것이다.

생활편의시설이 부족한 신도시에 회원제 백화점 건설이 추진되어 관심을 끌기도 했다. 소액 투자자들이 자금을 출자해 신도시의 상업용지를 매입하여 백화점을 건설한 다음 점포를 나눠 갖는 새로운 형태의 투자 방식이었다. 각자 소고기를 사 먹는 것보다 여러 사람이 공동으로 소 한 마리를 사서 나눠 갖는 것이 싸게 먹히는 것과 같다. 프리미엄 없이 백화점에 점포를 마련할 수 있는 매력이 있었으나, 법적 보호장치가 없어 분쟁도 생겼다.

신도시 입주가 이뤄지면서 사람들은 아파트가 얼마에 거래될지 궁금했다. 아파트값은 입주자들이 교통, 교육 여건, 생활편의시설 등 주거환경을 어떻게 평가하느냐에 따라 결정되는데, 분당신도시의 경우 서울 강남 지역 아파트값의 60% 수준에서 시세가 형성되었다. 소형 아파트는 평당 400만 원에 약간 못 미치고 중·대형 아파트는 평당 500만 원에 거래되었다. 상계동 주공아파트값의 85% 수준이지만 분양가격인 평당 180만 원에 비하면 두 배 이상 오른 셈이었다.

4차 파동을 돌아보며

　동틀 무렵이 가장 어둡다. 다른 파동과 마찬가지로 '4차 파동'도 암울한 전망 속에서 시작되었다. 주택경기 전망을 어둡게 보는 사람들이 많아질수록 파동이 싹트는지도 모른다.

　1987년은 서울의 주택보급률이 58.8%로 가장 낮을 때였다. 목동과 상계동 등에서 아파트가 공급되자 일시적인 소화불량에 걸려 미분양 아파트가 쌓였다. 특히 중·대형 아파트가 분양이 안 돼 쩔쩔맸는데, 올림픽선수촌 아파트도 예외는 아니었다.

　내 집을 마련하려는 실수요자들이 좀처럼 움직이지 않았다. 4년째 집이 주춤거리며 안정세를 보이자 생활의 중심이 되는 내 집 마련을 서두르지 않은 것이다. 전세 생활자가 늘어나 소형 아파트 전세가 비율이 80%에 이르자 곳곳에서 통제되었던 분양가격을 웃돌기도 했다. 잠재 수요층을 이루고 있는 신세대 맞벌이 부부들은 주테크에는 관심이 없었고, 폼 나게 살기 위해 '마이카족'이 되고자 했다. 하지만 소탐대실(小食大失)이라, 때론 작은 것을 얻기 위해 큰 것을 잃기도 한다.

　거래는 가뭄에 콩 나듯 이뤄졌다. 사람들은 제값을 받으려는 매물은 거들떠보지도 않았고 어쩌다 거래가 이뤄지는 것은 싸게 내놓은 급매물이 고작이었다. 전형적인 침체기의 무기력한 모습을 보이자 어김없이 "아파트 투자로 한 밑천 잡던 시대는 끝났다"는 말이 나왔다.

4차 파동은 자생적으로 발생한 피동이었다. 주택경기를 살리려는 정부의 노력이 거의 없었다. '3저 호황'으로 엄청난 국제수지 흑자를 누리면서 시장 분위기가 확 바뀌었다. 여기에 대통령과 국회의원 선거를 치르면서 선거자금이 펑펑 뿌려졌고, 올림픽 특수마저 누리자 기회를 엿보면서 떼지어 떠돌아다니는 뭉칫돈이 불어났다.

5년 만에 투자심리가 되살아나자 아파트값 파동 주기설이 또 한 번 맞아떨어졌다. '집값이 오를 것이다'라는 불안감이 잠재했던 수요를 자극하자 주택 시장이 술렁거렸다. 그런데 이제는 과거와 달리 아파트 투기가 복부인들만의 전유물이 아니었다. 금융상품보다 높은 수익을 올릴 수 있게 되자 '재테크 IQ'가 높은 사람이라면 누구나 뛰어드는 시장이 되었다.

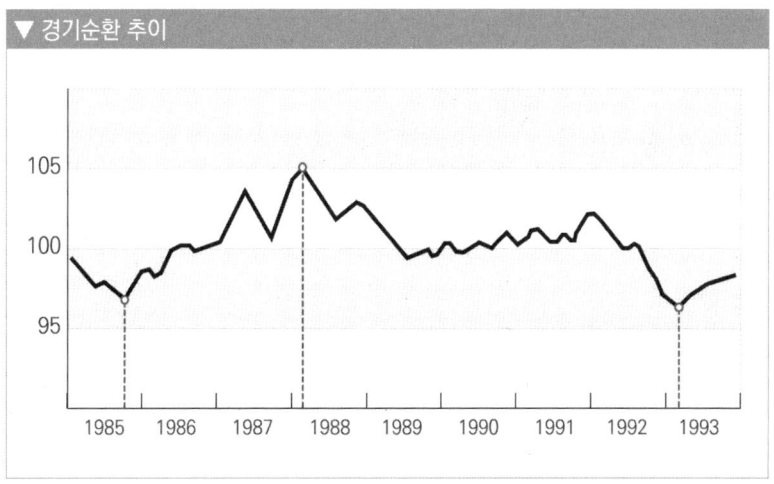

▼ 경기순환 추이

내 집 마련 실수요와 투자 목적의 가수요가 뒤엉키며 한번 오르기 시작한 아파트값은 가파른 오름세를 이어갔다. 아파트값을 자극하는 요인이 꼬리를 물고 이어졌는데, 이사철 수요와 맞물려 계단식으로 오르는 에스컬레이션 현상이 또다시 나타났다.

4차 파동에서 아파트값 상승을 주도한 '아파트 1번지'는 서울 강남 지역이었다. 소득 증가로 두텁게 형성된 중산층들은 교통이 편리하고 교육환경이 뛰어나며 생활 편익 시설과 문화공간이 잘 갖춰져 주거환경이 좋은 강남 생활권에서 살고자 했다. 인구 유입 요인이 많은 지역일수록 상승률이 높았고 아파트값을 끌어올리는 프리미엄 종류도 다양해졌다. 강남 생활권(8학군) 프리미엄, 재건축 프리미엄, 한강 조망권 프리미엄, 역세권 프리미엄 등.

4차 파동 중에는 아파트값이 일곱 차례에 걸쳐 오르고, 또 오르고, 정말 지겹게 올랐다. 하지만 집값을 안정시킬 기회도 두 차례나 있었다. 첫번째는 1988년 8월 양도세 비과세 요건을 대폭 강화한 부동산 투기 억제 대책(8.10조치)이 발표될 때였다. 이때 아파트값은 잠시 하락세를 보였으나, 그해 12월 분양가 자율화 방안을 구체적으로 검토한다는 소식에 물거품이 되고 말았다. 두 번째는 1989년 4월, 신도시 건설계획이 발표되면서 상승세에 제동이 걸린 때였다. 그러나 이때도 「주택임대차보호법」이 '2년 계약제'로 개정되어 전셋값이 폭등하면서 신도시 건설 효과가 더 이상 나타나지 못했다.

주택경기는 수요와 공급, 실물경기 동향, 시중 자금, 가계소득, 국제수지, 물가, 은행 금리, 관련 정책 변화, 투자심리 등 여러 가지 요인이 복합적으로 작용하여 움직인다. 주택경기가 침체되어 미분양 아파트가 쌓여 있

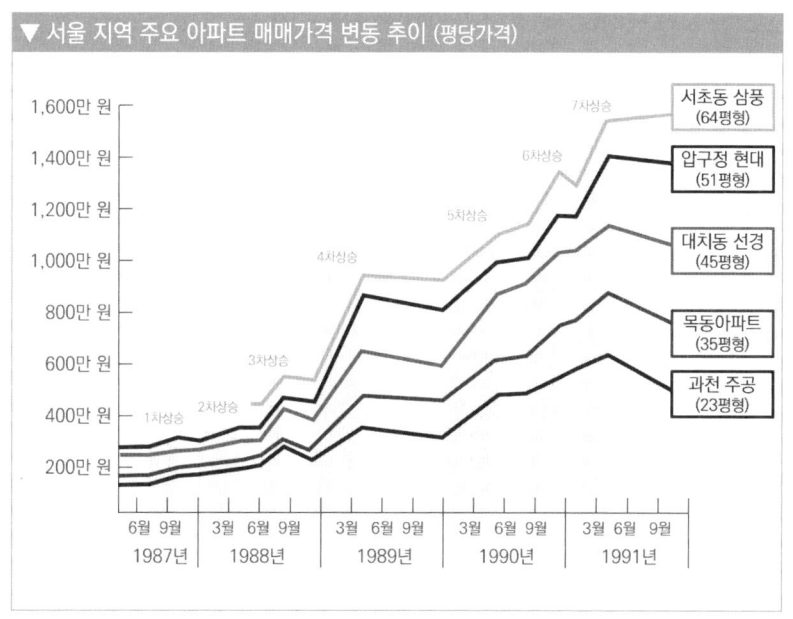

었으나 투자환경이 바뀌어 잠재된 수요가 일어나자 균형이 깨지며 구조적인 수급불균형 문제가 불거져 나왔다. 일순간 수요자 우위 시장에서 공급자 우위 시장으로 바뀐 것이다.

또 아파트값을 안정시키기 위해 분양가를 통제했는데 현실과 동떨어져 분양가격과 시장가격이 다른 이중가격 구조가 형성되어 주택 정책을 자주 바꾸어야만 했다. 집값이 들썩거리면 시세차익을 노리는 가수요가 꼬여 공급 질서를 어지럽혔기 때문에 주택 공급을 확대하는 데 걸림돌로 작용했다. 따라서 주택난을 해결하기 위해 분양가 자율화를 거론했고, 표준건축비를 연례행사처럼 상향 조정했으며, 문제가 생길 때마다 주택청약제도를 뜯어고쳤다. 그러나 집값이 안정될 만하면 주택 정책을 바꾸다 보니 수요자들에게 내 집 마련을 서두르라고 등 떠민 꼴이 되어 오히려 집값을 끌어올리는 역할을 했다.

  이와 같이 4차 파동은 여러 가지 요인이 복합적으로 상승작용을 일으켜 빚어진 결과였다. 원하지 않았지만 겪을 수밖에 없는 일이었다. 브레이크 없는 배를 멈추게 하기 위해서는 엔진을 정지시킨 뒤 스스로 멈출 때까지 기다려야 하듯이, 주택 시장도 마찬가지다. 시장 에너지가 넘치면 제풀에 꺾일 때까지 기다려야만 한다.

  서울을 찍고 수도권을 거쳐 지방에서 턴 하길 몇 차례, 그렇지만 모든 것에는 시작과 끝이 있는 법. 일곱 번에 걸쳐 아파트값이 오른 4막 7장의 4차 파동은 3년 8개월 동안의 장기공연을 마치고 막을 내린 '대(大)파동'이었다.

▼ 4차 파동의 단계별 상승요인 및 특징

시기	상승요인	특징
1차 상승 1987.8. ~ 1987.10.	- 전국적으로 확산된 노사분규와 선거철 앞두고 물가 불안심리가 수요를 자극 - 3저 호황과 올림픽특수로 활황증후군 나타남 - 가을 이사철과 겹침	- 1983년 이후 4년 만의 회복세 - 소형 아파트를 중심으로 오르는 초기 상승 단계
2차 상승 1988.1. ~ 1988.4.	- 국민주택규모 아파트 분양가격 상향 조정 - 통화 팽창에 따른 인플레 심리 확산	- 채권입찰제를 서울시 전역으로 확대 실시 - 전세가가 앞서고 매매가가 뒤따르며 동반상승 - 미분양 아파트 소진
3차 상승 1988.7. ~ 1988.8.	- 아파트 분양가 자율화 움직임	- 강남 지역 중·대형 아파트가 상승 주도, 전국적으로 확산 - 아파트값 평당 300만 원을 돌파 - 여름철 비수기에 발생
\multicolumn{3}{c}{1988.8. 부동산투기억제대책 발표}
4차 상승 1988.12. ~ 1989.4.	- 아파트 분양가 자율화 추진 - 일관성 없는 주택 정책 - 구조적인 수급불균형 - 강남생활권으로 인구 유입 - 채권매입액 1억 원 돌파	- 파동 단계 진입 - 강남8학군 신드롬 - 지방도시에도 아파트 투기 바람 - 서울의 모든 30평대 아파트가 1억 원이 넘는 '억(億)파트' - 주택청약 관련 예금 가입자 100만 돌파 - 주택청약예금 가입액 인상 - 주택청약부금 제도 신설
\multicolumn{3}{c}{1989.4. 신도시 건설계획 발표}
5차 상승 1990.1. ~ 1990.5.	- 「주택임대차보호법」 '2년 계약제' 개정 - 아파트 분양가 6개월 만에 평균 10% 인상	- 전셋값 폭등(평당 200만 원 돌파) - 다가구주택 등장 - 서울 지역 아파트 분양가(채권상한액 포함) 평당 300만 원 돌파
6차 상승 1990.9. ~ 1990.11.	- 중동사태로 원윳값 상승에 따른 물가불안 심리가 이사철과 겹침	- 평당 1,000만 원대 아파트 등장
7차 상승 1991.2. ~ 1991.4.	- 신도시 채권입찰 대상 아파트 확대 - 아파트 분양가격 인상 - 걸프전으로 오일쇼크 위기감	- 평당 1,300만 원대 아파트 등장 - 서울 지역 아파트 분양가(채권상한액 포함) 평당 500만 원 돌파 - 서울 외곽과 수도권 지역 아파트값 큰 폭 상승 - 주택청약 관련 예금 가입자 250만 돌파

{ insight
아파트도 자동차처럼 교체주기가 있다
}

아파트도 자동차와 같이 교체주기가 있다. 거슬러 올라가보면 한강변에 아파트가 들어선 이후 30년 동안 이에 따라 주거지 이동이 이뤄졌다. 디자인이나 성능이 향상된 새 차가 나오면 타던 차를 팔고 구입하듯이, 아파트를 분양받아서 몇 년 살다가 아파트값이 턱밑까지 차오르면 팔고 상대적으로 싸고 투자가치가 높은 신흥 인기 지역의 아파트를 분양받아 이사를 하는 풍속도를 연출해왔다.

주거지역은 저마다 나름대로의 특성을 갖추고 있지만 그것이 등급으로 매겨지며 집값에 영향을 미친다. 그래서 주테크를 하기 위해서 주거 이동을 한다. 집도 넓혀가고 시세차익도 챙겨 도랑 치고 가재도 잡는 격이었다.

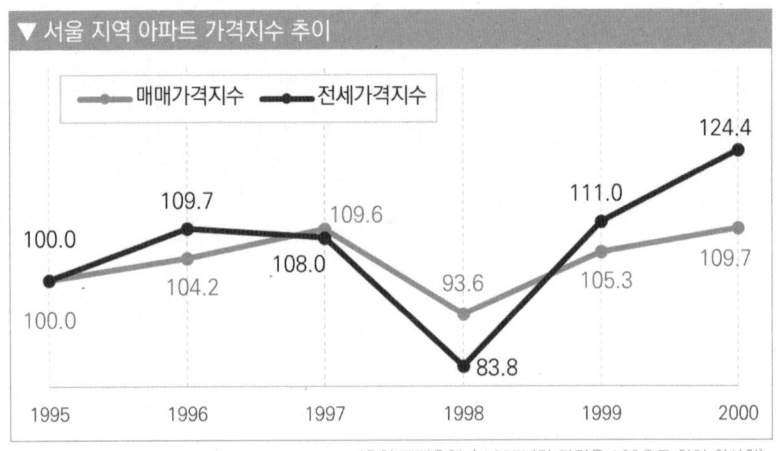

▼ 서울 지역 아파트 가격지수 추이

(출처:주택은행 / 1995년말 가격을 100으로 하여 환산함)

이러한 주거 이동은 4~5년을 주기로 이뤄졌다. 동부이촌동에서 여의도로, 여의도에서 강남 지역으로, 강남 지역에서 수도권 신도시로 주거지를 옮겼는데, 기존 아파트값이 짧은 기간에 큰 폭으로 오르는 아파트값 파동을 겪으면 '헌 집 팔고 새 집 사기'가 빠르게 이뤄졌다. 반면 집값이 안정되면 헌 집과 새 집의 가격 차이가 없어져 주거 이동이 정체되기도 했다. IMF 외환위기를 겪으며 이러한 주기가 뒤죽박죽되긴 했지만, 새 아파트와 헌 아파트의 가격 차이가 벌어지면 첨단정보통신시설을 갖추고 녹지공간이 풍부한 자연친화형 새 아파트로 옮기려는 교체 수요가 증가하고 아파트값을 끌어올리는 건 마찬가지다.

2001년 「부동산투자회사법」이 국회를 통과하며 부동산 간접투자 시대가 시작됐다. 부동산투자회사는 주식 공모를 통해 다수의 소액투자자들로부터 자금을 모아 주택, 토지, 빌딩 등 위험이 적고 장기적으로 일정한 임대수익을 챙길 수 있는 수익형 부동산상품에 투자한다. 여기서 얻은 수익금을 매년 배당하는, 일명 부동산 뮤추얼펀드로 불리는 부동산투자신탁제도(리츠, REITs: Real Estate Investment Trusts)가 2001년 7월부터 시행되었다.

실물자산에 투자하기 때문에 주식보다 안전하고 배당 수익까지 챙길 수 있어, 안전성과

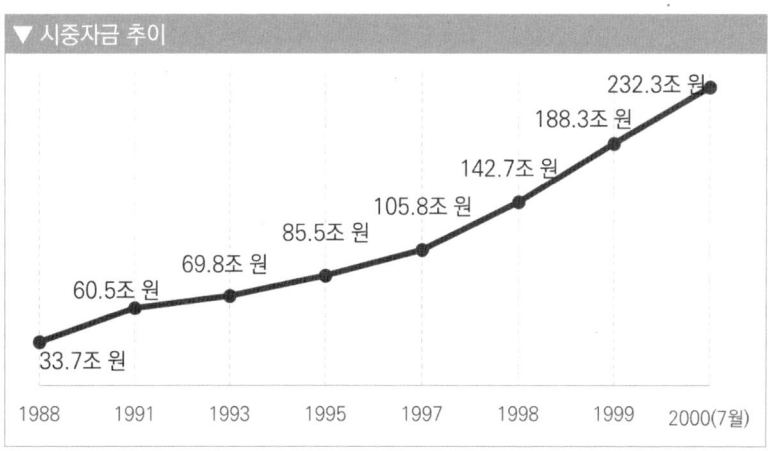

▼ 시중자금 추이

(출처:증권거래소)

수익성을 동시에 갖춘 부동산 간접투자상품이 쏟아져 나오면 소액투자가 가능해져 투자 기회가 확대된다. 부동산투자회사 주식은 증권거래소에 상장되어 투자자들이 필요할 경우 언제든지 현금화가 가능하기 때문에 투자자 유치가 쉽다. 또한 부동산을 직접 사고파는 것에 따른 세금과 거래 비용 및 위험 부담을 줄일 수 있는 매력이 있다.

주식 시장에서 뮤추얼펀드가 한바탕 돌풍을 일으켰듯이, 실질금리가 마이너스로 떨어질수록 안정된 수익을 원하는 상당한 시중 눈치자금이 포트폴리오 관리 차원에서 부동산 시장으로 흘러들어와 바람을 일으킨다. 또 매매가의 20~30%만 있으면 나머지는 장기 저리로 융자를 받아 집을 마련할 수 있는 주택저당채권 유동화 제도(MBS)가 2001년 3월에 도입되었다.

금리가 떨어지면 미래에 대한 불안심리가 걷히고 투자가 활성화되어 주택에 대한 유효수요가 증가하게 된다.

제6장

아파트값 5차 파동
(2001 ~ 2006)

참으로 어처구니없는 일이었다.
나라 살림이 돈을 빌려준 IMF의 관리체제 하에 놓이자 국민들의 자존심이 와르르 무너졌다.
곳곳에서 비명소리가 들렸고, 무엇인가를 잃어버린 듯한 상실의 시대였다.
그러나 IMF 빙하기는 생각보다 길지 않았다.

5차 파동의 배경

　1992년 1월, 드물게 총선과 대선이 모두 치러지는 선거의 해였다. 국민소득은 3저호황을 누리며 6,745달러로 향상되었으나, 경기침체로 돈가뭄에 시달리며 중소기업들이 줄줄이 도산되는 어려움을 겪었다. 주택 시장의 토정비결은 보나 마나였다. 연초에 아파트 표준건축비가 상향 조정되었으나 이미 가라앉은 시장 분위기를 바꾸지는 못했다. 지난해 5월부터 집값은 계속 떨어지는데 사려는 사람이 없어 팔기마저 쉽지 않은 이중고를 겪어야만 했다.
　주택경기는 몇 가지 선행지표를 통해 예측할 수 있다. 그중에서 주택청약 관련 예금 가입자가 줄고, 미분양 아파트는 늘어나고 있어 침체 국면에 접어들었음을 쉽게 알 수 있었다. 시장의 관심도 자연히 집값이 과연 언제쯤 오를 것이냐 가 아니라 '언제까지 떨어질 것이냐'에 맞춰졌다.
　주택경기 변화를 가장 먼저 포착하는 곳은 중개업소다. 집을 사려는 사람들의 발길이 끊기자 값이 오를 때는 매물이 없어 거래가 안 됐는데 이제는 살 사람이 없어서 거래가 안 된다며 푸념을 했다. 팔려는 가격과 사려는 가격 차이도 크게 벌어져 있어 한 달에 단 한 건도 거래를 성사시키지 못하고 문을 닫는 중개업소가 크게 늘어났다.

궁하면 통하는 법. 중도금이나 잔금을 마련해야 하는 신도시 아파트 입주 예정자들이 새로운 매매 방식을 착안해냈다. 입주를 앞두고 다급하게 시세보다 싸게 파느니, 미리 집을 처분하되 그 집에 전세로 눌러앉아 입주 때까지 사는 방식이다. 전세금을 뺀 값으로 집을 팔았기 때문에 매입자금이 부족한 수요자들이 관심을 보였다.

그래도 이사철이 되자 집값 내림세가 주춤하였다. 급매물을 찾는 실수요자들의 발길이 늘어나면서 시세보다 싼 매물을 구하기 힘들어지자 일부 지역의 소형 아파트값이 찔끔 오르기도 했다. 하지만 이는 이사철에 흔히 나타나는 일시적 현상이었다.

해마다 전국적으로 40만 쌍의 신혼부부가 탄생한다.* 이들은 내 집을 마련하기 위해 보통 2년에 한 번 꼴로 너댓 차례 이사를 한다. 집게가 제 몸에 맞는 소라나 고둥 껍데기를 찾아다니듯 전세보증금을 조금씩 늘려가면서 집을 장만하게 된다. 간절히 바라는 일은 언젠가 이뤄지는 법이다. 결혼 후 부모의 도움 없이 혼자 힘으로 전세살이를 청산하고 '세입자' 꼬리표를 떼어낼 때 느끼는 뿌듯함이란 말로 표현하기 어려울 것이다.

내 집 마련이 빠를수록 안정된 생활을 할 수 있다. 특히 신혼 때 시작하는 주테크는 평생을 좌우한다. 하지만 소득 수준에 비해 집값이 비싸서 '집값 하락 = 내 집 마련'이라는 단순한 등식이 성립되지는 않았다. 신중해진 수요자들이 '기다리면 집값이 더 떨어질 것'이라는 기대심리로 내 집 마련

● 이 책의 초판이 출간된 당시는 그랬지만, 2024년 기준 연간 결혼 건수는 약 22만 건(4.4%)에 불과한데, 그나마 코로나 팬데믹 이후 약간 늘어난 수치다. 다만 비혼, 고령화, 이혼 등으로 인해 1인가구가 늘어나면서 전체 가구수는 오히려 늘었다. 2023년 기준 대한민국의 전체 가구수는 약 2억2,100만 가구다. (통계청 자료 참조)

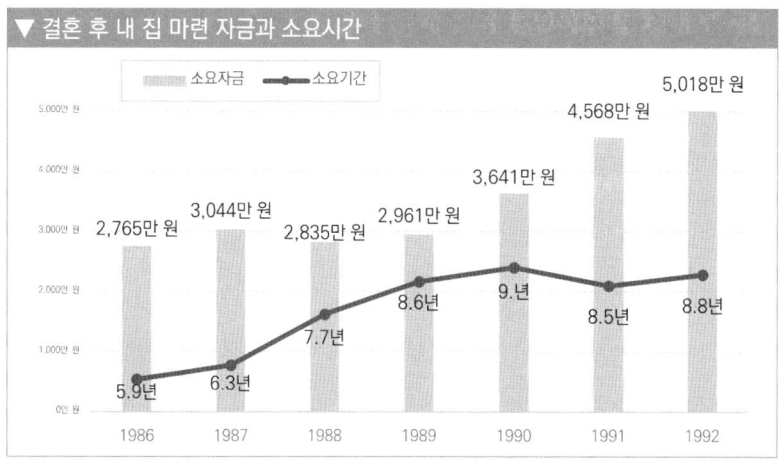

(출처:주택은행)

을 미루고 전세를 선호하다 보니 전셋값만 오름세를 보였다. 그래도 2년 주기로 전세 계약을 갱신하게 된 첫 번째 짝수해였음에도 전세 수요가 몰리면서 전셋값이 크게 오르는 '전세난'은 나타나지 않았다.

시장이 나쁠수록 아파트는 좋아진다

손꼽아 기다리던 수서지구에 아파트가 분양되었다. 분양가격은 채권상한액을 포함하여 평당 700만 원. 6년 만에 강남 지역에서 분양되는 아파트인 만큼 관심은 과거 어느 때보다 높았고 분양가격도 최고였다. 대모산 자락에 둘러싸여 공기맛이 다른 수서지구는 청정 주거지역으로 서울의 환경특구였다. 더욱이 8학군 지역에 속해 있으며 지하철이 연결되는 등 뛰어난 주거환경을 갖춘 노른자위 지역이었다.

분양 시장이 뜨겁게 달아올랐으나 높은 인기와는 달리 청약경쟁률과 채권매입액은 의외로 낮았다. 집값이 계속 떨어지는 상황에서 채권액을 많이 써내 아파트를 분양받아봤자 챙길 게 별로 없다는 시장 분위기가 그대로 반영된 것이다. 특히 낭패를 본 사람들은 분위기에 휩쓸려 채권상한액을 써냈던 당첨자들. 결국 재당첨 금지라는 불이익을 감수하며 미련 없이 계약을 포기해야만 했다.

집값 하락으로 분양아파트에 대한 수요자들의 관심이 점점 낮아지자 주택건설업체들은 초조해졌다. 주택경기가 더 이상 나빠지기 전에 분양을 서둘러야만 했다. 곳곳에서 분양을 알리는 모델하우스가 세워지며 한꺼번에 쏟아져 나왔는데 결과는 뻔했다. 수요가 줄어 중개업소마다 매물이 넘쳐났는데 공급물량마저 증가하자 미분양 아파트 수는 눈덩이처럼 불어났다. 서울과 신도시만이 무풍지대일 뿐 미분양 아파트 발생 지역이 전국적으로 확산되어 갔으나 아파트 분양은 계속되었다. 악순환의 연속이었다.

미분양 아파트를 한 채라도 줄이기 위해 건설업체들은 파격적인 분양 조건으로 "아파트를 싸게 팝니다"라고 외치며 망설이는 수요자들의 옷깃을 끌어당겼다. 자금 회전을 위해 어쩔 수 없이 재고털이 식 판매에 나서야만 했기 때문이다. 아파트를 붕어빵 찍어내듯 대충 지어도 분양이 잘 되던 시절은 지나갔다. 인기 지역이 아닐 경우 뭔가 튀는 듯 돋보인다는 평가를 받아야 분양을 마감할 수 있게 됐다.

아파트 분양사(史)는 한마디로 시련과 극복의 연속이었다. 생존경쟁에서 살아남기 위해선 오직 변화만이 살 길이었다. 수요자의 눈길을 끌기 위해 안간힘을 쏟아야만 했다. 다양한 취향과 높아지는 눈높이에 맞추기 위해 고객의 희망사항에 귀를 기울였는데, 수요자의 마음을 사로잡지 못할 경우 분양에 성공할 수 없었다.

이러한 변화 속에 주택건설업체들은 좁은 공간을 최대로 이용할 수 있는 독특한 평면 개발과 단지 배치는 물론 녹지공간에 이르기까지 차별화하기 위해 고심하였다. 전에는 내부설계를 부분적으로 바꾸거나 고급 마감재를 사용하는 것으로 생색을 냈으나 주부들의 작업공간이 집에서 차지하는 비중이 커지며 차츰 실내공간 활용을 강조한 설계가 유행하였다. 그리고 입주자들이 취향에 맞게 내부를 고칠 수 있는 DIY(Do It Yourself) 평면도 선을 보였다.

이처럼 아파트 평면구조는 세월 따라 변해갔다. 분양률을 높이기 위해 품질을 한 단계 끌어올렸는데, 잠재수요를 이끌어내기 위한 아파트의 변신은 무죄다.

대선을 앞두고 잠시 흔들린 시장

도시는 경제적인 이유로 개발된다. 평면적인 모습도 시간이 흐를수록 불쑥불쑥 솟아오르며 입체적으로 변해간다. 이 과정에서 떠오르는 지역과 포화상태에 이르러 쇠퇴하는 지역이 교차했는데, '황제아파트'가 위치한 지역에도 변화가 생겼다.

그동안 주거지역에는 알게 모르게 서열이 있었고, 압구정동은 행세깨나하는 사람들이 끼리끼리 모여 사는 대표적인 부유층 집단거주지역이었다. 1975년에 분양하면서 현대아파트의 이미지를 굳힌 지역으로 90년대 초반까지 모든 면에서 뛰어난 최고의 주거지역으로 명성을 누려왔다. 아파트값도 '썩어도 준치'라고 말할 정도로 제일 비쌌다. 그런데 세월이 흘러 아파트는 낡아가고 주변이 상업화되면서 유흥업소가 무분별하게 들어서 주거환경이 나빠지자 쇠퇴의 길로 접어들었다.

때마침 서초동에 법원단지가 들어서면서 새로운 주거중심지로 부상하였다. 삼풍아파트에 법조인이 대거 입주해 신흥 인기 지역으로 자리매김을 하자 오랫동안 지켜왔던 왕좌를 넘겨주게 되었다.

1992년 7월, 장마철에도 이불 말릴 햇빛이 있듯이 급매물로 인해 무기력하게 떨어지던 아파트값이 잠시 멈췄다. 1년 4개월이 지나서였다. 주택매입 시점을 놓고 의견이 분분했지만 가을 이사철과 대통령선거를 앞두고 집값이 바닥권에 이르렀다고 판단한 발 빠른 실수요자들이 움직였다. 내가 행동하면 세상의 흐름이 바뀐다는 믿음이 있었다. 그리고 선거철만 되면 부동산값이 오를 것이라는 막연한 기대심리도 강하게 작용하기도 했다. 1987년 대통령선거 때 불을 지폈듯이 이번에도 대세 전환점이 되리라고 믿었던 것이다.

미분양 아파트는 아직 쌓여 있었지만 중개업소마다 값싼 매물을 찾는 발길이 다시 늘어났다. 실수요자들이 중심이 되어 매수세가 형성되자 주택경기가 조금씩 살아났다. 중개업소에 집값을 알아보려는 문의전화가 이어졌고, 매물이 어느 정도 소화되자 서울의 소형 아파트 밀집 지역을 중심으로 아파트값이 모처럼 소폭 올랐다.

때를 기다리며 관망하던 무주택자들은 집값이 또다시 오를 조짐을 보이자 불안감에 휩싸여 바짝 긴장하였다. 2년 전에 아파트값이 폭등했던 악몽이 떠올라 가슴이 철렁 내려앉는 듯했다. 메뚜기도 한철이라 중개업소에서도 매물 회수를 권유하거나 호가를 조작하는 등 매수자의 불안심리를 자극했다.

그런데 이때 집값이 오름세를 보인 것은 다분히 심리적인 요인 때문이었다. 중소기업들이 줄초상 나고 있던 경제 여건을 봤을 때 선거자금이 풀린다 해도 전체적인 아파트값 상승세로 이어질 가능성은 별로 없어 보였다. 땅값도 17년 만에 처음으로 내렸으며, 종합주가지수는 500선이 붕괴되고 있었다. 또 주택전산망이 가동되면서* 주택 소유 현황을 손금 보듯 훤히 파악할 수 있게 됨에 따라 투기성 가수요가 발 붙일 여지도 적었던 것이다.

돈바람을 일으킬만한 시중자금이 뒤따르지 않자 아파트값 오름세는 서울 지역 밖으로 확산될 기미가 보이지 않았다. 혹시나 했지만 역시나였다. 찻잔 속의 폭풍에 지나지 않았다. 아파트값은 추석 이후 계절적으로 비수기에 접어들자 다시 내림세로 돌아서야만 했다. 기대심리가 확산되지 않아 반짝 상승에 그치고 말았던 것이다.

대통령선거 때 '아파트를 반값에 공급하겠다'는 깜짝 공약이 나와 무주택 도시민들의 마음을 크게 흔들어 놓았으나 그뿐이었다. 기대만큼 집값이 오르지 않자 오히려 추가 하락에 대한 기대감만 커지게 됐다. 과거 몇 차례 선거 전후에 나타난 주택 시장 동향을 살펴보면, 선심성 지역개발 공약이 남발되는 토지 시장에 비해 별로 영향을 받지 않았다. 선거를 치르며 '통화량 증가 → 물가 자극 → 집값 상승'으로 이어지기도 하지만 대체적으로는 당시의 실물경기, 주택수급, 투자심리 등에 의해 좌우된다.

---

* 전국의 주택청약, 분양, 거래에 대한 정보를 전산 시스템에서 통합 관리하는 국가 시스템으로, 1995년 LH와 국민은행 등이 참여하며 처음 구축되었다. 이전에는 국가가 부동산 계약을 관리하지 않다 보니 부정청약, 이중청약, 위장전입, 통장 대여 등의 불법이 성행해도 잡아낼 근거가 부족했다.

따라서 신도시 입주가 본격화됨에 따라 하락세가 지속되었는데, 소형보다 중·대형 아파트의 낙폭이 컸고 여전히 강북보다 강남 지역이 더 많이 내렸다. 추락하는 아파트값에 그 어느 것도 날개를 달아주지 못했다.

8학군은 지고, 신도시는 뜨고

1993년 1월, 주택 시장이 잠잠했다. 아니 밋밋했다. 미분양 아파트가 쌓여 갔지만 아파트값 회복을 부추길 만한 요인이 없었다. 그렇다고 아파트값이 떨어질 여지도 크지 않았다. 게걸음 하는 아파트값이 말해주듯 한동안 약보합세를 유지할 가능성이 높았다.

조정기를 거치며 가수요에 의해 부풀어 오른 아파트값이 어느 정도 걷혔으나 상승폭에 비해 하락폭이 작았다. 거품이 생각보다 많지 않아 아파트값이 연착륙(soft landing)한 것이다. 한국은 주택보급률이 낮아 주택에 대한 절대수요는 어느 정도 떠받쳐질 뿐만 아니라, 집값을 끌어올리려는 집단욕구도 강하다. 그래서 한 번 오른 집값은 쉽게 떨어지지 않는다는 하방경직성을 확인할 수 있었다.

신도시도 점차 모습을 갖춰가고 있었다. 서울과 연결되는 도로망이 확충되며 체감거리가 한층 가까워졌다. 분당신도시의 경우 한 달 평균 1만여 명의 주민과 1,000여 대의 차량이 증가하여 상주인구가 어느새 10만 명을 넘어섰다. 입주를 시작한 지 2년 만에 절반가량이 새집 살림을 시작하여 신도시는 제법 활력이 넘치는 공간으로 변해갔다. 아파트값도 자신들이 살았던 서울 지역의 아파트값에 올려 맞추려는 경향을 보이며 조금 올랐다.

다행스러운 것은 '탈(脫) 8학군' 바람이 불어 자녀교육 문제로 망설였던 사람들이 홀가분하게 신도시로 떠날 수 있게 된 점이다. 평준화 강박증에 시달려 왔던 교육 당국이 대학입시에서 내신성적 반영비율을 높이자 우수한 학생이 몰려 있는 8학군은 타학군에 비해 오히려 내신성적 잘 받기가 불리해졌다. 실속이 없자 굳이 8학군을 고집할 필요가 없게 된 것이다.

강남8학군은 현행 고교학군제가 실시된 1980년 이후 '교육특구'라는 비난 속에 갖가지 부작용을 일으켜 왔다. 강남 이주 현상을 일으켜 아파트값에 '학군 프리미엄'이 붙게 만들었다. 학교 주변에 거주하는 학생들에게 입학 우선권을 부여하기 때문에 교육환경이 좋고 나쁨에 따라 집값이 크게 차이가 났다. 그러나 내신성적을 중시하는 교육제도의 변화로 주택 선택 기준에서 학군이 차지하는 비중이 낮아지며 강남8학군 신드롬은 세월 속에 묻혀 갔다.

더불어 주거지역 주변에 상업, 업무, 유흥시설이 밀집되면서 교통체증, 소음 등으로 주거환경이 나빠지자 그동안 강남 생활권을 고집했던 사람들도 같이 떠났다. 한때는 강남 지역에 산다는 것만으로도 목에 힘주던 시절이 있었으나, 집을 넓혀갈 수 있는 신도시로 가거나 쾌적한 생활을 누릴 수 있는 고급 빌라촌으로 옮겨가는 분위기 속에서 강남 지역 거주자들의 물갈이가 한바탕 이뤄졌다.

수도권 신도시를 중심으로 제3의 아파트 난방인 지역난방이 공급되며 각광을 받았다. 1986년에 서울 목동신시가지에서 첫선을 보인 지역난방은 열병합발전소에서 만든 뜨거운 물을 땅속 배관을 통해 각 아파트 단지에 공급하는 난방 방식이다. 기존의 중앙공급식 자체 난방과 달리 하루 종일 뜨거운 물을 사용할 수 있어 경제적이고 편리해졌다. 70년대에 지어진 연탄보일러를 사용하는 낡은 아파트는 구닥다리 취급을 받으며 왕따를 당했다.

봄 이사철을 앞두고 표준건축비가 소폭 인상되어 그 파급효과에 관심이 모아졌다. 그러나 소형 아파트를 중심으로 감질나게 찔끔 올랐을 뿐 별다른 움직임을 보이지 않았다. 여전히 추가 하락에 대한 기대가 커서 실수요자들이 매입에 적극적이지 않았고 미분양 아파트 해소에 도움이 되지 않았다.

분양가격과 기존 아파트값의 차이도 점점 좁혀지면서 투자가치를 잃어갔다. 아파트값이 꼭짓점에 도달했을 때에는 두 배가량 벌어지기도 했으나 아파트값은 계속 떨어진 반면 분양가격은 매년 올라 프리미엄이 생길 여지도 적어졌다.

주거환경이 좋지 않은 일부 지역에서는 분양가격과 시세의 차이가 거의 없을 정도였다. 「부동산뱅크」지가 조사한 자료에 의하면 1993년도에 전국에서 분양된 아파트의 평균 분양가격은 평당 226만 원이었고, 땅값이 비싼 서울이 평당 344만 원으로 가장 높은 것으로 조사됐다.

공급물량이 넘쳐나고 미분양 아파트가 쌓이면 수요자들의 주택 선택 기준이 까다로워지면서 지역별, 평형별 가격 차별화 현상이 나타난다. 또 같은 지역에서도 등락이 엇갈렸다. 시장 에너지가 강할 때에는 집값을 선도하는 지역에서 오르면 일정한 시차를 두고 주변 지역으로 수요가 옮겨가 동반 상승하는 모습을 보였으나, 이제는 재건축 사업을 추진하거나 지하철 개통 등으로 달라진 주거환경에 따라 주택의 내재가치가 높아진 지역에 한해서만 집값이 올랐다.

아파트값이 하향안정세를 보이자 주택 시장의 최대 현안이라 할 수 있는 분양가격 자율화 문제가 조심스럽게 거론되기도 하였다. 한동안 덮어두었던 분양가 자율화 문제는 뜨거운 감자였다. 영향을 미치는 파장이 직접적이고 광범위하기 때문에 '불가피론'이 제기될 때마다 불안심리를 자극해 아파트값이 요동쳤으나, 시장 에너지가 바닥난 주택 시장은 이번엔 꿈쩍도 하지 않았다.

언젠가는 실시해야 하지만 그 시기와 방법을 결정하기 어려웠다. 시장 여건도 충분히 조성되지 않아 분양가격 결정을 정부의 개입 없이 시장기능에 맡기기에는 아무래도 무리라고 판단, 이번에도 '시기상조'라는 꼬리표만 달아 놓았다.

대중 참여가 쉬워진 법원경매

새 문민정부(김영삼 정부)가 출범하면서 걸었던 한 가닥 기대는 사정(司正) 한파가 불어 닥치면서 물 건너가 버렸다. 고위공직자 재산 공개마저 추진되자 뒤탈이 생길까 쉬쉬하며 재산 줄이기에 나선 공직자들 때문에 매물이 헐값에 쏟아져 나왔다. 부동산을 소유하는 것 자체를 색안경 끼고 곱지 않은 시선으로 보는 사회 분위기로 인해 집을 사야 할 사람들도 잔뜩 주눅이 들어 움츠리게 됐다. 이래저래 주택 시장이 침체의 늪에서 벗어나기는 어려워 보였다.

분양 시장도 죽 쑤기는 마찬가지였다. 무턱대고 채권상한액을 써내 당첨되고 보지는 식의 청약 패턴이 사라지고, 당첨되지 못하더라도 소신껏 분양받으려는 여유를 보였다. 입지 여건과 주택업체 브랜드를 따지고, 채

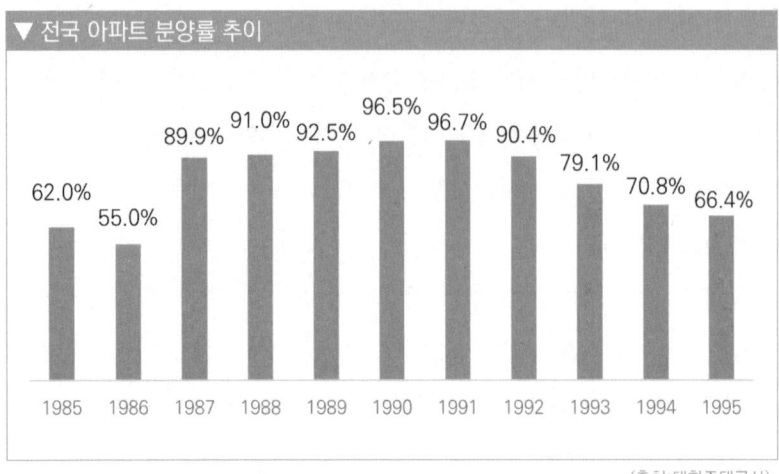

(출처:대한주택공사)

권액을 쓸 때도 자신의 자금조달 능력을 감안하여 가능한 낮춰 적었다. 따라서 아파트 분양률은 점점 낮아졌는데 대도시에서는 주로 소형 아파트, 지방도시에서는 중·대형 아파트가 미분양되는 것으로 나타났다.

하지만 서울과 신도시에서는 아파트가 미분양되고 있다는 것을 별로 실감하지 못했다. 서울의 경우 전체 가구의 19.8%가 주택청약예금에 가입하는 등 만성적인 대기수요 적체로 인해 내 집 마련의 틈이 비좁았다.

아파트를 분양받기 위해서는 채권액 높여 쓰기 경쟁을 벌여야 했지만 당첨이 사실상 보장된 20배수 내 1순위자들은 사정이 좀 달랐다. 시세차익을 확실히 챙길 수 있는 목 좋은 아파트를 분양받기 위해 선별적으로 청약을 했기 때문에 소액채권 당첨자가 속출하는 양극화 현상이 나타났다. 집값이 떨어지면서 채권상한액도 차츰 낮아졌는데, 여전히 최저당첨액이 채권상한액을 크게 밑돌아 앞으로 집값이 더 떨어질 가능성이 있다는 것을 암시하였다.

내 집을 장만하려는 사람들은 조금이라도 더 나은 방법을 찾기 위해 머리를 짜낸다. 주택청약 관련 예금의 가입은 필수이고, 필요한 정보를 얻기 위해 신문과 잡지 등을 뒤적거리고, '11호 자가용'인 두 다리로 발품을 팔며 복덕방에서 귀동냥을 하기도 한다. 가전제품을 구입하는 데에도 이것저것 따지는데 생활필수품 중 가장 덩치가 크고 비싼 주택은 두말할 것도 없다. 순간의 선택이 평생을 좌우하기 때문이다.

수요자들이 시세보다 싸게 집을 마련할 수 있는 또 하나의 길이 열렸다. 법원경매가 호가경쟁 방식에서 서면입찰 방식으로 바뀌어 수요자들이 보다 쉽게 경매에 참여할 수 있게 된 것이다. 그동안 법원경매 부동산은 앞서 살던 사람이 망해 나간 집이라 왠지 찜찜하다는 선입견 때문에 실수요자들이 입찰을 꺼렸다. 게다가 브로커들의 독무대이기도 했다. 경매 브로커들은 서로 짜고 유찰시켜 값을 떨어뜨리거나 실수요자들의 입찰을 방해하는 농간을 부려 왔기 때문에 일반인들은 경매 시장의 매력을 알아도 쉽게 참여하지 못했다.

경매 부동산은 채무자가 빌려 쓴 돈을 갚지 못할 경우 담보로 잡은 것을 법원에서 강제처분하는 일종의 땡처리 상품이다. 따라서 권리관계가 복잡해 곳곳에 함정이 도사리고 있지만, 썩은 과일을 고르듯 눈을 크게 뜨고 잘만 고르면 싼값에 집을 장만할 수도 있다.

그래서 쉽게 돈을 벌 수 있다는 소문만 듣고 경매에 대한 전문지식도 없이 참여했다가 낙찰받은 후 명도(집 비우기) 문제로 골머리를 앓는 등 낭패를 보는 사람들도 종종 있었다. 그렇지만 점점 알뜰파들의 발길이 잦아지면서 대중화되어 갔다.

재건축 시장의 활성화

신년 벽두에 충북 청주시에 있는 우암상가아파트가 붕괴되었다. 소 잃고 외양간 고친 격이지만 재건축 기준을 완화하면서 재건축 시장이 활기를 띠었다.• 서울에서는 택지난을 겪으며 새로운 주택 공급원이 필요하던 때라 노후 아파트 재건축 사업을 활성화시켜 그 자리를 메워 나갔다.

'두껍아, 두껍아, 헌 집 줄게, 새 집 다오.' 누구나 어릴 적 모래밭에서 손으로 토닥토닥 집을 만들며 주문을 외듯 불렀던 노래가 현실 세계에 펼쳐졌다. 안전사고 우려가 있는 낡은 아파트와 상습 침수지역 내 주택을 헐어내고 고층 아파트를 짓는 재건축 사업은 모든 사람에게 환상을 심어주었다.

하지만 한동안 재건축 사업은 겉돌아야만 했다. 가지 많은 나무 바람 잘 날 없다고, 주민들 간의 이해가 엇갈렸기 때문이다. 아파트 분양권을 주기 전에는 이사할 수 없다며 버티는 세입자들의 반발은 큰 걸림돌로 작용했다. 재건축을 둘러싸고 집주인과 세입자들 간의 집단 충돌도 잦았다. 좀처럼 풀리지 않을 것 같았던 뒤틀리고 꼬였던 문제들은 시간이 해결해 주었다. 절차마저 간소화되자 큰돈을 들이지 않고 평수를 늘려갈 수 있는 재건축 대상 아파트가 재테크 수단이 되기에 충분했다.

재건축 아파트 1호는 서울의 개명아파트. 그리고 간발의 차이로 마포아파트가 뒤를 이으며 원로 아파트들이 하나 둘 퇴출당했다. 그러다가 잠실주공아파트 1단지에서 재건축조합을 발족하고 창립총회를 열어 시공업

• 기존에는 지은 지 20년이 넘어야 재건축이 가능했지만, 김영삼 정부는 이를 15년으로 단축시켰다. 다만 우암아파트 붕괴 이후 안전진단은 더욱 엄격해졌는데, 얼마나 오래됐는가가 아니라 얼마나 위험한 상태인가를 더 중요한 기준으로 삼게 되었다.

체를 선정하자 새로운 장이 열렸다. 주민과 서울시의 저밀도지구 해제를 둘러싼 팽팽한 줄다리기가 시작된 것이다.

넘어야 할 산은 많이 남아있었으나 어쨌든 재건축은 황금알을 낳았다. 지은 지 오래되어 허름한 단독주택은 감가상각되어 건물값은 안 치고 땅값만 계산해 거래되는데, 어찌 된 게 낡은 재건축 대상 아파트만은 예외였다.* 재건축에 대한 기대심리 탓에 오히려 시간이 흐를수록 값이 올랐다.

주택건설업체들도 재건축 사업 시공권을 따내기 위해 조합원들에게 공사기간 동안 다른 집을 얻어 살 수 있도록 수천만 원의 이주비를 무이자로 빌려줄 정도로 적극적이어서 미래가치를 더욱 높였다. 낡고 연탄난방을 한다는 이유로 홀대받으며 변변히 가격을 올려보지 못한 재건축 대상 소형 아파트값이 평당 1,000만 원이 되어 웬만한 지역의 중형 아파트값과 어깨를 나란히 했다.

한강조망권이 뜬다

서울시가 1993년도 주택형태별 구성 비율을 조사한 바로는 총 주택 수 180만 가구 가운데 54%가 아파트나 연립주택 등 공동주택인 것으로 나타났다. 70년대에는 10%였는데 80년에 26%, 90년에는 48%로 바짝 다가

---

* 이는 아파트가 '공동주택'에 해당하기 때문에 나타나는 특징이다. 단독주택은 땅에 대한 권리와 건물에 대한 권리가 분리되어 있어서 땅만 거래하는 게 가능하지만, 아파트나 빌라 같은 공동주택은 땅에 대한 권리가 건물과 분리되지 않은 채 '대지권'이라는 이름으로 합쳐져 있다. 그래서 건물이 낡은 것은 재건축 프리미엄과 아무 상관이 없는 것이다.

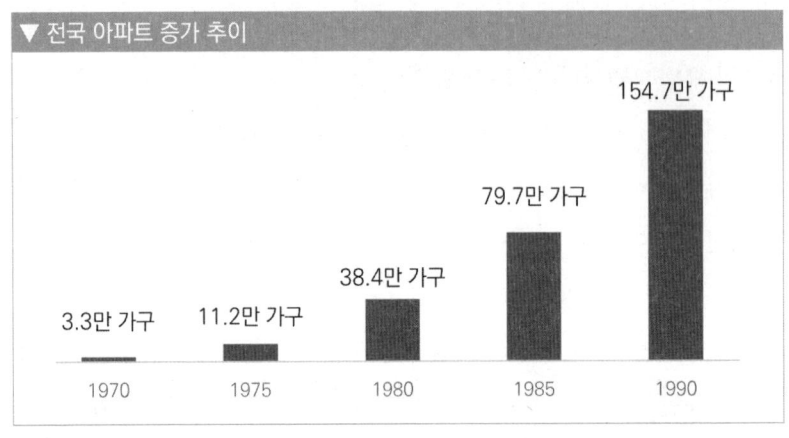

▼ 전국 아파트 증가 추이

서더니 어느새 단독주택보다 많아져서 사방 어디를 둘러보아도 공동주택 일색이 된 것이다. 이처럼 도시주택이 공동주택화 되고 있는 이유는 달동네 판잣집이 아파트촌으로 재개발되고 있는 데다가 땅값이 비싸지면서 강북지역의 낡은 단독주택을 헐어내고 그 자리에 연립주택과 원룸, 다가구주택 등을 짓고 있기 때문이다.

공동주택이 늘어나면서 주택보급률이 66%로 조금 높아졌지만, 무질서한 고밀도 개발로 도시환경을 황폐화시킨 대가를 치러야만 했다. 서울은 인구 1,090만 명이 밀집되어 갖가지 도시 문제를 유발했다.* 녹지대가 잠식되어 도시의 회색빛이 더욱 짙어졌으며, 사람과 사람 사이 공간이 좁아졌고, 주차공간이 절대적으로 부족한 주택가에서는 이웃과 얼굴을 붉히며 주차 전쟁을 치르기 일쑤였다.

• 개정판이 출간된 2025년 현재 서울시 인구는 약 960만 명으로 줄었지만, 인천과 경기도 등 수도권 전체를 합치면 약 2,600만 명으로 국가 인구의 51%에 해당한다.

도시화가 진행되면 사람들은 자연으로부터 멀어지게 된다. 그래서일까. 쾌적한 주거환경이 사람들을 불러 모았다. 소득이 향상되고 생활이 안정되면서 도시 속에서 자연과 어울릴 수 있는 주거환경을 찾는 사람이 늘어났다. 일부는 도시권 내에서 전원생활을 즐길 수 있는 그린벨트 내 농촌마을로 파고들었지만, 전망 좋은 집을 찾는 사람들은 한강변 아파트를 선호하였다.

창문 밖에는 한강이 가득했다. 탁 트인 시야, 유유히 흐르는 강물을 바로 볼 수 있어 전망이 끝내줬다. 더욱이 밤에는 말로 표현하기 어려운 장관이 펼쳐진다. 강 건너편 오색 불빛이 흩뿌려진 보석처럼 영롱하고 아름다웠다. 한강만 바라볼 수 있다면 강변도로의 차량소음쯤은 문제가 되지 않았다. 북향 아파트라도 좋았다. 전통적으로 선호해온 남향을 고집하지 않고 북쪽을 향하도록 설계된 아파트가 등장했고,* 강남 지역의 기존 아파트도 뒤늦게 뒷베란다 쪽을 개조해 전망창을 만들기도 했다.

자연히 '한강 조망권'에 붙은 프리미엄 단위도 커졌다. 한강변에 위치했어도 중·소형보다 대형 평형, 강남보다 강북 지역의 프리미엄이 훨씬 높았다. 같은 단지 내 같은 평형의 아파트라도 한강을 바라볼 수 있느냐에 따라 값이 하늘과 땅 차이였다. 대형 아파트의 경우 무려 1억 원 이상 가격 차이가 났다.

한강 조망권이 아파트 시세에 큰 영향을 미치자 한강변에 짓고 있는 주택조합아파트 분양 관계자들은 골머리를 앓았다. 조합원 모두가 한결같이

● 한강 남쪽에 위치한 아파트는 남향으로 지을 경우 한강을 바라볼 수 없기 때문에 한강변 중에서도 남쪽에 있는 아파트는 대부분 북향으로 지어진다. 그래서 한강 조망권만 놓고 보면 한강을 남향으로 바라보는 강북의 아파트가 강남보다 프리미엄이 높다.

한강을 바라볼 수 있는 세대를 차지하려고 했기 때문이다. 이를 조정하기가 쉽지 않았다. 상당기간 동안 동·호수 추첨을 하지 못하고 우물쭈물하다가 전망이 좋은 곳에 배정된 조합원들이 기구당 300만 원씩 걷어 한강이 보이지 않는 단지 안쪽과 저층 입주자들에게 위로금(?)을 지급하는 쪽으로 가닥을 잡아야만 했다.

'아파트 1번지'도 대중의 인기에 따라 변하는 법이다. 도심과 가깝고 주거환경도 쾌적해 특급 주거지역의 대명사가 된 한강변으로 그 명성이 옮겨지며 제2의 전성기를 맞았는데,* 이는 20~30년 주기로 이뤄지는 도시 재개발 사이클이 시작되었음을 의미하기도 한다.

1993년 8월, 가마솥 더위에 지쳐 있던 무더운 여름날 깜짝쇼가 연출되었다. 그동안 시행을 미뤄왔던 금융실명제가 전격적으로 실시된 것이다.** 금융실명제 실시에 따른 당초의 가상 시나리오는 남의 이름으로 금융기관에 숨겨두었던 뭉칫돈이 실물자산인 부동산 시장 쪽으로 몰려 때 아닌 투기가 일어나는 것이었다. 그러나 이런 예상은 시나리오에 그치고 말았다. 시중자금은 돈 꼬리가 길어져 행여나 밟힐세라 꼼짝하지 못했다. 모든 부동산 거래에 대해 자금출처조사를 하며 '검은돈'이 부동산 시장으로 흘러들어가는 것을 원천봉쇄하자 부동산 시장은 '돈맥경화'에 걸리고 말았다.

일단은 숨을 죽이고 눈치를 살펴야만 했다. 시장 분위기에 짓눌려 부동산을 사고파는 것을 꺼렸다. 매수세가 실종되었지만 집을 팔려고 내놓았던

● 원래 '아파트 1번지'의 원조는 한강변 동부이촌동의 한강맨션아파트였기 때문에 '제2의 전성기'라 표현한 것이다.

●● 전두환 정권에서부터 논의되었던 금융실명제는 정·재계의 강력한 반발로 번번히 도입이 무산되었다가, 1993년 8월 12일 김영삼 정부에서 아무 예고 없이 전격 시행되었다.

사람들도 괜히 부담스러워 쭈뼛거렸다. 실물경기는 침체되어 앞이 안 보이는 어두운 불황터널에 갇혀 있고, 연초부터 불어닥친 사정 한파와 고위공직자 재산 공개에 이어 금융실명제 충격까지 겹치자 가뜩이나 위축되었던 투자심리는 꽁꽁 얼어붙었다.

이사철이 지나자 매매가와 전세가는 기다렸다는 듯이 사이좋게 동반하락했다. 거래도 예년의 절반 수준을 밑돌았다. 켜켜이 쌓여 있는 미분양 아파트는 7만4,000여 가구. 전년에 비해 두 배로 늘어나 주택건설업체들은 죽을 맛이었지만, 무주택자들은 아랑곳하지 않았다.

파동의 전조는 전세가 상승에서부터

　신도시 아파트 분양이 사실상 대단원의 막을 내렸다. 6년 동안 모두 24차례에 걸쳐 28만여 가구가 분양된 것이다. '집 대통령'으로 기억되고 싶다던 노태우 대통령의 의지에 따라 사상 유례가 없을 정도로 짧은 기간에 건설된 신도시는 숱한 기록을 낳았다. 원가연동제, 표준건축비, 선택사양제, 채권상한액 20배수 청약제, 30층짜리 초고층 아파트 등.
　신도시 아파트 분양이 마감되자 불안심리를 가라앉힐 필요가 있었다. 주택 공급을 안정적으로 유지하기 위해 수도권에 100만 평 규모의 신도시를 두세 개 추가로 건설하고자 했다. 그러나 집값이 하향안정세를 유지하고 공급물량이 넘치던 때라 흐지부지되고 말았다.
　하늘로 쭉 뻗어 올라간 30층짜리 아파트의 위용은 현기증을 느낄 정도로 대단했다. 스카이라인이 구름에 맞닿아 입주자들은 마치 구름 위에 떠서 사는 듯할 것이다. 하지만 초고층 아파트 생활은 어린이들의 성장에 영향을 주는 것으로 조사됐다. 밖에서 마음껏 뛰어놀아야 할 어린이들의 행동을 직·간접적으로 억제해 신체와 정신적 발달에 영향을 미친다는 것이다. 가깝고도 먼 이웃나라 일본의 경우 부모들의 과잉보호로 인해 초고층 아파트의 아이들이 단독주택에 사는 아이들보다 훨씬 오랫동안 TV를 시청하는 것으로 나타났다. 흙을 모르고 자란 콘크리트 세대인 아이들에게 필요한 것은 개구쟁이라도 좋으니 튼튼하게 자랄 수 있는 환경일 것이다.

　서울 지역 집값은 약세를 면치 못했으나, 입주가 본격적으로 이뤄진 신도시 아파트값은 소폭 올랐다. 신도시를 연결하는 지하철이 개통되고 주거환경이 좋아지면서 도시의 틀을 갖춰 나가자 서울 지역보다는 신도시 아파트에 대한 기대수익률이 높을 수밖에 없었다. 서울 지역과의 아파트값 차이도 조금씩 좁혀져서 어느새 상계지구와 비슷한 수준이 됐다. 고생 끝에 낙이 오는 법. 신도시에서 몸고생 마음고생을 했으나 집값이 올라 그런대로 보상을 받은 셈이었다.

망설이는 실수요자와 '갭투자'의 시작

　소득이 증가하면 의식이 변화하는데 소득 수준에 따라 아파트를 보는 눈도 달랐다. 같은 값이면 다홍치마라고, 사람들은 품질이 좋아진 새 아파트로 눈을 돌렸다. 그러나 표준건축비에 묶여 있어 다양해지는 수요자들의 욕구를 따라잡지는 못했다.

　이러한 눈높이 차이에 따른 부작용이 불거져 나왔다. 대부분 옵션 품목을 선택했음에도 불구하고 신도시 중·대형 아파트 입주자들은 "내부구조와 마감 자재가 마음에 안 든다"며 많은 돈을 들여 멀쩡한 새 아파트를 뜯어고쳤다. 주방가구와 욕조, 바닥재, 벽지 등을 고급 마감재로 바꾸는 것이 유행처럼 번지며 인테리어 과소비 바람이 불었다. 일부는 베란다를 터서 거실이나 방으로 용도를 바꾸고, 내력벽을 허물어가며 불법으로 실내구조를 변경했다. 이는 삼풍백화점 붕괴 사고 이후 사회문제로 확대되기도 했다.•

1994년 2월, 연초부터 버스와 지하철 등 시민의 발인 대중교통 요금을 비롯해 각종 생필품값이 올랐다. 수도권 준농림지역 개발에 대한 규제가 풀려 논밭에 '나홀로 아파트'가 세워지며 난개발의 씨앗이 뿌려졌다. 산업현장에서는 위험하고 힘들고 더러운 일을 꺼리는 '3D 현상'이 나타났으나, 실물경기는 미미하게나마 회복 조짐을 보였다. 주택 시장을 둘러싼 투자환경에 변화가 생긴 것이다.

방학을 이용해 이사하려는 수요로 앞당겨진 봄 이사철은 기업의 정기 인사이동과 결혼 시즌이 맞물려 1년 중 수요가 가장 많은 시기이다. 집을 마련하려는 수요자들은 대개 이사철을 앞두고 마음이 어수선해진다. 집을 살까, 아니면 좀 더 기다려볼까? 답답한 마음에 중개업소를 찾아가 집값 동향을 알아보지만, 주택 시장의 흐름은 마음과는 달리 빠르게 움직인다.

신도시 아파트 분양이 끝났다는 불안 요인이 양념으로 작용하자 밀려 있던 매물이 비교적 활발히 거래됐다. 시세보다 싸게 나온 매물을 찾기가 쉽지 않게 되고, 매물이 바닥날 때쯤 약간 오른 값에 계약서가 작성된다. 집값이 더 이상 떨어지지 않을 것이라는 판단에 따라 매수세가 조금씩 살아났으나, 시장에 활기를 불어넣지는 못했다.

주택 공급이 수요를 초과하고 있어 은행이자는커녕 거래비용도 건지지

• 1995년 6월 29일 오후 5시 52분경, 서울 서초구에 위치한 삼풍백화점이 갑자기 무너졌다. 지상 5층, 지하 4층 구조로 지어진 백화점 건물에 각종 부실공사, 불법 구조 변경, 옥상 냉각탑 무리한 이동 등이 복합적으로 작용해서 일어난 사고였다. 건물은 20초 만에 완전 붕괴되었으며 사망 502명, 부상 937명의 막대한 인명피해를 냈다. 이후 관계자들의 처벌과 함께 건축법 및 안전규제가 강화되는 계기가 되었다.

못하는 실정이라 가수요가 끼어들지 않았다. 또 주택전산망이 감시의 눈을 번뜩여, 투기 조짐이 보이면 곧바로 자금출처조사가 뒤따를 태세였다. 이처럼 주택 시장이 회복하는 데는 걸림돌이 많아, 이사철이 되면 실수요자들에 의해 반짝 상승하였다가 이사철이 끝나면 다시 하락하는 현상이 반복되었다.

그러나 개중에는 집을 늘려 이사를 가는 사람들도 있었다. 중·대형 아파트값 하락폭이 소형보다 클 경우 가격 차이가 줄어들기 때문에 집을 넓혀가는 데 드는 비용이 상대적으로 적게 들기 때문이다. 자녀들이 성장했거나 가족수가 불어난 경우, 좀 더 넓은 주택이 필요한 사람들에게 주택경기 침체기는 집을 늘려갈 수 있는 좋은 기회이다.

주택 수요가 줄어들면 전세 수요가 늘어나기 마련이다. '2년 계약제' 전세가 정착된 가운데 전셋값은 철 따라 태산을 오르듯 잘도 올랐다. 신도시 아파트 입주물량이 풍부했으나 한여름 비수기에도 오를 정도였다. 재개발과 재건축 사업으로 이주수요가 늘어나기도 했으나, 집값이 하향안정세를 보여 품질이 좋고 시세차익도 챙길 수 있는 아파트를 분양받을 때까지 전세를 살고자 했던 것이다.

소형 아파트 전세가가 매매가의 60% 선을 넘어서자 주테크 IQ가 높은 사람들은 집값이 오를 것을 대비해 전세금으로 집을 장만하는 민첩함을 보였다. 방법은 간단했다. 비교적 값이 싼 수도권 지역으로 한걸음 물러나 전세로 살면서, 남는 종잣돈으로 서울 지역의 집을 전세를 안고 사둬 양다리를 걸치는 것이다.•

• 아파트 투자의 정석이 된 '갭투자'가 바로 이런 방식을 사용한다.

천대받던 아파트, 재건축으로 날다

아파트는 경제가 발전하고 소득이 증가함에 따라 진화하였고, 흐르는 세월과 함께 유행도 있었다. 소비자의 마음은 바람 따라 흔들리는 갈대 아니던가. 아파트는 주거환경에 따라 집단심리에 의해 값이 매겨져 왔다.

한강변에 아파트가 들어서던 70년대 초에는 승객을 짐짝처럼 싣고 털털거리며 달리는 버스가 아파트값을 좌우했고, 등 따숩고 배불렀던 80년대에는 단연 좋은 교육환경이었다. 높은 교육열은 아파트값 높이뛰기 기록을 여러 차례 갈아치우게 만들었다. 90년대 들어서자 삶의 질을 향상시킬 수 있는 쾌적한 주거환경에 관심이 많아지기 시작했다. 탁 트인 전망, 녹지 공간, 맑은 공기 등을 선호하며 자연에 한 걸음 다가갔다.

이처럼 아파트값에 영향을 미치는 요인들이 하나 둘 추가되며 복잡해졌는데, 내부적 요인과 외부적 요인으로 나누면 다음과 같다.

내부적 요인 : 층, 향, 조망권, 내부구조, 정보통신시설, 소음, 사생활 침해도

외부적 요인 : 교통, 교육시설, 생활편의시설, 자연환경, 주택업체 브랜드, 발전 가능성

당연히 고층 아파트의 로열층에 대한 인식도 바뀌었다. 로열층이란 단순히 층이 높다고 생긴 것이 아니라 원래 난방 문제로 인해 생긴 개념이었다. 하지만 층에 따라 주거의 쾌적도 또한 상당한 차이가 나기 때문에 로열층 개념이 유지되었다. 한국감정원 조사에 의하면 부유층이 거주하는 대형 아파트일수록 로열층 범위가 좁거나 낮았고, 젊은 층이 많이 사는 소형 아파트는 넓거나 높아지는 경향을 보였다. 특히 꼭대기층 바로 아래층을 찾

는 사람들이 늘었는데, 조용하고 햇빛도 잘 들며 전망이 좋기 때문이었다.

또 낮은 층에 대한 재평가도 이뤄졌다. 환경보호 운동의 일환으로 쓰레기를 분리수거하면서 쓰레기 투입구와 함께 악취가 사라졌기 때문이다. 엘리베이터 안전사고도 자주 발생하자 노약자나 어린아이가 있는 가정은 낮은 층을 선호해 로열층의 범위가 한층 넓어졌다.

쥐구멍에도 별 뜰 날 있듯이 영원한 왕따 주택은 없다. 단지 차별화와 평준화가 반복될 뿐이다. 서민주택의 대명사인 주공아파트가 팔자를 고친 대표적 사례다. 오래된 아파트에 재건축 바람이 불면서 화려한 주공아파트 전성시대가 펼쳐졌다.

재건축 대상 아파트는 새로 지어질 경우 평수를 늘릴 수 있다는 장점 외에, 이미 생활 기반시설이 잘 갖춰진 지역에서 사업이 추진되기 때문에 투자가치가 있었다. 또한 치열한 청약 경쟁을 피할 수 있어 인기몰이가 가능했다. 이에 따라 도심과의 교통이 편리하고 용적률이 낮은 재건축 대상 소형 아파트가 상승을 주도하였고 상승률도 가장 높아서, 낡은 저층 아파트일수록 값이 비싼 특이한 가격 구조를 갖게 되었다.

여러 단계를 거치며 추진되는 재건축 사업은 오랜 시간이 걸리게 마련이다. 하지만 여기에 맞춰 자식들의 명의로 재건축 대상 아파트를 구입하려는 수요자들도 있었다. 결혼하여 분가를 하면 어차피 필요하게 될 아파트를 미리 마련해두기 위해서였다. 그래서 지은 지 15년이 안 된 개포동 주공아파트값이 치솟았는데, 재산 증식을 위한 재건축이 성행하면서 생활 여건을 개선한다는 재건축 사업 본래의 취지가 퇴색되어 갔다.

미분양 속에서도 전세만 찾는 사람들

　1994년 11월, 결혼 비용의 절반 이상을 주택자금으로 쏟아붓는 새내기 신혼부부들이 보금자리를 구하는 데 애를 먹었다. 전셋집을 찾느라 몇 날 며칠 복덕방을 전전해 보지만 원하는 지역에서 전세물건이 나오지 않아 몸고생 마음고생이 이만저만 아니다.
　쌓여있는 미분양 아파트가 10만 가구에 이르는데도 전셋값이 계속 오르자 정부가 슬그머니 1가구 1주택 우대 정책을 포기하였다. 전용면적 25.7평 이하의 주택 다섯 채 이상을 매입하여 5년 이상 임대한 후 팔면 양도세를 면제해 주는 '주택임대사업자 제도'를 시행한 것이다. 미분양 주택으로 임대주택 사업을 하도록 유도해 임대주택 시장을 활성화하고, 전셋값도 안정시키는 두 마리 토끼를 잡기 위한 조치였으나, 한편으로는 다주택 소유를 법으로 인정한 것이기도 했다.
　전세난을 겪을 때면 어김없이 틈새 주택상품이 개발된다. 다세대주택과 다가구주택에 이은 후속 주택상품으로 무늬만 아파트인 원룸주택이 등장했는데, 이는 생소하지는 않았다. 70년대에 이미 독신자가 살면 딱 알맞을 7.5평형 미니 아파트가 잠실에 건설되었기 때문이다.
　새로운 주거 형태인 원룸아파트는 교통이 편리한 도심 자투리땅에 지어진 일종의 도시형 주택상품으로 오피스텔과 주상복합 아파트의 뒤를 이었다. 도시형 주택들은 아파트를 닮아갔는데, 10평 정도의 작은 공간에 침실, 욕실, 주방 등을 배치한 원룸 시스템(one-room system)은 맞벌이 부부가 살거나 대학생들이 자취하기에 전혀 불편함이 없었다. 내 멋대로 혼자 사는 '나홀로 문화'와 딱 맞아떨어져 새로운 주거 수단으로 자리를 잡아갔다.

1995년 1월, 자동차 폭주족을 잡는 '몰카(무인감시카메라)'가 설치된 해였다. 국민소득이 1만37달러가 되자 '착각은 자유'라는 듯 마치 선진국이 된 양 샴페인을 터뜨리며 김칫국 호황을 누렸지만, 침체 국면에서 벗어나려던 부동산 시장은 찬물을 뒤집어썼다. 실명제 시리즈 완결판이라 할 수 있는 부동산실명제의 전격 실시로 또다시 한파가 몰아쳤다. 시장은 '부동산은 이제 끝났다'는 분위기에 짓눌렸고 집값도 하락세를 보였다.

부동산실명제란 실제 소유자 이름으로 거래와 등기를 하도록 하는 제도인데, 재산을 숨기기 위해 남의 이름을 빌려 등기하는 명의신탁을 금지하는 것이다. 부동산 전산망 가동으로 거래실태가 낱낱이 파악되고, 부동산실명제 실시로 소유의 투명성까지 갖춰지자 부동산 투기는 더 이상 발붙이기 어려워졌다.

그래도 부동산에 대한 선호도는 10년 전보다 높아졌다. 토지개발공사가 국민들의 의식을 조사한 결과 두 사람 중 한 사람은 "기회가 생기면 부동산을 사놓겠다"고 밝혔다. 특히 고학력·고소득층에서 높은 관심을 보였는데, 사회적으로 볼 때 바람직하지는 않지만 예금이나 주식 투자보다 나은 재테크 수단으로 생각한다는 이율배반적 반응을 보였다. 투자환경이 갖춰지고 여윳돈이 있다면 언제든지 잠재된 투자심리가 되살아날 가능성을 엿볼 수 있었다.

1995년 5월, 분양 시장에도 부동산실명제의 불똥이 튀어 분위기가 잔뜩 일그러져 있었다. 분양가격이 맥없이 떨어지면서 채권입찰제 적용 대상에서 제외되는 아파트가 점점 늘어났으며, 청약경쟁률도 전반적으로 낮아지는 추세를 보였다. 표준건축비는 매년 오른 반면 아파트값은 떨어져 지방도시에서는 시세보다 분양가격이 더 비싸지기도 했다.

급기야 서울에서 동시 분양되는 아파트마저 미분양되었다. 사람들은 인기 지역이 아니면 청약을 망설였고, 우선청약배수제를 확대해 50배수로 적용하였어도 마찬가지였다. 오랫동안 이어졌던 1순위 마감 시대가 끝난 것이다.

부동산 부양 카드를 꺼내든 정부

1995년 11월, 주택경기가 여전히 침체에서 헤어나지 못했다. 주택 공급 증가와 수요 감소라는 양수겸장(兩手兼將)에 집값은 약보합세를 보였다. 소형 아파트 전세가 비율이 70% 선을 넘어섰으나 아직 매매가에 뚜렷한 영향을 미치지 않았다. 집값 상승에 대한 기대가 매우 낮아 주택 매입을 서두르지 않았기 때문이다. 수요층이 두터울수록 전세가 비율이 높아지면서 소고대저(小高大低) 현상이 나타나는데, 일반적으로 매매가에 대한 전세가 비율은 소형 아파트의 경우 40~50% 수준, 중·대형 아파트의 경우 30~40% 수준이 적당하다.

주택은 역시 재산 증식 수단이 될 때 잘 팔린다. 신·구 아파트의 가격 차이가 거의 없어 투자 대상으로서 매력을 잃고 별 볼 일 없게 되자 주택건설업체들은 '미분양 노이로제'에 시달려야만 했다. 미분양 아파트는 근본적으로 공급물량에 비해 수요가 적기 때문에 발생한다. 주택경기와 입지 여건에 따라 미분양은 항상 생기기 마련이나, 수요를 무시한 밀어내기식 공급을 하면 찬밥 신세가 된다는 것이다.

분양이 잘 안 될 때 가장 먼저 나타나는 것은 '가격 파괴'이다. 분양가

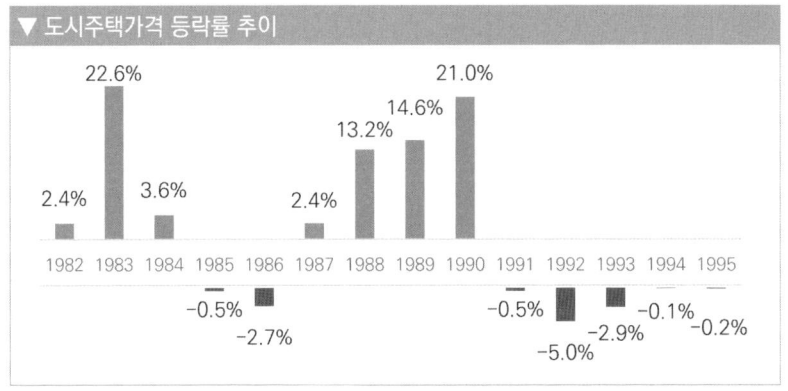

(출처:주택은행)

격을 깎아주는 할인판매는 물론 융자 끼워 팔기, 무이자 할부판매, 심지어 자동차나 가전제품을 제공하는 경품 판매 등 완전 분양을 위해 주택업체들이 다양한 마케팅 전략을 마련했다. 이는 내심 반기는 수요자들을 파고들었지만, 그래도 전국에 쌓여있는 미분양 아파트는 15만9,000여 가구였다. 인기 지역이 아니면 분양가격이 아무리 싸도 거들떠보지 않았다. 이때 분양된 수원 영통지구 아파트도 고전을 면치 못했다.

정부는 미분양 주택이 늘어도 고민, 줄어도 고민이다. 짚신 파는 큰아들과 우산 파는 작은아들을 둔 부모 마음일 것이다. 햇살이 좋으면 짚신은 잘 팔리지만 우산은 안 팔리고, 비가 질척질척 내리면 우산은 잘 팔리지만 짚신은 안 팔린다. 미분양 주택은 집값을 안정시키는 완충작용을 하지만 주택업체들은 자금줄이 막혀 도산이 잇따랐다.

정부도 더 이상 수수방관할 수 없었다. 경제 전반에 미치는 영향을 고려해야만 했다. 가수요를 자극하지 않는 범위 내에서 주택 시장에 활력을 불어넣기 위해 고심했는데, 먼저 거래를 활성화시키는 것이 급선무였다.

그래서 8년 동안 묶어두었던 1가구 2주택 양도세 면제기간을 6개월에서 1년으로 확대했고, 뒤이어 주택경기 부양 대책을 발표하였다. 주요 내용을 살펴보면 다음과 같다.

- 강원도, 충북, 전북, 제주도 등 4개 지역의 전용면적 25.7평 초과 아파트 분양가를 자율화
- 전체 공정률이 80% 이상 진척되었을 때 주택업체가 분양가격을 자율적으로 책정하여 분양할 수 있는 후(後)분양제 도입
- 수요에 맞춰 짓도록 소형주택 건설의무비율을 부분적으로 완화
- 미분양 주택을 구입할 경우 자금 지원 및 세금감면 혜택 부여
- 1가구 1주택 양도세 면제 요건을 '5년 보유 또는 3년 거주'에서 '3년 보유'로 완화

그동안 물가에 볼모로 잡혀 있던 분양가를 지방도시부터 단계적으로 자율화하였는데, 이는 주택 정책의 마지노선을 크게 후퇴시킨 것이었다. 수요와 공급에 따라 움직이는 시장 메커니즘에 대응해서 정부의 정책 변화도 잇따랐으나, 주택 시장을 후끈 달아오르게 할 만한 요인은 없어 시장은 시큰둥한 반응을 보였다. 미분양 아파트가 3만 가구 이상 팔려나간 것이 성과라면 성과였을 뿐이다.

위기 직전, 화기애애한 시장 분위기

 1996년 1월, 이야기가 썰렁해도 사람들은 항상 웃을 준비가 되어 있었다. 황당무계한 귀신이 만득이를 죽어라 따라다니며 괴롭히는 '만득이 시리즈'가 입방아에 오를 때, 인터넷 시대의 원년이 열렸다.• 골뱅이(@) 동네에는 시간과 거리 개념이 없고 생활공간은 한없이 넓어, 도시와 농촌 사이에 놓인 장벽을 무너뜨리며 지구촌을 하나로 묶는 또 다른 생활혁명을 예고하였다.

 자고로 재테크 IQ가 높으면 손발이 고생을 안 한다고 했다. 정보의 바다에 홈페이지가 속속 개설되면서 발품 대신 손품을 팔면 원하는 부동산 정보를 손쉽게 얻을 수 있게 됐다. 또 직거래 장터도 생겼는데, 세월 따라 참 많이 변했다. 70년대에는 부동산 매물 전시장, 80년대에는 지역 생활정보지, 90년대에는 PC통신을 거쳐 새천년에는 인터넷 세상이 된 것이다.

 서울 도심에 오피스텔이라는 새로운 형태의 주거공간이 등장한 지 벌

• 한국의 상업적 인터넷은 그보다 조금 빠른 1994년에 PC통신이 등장하면서 시작됐지만, 일반적으로는 1996년을 한국 인터넷 시대의 원년으로 본다. 그 이유는 넷스케이프, 야후코리아, 네이버 등 인터넷을 대중적으로 보급시킨 서비스들이 이때 등장했기 때문이다.

써 10년이 넘었다. 오피스텔이란 오피스(office)와 호텔(hotel)이 합쳐진 말이다. 홍콩이 원산지인데, 무역 종사자들이 주거와 업무를 겸할 수 있는 공간을 찾다가 개발한 퓨전 상품이다. 주거겸용 사무실이므로 주택이 아닌 업무시설로 분류되어 1가구 2주택에 해당되지 않아 한때 수익형 투자상품으로 인기를 누렸으나 공급과잉으로 투자가치를 잃고 말았다.

주거용으로 부적합해 한동안 잊혔던 오피스텔의 건축기준이 완화되어 온돌과 욕실 설치가 허용되었다. 그러자 마땅한 투자 대상을 찾지 못해 망설이고 있던 소액투자자들에게 다시 각광을 받았다. 주거 기능이 강화된 오피스텔은 대체 주택상품으로 자리 잡았으나 아파트에 비해 가격상승률이 낮아서 시세차익보다는 임대용으로 적합했다.

신도시의 만족스런 생활환경

신도시 입주가 끝나가고 있었다. 공연장, 미술관, 극장 등의 문화공간은 절대적으로 부족했으나 아파트 단지 내 상가들이 속속 채워졌고, 백화점이나 대형할인점 등 쇼핑 시설이 들어서며 부족했던 생활편의시설들이 갖춰지면서 주거시설로서 손색이 없었다. 맞벌이 부부가 늘어나면서 심야에 할인점을 이용하는 '올빼미 쇼핑'이 새로운 도시 문화로 자리 잡기도 했다.

신도시의 생활환경이 갖춰지기까지는 5년이란 세월이 필요했다. 시원스레 뚫린 도로와 풍부한 녹지공간으로 주거 만족도가 차츰 높아졌다. 서울보다 신도시가 살기 좋다며 신도시에 뿌리를 내리는 붙박이 주민들도 늘었다. 서울 중산층들이 대거 신도시로 옮겨오면서 전형적인 중산층 주거지역으로 자리매김을 했으나, 일자리가 많지는 않아서 자족 기능을 갖추지 못해 서울의 종속 도시가 되어갔다.

신도시에 대한 평가는 아파트값이 대변해 준다. 신도시 아파트로 눈을 돌린 탓에 신도시는 오르고 서울은 내려, 웬만한 서울 지역 아파트값을 뺨치게 되었다. 그런데 신도시 아파트 거래동향에 큰 변화가 생겼다. 모든 것이 불편했던 입주 초기만 해도 교통이 편리한 중심지역이 인기가 있었으나, 생활이 안정되면서 칙칙한 회색빛 고층 아파트의 숲 사이로 푸른 보자기를 펼쳐놓은 듯한 공원을 바라볼 수 있는 아파트를 찾는 사람들이 많아졌다. 호수공원 주변도 마찬가지였다. 생활 휴식공간인 넓은 공원을 앞마당처럼 이용할 수 있는 곳이 최고의 아파트로 자리매김했고, 신도시 전체 아파트값에 영향을 미쳤다.

이러한 변화는 환경특구인 수서지구에서부터 싹텄다. 도시가 아스팔트와 콘크리트로 온통 뒤덮이며 녹지공간이 줄어들자 집값을 매기는 데 자연환경이 차지하는 비중이 차츰 커지게 되었다. 계절의 변화를 느끼며 평온함과 여유로움을 갖게 하는 자연과 가까워져야 행복하다는 것을 뒤늦게 깨닫고 편리한 생활보다 쾌적한 주거환경을 선호하게 되었다.

도시의 삶은 달력 속에서 사라지지만 전원생활은 자연과 더불어 흘러가기에, 넉넉한 품으로 껴안아주는 자연을 그리워하는 도시민들이 쾌적한 주거환경에 값을 매기면서 여기에도 등급을 나눌 필요가 있게 되었다. 녹지와 접해 있거나 울창한 숲에 둘러싸여 자연을 만끽할 수 있는 아파트에 '그린 프리미엄'이 붙었다. 교통 여건이나 생활편의시설은 시간이 흐르면 개선될 수 있으나 자연환경은 인위적으로 확보하기 어렵기 때문이다.

자연과 더불어 살기 위해 탈(脫)도시 바람도 불었다. 전원생활은 다소 불편하지만 대도시가 주택난, 소음, 공해 등으로 주거환경이 악화되자 도시 근교의 전원주택에 대한 관심은 날로 높아졌다. 선진국의 경우 국민소득이 증가함에 따라 물을 가려 마시고, 신선한 공기를 찾아 도시 외곽지역으로 주거지를 옮긴다. 인간은 주변 환경에 길들어지기 때문에 사는 곳을 바꾸면 삶 또한 달라지는 법이다. 획일화된 아파트는 사람을 자꾸 밖으로 내몰지만, 자연의 정취를 느낄 수 있는 전원주택은 집안으로 끌어들이는 매력이 있었다.

자가용 보급이 증가하고 도로망 확충으로 출퇴근 문제가 어느 정도 해결되자 도심에서 살 수밖에 없는 직장인들도 전원주택에 관심을 보였다. 여기에 주5일 근무제를 실시하는 기업이 늘어나면서 또 하나의 생활주택으로 자리를 잡아갔다. 일부는 조금 멀더라도 자연경관이 뛰어난 곳을 찾아 나서기도 했다.

전원생활은 집터를 고르는 일부터 시작된다. 가장 이상적인 곳은 집 뒤에 산이 있어 바람을 막아주고, 앞에는 실개울이 흘러 경치가 좋은 배산임수(背山臨水) 지형이다. 양지바른 언덕배기에 위치해 있다면 금상첨화일 것이다. 하지만 도시민이 농지에 널찍이 터를 잡고 한 폭의 수채화 같은 전원주택을 짓는 데에는 많은 어려움이 따랐다. 농지가 투기 대상이 되는 것을 막기 위해서는 규제가 필요했던 것이다. 그래서 텃밭이 딸린 농촌주택을 매입해 개조한 소박한 농촌형 전원주택도 등장했다.

아파트, 단독주택, 연립주택, 다가구 및 다세대주택, 주상복합아파트, 오피스텔, 원룸아파트 등 많은 주택상품 가운데 전원주택은 개인적으로 접근하기가 매우 까다롭고 힘들다. 이유는 번거로운 행정절차 때문인데, 이러한 불편을 해결하기 위해 집단화된 전원주택 단지(타운하우스)가 분양되면서 차츰 '외딴집'이란 이미지를 벗게 되었다. 분양가격은 다소 비싸지만 여러 집이 한데 모여 살게 되면 텃밭, 운동시설, 산책로 등 공동위락시설을 갖출 수 있고 방범이나 관리 문제도 해결할 수 있어 선호도가 높았다.

또 의사, 교수, 예술인 등 전문직 종사자들이 중심이 되어 마음이 맞는 사람들끼리 어울려 사는 동호인 주택단지도 늘어났다. 때마침 영화에서 나옴 직한 서구식 목조주택이 수입되었고 황토주택, 통나무주택 등 다양한 전원주택 모델이 개발되었다. 취향에 따라 개성 있는 집을 지으려는 경향이 나타나 주거문화에 새 바람을 일으켰다.

엄청난 공급에도 전셋값은 고공행진

1996년 8월, 쉽게 따라 출 수 있는 '마카레나' 춤바람과 함께 외국의 부동산중개업체 체인이 고객 위주의 토털서비스를 강조하며 국내 시장에 상륙하였다.* 또 금융소득종합과세 실시로 내야 할 세액이 늘자** 세금을 내느니 쓰고 보자며 흥청망청거렸다.

실물경기가 꼭짓점을 찍고 내리막길로 들어서자 바늘 가는 데 실 가듯 후행(後行)하는 부동산 시장도 움직였다. 투기 열풍은 먼저 카지노가 늘어설

● 1994년 설립되어 1996년에 공식 오픈한 ERA코리아가 대표적이다.

●● 이전까지는 금융소득(이자소득 및 배당소득)에 대해 15.4%의 원천징수 세율만 적용되었고 누진세도 적용되지 않았다. 이 제도가 실시되면서 4,000만 원이 넘는 금융소득은 종합소득세에 포함되었는데, 2025년 현재는 기준이 2,000만 원으로 낮아진 상태다.

강원도 폐광지역을 한바탕 휩쓸고 지나갔다.

주택 시장은 여전히 오리무중(五里霧中) 상태였으나 집값은 더 이상 떨어지지 않고 있었다. 놀라운 것은 1990년 이후 7년 동안 매년 60만 가구 이상 주택이 공급되었는데도 전셋값 상승세는 여전히 수그러들 기미를 보이지 않았다는 점이다. 주택은행 조사에 따르면 도시주택의 매매가는 5년 연속 하락했는데, 전셋값은 조사를 시작한 1986년 이후 10년 동안 계속 오르기만 한 것으로 나타났다.

엉거주춤하는 매매값, 상승기류를 타는 전세가. 주택 시장은 투자환경이 좋아져 가수요(投資需要)가 극성을 부리면 매매가가 오르고, 침체되면 전세가가 오르는 특성을 지니고 있다. 이때 전세가 비율은 집값 상승을 예고하는 선행지표가 된다. 매매가가 안정되면 주택을 소유하기보다는 이용하려는 경향을 보이며 전세가 비율이 차츰 높아지는데, 이는 새로운 주거문

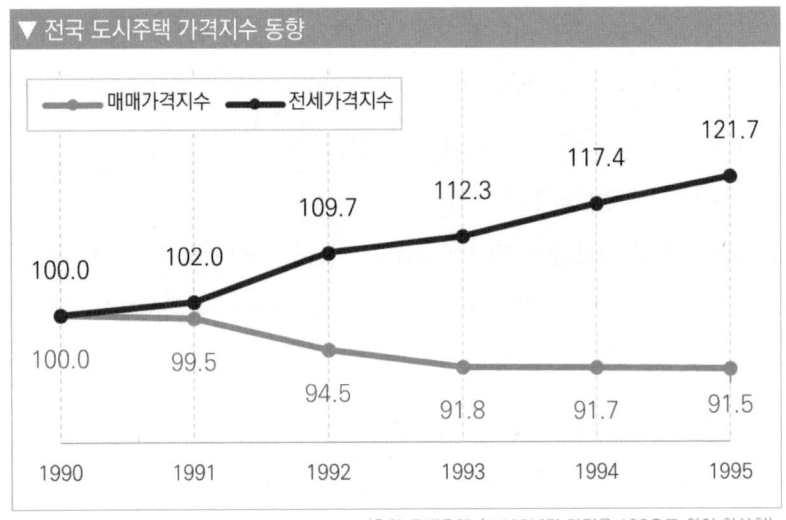

▼ 전국 도시주택 가격지수 동향

(출처:주택은행 / 1990년말 가격을 100으로 하여 환산함)

화가 아니라 일종의 과도기적인 현상이라 할 수 있다.

그러나 전세가격 비율이 높아졌다는 것은 매매가격을 떠받치며 밀어올리는 시장 에너지가 강해졌다는 것을 의미한다. 전세가가 정점에 이르면 매매가를 밀어 올린다는 통설은 이때까지 총 네 차례 입증되었다. 하지만 시간이 흐르면 사람들은 이러한 사실을 까맣게 잊고, 구매력이 있는 수요자들도 굳이 집을 사려고 하지 않는다.

느슨했던 주택 시장에 긴장감이 감돌기 시작한 곳은 살기 좋아진 분당 신도시였다. 생활이 불편하다는 이유로 낮게 평가되었던 전셋값이 이사철을 앞두고 거침없이 올랐다. 입주가 끝나가던 무렵 서울행 도로망이 갖춰지고 백화점, 대형할인점 등이 들어서며 자체 생활권이 형성되자 마침내 신도시가 뜬 것이다. 앞서 신시가지로 조성된 개포동, 목동, 상계동 등에서도 똑같은 현상이 나타난 바 있다.

이사철이 끝날 때쯤에도 전셋값 상승세는 여전히 위세를 떨쳤다. 전세 수요가 다른 신도시로 전염되면서 서울과 수도권 전역으로 빠르게 확산되어 전세난을 겪게 되었다. 전셋값 오름세가 너무 강하자 정부는 전셋값을 과다하게 인상하는 집주인에 대해 세무조사 방침을 세우고 단속반을 긴급히 투입해야만 했다.

세입자들 사이에서 집값 상승에 대한 경계심리가 확산되면서 아파트값이 조금 올랐다. 그러자 팔려는 사람들도 덩달아 부르는 값을 높였다. 그러나 호가만큼 실제 매매가도 오를지는 좀 더 두고 봐야 했다. 주택전산망이 가동되고 있어 가수요가 발붙이기 힘들었고, 미분양 주택도 12만3,000가구 남아있었다. 누적된 미분양 아파트가 집값 상승을 막는 걸림돌이 될 것으로 보았으나, 전혀 아랑곳하지 않고 주택 시장이 서서히 달아오르고 있었다.

먼저 역세권 아파트가 움직였다. 서울의 교통 사정이 날로 악화되면서 교통 연계성이 뛰어난 지하철 역세권 아파트가 인기를 끌었다. 지하철이 개통되면 생활환경이 개선되고 주택의 내재가치가 높아져, 걸어서 10분 안에 닿을 수 있는 역세권에 위치한 아파트값이 오르게 된다.

1994년 이후 과천선에 이어 분당선, 일산선이 개통되었다. 그러나 주택경기가 침체된 탓에 '역세권 프리미엄'이 제대로 얹어지지는 않았었다. 그러다 서울의 지하공간을 거미줄처럼 연결하는 지하철 5호선, 7호선, 8호선이 구간별로 잇달아 개통되면서 아파트값에 반영되기 시작했다.

지하철 개통 덕을 톡톡히 본 곳은 단연 목동신시가지였는데, 덕분에 쾌적한 주거환경이 뒤늦게 인정받았다. 또 재건축 대상 저밀도지구 아파트값도 크게 올라서, 전국에서 평당가격이 가장 비싼 '톱텐(top 10)' 아파트 중 몇 자리를 차지할 정도였다.

한보가 망했는데 부동산은 오른다?

1997년 1월, 황수관 박사의 "밥 잘 먹자, 웃으며 살자, 운동하자"라는 '신바람 건강법'이 신드롬을 일으킨 해였다. 한보철강이 부도 처리되며 외환위기의 씨앗이 뿌려졌다. 이때 사람들은 심심풀이 화투판에서 '한보 고스톱'을 두들기며 세태를 비꼬았는데 '한'자는 학이 그려진 일광(一光), '보'자는 보름달이 뜬 팔광(八光)으로 보고 일광과 팔광을 먹으면 고득점의 특혜를 주었다. 또 불황으로 명예퇴직자가 늘어나면서 '명퇴 시리즈'가 유행하였다. 명예퇴직자는 '명태족', 어느 날 갑자기 황당하게 해고되면 '황태족', 끝까지 버티다 만신창이가 되어 쫓겨나면 '북어족', 30대에 잘리면 '조기족' 등 유형도 여러 가지였다.

하지만 주택 시장은 뭔가 이상했다. 집값이 오를 것이라는 얘기가 공공연히 나돌았고 분위기도 꿀렁거렸다. 언론도 집값이 뛸 것이라고 보도하며 힘을 실어주자 불안심리가 빠르게 확산되었다. 신도시에서 아파트 분양이 끝난 이후 그에 버금갈 만한 곳에서 주택 공급이 이뤄지지 않고 있는 것도 불을 지피는 데 일조를 했다.

LH의 주택연구소가 주택에 대한 국민들의 의식을 조사했는데, '내 집'에 대한 관심이 각별했다. 주택에 대한 개념이 소유에서 이용으로 변하고 있음에도 불구하고 대도시 거주자들은 여전히 주택 소유욕이 높은 것으로 나타났다. 조사 대상자 87.7%가 "생활의 중심이 되기 때문에 내 집은 꼭 있어야 한다"고 밝혔다.

일부 대도시를 제외한 지역에서 분양가 자율화를 실시하고, 미분양 아파트가 줄어들고 있어 매수세가 두터워지고 있음을 느낄 수 있었다. 주택 투자는 남들보다 한 발 앞서 움직여야 값이 싼 로열층 매물을 구할 수 있다. 관망하던 대기수요들은 앞으로 집값이 더 이상 하락하지는 않을 것이라 판단, 매물이 나오면 값이 조금 비싸더라도 매입에 나섰다. 전세를 끼고 미리 사두려는 수요자도 드물지 않았다.

겨울잠을 쿨쿨 자고 있어야 할 주택 시장에 돈바람이 불자 요지부동이었던 아파트값이 슬금슬금 오르기 시작했다. 이때 돋보인 것이 블루칩(blue chip) 아파트였다. 블루칩 아파트란 주거환경이 좋은 곳에 위치해 주변 아파트 시세에 영향을 미치며 지역을 대표하는 '얼굴마담'을 말한다.

재건축, 한강 조망권, 역세권 등 3대 테마가 떠오른 가운데 아파트값이 지역별·평형별로 차별화되며 오르는 현상이 나타났다. 시장 에너지가 수도권 지역 전체를 들썩거리게 할 만큼 강하지 못하자 그중에서 주거환경이 좋아진 지역 중심으로만 아파트 내재가치가 재평가되며 오른 것이다. 서울의 강남과 목동 지역은 크게 올랐으나 강북 지역은 제자리를 맴돌았고, 신도시 아파트값은 큰 폭으로 오른 반면 지방도시 아파트값은 시세 변화가 거의 없었다. 수도권에서는 용인 수지지구가 제2의 분당으로 떠오르며, 죽은 사람뿐만 아니라 산 사람들에게도 명당으로 꼽혔다.● 상승률은 수요층이 두터운 27~48평형대의 중형 아파트가 가장 높았다.

똑같은 한양도성 대문인데 남대문(숭례문)은 국보이고 동대문(흥인지문)은 보물이듯이, 차별화가 이뤄지자 값이 상대적으로 적게 오른 일부 아파트단지는 주민들의 담합에 의해 아파트값을 끌어올리기도 했다. 부녀회가 중심이 되어 담합 안내문을 단지 내 게시판에 붙여 놓거나 안내방송을 하는 등 아무런 거리낌 없이 담합 행위가 이뤄졌다. 심지어 '아파트 제값 받기 추진위원회'를 결성하여 주변 중개업소와 공동전선을 펴면서 집단 이기주의의 한 단면을 보여주기도 했다.

부동산실명제, 금융실명제, 부동산전산망 등 투기를 원천적으로 봉쇄할 수 있는 제도적 장치가 갖춰졌으나 무용지물이었다. 아파트값 상승세가 산불 번지듯이 수도권 전역으로 확대될 조짐을 보이는데도 정부는 '오르다 말겠지' 하며 집값 상승 대세론을 일축하고 나섰다. 이유는 이랬다. 불황이

● 용인은 서울에서 가깝고 미개발된 산지가 많아서 90년대 이후 대규모 공원묘지가 다수 생겼고, 이후 묘지 밀집지역이라는 이미지를 갖게 됐다.

계속되면서 1996년의 국제수지 적자가 237억 달러에 이를 정도로 국가 경제가 어려운데 아파트값이 오를 하등의 이유가 없다는 것이다. 단지 가수요에 의한 일시적 거품 현상으로 보았던 것이다.

투기 조짐을 보일 때마다 중개업소는 집값 상승을 부추겼다는 오해(?)를 받으며 도마 위에 오른 생선 꼴이 되곤 한다. 정부는 서둘러 아파트값 급등 지역에 투기조사반을 투입해 단속에 나섰으나, 이사철 수요가 겹치자 상승세가 쉽게 꺾이지 않았다.

엄포 작전이 통하지 않을 경우 다음 단계는 투기억제 대책을 발표하는 것인데, 이때 정부는 늦기 전에 싹을 자르려는 강력한 의지를 보였다. 그리고 주택 공급을 확대하기 위해 수도권 네 곳에 미니 신도시를 조성하기로 하였다. 집값을 안정시키기 위해 양동작전을 펼친 것이다.

민족의 명절인 설 연휴 이후 상승대열에서 이탈하는 지역이 많아지며 아파트값 오름세가 한풀 꺾였다. 이때 전세가 비율이 다시 낮아졌고 레드칩(red chip)인 미분양 아파트도 확 줄었다. 여름철 비수기에 접어들면서는 열 달 만에 약보합세로 돌아서면서 다행히 파동 국면까지 확대되지 않고 미완성으로 끝났다.

그러나 이 때는 새로운 아파트값 상승 유형을 확인할 수 있었다. 미분양 아파트가 10만여 가구 쌓여 있고 국가 경제가 삐걱거리고 있는 가운데 아파트값이 오를 수 있음을 보여준 것이다.

IMF의 충격과 시장의 대혼란

　1997년 10월, 정경유착(政經癒着)의 고리가 끊기자 더 이상 대마불사(大馬不死)의 신화는 이어지지 않았다. 국가 경제를 위태롭게 만든 기아그룹이 부도 유예되었는데, 공교롭게도 자동차 보급이 1,000만 대를 돌파한 때였다. 이는 자동차가 더 이상 사치품이 아님을 보여주는 것이었다. 이때의 자동차 보급률은 주택보급률보다 앞서 1가구 1차(車) 시대가 성큼 다가왔음을 느낄 수 있었다.

　대홍기획이 대도시에 거주하는 소비자를 대상으로 연령별 라이프스타일을 조사했는데, 집은 없어도 차는 있어야 한다는 신세대들의 가치관이 잘 나타났다. "나는 소비한다, 고로 존재한다." 집값이 비싼 데도 원인이 있지만, 남들과 다른 자신을 연출하기 위해 소비하는 성향이 강한 신세대들은 내 집 마련에 허리띠를 졸라매고 청춘을 허비하느니 즐기며 살겠다는 것이었다. 하지만 쉰세대에게는 가족이 편히 쉴 수 있는 생활공간인 내 집을 마련한다는 것은 가장의 자존심을 지키는 일이었다.

　거시경제 지표에 모조리 빨간불이 켜졌다. 대기업들의 잇단 부도 사태로 주택 수요를 떠받쳐주는 실물경기가 복합 불황에 빠지자 위기감이 감돌

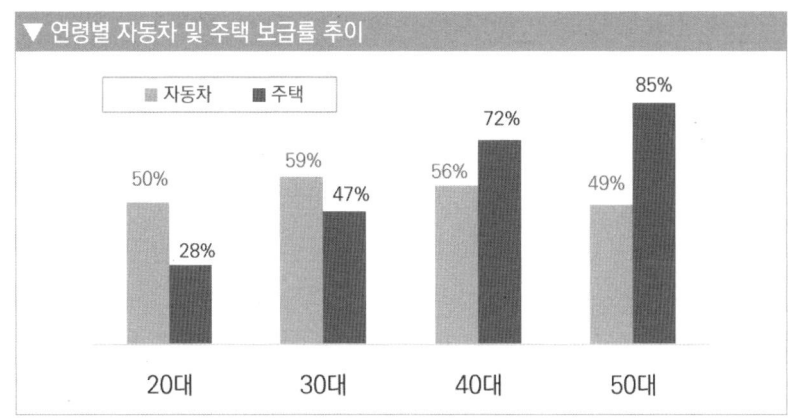
▼ 연령별 자동차 및 주택 보급률 추이

앉다. 암울한 불황의 전주곡이 울려 퍼진 것이다. 정부가 총체적 난국에 빠진 경제를 살리기 위해 백방으로 나섰으나 역부족이었다.

외국인들의 "셀 코리아(Sell Korea)"로 주가가 폭락하고, 환율과 금리가 치솟는 삼각파도에 금융시장이 엄청난 혼란에 빠졌다. 설마 했던 외환위기를 겪으며 뾰족한 대책을 찾지 못해 우왕좌왕 허둥거리다가 결국 갈 데까지 가고 말았다. 정부가 IMF(국제통화기금)에 자금 지원을 요청한 것이다.

우째 이런 일이! 참으로 어처구니없는 일이었다. 국가 경제의 건강 상태를 종합진단받은 것은 말할 것도 없고, 나라 살림마저 돈을 빌려준 IMF의 관리체제하에 놓이자 국민들의 자존심이 와르르 무너졌다. 경제주권을 박탈당한 국치일(國恥日)이라며 분개하기도 하였다. 무엇인가를 잃어버린 듯한 상실의 시대였다. 그런데 저마다 "네 탓이오"뿐이다. 나라살림을 거덜나게 만든 사람들이 청문회에서 책임 떠넘기기 공방전을 벌여 더욱 기가 막혔다.

아무도 예측하지 못한 크나큰 시련이 졸지에 닥치자 걱정이 태산이었다. 여기저기서 한숨과 비명이 터져 나왔다. 먼저 살인적인 고금리와 사정없이 뛰는 물가에 시달렸다. 장바구니 물가가 천정부지로 치솟자 생필품을 사재기하는 부끄러운 모습도 연출되었다. 아파트 관리비마저 크게 오르자 살림살이가 더욱 빠듯해졌다. 라면과 소주 판매량이 크게 늘었고 담배 인심도 야박해졌다.

구입 후 일주일을 기다려야 하는 추첨식 복권보다 긁기만 하면 당첨 여부를 알 수 있는 즉석복권이 불티나게 팔렸다. 쥐꼬리만 한 육군 일등병 봉급까지 삭감될 정도로 월급봉투가 홀쭉해지자 씀씀이가 줄었다. 정부, 기업, 가계 모두가 생존을 위한 다이어트를 해야만 했고 한편에서는 '나라 살리는 금 모으기' 행사가 벌어졌다.

주택 시장에도 혹독한 IMF 한파가 불어닥쳤다. 시장 전체가 변화의 소용돌이에 휘말리면서 정상적인 흐름을 송두리째 잃어버렸다. 환율과 금리의 폭등에 따른 물가상승, 임금 동결 및 삭감으로 인한 실질소득 감소, 구조조정 칼바람에 의한 실업 증가 등으로 투자심리가 오그라든 것은 말할 것도 없고 매수세가 실종되어 매매가와 전세가가 동시에 곤두박질쳤다. 매물이 넘치면 가격이 떨어지는 법이다. 한때 잘 나갔던 용인 수지2지구 아파트 분양권 거래도 중단되는 등 어수선한 시장 분위기는 순식간에 전국으로 확산되었다.

주택 시장은 무엇보다도 고금리에 휘청거렸다. 휴일도 없이 돈이 나가는 이자가 무서운 시대가 된 것이다. 어렵사리 아파트를 분양받고도 자금 마련이 여의치 않거나 금융비용이 부담스러워 계약을 포기하는 사례가 속출하였다. 융자금이 많은 아파트를 중심으로 매물이 쏟아져 나왔으나 거래는 이미 올 스톱 상태라, 값을 낮춰 내놓는 급매물마저 소화하지 못할 정도로 시장이 꽁꽁 얼어붙었다. 연초에 상승기류를 타고 급등하였던 아파트값이 연말에는 추락하면서 천당과 지옥을 오가는 한 해가 저물어갔다.

무너지는 중산층, 무너지는 주택 시장

1998년 1월, IMF 한파만큼 날씨도 매서웠다. 한강이 꽁꽁 얼어붙었고 강원도에는 폭설이 내려 산골마을이 고립됐다. 시련의 한 해가 될 것을 암시하는 듯했다. '만득이 시리즈'보다 더 썰렁한 '사오정 시리즈'가 떴지만, 가슴 속에서 무언가 치밀어 오르며 답답해지는 울화병에 걸린 사람들에게는 위로가 되지 못했다.

고통의 세월이 후딱 지나가는 것만이 약이었다. 갑작스런 실직과 부도로 세상이 암울해지자 용한 점집을 찾는 사람들이 많았다. 부모 곁을 떠나 분가했던 젊은 부부들은 생활이 궁색해지자 살던 집을 정리하고 부모집으로 들어가 얹혀살았다.

두텁게 형성되었던 중산층의 기반도 IMF 충격으로 무너지기 시작했다. 중간소득계층인 중산층은 금융자산이 많은 상류층과 달리 집 한 채만 달랑 갖고 있는 경우가 많다. 그런데 생활이 어려워지자 재산목록 1호인 집을 처분하려고 내놓는 사람들이 늘어났다. 집과 자동차는 줄여가기 어렵다고 하지만, 구멍난 생활을 메우기 위해서는 살던 집을 팔고 작은 집으로 이사하거나 전세로 옮기는 수밖에 없었다. 이처럼 주거의 하향이동 현상이 나타나자 중산층이 얇아지고 계층 간 소득격차도 점점 벌어졌다.

물가가 오르고 화폐가치가 떨어지는 인플레이션 상황에서는 사람들이 실물자산을 선호해서 집값이 오른다는 경제 이론이 IMF 체제에서는 전혀 먹혀들지 않았다. IMF에 의한 개혁(구조조정)이 추진되면서 앞으로 어떻게 될지 모른다는 불안감에 부동산보다는 금융자산을 선호했고, 뭉칫돈이 금융권으로 몰렸다. 주택 시장은 일찍이 경험해보지 못했던 변화를 겪으며 새 판이 짜지고 있었다.

실직자가 늘면서 주택 시장은 자꾸만 깊은 수렁 속으로 빠져들었다. 생활이 어려워 집을 팔려고 내놓아도 매도자와 매수자의 희망가격 차이가 워낙 커서 팔리지 않았다. 특히 수요층이 얕은 중·대형 아파트의 하락 폭이 컸다. 큰 집에서 사는 게 부담스러워 눈높이를 낮추자 주택 과소비도 사라졌다.

매수 기반이 붕괴된 상태에서 값을 낮춰서라도 빨리 처분하려는 사람들이 많아 혼란이 계속되고 있었다. 싸게라도 급히 팔아달라는 급매물이 쌓여 '급매물값 = 시세'라는 등식이 성립되었다. 집값이 계속 떨어지고 있었기 때문에 빨리 처분할수록 손해를 적게 보는 상황이었다. 집을 팔려는 사람들 중에는 은행에서 이자율이 높은 금융상품이 쏟아져 나오자 집 규모를 줄이거나 전세로 옮긴 후 남는 돈으로 재테크를 하려는 사람들도 꽤 있었다. 재테크 IQ가 매우 높은 사람들이었다.

IMF 충격으로 주택건설업체가 가장 큰 피해를 입었다. 부채비율이 높은 취약한 재무구조로는 치솟는 금리를 감당하기가 버거웠다. 자금줄이 꽉 막혀 언제 부도가 날지 몰라 살얼음판 위를 걸으며 피를 말리는 '부도 공포증'에 시달렸다. 최악의 사태만 피하며 하루하루 연명했으나 그것도 한계가 있었다. 고금리라는 직격탄을 맞고 중견 주택업체들이 줄줄이 쓰러졌다. 수십 년간 쌓아 올린 공든 탑이 일순간에 무너져버린 것이다.

혼란을 틈타 시행된 분양가 자율화

빈사 상태에 빠진 주택산업을 살리기 위해 규제를 앞당겨 풀어야만 했다. 그동안 시행 시기를 미뤄왔던 서울과 수도권 지역의 민간택지에서 건설되는 아파트 분양가를 자율화하였다.

오매불망 바라던 분양가 자율화가 이뤄지면 모든 것이 다 잘될 줄 알았다. 택지개발지구 내의 아파트는 자율화 대상에서 제외됐지만, 정부도 IMF 쇼크를 틈타 큰 혹을 하나 떼어낸 것이다. 그동안 새 집이 헌 집보다 싼 가격구조 덕분에 아파트를 분양받아 시세차익을 누려왔으나, 분양가를 자율화하자 메리트가 사라져 주택청약 관련 예금을 해약하는 사람들이 많았다.

투자환경이 바뀌자 팔지 못해 안달하였던 사람들이 한숨을 돌렸다. 일단 시장 동향을 지켜보자며 발을 뺐다. 분양가가 자율화되면 무주택자들의 불안심리를 자극해 아파트값이 오르지 않겠느냐는 예상 때문이었다. 기를 펴지 못했던 주택업체들도 발 빠르게 움직였다. 대기수요가 많은 지역은 시세보다 조금 낮은 수준에 분양해도 팔릴 것으로 판단하여 분양가격을 평당 100만 원가량 냉큼 올려버렸다. 물가가 폭등해 건설원가도 10% 이상 올랐기 때문에 이를 충분히 반영한 것이다.

그런데 수요자의 반응은 예상 밖이었다. 가계소득은 줄어들었는데 분양가격이 대폭 인상되자 자연히 분양 시장을 외면하였다. 아파트도 보험이나 자동차 영업사원처럼 내 집 마련을 돕는 '도우미'들이 등장해 고객 밀착형 판촉활동에 나섰으나, 마음에 쏙 들어도 지갑에 딱 맞지 않으면 그림의 떡인 것이다. 그렇지 않아도 사정이 어려운데 분양 실적이 저조하자 주택업체들은 눈물을 머금고 분양가격을 자율화 이전 수준으로 낮춰야만 했다.

사후약방문(死後藥方文)인가. 체력이 약해진 주택 시장이 보약을 먹었는데도 기운을 차리지 못했다. 분양가 자율화 조치는 시장을 뒤흔들어 놓을 만한 정책 변화였으나 IMF 관리체제하에서는 그 위력을 발휘하지 못했다. 이사철인데도 실망 매물이 쏟아져 나와 중개업소마다 수북이 쌓였고, 중·대형 아파트를 중심으로 풀 죽은 내림세가 계속 이어졌다.

이처럼 아파트의 환금성이 크게 떨어졌으나 서울 한복판 아파트 건설 현장에서 노다지(金脈)가 발견되기도 했다. 공교롭게도 외환위기를 벗어나기 위해 온 국민이 힘을 합쳐 '금 모으기 운동'을 할 때였다. 장소는 마포 망원산 일대. 그러나 현실적으로 채광하기는 어려워 노다지를 발견한 기념으로 아파트 이름을 '마포황금아파트'로 짓는 데 만족해야만 했다.* 수맥(水脈)은 건강에 좋지 않다며 차단하기도 하는데, 금맥(金脈)은 어떻게 해야 하는지 무척 궁금하다.

정부의 초강수 '분양권 전매 허가'

1998년 4월, 질척질척 봄비가 내렸다. 누가 4월을 잔인한 달이라고 했던가. 사상 유례없는 폭락을 경험한 주택 시장은 심리적 공황(恐慌) 상태에

● 현재는 '마포쌍용황금아파트'로 불린다. 지하철 5호선 마포역 근처에 위치한다. 당시는 입주가 1년 정도밖에 남지 않은 상황이라 공사를 중단하고 금을 캐는 것보다는 아파트를 분양하는 게 낫다는 판단이 내려졌다.

빠졌다. 급매물이 넘쳐 제값을 받으려는 일반매물은 명함도 내밀지 못할 정도였다. 미분양 주택이 늘어나고 집값이 바닥을 모른 채 곤두박질쳤으나 언제까지, 얼마나 더 떨어질지 예측하기도 어려웠다. 일부 지역에서는 손해를 무릅쓰고까지 앞다투어 내놓는 투매(投賣) 현상까지 나타나 시장이 기능을 상실해 갔다.

초록(草綠)은 동색(同色)이라, 전세 시장도 쑥밭이 되기는 마찬가지였다. 전세가는 매매가보다 두 배 가까이 더 떨어진 것으로 나타났다. 그런데 전세가가 폭락하면서 이사를 가려는 세입자들이 전세가 제때 빠지지 않아 전세금을 돌려받지 못해 애를 태웠다. 전세금을 돌려달라고 집주인을 다그치지만, 집값 폭락으로 팔아봐야 전세금과 융자금을 빼고 나면 한 푼도 남지 않으니 집주인도 딱하기는 마찬가지였다. 심지어 매매가가 전세가에도 못 미치는 '깡통주택'도 있었다. 깡통주택이란 주식 시장에서 원금을 다 까먹은 '깡통계좌'에 빗댄 말이다.

처음 있는 일이었다. 지금까지 세입자들은 전세금을 올려달라는 집주인의 성화에 시달렸으나 이번엔 '역(逆)전세' 대란으로 집주인이 세입자의 눈치를 보게 되었다. 짧은 순간이었지만 무주택이 상팔자임을 맛볼 수 있었다.

임대기간이 끝났어도 전세금을 돌려받지 못해 이사를 못 가는 사례가 속출하면서 세입자와 돈 없는 집주인 간의 전세금 반환 분쟁이 심각한 사회문제가 되었다. 일부 집주인은 전세금을 재주껏 빼가든지 "배 째라"며 배짱을 부렸다. 전세금이 부담하기 힘들 정도까지 잔뜩 오르면 버거운 인생살이에 자신의 무능함을 비관하며 자살하는 세입자들과 대조를 이뤘다.

세상이 IMF 관리체제에 잔뜩 주눅 들어 있었다. 장대비가 내리면 우산이 소용없듯이, 정부의 지갑 역할을 한 은행도 망하는 혼돈의 시대였다. 종합주가지수는 300포인트가 붕괴되었고, 주택 시장은 깊은 침체의 늪에 빠져 허우적거렸다. 과세 기준이 되는 국세청의 기준시가도 15년 만에 처음으로 낮춰야만 했다. 많은 부동산을 보유하고 있으나 정작 현금이 없어 쪼들리는 '억대거지'가 양산되면서 현금을 갖고 있는 사람들에게 많은 기회가 주어진 IMF 빙하기였다.

정부가 주택경기를 살리기 위해 그동안 옭아맸던 각종 규제를 완화하는 대책을 정신없이 쏟아냈다.

- 민간택지에 대한 소형주택 의무건설비율 폐지
- 아파트 청약률이 급격히 떨어져 '당분간'이란 전제 아래 우선청약배수제 폐지
- 민영주택에 대한 재당첨 금지 규정 폐지
- 미분양 주택에 대한 양도세 한시적 면제

그러나 별 효과가 없었다. 시장 흐름을 살피면서 찔끔찔끔 내놓느라 바람을 일으키는 데는 실패했다.

최악으로 치달으며 한없이 내리꽂히던 집값을 비상착륙하게 만든 것은 금리였다. 정부가 고공비행하던 금리를 끌어내리면서 하락세가 둔화되었다. 금리가 떨어지면 기대수익률도 낮아져 투자가 활발해진다는 금리 하락의 순기능이 짙게 꼈던 먹구름을 걷어낸 것이다. 미래에 대한 불안감이 여전히 시장을 짓눌렀으나 집값이 무릎 밑으로 떨어졌다는 인식이 확산되면서 움츠러들었던 투자심리가 조금씩 살아났다.

대형 아파트의 값은 여전히 떨어지고 있었으나 실수요자들이 많이 찾는 30평대 아파트를 중심으로 싸다 싶으면 거래가 이뤄졌다. 복덕방 매물장에 적혀 오랫동안 잊혔던 매물이 팔리며 급매물 체증이 어느 정도 해소되었다. 팔 사람은 더 이상 값을 내리지 않은 반면 살 사람은 보다 싼값에 사려고 해서 거래는 신통치 않았으나, 외환위기가 아니었다면 생각할 수 없는 급매물을 구해달라는 대기수요자들도 있었다. 오랜만에 주택 시장이 기지개를 켜는 듯했다.

1998년 8월, 정부가 내놓을 수 있는 몇 남지 않은 카드 중 하나가 공개되었다. 아파트를 분양받은 사람들이 중도금과 잔금을 마련하지 못해 높은 연체이자에 시달리다 분양가격보다 싼값에 전매하는 사례가 늘어나자, 해약의 편의를 돕기 위해 등기 전 분양권 전매를 허용한 것이다. 다만 분양가격의 절반 정도에 해당하는 중도금을 2회 이상 납입해야 명의를 자유롭게 변경할 수 있어 반쪽만 허용한 것이었다. 그래도 그동안은 사정이 생겨 분양권을 팔고 싶어도 음성적인 뒷거래를 할 수밖에 없던 것에 비해서는 나았다.

분양권 전매를 규제한 것은 신도시 아파트 분양을 앞둔 1989년이었다. 아파트 투기가 극성을 부리자 가수요를 억제하기 위해 금지시켰다. 그랬는데 10년 만에 부분적으로 분양권 전매를 허용하자 아파트 시장이 술렁거렸다. 절차가 복잡했으나 언제든지 되팔 수 있게 되어 유동성이 높아졌으며, 거래비용도 줄어들어 재테크 수단이 되기에 충분했다. 소득 감소로 사람들의 구매력이 낮아져 주택 시장 분위기는 아직 썰렁했으나 실물경기가 다소 살아날 조짐을 보이자 이사철과 맞물려 저가 매수세가 살아났다.

집값 하락을 이끌었던 급매물이 대충 소화되고 경제 회복에 따른 보상심리가 작용하자 팔려는 사람들은 값을 높여 불렀다. 집값 하한선이 다소 오른 것이다. 분당신도시는 대기업 사옥 입주에 따른 반짝 특수를 누리며 매매가와 전세가가 동반 상승하였다. 일반적으로 대기업 사옥, 종합병원, 업무용 빌딩 등 대형 건축물이 들어서면 유입인구가 증가해 주변 집값이 오르게 된다. 출퇴근 시 교통체증에 시달리는 것보다 직장과 가까운 곳에서 살고자 하기 때문이다.

투자의 기본은 싸게 사서 비싸게 파는 것이다. 그래서 쌀 때 사자며 수요가 몰렸으나, 자칫 분위기에 휩쓸렸다가 낭패를 당하기 십상이라는 생각으로 매입을 망설이는 수요자도 많았다. 아무래도 미심쩍었던 것이다. 아직은 매수자가 주도권을 쥐고 있어서 제값을 주고 사면 손해라는 생각에 값을 낮춰 불렀다. 그렇게 '호가공백'이 크게 벌어진 채로 추석이 지나자 파장 분위기가 역력했다.

거래가 뜸해지면서 힘겨운 상승 시도는 한 달 만에 싱겁게 끝났으나, 바닥이 어디인지는 확인할 수 있었다. IMF 체제 이후 9개월 만에 오름세를 보이자 추가 하락에 대한 불안심리가 상당히 안정되었던 것이다.

시장은 생각보다 빠르게 회복했다

　IMF 한파로 아파트가 또 한 번 변신하였다. 붕어빵을 찍어낸 듯한 아파트보다 톡톡 튀는 개성 있는 아파트가 잘 팔리면서 주택 시장에 차별화, 고급화, 환경친화, 첨단화 바람이 거세게 불었는데 이는 시대적인 흐름이었다. 남들과 똑같으면 살아남을 수 없기 때문에 아파트가 안팎으로 확 달라졌다. 변화를 따라가지 못하는 주택업체들은 수요자들로부터 왕따를 당할 수밖에 없었다.

　분양가 자율화 이후 차별성을 부각해야만 살아남을 수 있었다. 차별화의 가장 대표적인 방법은 아파트 브랜드를 도입하는 것인데, 기존 아파트와 다른 고급스러운 아파트라는 이미지를 수요자들에게 심어줄 필요가 있었다. 아파트도 하나의 상품이며 이름이 좋아야 잘 팔린다는 인식이 확산되면서 주택건설업체들이 이미지와 인지도를 높이기 위해 살기 좋은 공간이란 의미를 함축한 독특한 고유 브랜드를 띄웠다.•

● 한국 브랜드 아파트의 시초는 1996년 론칭된 대림산업의 'e편한세상'이라고 보는 것이 일반적이다. 이후 2000년에 등장한 삼성물산의 '래미안', 2002년 등장한 대우건설의 '푸르지오'와 GS건설의 '자이' 등이 브랜드 열풍을 이어갔다.

이미지가 경쟁력을 만들었고 브랜드에 대한 수요자들의 신뢰도가 높아져 이름값을 톡톡히 했다. 아파트값에 '브랜드 프리미엄'이 얹어진 것이다. 시장지배력인 브랜드 파워(brand power)에 따라 청약률이 좌우될 정도로 무시할 수 없게 되자 이름 없는 중소 주택업체들의 입지가 점점 좁아졌다. 또 고급 이미지를 불어넣기 위해 뜻 모를 외국어나 문양(엠블럼)을 사용하기도 했으나, 참신한 우리말 브랜드가 돋보였다.

　　도시를 둘러싸고 있는 콘크리트 문화에 건강 개념을 접목한 황토방 아파트와 전통적이고 고풍스러운 분위기를 연출한 한국형 아파트가 인기를 끌었듯이, 특색 있는 아파트도 잘 팔렸다. 기존의 30평대 아파트는 대부분 투베이(2-bay)로 지어졌으나 방 두 개와 거실을 전면 베란다 쪽에 배치해 햇볕이 잘 드는 쓰리베이(3-bay) 타입도 인기몰이를 하였다. 베이(bay)란 한옥의 '칸'의 개념으로,* 쓰리베이 타입은 햇빛 지향성 정서에 잘 맞는 아파트였다.

　　또 벽 속에 숨겨진 1인치를 끄집어내자 세상이 한 뼘 넓게 보였다. 아파트 면적을 계산할 때 실제로 눈에 보이는 벽면 사이의 거리인 안목치수를 적용한 덕분에 공간을 훨씬 넓게 사용할 수 있게 된 것이다.

　　자연과 멀어질수록 사람들은 자연이 그리운 것일까. 녹색을 꿈꾸는 세상은 아름다워졌다. 살기 좋은 아파트에 대한 욕구가 커지면서 삭막하고 건조했던 아파트촌 풍경이 달라졌다. 자연을 단지 안으로 끌어들여 녹지공간이 풍부하고 풋풋한 자연 내음이 가득한 공원 같은 아파트를 짓기 시작했다. 아파트 단지에 테마공원을 조성하고, 연못과 오솔길을 만들었으며,

---

● 한옥에서 '칸(칸살)'은 기둥과 기둥 사이의 공간을 의미하며 주로 집의 규모를 나타내는 단위였다. 흔히 부잣집을 '아흔아홉 칸 집'이라 불렀는데, 이는 기둥과 기둥 사이의 공간이 99개, 즉 기둥이 100개 세워진 집이라는 뜻이다.

인공폭포나 분수대 등 조형물을 설치해 쉼터도 생겼다.

차량으로 붐볐던 지상주차장을 없애는 마술도 부렸다. 눈에 안 띄는 지하에 주차장을 감쪽같이 밀어 넣고 그 자리에 인간과 자연이 함께할 수 있는 공간이 만들어졌다. 튀어야 팔리기 때문에, 고급스러운 마감재로 실내를 꾸미는 '인테리어'에서 외부환경을 꾸미는 '아웃테리어'로 차별화를 시도한 것이다. 쾌적한 주거환경은 갈수록 아파트값에 크게 반영되었다.

주택은 그 시대의 생활상을 반영한다. 미국 마이크로소프트사의 빌 게이츠 사장이 최첨단 시스템을 갖춘 저택을 지어 화제가 되었듯이,* 소득수준이 높아지면 한 차원 높은 생활을 즐기게 된다. 몇 가지 주거 기능이 결합된 퓨전 주택과 다양한 라이프스타일에 맞춘 신개념 주택이 등장하면서 도시주택이 한 단계 업그레이드되었다.

첨단정보통신 환경을 갖춘 사이버 아파트도 새로운 주거문화를 창출하였다. 초고속 인터넷을 이용해 다양한 정보를 얻고 화상전화, 홈쇼핑 등을 이용할 수 있었다. 주택은 더 이상 잠만 자는 곳이 아니었다. 재택근무가 가능한 실용적 생활공간으로 바뀐 것이다.

슬슬 고개를 드는 분양 시장

1998년 12월, 설레는 마음을 누르며 금강산 관광선이 첫 출항하였다.

---

* 빌 게이츠는 워싱턴주 메디나의 워싱턴 호수 바로 근처에 자나두2.0(Xanadu 2.0)이라 불린 첨단주택을 지은 바 있다. 1994년 착공하여 2001년에 완성된 이 집은 조명, 온도, TV, 커튼 등을 컴퓨터로 제어하고, 지열에너지로 고효율 난방을 하며, 방문객을 센서로 인식하는 등 당시로서는 최첨단 기술이 집약되었다.

눈 내리는 거리에는 캐럴송이 흘러나왔으나, 사람들은 지갑을 열지 않고 허리띠를 졸라매서 연말의 들뜬 분위기는 전혀 찾아볼 수 없었다. 다시 떠올리고 싶지 않은 악몽 같았던 한 해를 잊기 위해 마련한 조촐한 술자리도 부담스러웠다.

이처럼 얼어붙은 소비심리를 자극하기 위해 여기저기서 파격적인 이벤트가 벌어졌다. 20년 전에 껌 한 통으로 시작된 백화점 사은품도 그중 하나였는데, 1억 원이 넘는 29평형 아파트가 경품으로 내걸리며 세상 사람들을 깜짝 놀라게 했다. 분양 시장에서는 '별들의 전쟁'이 펼쳐졌다. 인기 있는 여자 탤런트들이 소속을 정하고 이미지 광고 전선에 뛰어들었기 때문이다.

집값은 일단 하락세를 멈추고 약보합세를 보이며 숨을 고르는 모습이었다. 은행 금리 이상의 집값 상승을 기대하기는 어려워서 시세보다 싸게 나온 매물만 거래되었다. 하지만 군불을 지펴 구들장이 뜨끈해지자 아랫목 온기가 슬슬 윗목으로 퍼졌다.

정부의 저금리 정책으로 금리가 한 자릿수로 뚝 떨어지고 환율이 안정되는 등 거시경제 지표가 호전되자 투자심리도 되살아났다. 경제낙관론도 조심스럽게 고개를 들었다. 사랑의 묘약 '비아그라'가 고개 숙인 주택경기를 일으켜 세운 것일까.* 평가절하된 아파트에 대한 관심이 높아지면서 중개업소를 찾는 수요자들의 발걸음이 다시 잦아졌다. 부풀려졌던 분양가격도 거품이 빠져 모델하우스를 찾는 방문객도 다소 늘어나며 주택 시장이

● 미국 제약회사 화이자가 만든 발기부전 치료제 비아그라는 1998년 FDA 승인을 받으며 전 세계적으로 화제가 되었다. 한국에서는 1999년 3월에 식약청 허가를 받았다.

활기를 되찾아갔다.

때마침 경기도 안양시의 평촌 지역에서 예사롭지 않은 조짐이 나타났다. 따끈한 차 한 잔이 생각나는 영하의 날씨에 조합아파트를 분양했는데, 긴 줄이 만들어지더니 화톳불을 지피며 자리를 지킨 사람들에 의해 두 시간 만에 조합원 모집이 마감된 것이다.* 그동안 조합아파트는 말도 많고 탈도 많아 빛 좋은 개살구였다. 그런데 브랜드 파워가 있는 대형 주택업체가 입지 여건이 좋은 곳에서 시세보다 싸게 조합아파트를 분양하자 시장 분위기를 바꿔놓았다.

이처럼 분양 시장이 먼저 활기를 찾았다. IMF 관리체제 이후 처음으로 서울에서 동시 분양된 아파트의 경쟁률도 1대 1을 넘어섰다. 분양가 자율화로 시세와의 차이가 없어짐에 따라 수요자들이 인기 지역에만 몰려 청약 양극화 현상이 나타났으나, 적어도 미분양은 안 된다는 뜻이었다. 마이너스(-)까지 떨어졌던 프리미엄도 눈치를 살피며 플러스(+)로 돌아섰다.

급매물은 이미 자취를 감춘 상태였다. 팔 사람들은 조금 기다리면 제값을 받고 팔 수 있겠다는 기대심리로 매물을 거둬들이거나 값을 올려 불렀고, 살 사람들은 오른 값에는 사지 않겠다고 팽팽히 맞섰다. 결국 거래가 드문 가운데 호가만 올랐는데, 초기 상승기에 나타나는 자연스런 현상이었다. 지역에 따라 등락이 엇갈려 다소 불안했으나 아파트값이 바닥을 찍고 조금씩 오르는 상향안정세로 돌아섰다. 외환위기를 겪으면서 폭락한 집값이 반등한 측면도 있지만 경기회복에 따른 기대심리가 크게 작용하였다.

---

* 현재 이름은 '귀인마을 현대홈타운'. 귀인마을은 평촌신도시 건설 당시 주민 반대로 개발구역에서 제외되었는데, 이후 주민들이 직접 조합을 만들어 현대건설과 함께 아파트를 건설했다. 사실상 국내 첫 번째 지역주택조합 아파트다.(안양지역도시기록연구소 블로그 참조, https://ngoanyang.or.kr/9097)

IMF 빙하기는 생각보다 길지 않았다. 앞이 안 보였던 어두운 불황 터널을 벗어나자 주택 시장에 봄기운이 감돌았다. 서울과 신도시 아파트값이 새싹이 돋아나듯 들썩거렸고, 미분양 아파트도 소리 소문 없이 줄어들었다. 지금 사두지 않으면 때를 놓치는 것이 아닐까 조바심이 앞섰으나 왠지 찜찜했다. 집값이 어떻게 움직일지 예측하기 힘들었다.

"기다렸다 급매물을 살 것인가, 아니면 경매 시장을 기웃거릴 것인가. 이것이 문제로다." 대다수 중산층들은 가계소득이 줄어들어 내 집 마련에 소극적이었다. 막히면 돌아가듯, 전망이 불투명해 확신이 안 설 때에는 한 발짝 물러나는 것이 상책이라 매수 시기를 늦추며 서두르지 않는 분위기였다. 반면 번지점프를 하듯 추락했던 전셋값은 난데없이 수급불균형에 빠져 가파른 오름세를 보였다.

수요자들이 돈 냄새를 맡고 분양 시장으로 몰렸다. 주변 시세보다 10~20% 싸게 분양해 투자가치가 비교적 높은 조합아파트 분양이 연이어 성공을 거두었다. 집 없는 사람들이 모여 공동으로 땅을 매입해 주택을 짓는 주택조합 가입요건을 완화하고 분양권 전매를 허용하자 비상한 관심을 끌었다. 가입하면 십중팔구 후회한다던 조합원 선착순 모집에 가수요가 가세해 과열되고 말았다.

미운 오리가 집단심리에 의해 황금알을 낳는 오리로 변신하자 익숙한 풍경이 펼쳐졌다. 모델하우스에 수만 명의 인파가 몰려 북새통을 이뤘고, 줄을 서면 돈을 벌 수 있어 밤샘도 불사했다. 역사가 깊은 밤샘 줄서기로 접수를 시작하기도 전에 분양이 사실상 끝나기 때문에, 선착순 분양 현장에는 1,000여 명의 청약자들이 한겨울 추위도 아랑곳하지 않고 사흘 밤을 꼬박 새울 정도였다. 준비 부족으로 곳곳에서 새치기 다툼이 끊이지 않았고, 자릿값이 수백만 원에 거래되는 등 무질서한 난장판이었다.

돌아온 떴다방

1999년 3월, 보리 이삭이 패는 춘삼월이었다. 조합아파트 분양이 과열되며 시장이 회복 조짐을 보이자, 정부는 이참에 고용 창출 효과가 큰 주택경기를 활성화시켜 실업 문제를 해결하고자 했다. 주택공사 자료에 의하면 30평대 아파트 10만 가구를 짓는 데 20만여 명의 건설인력이 필요한 것으로 나타났다. 따라서 주택 정책의 틀을 바꿀 만큼 파격적인 대책을 잇달아 내놓았다.

어정쩡하게 전매를 허용했던 분양권 시장의 빗장부터 활짝 열었다. 계약만 체결하면 언제든지 자유롭게 분양권을 전매할 수 있도록 전면허용하자 분양 시장이 북적거렸다. 규제가 풀리면 돈이 보이는 법이다. 분양권은 전매 절차가 간편해져 유동성과 환금성이 좋아지면서 단기투자 대상으로 각광을 받아 새로운 재테크 수단으로 자리를 잡았다. 분양권 거래비용이 매우 적다는 점도 매력이었다. 계약금만 있으면 누구나 떳떳하게 시세차익을 챙길 수 있게 된 것이다.

분양권 전매 허용으로 '한 지붕 두 시장', 즉 기존 주택 시장과 분양 시장으로 양분되었던 틀이 깨지고 분양권 시장이 제3의 시장으로 자리를 잡게 되었다. 내 집을 마련할 수 있는 또 하나의 시장이 생긴 것이다. 주택 시장은 헌 집이 새 집보다 비싼 비정상적 가격구조를 유지하고 있어 집값이 오르면 상대적으로 저렴한 분양 시장으로 수요가 몰린다. 또 청약 경쟁이 치열해져 자율화된 분양가격이 오르면 수요는 다시 기존 주택 시장으로 우르르 몰리며 시계추처럼 왔다 갔다 하게 된다. 이때 분양권 시장이 두 시장을 유기적으로 연결하는 틈새시장 역할을 한다. 분양 초기에는 분양 시장의 영향을 받고, 입주가 임박할수록 기존 주택 시장에 흡수된다.

반응은 즉각 나타났다. 수도권 1급 주거지역으로 꼽히는 구리 토평지구에서 아파트가 분양되자 궂은 날씨에도 불구하고 모델하우스에는 구름같은 인파가 몰렸다. 오랜만에 분양 시장이 왁자지껄했다. 한강변에 위치해 조망권을 누릴 수 있어 투자가치가 높았기 때문이다. 당첨만 되면 수천만 원의 웃돈을 붙여 되팔 수 있다는 기대심리가 확산되면서 분양 열기가 뜨겁게 달아올랐다.

예상 밖이었다. 이 틈에 주택업체들이 분양가격을 평당 430만~490만 원으로 슬그머니 올렸으나 불평하는 사람이 별로 없었다. 3,498가구를 분양했는데 수십만 명이 다녀갈 만큼 성황을 이뤘다. 모델하우스는 연일 방문객으로 붐비며 도떼기시장을 방불케 했다. 밀려드는 인파로 발 디딜 틈도 없어, 모델하우스가 무너지는 것을 염려해 입장객을 제한해야만 했다.

모델하우스 근처는 돈이 될 만한 분양 현장을 찾아 부평초처럼 이리저리 떠돌아다니는 떴다방들의 파라솔로 뒤덮였다. 떴다방들도 목 좋은 자리를 차지하기 위해 파라솔을 펼쳐놓고 밤을 꼬박 새워야만 했다. 떴다방은 재미있는 영화가 개봉되어 입장권이 매진되면 웃돈을 얹어 파는 극장의 암표상과도 같다. 분양 현장이 만원 사례가 되어 사람들이 북적북적해야 활동할 수 있는 존재다. 바람을 잡으며 사서 곧바로 되파는 '벼락치기'와 '당일치기' 거래를 통해 불로소득을 챙겼다.

떴다방의 출현으로 주택경기가 되살아나고 있음을 느낄 수 있었다. 이들은 한몫 잡기 위해 과장된 소문을 퍼뜨리며 바람을 잡았다. 청약경쟁률을 부풀려야 떡고물을 챙길 수 있기 때문에 분위기를 띄우는 것이다. 또 금지된 불법 통장 거래를 일삼으며 분양 질서를 어지럽히기도 했다.

실수요자들도 있었지만, 많은 사람들이 분위기에 휩쓸려 전매차익을 노리고 '묻지마 청약'을 했다. 분양권 전매를 허용하니 투자자와 투기꾼을 가리기가 쉽지 않게 됐다. 경쟁률은 평균 18대 1, 프리미엄은 최고 2,000만 원이 붙어 제법 높게 형성됐으나 실수요자가 많지 않아 거래는 부진했다.

떴다방들이 활개를 치자 마지못해 국세청의 단속이 이뤄졌는데, 겨우 살아난 주택경기에 찬물을 끼얹지 않을까 조심스러웠다. 외환위기 이후 처음으로 주택시장동향을 점검하는 회의를 열었는데, 이례적으로 과열 상태가 아니라고 진단하고 시장 개입을 미뤘다. 오히려 주택 공급에 관한 규칙을 개정하여 아파트 청약자격을 완화하였다.

- 1가구 1주택 이상 소유자의 1순위 자격 제한 규정 폐지
- 민영주택의 재당첨 제한 기간(2년) 폐지

고급 아파트가 더 잘 팔린다

외환위기 이후 계층 간의 소득 격차가 더 벌어지는 부의 비틀림 현상이 나타나자 주택업체들은 고소득층을 겨냥한 마케팅을 펼쳤다. LG전자의 마케팅 자료에 의하면 서울 강남 지역에서 50평형대 아파트(신도시의 경우 60평형

대 이상)와 3,000cc급 승용차 소유자를 조사한 결과 줄잡아 5만여 명이 있는 것으로 추산되었다. 그래서 고급화 전략을 세웠다. 분양가격이 평당 1,000만 원이 넘는 궁궐 같은 대형 아파트가 분양되며 아파트 분양사에 한 획을 그었는데,* 이러한 분양 전략이 적중했다.

분양권 전매를 통해 시세차익을 챙기려는 '주테크' 바람이 거세게 불던 때라, 분양 시기를 저울질하던 주택업체들이 기회다 싶어 분양물량을 쏟아냈으나 입지조건이 좋고 브랜드 파워가 있는 고급 아파트들이 마파람에 게 눈 감추듯이 팔려나갔다. 한 평 값이 웬만한 승용차값보다 비쌌으나 개의치 않았다. 주택 시장이 사상 유래가 없는 집값 폭락의 충격에서 벗어난 것이다.

이때 부의 상징인 초고층 주상복합아파트를 선착순으로 분양하여 한바탕 난리를 치렀다. 탁 트인 전망, 최고급 마감재, 호텔식 서비스와 일상생활을 한 공간에서 모두 해결할 수 있는 원스톱 리빙 개념을 도입한 주상복합아파트는 분양가격이 평당 1,000만 원 이상, 가구당 10억 원이 넘는데도 불구하고 분양받기 위해 며칠씩 밤새워 줄을 서야만 했다. 주상복합아파트는 청약 자격에 특별한 제약이 없었다. 청약통장이 필요치 않았고, 계약금만 가지고 운 좋게 당첨되면 미련 없이 즉석에서 웃돈을 받고 팔아치울 수 있어 밑져야 본전이기 때문에 가수요자와 거품을 몰고 다니는 떴다방들이 들끓었다.

주상복합아파트는 도심지역에 적합한 주거공간이다. 도심공동화 현상을 방지하고 토지를 효율적으로 활용할 수 있어 정부도 건설을 권장해 왔

• 도곡동의 타워팰리스1차가 이때 분양되었다. 당시 분양가는 평당 900만 원에서 1,200만 원이었다.

다. 그러나 주로 도심상업지역에 위치해 주거환경이 나쁘다는 약점을 안고 있었다. 원조는 1967년에 지어진 세운상가아파트다.

주택경기 활성화 차원에서 주상복합건물의 주거시설 비율을 90%로 완화하고, 상업지역 내 공동주택에 대한 일조권 규제가 폐지됨에 따라 40층 이상 초고층 아파트를 지을 수 있게 되었다. 그러나 용적률을 높이기 위해 기형적인 주거공간이 만들어지기도 했다.

로열층에 대한 기준도 달라 맨 꼭대기층(펜트하우스)이 가장 비쌌다. 초고층 주상복합아파트는 녹지공간이 없으며, 분양가격은 비싼데 전용면적 비율이 낮았고, 관리비도 일반 아파트보다 훨씬 많이 나와서 투자가치는 검증되지 않았다. 또 수요층이 한정되어 환금성도 떨어지는 편이었으나 희소성이 있어 돋보였다.

뭉칫돈이 몰리며 잘나갔던 분양 시장에 제동이 걸렸다. 돌아가는 꼴이 'X판'이라 고급주택 구입자에 대한 자금출처조사 방침이 발표되자 프리미엄이 떨어지며 인기도 이내 시들해졌다. 뚝배기가 아닌 '냄비' 열기였다. 그러나 청약 열기는 기존 주택 시장에도 영향을 미쳤다. 고급 아파트들이 분양가 인상을 주도하면서 내부구조나 마감재 등에서 뒤지는 기존 아파트 값도 덩달아 오르는 모습이 보였다. 다만 부유층이 선호하는 지역과 블루칩 아파트일수록 상승세가 뚜렷했으나 시장 전체로 확산되지는 못했다.

수도권에서는 구리 토평지구에 이어 경부고속도로 주변이 '투자 1번지'로 떠올랐다. 남쪽으로 쭉 뻗은 경부고속도로 축을 따라 '서울 - 분당 - 수지 - 영통지구'로 이어지는 주거벨트가 형성되어 빠르게 발전하고 있기 때문에 주택건설업체들 사이에선 약속의 땅으로 불렸다. 골프장이 밀집되어 있던 용인 지역도 곳곳에서 왕성한 택지개발이 이뤄지며 아파트 도시로 변신해 신도시 후광효과를 톡톡히 누렸다.

주거지역은 저마다 나름대로의 특성을 지니고 있는데, 용인은 서울 강남 지역과 가까워 사실상 서울 생활권에 속한다. 또한 분당 아랫동네에 위치해 신도시가 갖춰 놓은 생활기반시설을 이용할 수 있고, 주변 자연환경으로 인해 서울에서는 맛볼 수 없는 쾌적한 주거환경까지 누릴 수 있다.

이런 알짜배기 지역을 투자자들이 놓칠 리 없었다. 신도시 아파트보다 값이 싸지만 투자가치는 버금가는 환경친화형 중·대형 아파트가 봇물처럼 분양되었으나, IMF 한파도 비켜 갈 정도로 높은 인기를 누렸다.

그러나 움직이기엔 아직 두렵고

　1999년 7월, 저금리와 저물가 정책으로 실물경기가 빠른 속도로 회복되자 소비심리가 살아났다. 즉, 소비를 줄이려는 사람보다 늘리려는 사람들이 많아져 백화점의 매출과 자동차, 가전제품의 판매량이 증가하였다. 주식 시장도 연일 폭발 장세를 연출했는데, '바이 코리아(Buy Korea)' 물결과 개미군단의 '묻지마 투자'로 종합주가지수 1,000포인트 고지를 가볍게 탈환하였다. 이때 증시에 몰려든 시중자금은 50조 원.

　한국은행은 빠른 경제 회복과 주가 급등으로 2000년 하반기에 부동산 시장이 과열될 우려가 있다고 진단하였다. 바로 주가 상승에 따른 '부의 효과(wealth effect)'를 우려한 것이다. 주식 시장에서 종잣돈을 부풀린 사람들이 주택 시장을 기웃거릴 때, 외환위기로 중단되었던 저밀도 아파트지구 재건축 계획이 발표되었다. 지은 지 오래되어 시설이 낡을 대로 낡은 아파트를 재건축하여 토지를 효율적으로 이용하겠다는 것이었다. 서울 강남 지역 저층 아파트의 재건축 사업 추진으로 제2의 강남 개발이 이뤄지는 듯했다.

　그런데 추진 시기가 좋지 않아 뒤틀리고 말았다. 재건축 사업 추진이 전세 시장을 휘저어놓고 말았던 것이다. 재건축에 따른 이주수요로 인해 주변지역 전셋값이 요동을 쳤다. 주택업체들의 연쇄부도로 입주물량이 크게 줄어든 것도 영향을 미쳤으나, 다분히 심리적인 측면이 강했다. 전세 수요는 여러 집이 줄줄이 움직이는 연쇄효과가 크기 때문에 불안 요인으로 작용하게 된다.

서울과 신도시 지역 전셋값이 초강세를 보이며 수도권 전역으로 빠르게 번져 나갔으나 속수무책이었다. 1년 전 전셋값 폭락으로 저자세를 보였던 집주인의 모습은 온데간데없었다. 전세난으로 이사를 해야 하는 세입자들이 제때 전세물건을 구하지 못해 애를 태웠다. 정부가 전셋값을 부추기는 중개업소에 대해 일제 단속에 나섰으나 상승세가 꺾이지 않았다. 궁색한 정책입안자가 취할 수 있는 행동은 단 하나, 전세 수요를 분산시키기 위해 재건축 사업 착수 시기를 늦추는 것이다.

그리고 전셋값을 안정시키기 위해 임대주택 시장을 활성화하고자 했다. 임대주택사업 자격을 5가구 이상에서 내 집 빼고 2가구를 갖고 있으면 가능하도록 완화하였다. 그러나 세금 혜택도 받고 임대수익을 얻을 수 있는 임대주택사업을 통해 떳떳하게 집을 사모을 수 있게 되어 실질적 1가구 다주택 소유자는 늘어날 것이다.

전셋값이 큰 폭으로 오르자 마음이 바빠졌다. 집값이 떨어지길 기다리며 지켜볼 때가 아닌 것이다. 투자 목적으로 전세를 끼고 아파트를 사두려는 수요자들도 크게 늘어났다. 부르는 값도 조금씩 높아지며 오름세를 보이는 지역이 확산되었다. 이사철에 잠복해 있던 공급 부족이라는 수급 요인이 어우러져 시장 에너지가 강해지자 매매가, 전세가, 분양가가 모두 오르는 트리플 상승세를 보였다.

건설교통부 조사에 의하면 지방도시는 집값 회복 속도가 더뎠으나 서울 강남 지역과 수도권의 분당·용인 등 인기 주거지역 아파트값은 2년 만에 외환위기 이전 시세를 회복한 것으로 나타났다. 특히 한강변 아파트, 재건축 대상 아파트와 상대적으로 낙폭이 컸던 중·대형 아파트의 상승률이 두드러졌다. 이처럼 지역별, 단지별, 평형별 가격차별화가 이뤄진 가운데 주택 시장은 정상궤도에 진입하였다.

1999년 10월, 한바탕 쏟아붓는 여름날 소나기처럼 짧은 기간에 아파트값이 크게 오르자, 우물쭈물하며 기회를 놓친 수요자들이 머뭇거리는 모습을 보였다. 오를 만큼 올랐다는 분위기가 확산되면서 눈치를 보았다. 산전, 수전, 공중전까지 겪으며 부동산 투자의 단맛과 쓴맛을 모두 경험한 투자자들이 행여나 상투를 잡지 않을까 조심스러웠던 것이다. 따라서 매입 시기를 추석 이후로 늦춰 잡는 사람들이 많았다. 자금 성수기인 추석은 주택경기 흐름을 바꾸는 분수령이 되기도 한다. 시장 에너지가 약해진 경우에는 더욱 그렇다.

아니나 다를까, 경기회복에 따른 집값 상승 기대심리로 팔기를 망설였던 사람들이 추석 이후에 매물을 내놓았다. 값도 낮춰 불러 호가공백이 좁혀져 흥정을 잘하면 다소 깎을 수도 있게 됐다. 이때 중개인의 역할이 돋보인다. 한 푼이라도 더 받으려는 사람과 값을 깎으려는 사람 사이에 끼어들어 흥정을 붙이고 절충하여 거래를 성사시키는 것이다.

그러나 시세보다 싸게 서둘러 처분하려는 매물은 거의 없었다. 매물 부족 현상이 어느 정도 해소되고 수요와 공급이 균형을 이루면서 상승세가 둔화되었다. 아파트값이 내리는 곳도 있었으나, 전체적으로 볼 때는 강보합세를 유지하였다. 같은 지역에서도 단지별로 소폭의 오르내림이 교차하며 안정되어 갔다.

집을 급하게 팔려 하거나 사려는 사람이 없는 소강상태에 접어들면서 분양권 시세도 주춤거렸다. 전매를 염두에 두고 분양받으려는 가수요가 많아 청약경쟁률은 높았으나, 구매력을 갖춘 실수요가 뒷받침되지 않아 경쟁률과 프리미엄은 비례하지 않았다.

또 분양가 자율화로 돈이 될 만한 아파트가 줄어들었다. 주택업체들이 분양이 잘되는 서울과 수도권 지역에서 주변 아파트 시세의 90~95% 선에 맞춰 아파트를 분양해 시세차익을 몽땅 챙겼기 때문이다. 따라서 로열층에 당첨되지 않으면 프리미엄을 기대하기 힘들게 됐다.

이사철 끝물에 접어들면서 아파트값이 조정 기미를 보일 때, 우려했던 대우그룹 부도 사태가 터지고 말았다.˚ 회복되어 가던 경제는 커다란 암초에 부딪히자 다시 안개 속을 헤맸다. 마치 뜸 들일 만하니까 불이 꺼져 3층밥이 된 꼴이었다.

주택 시장도 발목이 잡히고 말았다. 불안감에 휩싸여 투자심리가 얼어붙고 수요가 줄어 값도 약세를 보였다. 가격상승에 대한 기대가 꺾여 매물이 다시 증가했으나, 값을 내려가며 팔려는 분위기는 아니었다. 급매물도 드물었고 아파트값도 크게 떨어지지 않았다. 이러한 주택 시장의 썰렁한 분위기와는 달리 지구촌 구석구석에서는 묵은 시름을 털어내고 새천년을 맞기 위해 들떠 있었다.

• 대우그룹은 90년대 '세계경영'을 내세우며 무리한 해외 확장을 추진한 탓에 부채가 60조 원까지 늘어났는데, IMF 사태 이후 환율과 금리가 급등하면서 심각한 위기를 맞았다. 1999년 7월 워크아웃에 들어갔고, 11월 김우중 회장이 퇴진하며 사실상 그룹이 해체됐다. 공적자금 30조 원이 투입되었고 대우자동차, 대우건설 등 주요 계열사들은 독립·매각되었다. 이른바 '대마불사' 신화를 깨뜨린 대표적 사건이다.

불붙은 주식, 미지근한 부동산

　2000년 1월, 홀로 있어 외로운 섬 독도가 있는 동해바다 수평선에서 어둠을 뚫고 붉은 태양이 솟아오르며 새천년이 열렸다. 소망을 가슴에 가득 담고 맞은 새천년은 인터넷 세상이었다. 초고속 인터넷의 보급으로 생각의 속도가 지배하는 시대가 된 것이다.
　변화의 주체가 되기 위해 세상이 인터넷 속으로 빨려 들어갔다. 인터넷을 모르면 원시인 취급을 받을 정도로 이용자가 폭발적으로 증가했고, 이는 '벤처 신화'를 탄생시켰다. 벤처기업 창업 열기가 뜨거워 굴뚝산업(제조업)은 꿔다 놓은 보릿자루 신세가 된 가운데, 코스닥 시장은 '대박' 붐을 좇는 사람들로 아수라장이었다. 작전 패거리들이 "콩 심은 데 콩 나고 돈 심은 데 돈 난다"며 머니 게임에 열을 올렸다.
　주택 시장으로 눈을 돌리면, 인기 지역을 중심으로 수요가 살아나고 있으나 집값이 오른 것에 비해 중산층의 가계소득이 회복되지 않아 거래는 한산했다. 매물이 새 주인을 찾아 복덕방에서 대기하는 기간이 다소 길어진 것이다. 국민소득은 다소 회복되어 8,500달러가 됐다고 하지만, 국민들이 피부로 느끼는 주머니 사정은 훨씬 못 미쳤다.
　분양 시장도 활기찬 모습을 보여주지 못했다. 밤샘 줄서기 풍경은 어디서도 찾아볼 수 없었다. 떴다방들의 파라솔이 진을 쳤던 모델하우스 주변에는 선착순 분양을 알리는 현수막만 나부끼고 있었다. 입주 시점에 유행하는 마감재로 교체해 주는 체인지업 서비스까지 제공하였으나, 수요에 비해 공급이 많았던 대형 아파트의 인기가 뚝 떨어졌다. 첫 분양된 부천 상동지구의 분양권 시세도 약세를 면치 못했다. 시장 분위기가 썰렁해지자 지나치게 인상된 분양가격 거품도 걷혔다. 분양률이 떨어져 주택업체들이 시장경제 원리에 따라 분양가격을 낮출 수밖에 없었던 것이다.

그러나 전세난은 좀처럼 해소될 기미를 보이지 않았다. 전세를 찾는 사람이 많았으나 전세물건은 여전히 귀한 전세 병목현상이 이어졌다. 전세물량이 부족한 것은 여러 가지 원인이 복합되어 나타나는 현상이다. 주거환경에도 서열이 있는데, 제반 환경이 좋은 지역에서 살던 세입자들이 그대로 눌러앉는 경향을 꼽을 수 있다.

이사 비용도 만만치 않은 데다 짐을 꾸려 이 집 저 집 옮겨 다녀야 하는 불편이 뒤따르기 때문에 한 번 이사를 오면 떠날 생각을 하지 않고 붙박이가 된다. 전세계약이 만료되면 전세금을 올려주더라도 재계약을 하고 눌러살겠다는 세입자들이 많아 시장에 나오는 전세물량이 극히 적은 것이다. 따라서 주거환경이 좋은 서울 강남 지역과 수도권 신도시 등 인기 주거지역으로 이주하려는 수요는 항상 떠나려는 사람보다 많아서, 이사철만 되면 전셋값이 들썩거리는 것이다.

전세물건을 찾지 못한 수요자들은 꿩 대신 닭이라고 어쩔 수 없이 인접 지역으로 발길을 돌려 전셋값 상승이 주변 지역으로 확산된다. 이처럼 매매가는 엉거주춤한 상태로 있는 데 반해 전세가는 꾸준히 오르고 있어 불씨를 안고 있지만, 전체적으로 볼 때 주택 시장은 안정된 모습을 보였다.

투자자는 빠지고 실수요자는 전세로

처마 밑 제비 식구들이 돌아온다는 삼월 삼짇날이 가까워질 무렵, 주택

청약 관련 예금 가입자격을 20세 이상 성인이면 누구나 허용해 1가구 1통장에서 '1가구 다통장' 보유가 가능해졌다. 주택은행의 청약통장 독점 시대도 막을 내렸다.

당연히 가입자가 폭발적으로 증가했는데, 석 달 만에 200만 명이 불어나 360만 명을 넘어섰다. 이들은 아파트를 분양받아 시세차익을 챙길 수 있다면 거침없이 청약 대열에 뛰어들 대기수요자들이다. 특히 수도권의 경우 두 집에 한 집꼴로 청약통장을 보유하게 되어, 이들이 1순위가 되는 2년 후에는 무주택자들의 내 집 마련이 더욱 힘들어졌다.

문제는 또 있었다. 수도권 지역 논밭 여기저기를 까뒤집어 생활기반시설을 갖추지 못한 '나홀로 아파트'를 덩그러니 짓는 바람에 주거환경이 나빠지자, 마구잡이식 난개발을 막기 위해 준농림지 제도를 폐지키로 한 것이다.* 또한 용적률(대지면적 대비 연건평의 비율)을 축소해 아파트 건설을 까다롭게 규제하였다. 농업진흥지역이나 보전임지로 지정되지 않아 개발이 가능한 준농림지 개발을 규제함에 따라 분양가격 인상과 기존 아파트값 상승이 불가피한 것은 둘째치고, 준농림지를 통해 공급되던 아파트가 30% 정도 줄어들게 되었다.

2000년 5월, 수도권 분양 1번지로 통하던 용인 지역은 난개발 방지 대책 발표에도 불구하고 후유증으로 몸살을 앓았다. 장점이었던 자연친화적 주거환경이 나빠지고 분양가격도 지나치게 높아 인기를 잃어가자 미분양 무풍지대에 찬바람이 불었고, 분양권 시세도 약세를 보였다.

● 준농림지역은 농림지역과 도시지역의 완충지 역할을 하는 용도지역으로, 소규모 단독주택이나 일부 공장 등의 건설이 가능했다. 그러나 애매한 활용도 때문에 난개발의 원인이 된다는 비판을 받았고, 결국 2000년에 폐지되었다.

경제가 또 한 번 휘청거렸다. 유동성이 부족한 현대그룹 사태*가 불거지면서 금융시장이 불안감에 휩싸이자, 주택 시장도 술렁거렸다. 외환위기를 겪으면서 집값 폭락을 경험한 수요자들이 지레 겁먹고 주택 매입을 주저하였다.

주택경기와 실물경기는 불가분의 관계이다. 바늘 가는 데 실 간다고, 1년 정도의 시차를 두고 따로 또 같이 움직인다. 실물경기가 좋아지면 가계소득이 증가해 주택 구매력도 높아져 집값이 오르게 되는데, 경기회복이 불투명해지자 투자를 목적으로 하는 수요가 현저히 줄어들었다.

그러나 전세난은 여전했다. 미분양 아파트가 쌓이던 1998년에 민간택지의 소형주택 의무건설 제도를 폐지한 것도 한 원인이었다. 주택업체들이

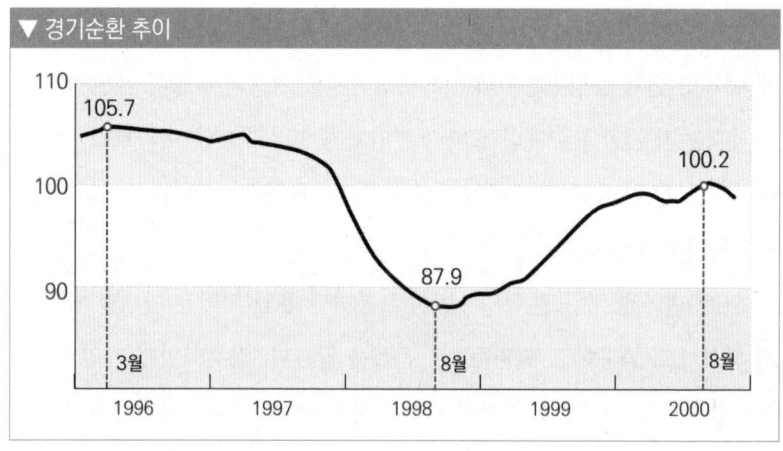

▼ 경기순환 추이

- 2000년 초반, 현대그룹은 '왕자의 난'이라 불리는 경영권 후계 분쟁이 일어났고 그룹은 현대차 계열과 현대건설 계열로 쪼개졌다. 그 와중에 대북·해외 투자에 대한 부담감, 외환위기 여파 등이 겹치며 10월에는 어음을 결제하기 어려울 정도로 심각한 자금난에 시달렸다. 결국 채권단의 워크아웃이 진행되었고, 현대건설과 현대전자는 그룹에서 분리 매각되었다.

수익성이 떨어진다는 이유로 소형주택 공급을 축소해 수요층이 두터운 소형 아파트의 공급물량마저 줄어들어 수급불균형이 이뤄지고 있다.

또 세입자들은 전세를 선호하지만, 집주인들은 은행 금리가 낮아져 전세보다 임대수익이 좋은 월세로 전환하는 경우가 많았다. 주택 임대시장에서 월세 비중이 점점 높아지며 전세물건이 줄어들어 전세난을 더욱 가중시켰다. 이밖에 인기지역 선호, 재건축 이주수요, 입주물량 부족 등이 겹쳐 전세가가 상당히 올랐다. 그럼에도 불구하고 매매가가 따라 오르지 못하는 것은 대형 악재가 꼬리를 물었기 때문이다. 오히려 높은 전세가가 집값 하락을 막는 버팀목 역할을 하고 있는 듯했다.

갈 곳 잃은 뭉칫돈들

2000년 10월, 국토연구원에 의해 판교, 화성, 천안 등에 신도시 건설 필요성이 공식적으로 제기되었다. 수도권 난개발을 방지하고 도시기반시설을 갖춘 주택을 공급하기 위해서는 신도시 건설 이외에 대안이 없다는 것이었다.

그런데 신도시 건설에 대한 여론은 대체로 부정적이었다. 집값을 안정시키기 위한 충격요법으로 신도시를 건설했을 때 수도권 인구 집중, 교통난, 토지 수용에 따른 민원 제기 등 부작용도 만만찮았던 점을 상기한 것이다. 오락가락했던 판교신도시 건설이 쟁점이 되었다. 개발이냐, 환경보존이냐, 이것이 문제로다. 얻는 것보다 잃는 것이 더 많다는 환경단체의 주장과 별다른 방법이 없다는 불가피론이 팽팽하게 맞서는 바람에 신도시 건설

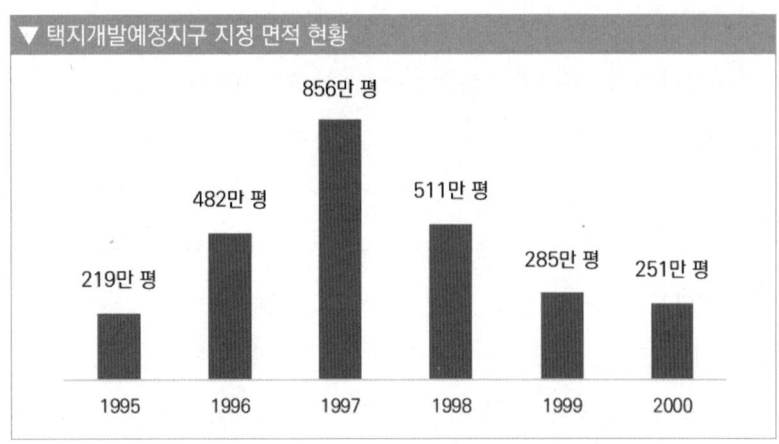

(출처:건설교통부)

계획이 어정쩡한 상태에 놓이자 주택 시장을 더욱 혼란스럽게 만들었다.

택지개발이 갈수록 어려워지는데 어찌하오리까. 머리를 맞대고 검토하지만 최선책은 단 하나. 12년 전에 치솟는 집값을 안정시키기 위해 허겁지겁 신도시 건설을 추진하던 모습을 떠올리면 된다. 당장 준비해도 신도시 아파트가 분양되기까지 2~3년, 입주 때까지는 5년 정도 걸리기 때문에 판교신도시 개발은 빨리 이뤄질 수밖에 없었다.*

1997년 1월 한보철강 부도.
1997년 7월 기아그룹 부도.
1997년 11월, IMF 구제금융 요청.

• 판교신도시는 이 책의 초판이 쓰인 2001년 논의가 시작되어 2003년 개발계획이 승인되었고, 2006년 첫 분양이 시작되어 현재는 한국의 대표적인 IT벨트로 자리잡았다.

1999년 10월, 대우그룹 부도.
2000년 5월, 현대그룹 유동성 위기.

가지 많은 국가 경제에 바람 잘 날 없었다. 소도 비빌 언덕이 있어야 하는데, 한국 경제는 비빌 언덕은커녕 국제유가와 환율이 오르며 성장률이 낮아지는 합병증이 나타났을 뿐만 아니라 구조조정이 지연되는 등 돌발 악재로 인해 경제 전반에 걸쳐 위기감이 감돌았다.

금융불안설보다 강도가 높은 '경제위기설'이 모락모락 피어올랐다. 거시경제지표는 호전됐다고 하지만 국민들이 느끼는 체감경기는 을씨년스런 늦가을 날씨처럼 썰렁했다. 전체 인구의 약 7%에 해당하는 330만 명이 주식 투자를 하고 있는 것으로 조사됐는데, 500포인트 지지선에 간신히 턱걸이하고 있는 주식 시장에서 푼푼이 모은 종잣돈이 반 토막 난 투자자들은 누구에게 하소연할꼬.

시장을 움직이는 떠돌이 뭉칫돈의 흐름은 아주 단순하다. 고인 물은 쉽게 썩기 때문에 한곳에 머무르지 않고 보다 높은 수익을 쫓아다니는 속성을 지니고 있다. 물론 위험이 도사리고 있어 투자 대상을 잘못 선정하면 원금을 까먹기도 하지만, 돈은 굴려야 불어나기 때문에 쉴 새 없이 움직인다. 이런 뭉칫돈이 투자할 곳이 마땅찮아 어디에도 안착하지 못하고 금리가 낮은 금융권에서 맴돌았다. 희뿌연 안개가 걷히기만을 기다리는 분위기였다.

발 없는 말이 천 리를 가는데 '부도 괴담'이 퍼져 사회 분위기가 흉흉했고, 나라 경제가 삐걱거리는데 주택 시장이라고 좋을 리 없었다. 부실한 주택업체들이 무더기로 퇴출당하는 충격으로 총체적인 위기를 맞았다. 동아건설에 이어 현대건설마저 휘청거리자 아파트를 시세보다 싸게 매입할 수 있음에도 불구하고 투자심리가 꽁꽁 얼어붙어 특급 투자지역으로 꼽히는 곳에서조차 냉기가 돌았다.

2000년 1월, 국민소득은 1만 불에 육박할 정도로 회복됐다지만 공허하게 들렸다. 약간은 과장됐지만 내우외환(內憂外患)에 시달리며 경제성장률이 급격히 둔화되자 경제 전반에 대한 불안심리는 여전했다. 구조조정을 성공적으로 이끌어야 경제가 살아나는데 지지부진해 발목이 잡혔을 뿐만 아니라 태평양 건너 미국 경제마저 비틀거려 투자심리를 짓눌렀다. 경착륙이냐 연착륙이냐, 이것이 문제로다.

미국과 일본에서 겹으로 다가오는 저기압의 영향으로 주택 시장도 기진맥진한 상태였다. 경제 기상도가 먹구름으로 뒤덮여 날씨가 우중충해지면 마음도 덩달아 가라앉기 마련이라 전반적으로 호가만 있을 뿐 거래가 되지 않았다. 시장 에너지가 약할 때 난기류를 만나 앞날을 점치기 어려웠고 전망도 그리 밝지 않았다.

유난히 눈이 많이 내렸던 겨울이 끝나 가고 봄기운이 살랑거리자 국가경제 전망이 엇갈리며 긴가민가한 경기의 '바닥 논쟁'이 벌어졌다. 완만하게 회복되는 U자형일까, 바닥을 기는 L자형일까, 아니면 빠르게 회복되는 V자형일까. 미래에 대한 예측은 항상 빗나갈 가능성이 있다는 전제하에 경기회복 시기와 전망을 놓고 누가 근시안을 가졌는지 겨루었다.˙

- 결과적으로는 V자 회복에 가까웠다. 1997년 말 IMF 사태를 맞이한 후 이듬해인 1998년에는 경제성장률 –5.1%라는 사상 초유의 역성장을 했지만, 1999년에는 10.7% 성장률로 당시 G20 국가 중 최고 수준을 기록했고 2000년에도 8.5% 성장했다. 이처럼 빠른 회복은 국제사회에서도 주목할 만한 수준이었지만, 국민들이 느끼는 체감경기와는 차이가 컸다. 고용이 불안해지고 소득 수준이 전반적으로 낮아졌으며, 심리적으로도 충격이 오래 갔기 때문이다.

저금리가 분위기를 바꿨다

그런데 금융권에서 금리가 떨어지며 봄바람이 불었다. 돈을 굴릴 만한 곳이 마땅치 않아 은행권에서 맴돌던 230조 원에 달하는 엄청난 시중 눈치자금이 돈의 값어치라 할 수 있는 금리를 떨어뜨렸는데, 그 속도가 매우 빨랐다. 은행의 1년 만기 정기예금 금리가 5%대로 떨어져 물가상승률을 감안하고 이자소득세를 빼고 나면 체감금리는 겨우 1% 수준에 지나지 않았다. 지금까지 경험해보지 못한 초저금리 시대가 된 것이다.

IMF 빙하기에도 그랬듯이 금리 하락의 선순환이 기대되었다. 은행 금리가 부동산에 대한 기대수익률보다 높으면 금융비용이 부담스러워 금융상품을 선택하지만, 실질금리가 떨어지면 기대수익률도 낮아져 상대적으로 부동산에 대한 투자 수요가 증가하며 값이 오르게 된다. 바로 '저금리 증후군'이 나타나는 것이다. 미래에 대한 불안감이 여전히 남아 있었지만 투자환경이 바뀌어 떠돌이 뭉칫돈이 기대수익률이 높은 곳으로 헤쳐 모이며 주택 시장에도 군불을 지핀다.

낮은 금리로 인해 타격을 입은 이자소득 생활자들의 관심은 임대수익률이 연 12%를 웃돌고 세금감면 혜택도 받을 수 있어 대안으로 떠오른 주택임대사업으로 향했다. 참고로, 소형 아파트 매매가가 1억 원이고 전세금이 8,000만 원일 경우, 이를 월세로 전환하여 보증금 3,000만 원에 월 75만 원(1.5%, 연 18%)의 월세를 받는다면 순투자액 대비 수익률, 즉 현금투자수익률(CCR, Cash on Cash Return)은 연 12.85%가 된다.*

---

* (월세 75만 원 × 12개월) / (매매가 1억 원 - 월세보증금 3,000만 원) × 100 = 연 12.85%

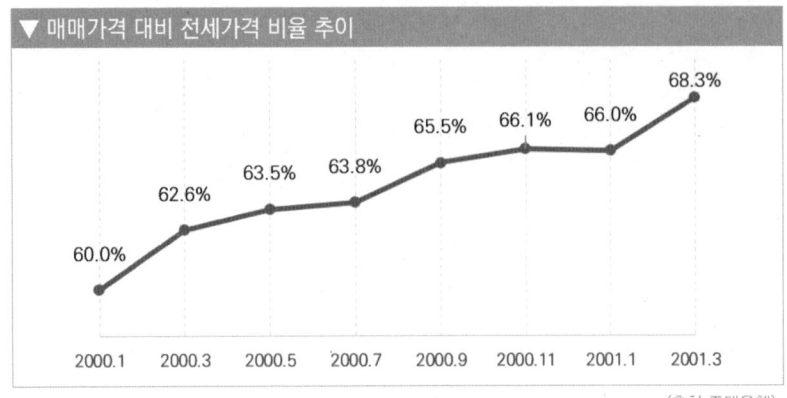

▼ 매매가격 대비 전세가격 비율 추이

(출처:주택은행)

　전세보증금을 받아봐야 마땅히 굴릴 만한 곳을 찾지 못한 집주인들이 수익률이 높을 뿐만 아니라 매달 꼬박꼬박 현금을 챙길 수 있는 월세로 전환하자 또다시 전세매물 부족 현상이 나타나 전셋값이 치솟았고, 서울 지역 아파트의 매매가 대비 전세가 비율은 사상 최고 수준을 넘어섰다. 이는 주택은행이 전국 28개 도시 3,260개 부동산 중개업소를 대상으로 조사한 결과가 입증해 주는데, 매매가 대비 전세가 비율이 68.3%로 높아져 조사를 시작한 1986년 이후 가장 높은 수준을 기록할 정도였다.

　여기에 은행들의 주택담보대출 경쟁까지 가세해 잠재수요를 자극하자 서울 지역에서 시작된 아파트값 오름세가 봄바람을 타고 신도시와 수도권으로 확산되었다. 전셋값 상승과 저금리에 자극을 받은 수요자들이 중·소형 아파트에 관심을 보이며 서울에서 동시 분양되는 아파트의 1순위 청약 경쟁률이 다시 높아지자 자연히 당첨자들의 계약률도 높아졌다. 그리고 미분양 아파트도 슬금슬금 줄어들어 1993년 이후 가장 적은 5만3,269가구가 되었다.

수요-공급을 알면 집값이 보인다

이처럼 경기회복에 대한 기대감이 커지며 주택 시장이 조금씩 살아났다. 그러나 불과 한 달 전만 해도 공기업인 한국부동산신탁과 고려산업개발의 부도로 협력업체의 연쇄도산과 아파트 계약자들의 입주 지연 피해가 뒤따르며 찬물을 뒤집어쓰기도 했다.

분양 시장이 뒤숭숭했다. 수요자들은 혹시 부도가 나면 어쩌나 하는 생각에 돌다리도 두드려 보고 건너듯 신중을 기했고, 주택업체들은 분양률이 낮아져 자금난을 겪자 분양 시기를 늦추거나 사업을 포기해야만 했다. 수요가 감소하는데 공급이 증가할 리 없었다.

이처럼 수요가 감소한 만큼 공급이 줄어 안정된 듯하지만, 주택수급 구조를 눈여겨 살펴보면 불안한 안정인 것이다. 주택은 알다시피 공사 기간이 길어 공급이 매우 비탄력적인 상품이다. 주택을 공급하기 위해선 택지를 매입하고 분양하여 건축하는 등 입주 때까지 대략 2년 6개월 정도의 시간이 필요하다. 그런데 수요는 값이 오를 것이라는 불안심리에 빠지면 즉각적으로 발생하기 때문에 탄력적이다.

수요와 공급은 상호 보완적이다. 따라서 주택업체가 분양난과 자금난을 겪을 경우 균형이 깨지게 된다. 즉, 공급 구조가 뒤틀려 탄력성을 잃게 되고, 뒤따라 수급불균형이 나타나게 되는 것이다. 주택산업연구원의 분석 결과에 따르면, 주택 공급이 10% 감소할 경우 향후 1년 9개월 동안 주택 가격이 2.56% 상승 압력을 받는 것으로 나타났다.

주택 공급은 외환위기를 겪으며 급격히 줄어들었다. 잇따른 부도와 공사 중단 여파로 주택 공급 기반이 무너졌으며 공급물량이 줄어 수급 균형이 깨졌다. 다행히 공급이 감소한 만큼 수요도 줄어들어 후유증을 치르지는 않았다.

그러나 2000년의 상황은 IMF 빙하기와 다르다. 가계소득보다는 투자 심리가 위축되었기 때문에 나타난 현상이다. 온 국민이 국난을 헤쳐나가기 위해 '금 모으기' 행사에 동참했으나, 불과 3년 만에 까맣게 잊고 이제는 건강에 좋다며 너도나도 금가루를 먹지 않는가. 통계청의 조사에 따르면

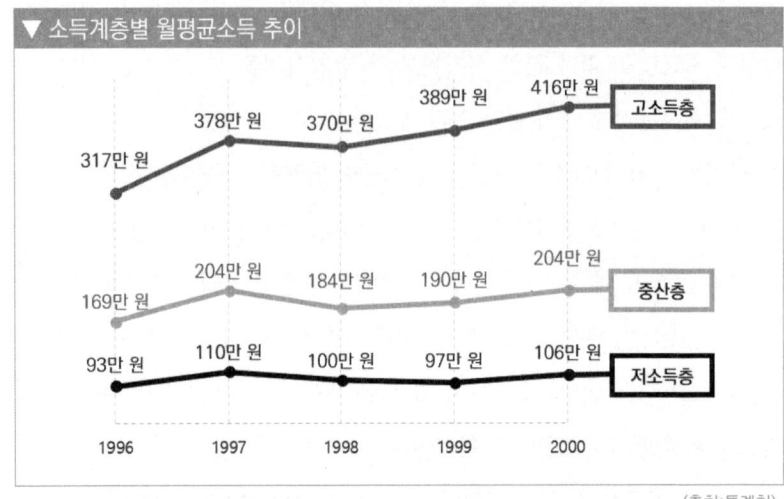

(출처:통계청)

도시근로자 가구당 월평균 소득도 외환위기를 겪었던 1998년의 213만 원보다 증가해 2001년 1분기에는 258만 원이 되었다.

주택 수요는 일반적으로 인구 증가와 핵가족화에 따른 가구수 증가로 인한 신규 수요, 재개발과 재건축 추진으로 주택이 멸실되어 발생하는 교체 수요, 누적된 내 집 마련의 잠재수요, 살고 있는 집이 낡아 새집으로 옮기려는 대체 수요 등에 의해 발생한다. 이러한 주택 수요를 감안하여 정부가 매년 주택공급 목표치를 50만~55만 가구로 잡고 주택건설업체들을 독려하는 것이다.

그런데 주택공급물량이 4년째 큰 폭으로 감소했다. 뿐만 아니라 현대

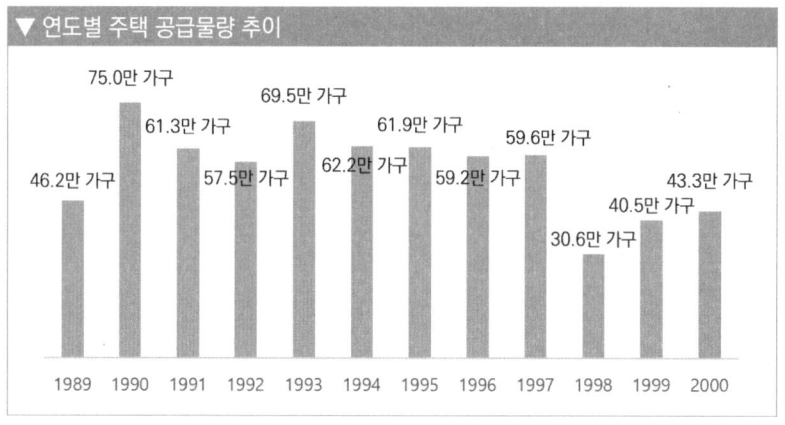

▼ 연도별 주택 공급물량 추이

▼ 연도별 주택 건축허가 및 착공 추이

연도	건축허가	착공	착공률	발표된 공급물량
1998	28만0,200가구	10만0,300가구	35.7%	30만6,031가구
1999	37만3,800가구	21만1,000가구	56.4%	40만4,715가구
2000	39만4,000가구	24만4,400가구	62%	44만3,488가구

(출처: 건설교통부)

경제연구원이 건설교통부가 발표한 주택건축허가 및 착공 통계자료를 분석한 결과에 따르면, 외환위기 이후 실제로 공급된 주택이 공식 발표된 공급물량의 절반에도 못 미치는 것으로 조사됐다. 더욱이 집값에 큰 영향을 미치는 아파트의 착공률이 더 낮은 것으로 밝혀졌다.

이처럼 실제로 공급된 주택 물량이 적은 이유는 정부가 '입주'가 아니라 '사업승인'을 기준으로 집계를 하기 때문이다. 주택건설업체들이 사업승인이나 건축허가를 받고 외환위기를 겪으며 부도와 자금난 등으로 사업을 포기한 경우가 많아, 실제로 지어지지 않은 유령 주택이 생기는 것이다. 따라서 경기회복에 따른 집값 상승 기대심리가 팽배해지고 여유자금을 투자하려는 수요(가수요)가 가세하여 수요층이 두터워질 경우, 순식간에 수급불균형에 빠지게 될 것이다.

전세가가 꾸준히 올라 매매가의 턱밑까지 차오른 상태에서 주택 공급이 충분하지 않을 경우, 매매가를 끌어올리는 시장 에너지가 강해지게 된다. 더욱이 실물경기가 회복되면서 종합주가지수가 쑤욱 올라 주가 상승에 따른 '부의 효과'가 나타나면, 집값 상승 기대심리가 작용해 주거의 하향이동으로 잠재된 수요와 한몫 잡으려는 가수요가 한꺼번에 몰려 걷잡을 수 없게 된다.

전셋값이 오를 수밖에 없는 이유

"어디 전세 나온 것 없나요?"
결혼 비용의 절반 이상을 주택자금으로 쏟아붓는 새내기 신혼부부들이 보금자리를 구하는 데 애를 먹고 있다. 이사철이 끝났건만 전셋집을 찾느라 몇 날 며칠 복덕방을 전전해 보지만, 원하는 지역에서 전세물건이 나오지 않아 몸고생, 마음고생이 이만저만 아니다.

전셋값은 왜 오르고 그나마 구하기도 어려운 것인가. 일반적으로 전세가는 주택수급과 집값 움직임에 따라 매매가의 40~70% 선에서 오르내린다. 주택경기가 침체되면 건축 활동이 위축되어 공급물량이 줄어드는 데 반해 전세 수요는 꾸준히 증가해 균형이 깨지며 전세가가 슬금슬금 오르게 된다.

하지만 전세물량이 부족한 것은 여러 가지 원인이 복합되어 나타나는 현상이다. 우선 주거환경이 좋은 지역에서 세입자들이 그대로 눌러앉는 경향을 꼽을 수 있다. 이사 비용도 만만치 않은데다 전셋집을 전전해야 하는 불편이 뒤따르기 때문에 한 번 이사를 오면 떠날 생각을 하지 않고 붙박이가 된다. 전세계약이 만료되면 전세금을 올려주더라도 재계약을 하고 눌러 살겠다는 세입자들이 많아 시장에 나오는 전세물량이 극히 적은 것이다.

따라서 주거환경이 좋은 서울 강남 지역과 수도권 신도시 등 인기 주거지역으로 이주하려는 수요가 떠나려는 사람보다 항상 많아 이사철만 되면 전셋값이 들썩거리는 것이다. 전세물건을 찾지 못한 수요자들은 꿩 대신 닭이라고 어쩔 수 없이 인접지역으로 발길을 돌려 전셋값 상승이 주변 지역으로 확산된다.

그리고 미분양 아파트가 쌓이던 1998년에 민간택지의 소형주택 의무건설 제도를 폐지한 것도 한 원인이다. 주택업체들이 수익성이 떨어지는 소형주택 공급을 축소해 수요층이 두터운 소형 아파트의 공급물량마저 줄어들어 수급불균형이 이뤄지고 있다.

또 세입자들은 전세를 선호하지만, 실질금리가 뚝 떨어져 전세보증금을 올려봐야 마땅히 굴릴 만한 곳을 찾지 못한 집주인들이 임대수익률이 높을 뿐만 아니라 매달 꼬박꼬박 현금을 챙길 수 있는 월세로 전환했다. 월세물건의 비중이 점점 높아지는 반면 전세물건은 줄어들어 전세난을 더욱 가중시키고 있다. 이밖에 재건축 이주수요, 입주물량 부족 등이 겹쳐 전셋값이 오르는 것이다.

전세난은 이미 1998년에 예고되었다. 매년 60만 가구씩 공급되던 주택 물량이 IMF 한파로 30만~40만 가구로 급격히 감소한 때문이다. 공급물량이 감소하면 2년 6개월 정도의 시차를 두고 입주물량이 줄어드는데, 이는 제일 먼저 전세 시장에 영향을 미치게 된다. 전세 수요가 많은 이사철에 전세 병목현상이 나타나면서 전세난을 겪게 되는 것이다.

이러한 수급불균형으로 인해 전세난은 당분간 지속될 전망이다.* 더욱 심각한 문제는 전세물량이 얼마나 부족한지도 모른 채 전셋값이 오르는 것을 지켜볼 수밖에 없다는 것이다. 오직 이사철이 빨리 끝나기만을 바랄 뿐이다. 안타깝게도 전셋값 움직임을 예측할 수 있게 하는 자료가 별로 없다. 분양물량이 아닌 입주물량이 많고 적음에 따라 직접적인 영향을 받았고, 계약기간을 2년으로 보장한 「주택임대차보호법」 개정을 계기로 1990년 이후 짝수 해에 전세 수요가 약간 많다는 것뿐이다. 따라서 과거의 흐름 또는 동향에 의존할 수밖에 없다.

---

* 실제로, 이 책의 초판이 출간된 이후 2002년까지는 전세난이 매우 심각해서 2002년 2월에는 상승률 19.3%로 최고점을 찍었다. 2000년 1월 서울의 평균 전세가는 평당 320만 원이었으나, 2002년 말에는 평당 497만 원으로 2년 만에 약 55% 상승했다.(현대경제연구원 보고서 15-32호 〈최근 전세 시장의 특징과 시사점〉, 서울경제신문 2005년 5월 30일자 기사 참조)

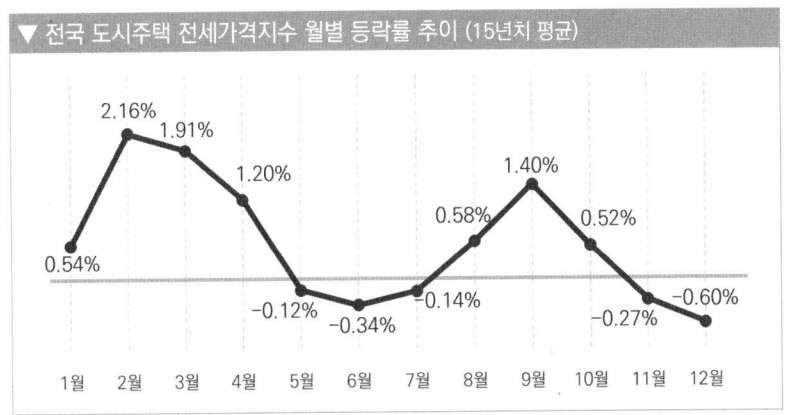

주택은행이 1986년 이후 15년 동안 전국의 도시주택 전세가지수를 조사했는데, 이를 토대로 연간 전세가 등락률을 산출해보니 연평균 6.84% 상승한 것으로 나타났다. 전셋값은 가을보다 봄 이사철에 더 많이 올랐다. 연말 분위기에 들뜨는 12월에 제일 많이 떨어졌고, 이사철이 본격적으로 시작되는 2월에 가장 많이 올랐다.

상승과 하락의 주기적인 반복 패턴

그렇다면 투자 시계의 자명종이 울리는 시기는 언제쯤일까. 이를 알기 위해서는 망원경과 현미경이 필요한데, 높이 올라 멀리 보고 가까이서 꼼꼼히 살펴보아야 하기 때문이다. 즉, 나무도 살펴보아야 하지만 숲도 관찰하는 지혜가 필요한 것이다.

경제활동에 대한 전반적인 흐름인 실물경기는 '확장 - 후퇴 - 수축 -

회복'이라는 과정을 끊임없이 자연스럽게 반복하는데, 이를 경기순환(business cycle)이라고 한다. 주택 시장에도 이와 같은 흐름이 있는데, 마치 도도히 흐르는 강물과도 같은 큰 흐름과 시장을 둘러싼 변수들에 의해 움직이는 작은 흐름이 있다. 전망이 불투명할수록 한 발짝 물러나 주택경기의 큰 흐름을 살펴보는 것이 좋다.

주택경기는 한강변 동부이촌동에 아파트가 세워진 이후 30년 동안 4~5년을 주기로 일정한 궤적을 그리며 호황과 침체를 반복해왔다. '주테크' 환경이 좋아져 수요가 왕성해지면 가수요가 극성을 부려 규제가 뒤따랐고, 반대로 침체가 장기화되면 수급불균형이 발생해 다시 회복되는 과정을 되풀이해 나름대로 질서를 유지해 왔던 셈이다.

이러한 주택경기 흐름은 마치 사계절이 변하는 듯하다. 찬바람이 옷깃을 파고드는 한겨울에는 동장군의 위세에 눌려 집값이 고꾸라지고, 한 해의 길운을 비는 입춘대길(立春大吉) 방을 대문에 붙일 무렵에는 어김없이 봄을 시샘하는 꽃샘추위가 찾아온다. 춘래불사춘(春來不似春), 봄이건만 봄 같지 않은 날씨에 몸을 움츠리지만, 제비 한 마리가 생명력 넘치는 봄이 멀지 않

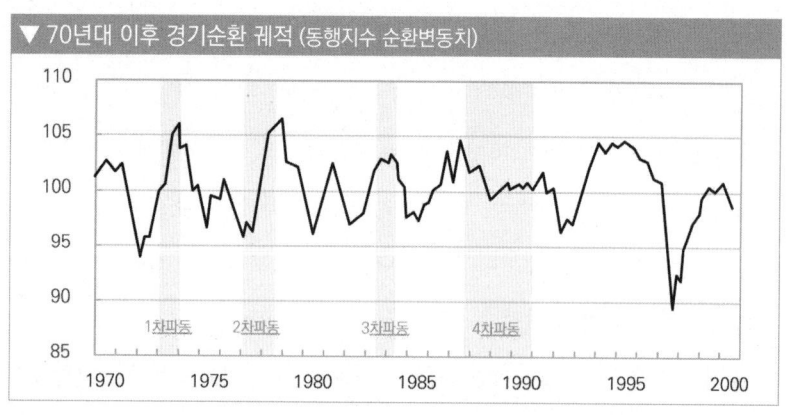
▼ 70년대 이후 경기순환 궤적 (동행지수 순환변동치)

음을 알린다.

　남녘의 꽃 소식과 함께 따스한 기운이 감돌면 봄의 교향곡이 울려 퍼지게 된다. 살금살금 다가온 화신(花信)은 3월의 산수유와 매화에 이어 4월의 목련, 개나리, 진달래, 벚꽃이 활짝 피고 나면 5월에 연분홍 철쭉꽃이 꽃망울을 터뜨리며 마감한다. 집값은 산등성이를 기어오르는 연녹색을 따라 높은 곳을 향하는데, 열대야로 잠 못 이룰 때 절정에 이른다. 한 해의 허리가 꺾이면 시간의 흐름이 빨라져 어느새 천고마비(天高馬肥)의 계절, 누렇게 익은 벼가 가을 들녘을 황금빛으로 수놓으면 온 산은 모진 겨울을 나기 위해 붉게 물드는데, 집값도 낙엽인 양 제풀에 떨어지게 된다.

　그렇다면 현재 진행 중인 아파트값 5차 파동은 어디쯤 가고 있을까.* 실질금리가 마이너스(-)로 뚝 떨어지면서 주택 시장에 입체적 바람이 불고 있다. 은행에 넣어 두었던 돈을 찾아 매달 꼬박꼬박 월세를 챙길 수 있는 소형 아파트와 주거형 오피스텔 등 임대사업용 주택상품에 투자하는 사람들이 늘어나고 있다. 그래서 목 좋은 오피스텔을 분양받기 위해 장대비가 내리는 가운데 몇 날 며칠을 길거리에서 노숙하기도 한다.

　재건축 시장에서는 싹쓸이파들이 기승을 부리고 있다. 소형주택 건설 의무 제도 부활을 놓고 시끌시끌하지만, 재건축을 추진 중인 저밀도지구 아파트 단지에 투기꾼들이 몰려 매물을 매점매석하는 싹쓸이 투자를 하고 있다. 이들은 가격 조작을 통해 전매차익을 챙기기 때문에 뚜렷한 재료가 없는데도 아파트값이 터무니없이 오르기도 한다.

● 이 책의 초판은 2001년. 즉 5차 파동이 한창 진행되고 있을 때 쓰였다. 따라서 5차 파동에 대한 분석은 다른 파동과 달리 현재 시점으로 작성되었음을 양해 바란다.

또 법원경매 시장도 북적거린다. 경매 부동산은 채무자가 빌려 쓴 돈을 갚지 못할 경우 담보로 잡은 것을 법원에서 강제처분하는 일종의 땡처리 상품이다. 따라서 권리관계가 복잡해 곳곳에 함정이 도사리고 있지만, 썩은 과일을 고르듯 눈을 크게 뜨고 잘만 고르면 시세보다 싸게 매입할 수 있기 때문에 알뜰파들의 발길이 잦아지면서 낙찰가율(낙찰가를 감정가로 나눈 비율)이 최고치를 기록하고 있다.

신축주택에 대한 취득·등록세 감면과 양도세의 면제 대상을 확대하여 주택거래 관련 세금과 금융비용에 대한 부담이 줄어들어 주택 시장 움직임이 심상치 않다. 더욱이 집값 오름세가 서울 강남에서 강북과 수도권으로, 소형에서 중·대형 아파트로 확산되는 추세이다.

주택은행의 조사에 따르면 2001년 상반기에 전국의 아파트값은 4.9% 오른 것으로 나타났다. 특히 서울 지역 아파트값은 7.1%가 올라 10년 만에 최고치를 기록했는데, 월별로는 장마철 비수기인 6월(2.2% 상승)에 가장 많이 올랐다. 따라서 요즘의 주택경기 흐름을 계절적으로 보면 햇볕이 따가운 봄날 바람이 살랑살랑 불고 있다고 봐야 한다.

앞에서도 언급했듯이 아파트값은 네 차례의 파동과 조정기를 거치며 사두면 오른다는 '아파트 불패' 신화를 이어왔다. 아파트값을 끌어올리려는 집단욕구가 강하게 작용해 한번 오르면 좀처럼 떨어지지 않는 하방경직성이 여실히 나타났다. 아파트값은 프리미엄을 먹고 올랐다. 이 과정을 통해 생활공간인 아파트가 재산 증식의 수단과 도구로 전락해 부동산 투기의 대명사가 되었다. 또한 주테크를 통해 중산층이 두터워지기도 했다.

토끼와 거북이의 경주는 계속된다

지금까지 '전세가 비율이 높아지면 매매가가 오른다'는 통설은 한 차례의 전세대란과 네 차례의 전세난을 겪으며 입증되었고, 이 가운데 네 번은 아파트값 파동으로 확대되었다. 주택 시장을 둘러싼 여건에 따라 조금 늦게 나타나기도 했지만, 높아진 전세가 비율은 어김없이 매매가를 떠받치며 밀어 올렸다. 일종의 징크스(jinks)가 된 셈이다.

거슬러 올라가 보면 전세난을 처음으로 경험한 것은 1973년이었다. 이때에도 신세대는 있었다. 히피문화의 영향을 받아 남자들도 머리를 기르고 청바지를 즐겨 입었으며, 통기타와 생맥주 한잔의 로망을 즐기던 세대로, 50년대에 태어나 70년대에 대학을 다녀 40대가 된 '475세대'이다. 이들도 집값이 안정되자 전세가 비율을 70%까지 끌어올리는 여유를 부리다가 철근 파동과 오일쇼크로 집값이 오르자 화들짝 놀라 서둘러

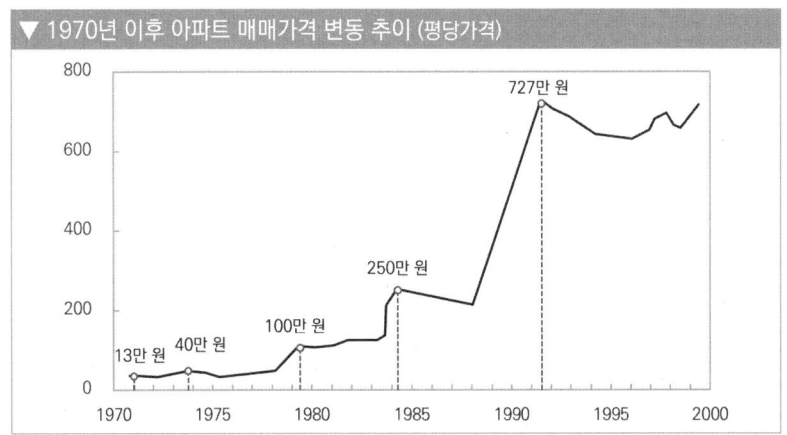

▼ 1970년 이후 아파트 매매가격 변동 추이 (평당가격)

※1970~1983년은 아파트 1번지의 가격을, 1988년 이후는 주택은행의 서울지역 아파트 가격지수를 토대로 작성함.

집을 마련하였다.

두 번째는 국민소득이 864달러였던 1977년. 증권회사 창구는 '돈 놓고 돈 먹기'식 공모주 청약으로 북새통을 이뤘고, 주택 시장은 쌓여 있는 미분양 아파트를 처분하기 위해 인기 여자 탤런트를 동원하는 스타 마케팅을 처음으로 시도하던 때였다. 집값이 하향안정세를 보이면서 역시나 전세가 비율이 높았는데, 이게 웬일인가. 중동 오일달러가 쏟아져 들어와 시중에 돈이 넘치면서 분위기가 확 바뀌었다. 아파트 신드롬이 일어나 헌 집 팔고 새 집 사기가 마치 유행처럼 되어 버렸는데, 바로 '복부인' 전성시대였다.

세 번째는 프로야구 원년인 1982년. 강력한 투기억제 대책으로 1978년 말 복부인들이 매점매석했던 매물이 쏟아져 나오며 전세가 비율이 매매가의 25% 선까지 떨어지며 최저치를 기록했다. 당시 잠실주공아파트 13평형의 경우 매매가는 800만~850만 원인데 비해 전세가는 200만~250만 원이었다. 조금씩 오르던 전세가가 1981년에 주택임대기간을 6개월에서 1년으로 규정한「주택임대차보호법」을 제정하자 매매가의 절반 수준까지 껑충 올랐다.

이듬해 금리를 한 자릿수로 대폭 낮춰 처음으로 저금리 시대를 경험했다. 은행 금리는 연 8%로 낮아졌는데 주택임대수익은 월 3%, 즉 연 36%로 비교가 되지 않았다. 집주인들이 잇따라 전세를 월세로 전환하자 전세물량이 부족해져 전세가 비율을 70% 선까지 끌어올렸다. 때마침 개포지구에서 아파트가 분양되며 '0순위 통장' 값이 춤을 추자 '강남8학군 프리미엄'이 장단을 맞추었다. 짧았던 3차 파동은 채권입찰제라는 긴 여운을 남겼다.

네 번째는 민주화 바람이 거세게 불었던 1987년에 대세상승 서막이 올랐다. 당시 개포동 주공아파트 13평형의 매매가는 지금의 10% 수준인 1,500만~1,700만 원인데 비해 전세가는 1,300만 원이었다. 전세를 안고 살 경우 200만~400만 원만 있으면 소액투자가 가능했다. 중·대형 아파트보다 수요층이 두터운 소형 아파트 전세가 비율이 높아지는 소고대저(小高大低) 현상이 나타났는데, 높아진 전세가 비율은 매매가를 들어올리는 지렛대 역할을 했다. 그해 대통령선거와 올림픽을 치르며 고조된 분위기가 분양가 자율화 파문을 겪으며 아파트값 파동으로 확대되었고, 서울 강남 지역 아파트값이 하늘 높은 줄 모르고 치솟았다.

이 와중에 처음으로 전세대란을 겪었다. 1990년에 「주택임대차보호법」이 '2년 계약제'로 개정되자 집주인들이 2년치 전세금을 한꺼번에 왕창 올려버려 전셋값이 수직상승했다. 많은 사람들이 고단한 서울살이를 청산

▼ 네 차례 아파트값 파동 분석

	1차 파동	2차 파동	3차 파동	4차 파동
시기	1973~1974년	1977~1978년	1982~1983년	1987~1991년
기간	1년	1년 6개월	1년	3년 8개월
국민소득	396달러	864달러	2,044달러	4,127달러
아파트 1번지	동부이촌동	여의도	압구정동	강남지역
평당가격	40만 원	100만 원	250만 원	1,000만 원
시중 자금	-	2,000억 원	-	3조~6조 원
발생 원인	오일쇼크	중동특수	채권입찰제	자율화 파문
개발지역	-	-	목동	신도시
규모	소파동(1막2장)	대파동(2막4장)	소파동(3막3장)	대파동(4막7장)
특징	요요현상 발생	복부인 등장	정책 파동	수급불균형

하고 피난길에 나섰고, 전셋값의 강한 상승세에 힘입어 매매가도 덩달아 크게 올랐다. 4차 파동은 3년 8개월 만에 막을 내렸다.

다섯 번째는 조금 늦게 나타났다. 신도시 입주가 끝나 가던 1996년, 소형 아파트 전세가 비율이 80%에 육박했으나 내일보다 오늘을 중요시하는 신세대 맞벌이 부부들은 태평했다. 잠재수요층을 이루고 있는 이들은 내집 마련 콤플렉스에 시달리며 살아온 '쉰세대'들의 닮은꼴 인생을 거부했다. 쉰세대 가장들은 가족이 편히 쉴 수 있는 생활공간인 내 집을 마련하여 가장의 자존심을 지키기 위해 허리띠를 졸라맸으나 신세대들은 내 집 마련에 청춘을 허비하느니 즐기며 살려고 했다.

"나는 소비한다, 고로 존재한다." 집값이 비싼 것도 원인이었지만 남들과 다른 자신을 연출하기 위해 소비하는 성향이 강한 신세대들은 폼나게 살기 위해 집보다 차를 먼저 구입할 정도로 내 집 마련에 적극성을 보이지 않았다. 집은 없어도 차는 있어야 한다는 신세대들의 가치관이 잘 나타났다. 주테크에는 관심이 없었고, 증시가 활황세를 보이자 집을 팔고 전세로 살면서 남는 돈으로 주식 투자를 하기도 했다.

느슨했던 주택 시장에 긴장감이 감돌게 한 곳은 살기 좋아진 분당신도시였다. 주거환경이 갖춰지면서 자체 생활권이 형성되자 그동안 생활이 불편하다는 이유로 저평가되었던 신도시 전셋값이 크게 올랐다. 주거환경이 좋아진 지역을 중심으로 내재가치가 재평가되며 아파트값이 뒤따라 올랐는데, 기아그룹 부도 사태로 국가 경제가 뒤뚱거려 다행히 아파트값 파동으로 확대되지 않고 미완성으로 끝났다.

이와 같이 '전세가 비율이 높아지면 아파트값이 오른다'는 주택 시장의 징크스는 모두 현실화되었다. 따라서 주테크 원칙 제1조는 앞에서도 언급했듯이 거북이(전세가)가 토끼(매매가)를 바짝 따라붙어 전세가 비율이 매매가의 70%를 넘어서면 집을 사두는 것이다.

전세가는 주택은행이 조사를 시작한 1986년 이후 IMF 빙하기인 1998년을 빼고 2000년까지 계속 올랐다. 아파트값 파동을 피해가기 위해서는 서둘러 주택 공급을 확대하여 전세가 비율을 낮춰야 한다.

전세가가 턱밑까지 차오르면 역시 주테크 IQ가 높은 사람들이 먼저 움직인다. 법원경매 시장도 이때 달아오른다. 하지만 인터넷 시대에는 소문도 초고속으로 난다. 법원경매 참여자가 늘어나 입찰경쟁률이 높아지면 낙찰가율이 치솟아 수익성이 떨어지게 되어 사람들은 할 수 없이 매매시장을 기웃거리게 된다.

시세차익을 겨냥해 집을 사두는 투자수요가 증가하는데, 급매물을 전세 끼고 사두면 도랑 치고 가재도 잡는 격이라 거래비용과 금융비용을 제하고도 높은 투자수익을 올릴 수 있다. 가령 8,000만 원에 거래되는 20평

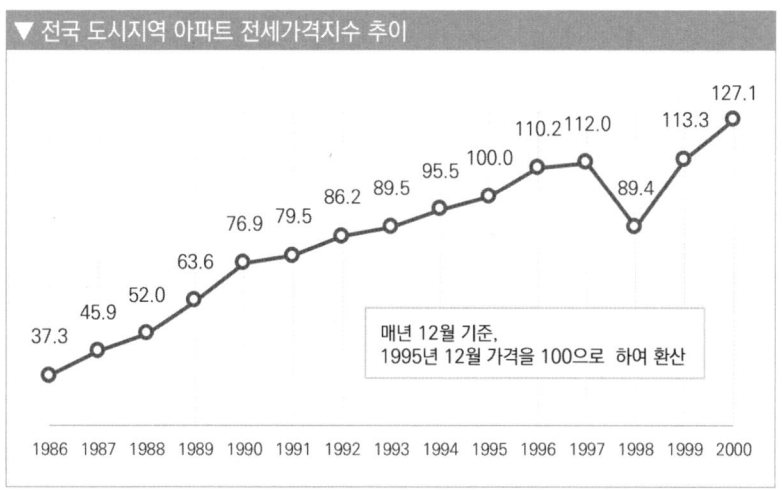

▼ 전국 도시지역 아파트 전세가격지수 추이

매년 12월 기준, 1995년 12월 가격을 100으로 하여 환산

짜리 아파트를 전세금 6,000만 원을 안고 샀다면 실제 투자비용은 2,000만 원에 지나지 않는다. 따라서 싸게 산 아파트값이 10%만 올라도 매매차익을 800만 원 챙겨 단기간에 순투자액 대비 수익률, 즉 현금투자수익률을 40% 올릴 수 있게 된다. 10%와 40%. 열 손가락을 꼽아가며 산수를 하는 초보자와 공식으로 풀어서 수학을 하는 '꾼'의 차이일 것이다.

시세보다 싼 조건의 좋은 매물을 사려면 부동산 중개업소의 도움이 절대적이다. 어물쩍거리면 놓치는 만큼, 짬짬이 시간을 내어 현지 중개업소와 긴밀히 연락을 취해 급매물을 노리는 것이 실속 있는 투자 전략이다. 문제는 종잣돈이 없어 쩔쩔매는 세입자들이다. 피해갈 수 없다면 정면으로 맞서야 한다. 이럴 때에는 비교적 싼 수도권 지역으로 한걸음 물러나 전세로 살면서 남는 돈으로 서울 지역의 집을 전세 안고 사둬 양다리를 걸치는 것도 좋은 방법이다.

이처럼 집은 투자가치가 있을 때 잘 팔린다. 이사철이 되면 투자심리가 살아나 내 집 마련을 미뤄왔던 실수요자들이 맘에 쏘옥 들고 지갑에 딱 맞는 아파트를 찾아 나서며 급매물이 자취를 감추고 소형 아파트를 중심으로 서서히 값이 오르게 된다. 이때 매매시장이 매수자에서 매도자 중심으로 바뀌는데 흥정 주도권을 팔 사람이 쥐게 된다는 것이다.

주택 시장의 7가지 징크스

'아파트값 파동'이란 주택 시장을 둘러싼 여건의 변화로 수요가 일시에 집중되어 수급불균형이 발생하면, 이로 인해 시장 에너지가 강해져 아파트값이 짧은 기간에 큰 폭으로 오르는 것을 말한다. 모든 경제 현상이 그렇듯이 아파트값 파동도 우연히 일어나지 않는다. 무르익으면 떨어지는 과일처럼, 때가 되면 원치 않아도 겪어야 하는 것이 아파트값 파동이다.

지피지기(知彼知己)면 백전백승(百戰百勝)이라. 다른 듯 닮은 아파트값 파동이 어떤 과정을 거쳐 진행되는지 안다면 주테크에 성공할 수 있을 것이다. 단계별로 살펴보자.

1단계 : 전셋값이 오른다

동틀 무렵이 가장 어둡다고, 주택 시장 전망이 암울할 때 아파트값 파동이 싹튼다. 급매물이 시세를 주도하며 집값이 하향안정세를 보이면 집값 상승률이 은행 이자율보다 낮아져 기대수익률에 못 미치기 때문에 투자가치를 잃은 집을 굳이 사야 할 이유가 없게 된다.

매물이 쌓일수록 살 사람은 느긋해지는 법. 주택을 소유하기보다는 이용하려는 경향을 보이는데, 젊은 층을 중심으로 "집 없이 폼나게 살자"며 전세를 선호한다. 일부는 값이 떨어지는 기존 아파트보다 품질이 좋은 새 아파트를 분양받기 위해 전세살이를 자청하기도 한다.

전셋값은 철저하게 수요와 공급의 시장원리에 따라 그림자처럼 움직인다. 전세 수요가 증가하고 전세물건이 부족하면 시장기능에 의해 전세가 오르는데, 매매가에 대한 전세가 비율도 높아진다. 전세를 선호하는 현상에 대해 어떤 이는 주택에 대한 패러다임이 변한 것으로 착각하는데, 아니올시다. 단지 집값이 안정될 때 나타나는 과도기적인 현상에 지나지 않는다.

2단계 : 이사철 소형 아파트값이 오른다

"밀짚모자는 겨울에 사라"는 투자 격언이 딱 맞아떨어지는 시점이다. 매매가보다 한 걸음 앞서가는 전세가 비율은 집값 상승을 예고하는 선행지표가 된다.

전세가 비율은 아파트값 파동을 겪어 매매가가 크게 오르면 낮아졌다가 주택경기가 침체되면 높아지는 특성을 지니고 있다. 소형 아파트 전세가 비율이 높아져 70%를 상회하게 되면 돈을 조금 보태 아예 집을 사려고 해 집값을 밀어올릴 가능성이 높아지므로, 어디 값싼 아파트가 없나 주변을 살펴보아야 한다.

3단계 : 미분양 아파트가 잘 팔린다

아파트가 팔리지 않는 나름대로의 이유가 있게 마련이다. 분양가격이 비싸거나 주거환경이 미흡해 수요자들의 마음을 사로잡지 못했기 때문인데, 경기마저 침체되어 수요가 위축되면 더욱 쌓이게 된다. 따라서 집값 상승을 완충시키는 미분양 아파트 증감 추이를 통해 주택경기 흐름을 가늠해 볼 수 있다.

남들보다 한발 앞서는 투자가 요구되는 시점이다. 주택에 대한 투자는 처음부터 봇물을 이루지 않는다. 투자환경이 좋아져 집값 상승에 대한 기대심리가 강해지면 일부 여유계층이 선취매를 하고, 실수요자들은 집값이 꿈틀거려야 뒤따른다.

이때 눈에 밟히는 것이 미분양 아파트. 미분양 아파트라고 모두 시원찮은 것은 아니다. 팔리지 않은 원인을 잘 살펴보면 의외로 투자가치가 있는 아파트를 찾아낼 수 있다. 분양 조건도 파격적인 경우가 많아, 진흙 속에서

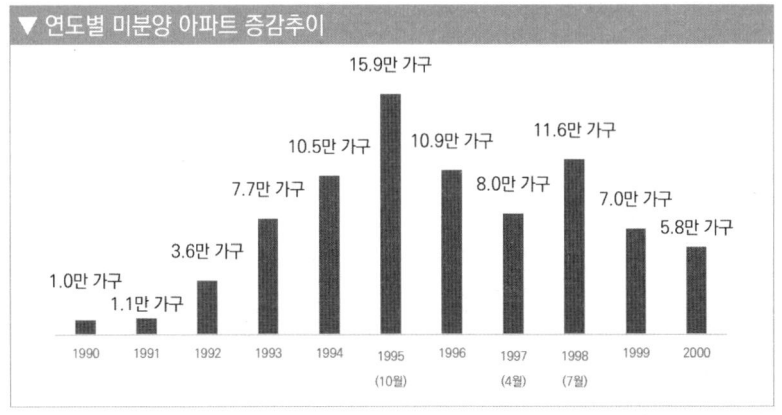

빛을 발하는 진주를 찾듯이 잘만 고르면 돈 되는 아파트가 많다.

경기가 회복되어 실수요자들이 적극적으로 매수 대열에 나서면 자연히 가수요가 달라붙는데, 집값 상승 완충 역할을 하는 미분양 아파트가 줄어들수록 시장 에너지가 강해져 분양권에 붙는 프리미엄도 오름세를 보이게 된다.

4단계 : 분양 시장이 달아오르며 분양가가 오른다

집값 상승의 전주곡인 '아파트 행진곡'이 울려 퍼지며 기다리면서 지켜볼 때가 지났음을 알린다. 투자심리가 살아나면서 상대적으로 값이 싼 분양 시장으로 수요가 몰리는데, 시세차익을 확실히 챙길 수 있는 돈이 되는 아파트의 청약 경쟁이 치열해진다. 그리고 단기 전매차익을 노린 투기성 자금이 유입되며 중·소형 아파트 분양권 시세가 강세를 보이는 소강대약(小强大弱) 현상이 나타난다. 분양권 전매 허용으로 소액투자가 가능해졌을 뿐만 아니라 유동성과 환금성이 좋아졌기 때문이다.

또 모델하우스 앞에 파라솔을 친 떳다방들의 활동도 극성스러워진다. 과장된 소문을 퍼뜨리며 바람을 잡아 가수요까지 끌어들여 아파트를 분양받기가 점점 힘들어진다.

청약 열기는 전체 주택 시장에 영향을 미치는데 서울 지역 동시분양 아파트 청약경쟁률을 보면 쉽게 알 수 있다. 수요가 몰리면 분양률이 높아지고 분양 시장이 '수요자 시장'에서 '공급자 시장'으로 바뀌어 자연히 분양가격이 인상되는데 이는 기존 아파트값에 영향을 미치게 된다. 수요자들은 상대적으로 싸게 느껴지는 분양 시장과 기존 주택 시장을 시계추처럼 오가며 집값을 끌어올리게 된다. 2차 파동과 3차 파동도 분양 시장이 달아오르면서 아파트값이 크게 올랐다.

5단계 : 강남·신도시 중심으로 오른다

동물들이 우두머리가 이끄는 대로 떼 지어 움직이는 것을 무리효과(Herd Effect)라고 한다. 투자자들의 행동도 이와 흡사하다. 돈을 벌 수 있다는 횡재심리가 발동하면 앞뒤 안 가리고 우르르 몰려다니기 때문에 10%가 움직이면 나머지 90%가 뒤를 따른다. 시장 에너지가 넘쳐 집값 상승에 대한 기대심리가 강해지면 집값이 곧 오른다더라는 '카더라 통신'이 나돌게 된다. 이러한 입소문은 더 늦기 전에 사야겠다는 조바심을 자극해 사람을 허둥거리게 만드는데, 남들이 사니까 뒤따라 사는 뇌동매매(雷同賣買)가 이뤄지기도 한다.

경험이 많은 어부는 고기가 모여 있는 곳에 그물을 던진다. 실수요가 뒷받침되면 시세차익을 노리는 가수요도 본격적으로 활동하는데, 이때 매수자가 증가해 매물이 자취를 감추고 아파트값에 거품이 생기는 가격상승기의 증후군이 나타난다. 이쯤 되면 '투자'라는 개념은 온데간데없이 사라지고 '투기'만이 있을 뿐이다. 기존 아파트값이 들썩거리면 이미 대세상승기에 접어들었다는 것이다. 빚을 내서라도 집을 사야 할 때이다.

뭉칫돈도 공격적으로 움직인다. 기다리면 값이 오를 것이라는 기대심리가 작용해 매물을 거둬들여 매물 품귀현상이 나타나고, 팔려는 값도 높게 불러 호가 공백이 벌어지지만, 매수자가 호가를 인정하고 추격매수해 매매가와 분양권 프리미엄이 동반 상승하게 된다. 집값이 상승기류를 타게 되면 성수기와 비수기를 가리지 않지만 주로 이사철과 맞물려 오름세를 보인다.

아파트값은 사람들을 끌어들이는 요인이 많고, 쾌적한 주거환경을 갖춘 지역일수록 상승잠재력이 높다. 서울 강남 지역과 신도시를 중심으로 희소가치가 있는 중·대형 아파트와 역세권 아파트, 한강변 아파트, 재건축 대상 아파트, 환경친화형 아파트 등이 높은 상승률을 보이며 한 단계 레벨 업될 것이다.

6단계(소파동) : 강북·수도권으로 확산된다

파동 국면으로 발전하기 위해서는 기본적으로 몇 가지 조건이 갖춰져야 한다. 첫째, 실물경기가 좋아질 것으로 믿는 사람들이 늘어나면서 소비심리와 투자심리가 살아나야 한다.

둘째, 구매력을 갖춘 실수요가 뒷받침되어야 한다. 실수요가 뒷받침되지 않을 경우 한낱 거품 가격에 지나지 않아 원래의 가격으로 돌아가는 '요요현상'이 발생한다.

셋째, 대형 재료가 필요하다. 1차 파동은 1973년의 오일쇼크, 2차 파동은 1977년의 중동 특수, 3차 파동은 1983년의 채권입찰제 실시, 4차 파동은 1988년의 올림픽 특수와 분양가 자율화 파문. 이러한 조건이 갖춰지면 시중 투기성 자금이 주택 시장으로 흘러들어와 시장 에너지가 감당하기 어려울 정도로 강해져 아파트값이 걷잡을 수 없이 오르는 파동 국면이 진행된다.

7단계(대파동) : 광역시·지방도시로 확산된다

이쯤 해서 정부가 시장에 개입하는데, 투기억제 대책이 발표되고 모든 책임을 뒤집어쓴 중개업소는 도마 위에 오른 생선 꼴이 된다.

집값은 여러 지역에서 동시다발적으로 오르는 것이 아니라 아파트 1번지, 즉 인기 지역에서 먼저 오른 뒤 약간의 시차를 두고 산불이 번지듯 주변 지역으로 확산된다. 따라서 상승 대열에 동참하는 지역의 규모에 따라 소(小)파동과 대(大)파동으로 구분한다.

파동 안에서 시장 흐름 분석하기*

주택 시장을 움직이는 변수를 살펴보면 내부적 요인과 거시경제지표와 같은 외부적 요인으로 나눌 수 있다. 이러한 변수들이 복잡하게 얽혀서 주택 시장이 움직이고 흐름이 형성되는 것이다.

주택경기 흐름이 외환위기를 겪으며 송두리째 바뀌어 뒤죽박죽되었다. 정상궤도를 벗어나 표류하는 바람에 4~5년을 주기로 분출되던 시장 에너지가 봉쇄된 것이다. 이제는 아파트값의 '주기설'이 거론조차 되지 않지만, 나뭇잎이 흔들리는 것을 보고 바람이 불고 있음을 느낄 수 있듯이 주택 시장에 영향을 미치는 내부적 요인을 면밀히 분석해보면 아파트값 파동을 예고하는 시그널이 포착되고 있다. 단지 외부적 요인, 즉 실물경기회복이 더디기 때문에 투자심리가 위축되어 큰 흐름을 놓치고 있는 것이다. 투자심리는 집값이 상승 조짐을 보이고 시세차익을 얻을 수 있다는 기대감이 작용하면 다시 살아날 것이다.

● 이 책의 초판은 2001년, 즉 5차 파동이 한창 진행되고 있을 때 쓰였다. 따라서 5차 파동에 대한 분석은 다른 파동과 달리 현재 시점으로 작성되었음을 양해 바란다.

▼ 주택 시장을 움직이는 변수들	
내부적 요인	외부적 요인
공급물량, 주택정책 변화, 전세가 비율, 대기수요(주택청약 관련 예금 가입자), 미분양 아파트 증감 추이	실물경기 동향, 금리, 시중자금, 물가, 가계소득

정부는 IMF 직격탄을 맞은 주택 시장을 살리기 위해 갖가지 부양대책을 잇달아 내놓았으나 주눅 든 경제환경 탓에 큰 효과를 거두지 못했다. 하얗게 서리 내린 밭에 아무리 좋은 씨앗을 뿌려봐야 싹이 날 리가 없는 것이다. 이 와중에 주택 시장을 옭아맸던 각종 규제들이 사실상 거의 풀려 주택정책의 기본틀이 바뀌었다. 완화된 내용을 살펴보면 이렇다.

- 민간아파트 분양가 자율화 및 분양권 전매 허용
- 1가구 다통장 허용
- 주택임대사업자 등록요건 완화
- 소형주택 의무건설제도 폐지
- 우선청약배수제 폐지
- 재당첨 제한기간 폐지
- 1가구 1주택 이상 소유자 청약 1순위 자격 제한 규정 폐지
- 양도세 감면 대상 확대
- 준농림지제도 폐지

주택경기는 규제하기보다 띄우기가 훨씬 어렵다. 면면을 살펴보면 평지풍파를 일으킬 정책들이 많았으나 체력이 약해진 주택 시장이 '호재 불감증'에 걸려 정책 변화에 민감하게 반응하지 않았다. 그러나 규제 완화는 물이 가득 찬 둑에 구멍을 내는 것과 같다. 경기가 회복되어 미래에 대한 불안감이 봄눈 녹듯이 사라지면 일련의 조치들이 복합적으로 작용해 폭발적인 위력을 발휘하는데, 더하기(+)의 법칙이 아닌 곱하기(×)의 법칙이 적용되기 때문이다. 몸에 좋은 보약도 과하면 독약이 되는 것이다.

거품이란 말은 논리적으로 입증하지 못하는 궁색한 전문가가 자주 사용하는 말인데, 아파트값이 2년 만에 외환위기 이전 수준을 회복한 점을 주목해야 한다. 거품 가격이 아니었다는 것이다. 집값은 1991년 이후 10년 동안 꽁꽁 묶여 있었는 데 반해 소득 수준은 꾸준히 향상되어 집값이 비싸다고 느끼지 않았기 때문이다.

주택은행이 2000년을 기준으로 주택금융 실태를 조사한 결과에 따르면 도시근로자의 연평균소득 대비 주택가격 비율(PIR, Price Income Ratio)이 아

▼ 연도별 월평균 가계소득 추이

(출처:주택은행)

파트 투기가 극성을 부렸던 1990년에는 9.2배였으나 2000년에는 외환위기를 겪었지만 다섯 배로 낮아진 것으로 나타났다. 이는 월평균 가계소득이 1990년에는 96만3,000원이었으나 2000년에 225만 원으로 증가해 5년 동안 한 푼도 쓰지 않고 돈을 모으면 집을 살 수 있을 만큼 구매력을 갖추었다는 얘기다. 따라서 아파트를 분양받아 시세차익을 챙길 수 있다면 언제든지 주택 시장을 기웃거릴 것이다.

전세난도 이미 1998년에 예고됐었다. 매년 60만 가구씩 공급되던 주택 물량이 IMF 한파로 30만~40만 가구로 급격히 감소한 때문이다. 공급 물량이 감소하면 2년 6개월 정도의 시차를 두고 입주물량이 줄어드는데, 제일 먼저 전세 시장에 영향을 미친다. 전세 수요가 많은 이사철에 전세 병목현상이 나타나면서 전세난을 겪게 되는 것이다.

이러한 수급불균형으로 인해 전세난이 당분간 지속될 전망인데, 더욱 심각한 문제는 전세물량이 얼마나 부족한지도 모른 채 전셋값이 오르는 것

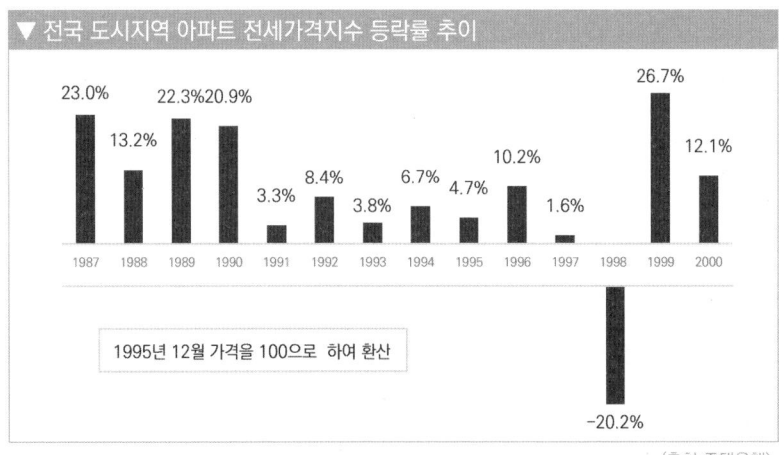

▼ 전국 도시지역 아파트 전세가격지수 등락률 추이

을 지켜볼 수밖에 없다는 것이다. 안타깝게도 전셋값 움직임을 예측할 수 있게 하는 자료가 별로 없어 오직 이사철이 빨리 끝나기만을 바라는 것이 현실이다.

1999년 청포도가 익어가는 여름날, 저밀도 아파트 지구의 재건축 사업 추진이 전셋값 폭등과 매매가 상승으로 이어지며 주택 시장을 휘저어 놓았듯이, 미뤄왔던 저밀도지구에 대한 재건축 사업이 본격화된다면 그 파급 효과는 예상을 뛰어넘을 것이다. 또 소형 아파트 공급마저 줄어들어 입주가 이뤄지는 2000년 하반기 이후, 적어도 2~3년간은 전세물량 부족에 따른 전셋값 상승이 지속될 것이다.

좋을 때와 나쁠 때의 분석법은 달라야 한다

주택 시장에서 수요와 공급의 역학적 구조는 경기가 좋을 때와 나쁠 때를 구분하여 분석해야 한다. 투자심리가 위축되어 주택경기가 침체되었을 때에는 주택 수요도 함께 줄어들어 분양 시장에서 공급물량이 조금만 늘어나도 미분양 주택이 쌓이며 공급체증 현상이 나타난다. 따라서 주택 시장은 순환이 안 되고 정체가 되어 느릿느릿 움직인다.

그러나 주택경기가 회복되면 수요를 자극하게 된다. 집값이 더 떨어지길 기다리던 잠재된 수요가 표면화되면서 수요가 왕성해져, 반대로 수요체증 현상이 나타나며 급물살을 타게 된다. 이와 같이 투자환경이 좋아져 수요가 넘칠 때 공급량이 부족하면 손쉽게 프리미엄을 챙길 수 있기 때문에 아파트 투기(가수요)가 발생한다. 이때 시장 에너지가 강할 경우 공급 확대에 의한 실질적 집값 하락은 분양 시점보다 입주 시점에 더 크게 나타난다.

1989년에 서울에서 주택 공급이 끊기자 아파트값이 폭등하였다. 서둘러 신도시 건설 계획을 발표하고 엄청난 공급물량을 쏟아냈으나 아파트값을 잠재우지는 못했다. 치솟던 아파트값은 2년 후 신도시에 입주를 하면서 살던 집이 매물로 쏟아져 나와 왕성한 수요를 충족시켜주면서 겨우 진정되었다. 아파트값에는 정가(定價)가 없다. 다른 상품과 마찬가지로 시장경제의 가격 메커니즘, 즉 수요와 공급의 원리에 의해 결정되어 지역과 평형 등에 따라 가격이 천차만별이다.

아파트 공급물량이 당분간 크게 늘어나지는 않을 것으로 예상된다. 그런데 실물경기가 회복되고 가계소득이 증가해 외환위기로 집을 팔고 전세로 옮긴 사람들이 잃어버린 집을 찾아나설 경우 집값은 슬금슬금 오르게 된다. 무주택자 가운데 10만 가구만 내 집 마련을 위해 움직여도 그 위력

▼ 2000년 주택청약 관련 예금 가입자 현황

월별	청약예금 가입자	청약저축 가입자	청약부금 가입자	합계
1월	68만4,400명	29만5,796명	65만1,824명	163만2,020명
2월	69만3,842명	30만0,865명	66만1,092명	165만5,799명
3월	89만0,918명	30만3,203명	117만7,526명	237만1,647명
4월	110만8,226명	30만3,492명	154만0,581명	295만2,299명
5월	128만9,158명	30만3,030명	184만3,988명	343만6,176명
6월	141만0,596명	30만3,343명	195만9,001명	367만2,940명
7월	146만5,115명	30만4,154명	193만4,040명	370만3,309명
8월	151만9,984명	30만5,887명	195만4,786명	378만0,657명
9월	161만2,555명	30만7,869명	188만0,511명	380만0,935명
10월	156만0,324명	31만0,649명	196만1,711명	383만2,684명

은 상상을 초월한다. 재건축 이주수요가 1만 가구만 늘어도 주택 시장이 들썩거리지 않는가.

지금까지 주택보급률이 낮아 아파트값 파동이 일어난 적은 한 번도 없었다. 어느 한순간 잠재된 수요가 집중되어 발생할 뿐이다. 두터운 대기수요층을 형성하고 있는 주택청약 관련 예금 가입자 379만 명(2000년 말 기준)이 청약 대열에 나설 경우 파괴력을 예측하기 힘들게 된다. 주택 시장이 안고 있는 고질적인 수급불균형이 다시 불거져 나오기 때문이다.

더욱이 주택임대사업자 자격을 내 집 빼고 두 채를 갖고 있으면 가능하도록 완화하여 수요를 억제하는 제도적 장치도 느슨해졌다. 4차 파동 이후 주택전산망을 가동하여 1가구 2주택 소유자에 대한 중과세로 수요를 억제하였으나, 이제는 취득세·등록세·양도소득세 등 각종 세금감면 혜택까지 받으며 떳떳하게 '집 사 모으기'를 할 수 있게 되었다. 따라서 투자환경이 좋아진다면 임대수익과 시세차익을 동시에 노리는 가수요자들의 다주택 소유가 늘어나 집값을 끌어올리게 될 것이다.

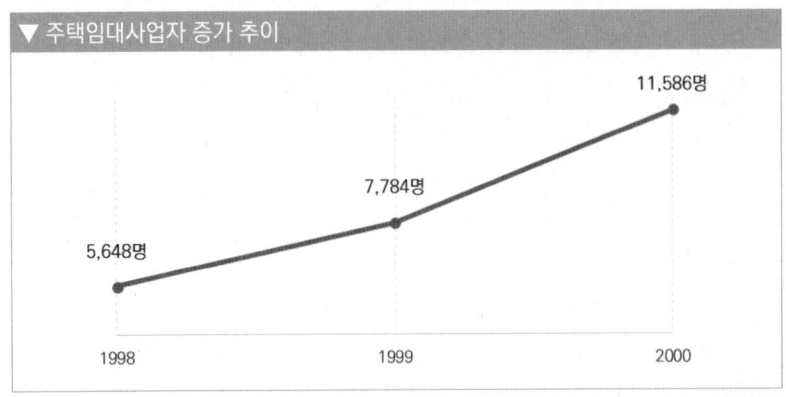

▼ 주택임대사업자 증가 추이

1998: 5,648명
1999: 7,784명
2000: 11,586명

(출처:건설교통부)

'주택보급률 100%'가 일으키는 착시 현상

 전국의 집값을 좌지우지하는 서울과 수도권 지역의 주택보급률도 1996년 이후 정체되고 있다. 특히 서울시는 인구가 줄고 있는데도 불구하고 가구수는 핵가족화로 늘어나 좀처럼 높아지지 않고 있다.
 주택보급률이란 전국의 주택 수를 전체 가구 수로 나눈 값으로, 주택이 얼마나 부족한지 알 수 있다. 1999년 말 현재 전국의 주택보급률은 93%를 넘어섰다. 그런데 지역별로 살펴보면 충남 125%, 강원도와 전남 119%, 전북 117% 순으로 주택보급률이 높은 반면, 전체 인구의 21.6%가 밀집되어 있는 서울 지역은 여전히 71%, 수도권은 83%에 불과해 풍요 속의 빈곤을 연상시킨다.
 이처럼 전체 인구의 절반에 가까운 사람들이 모여 있는 수도권의 주택보급률이 낮은데 '주택보급률 100% 달성'은 아무런 의미가 없다. 결국 초

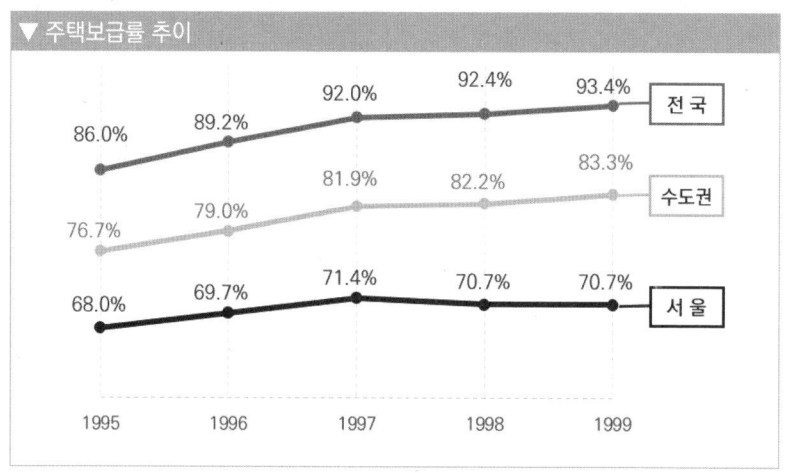

(출처:건설교통부)

과공급된 지방도시의 주택들이 전체적인 보급률을 높인 셈이므로 일종의 착시현상인 것이다. 따라서 주택 시장은 집이 남아도는 지방도시와 부족한 서울을 포함한 수도권 지역을 분리해서 관찰할 필요가 있다.

주택보급률 수치에 지나치게 얽매여서는 안 된다. 주택보급률이 93%에 달하고 있지만, 전체 가구의 12.3%가 온 가족이 방 하나에서 사는 단칸방 생활을 하고 있다. 그리고 국토연구원이 침실, 부엌, 화장실 등 생활에 필요한 주거시설의 확보와 최소한의 면적 등에 대한 점검 항목을 정리하여 최저주거기준을 마련, 1995년 인구·주택 센서스* 통계에 적용한 결과 전체 가구의 34%가 인간다운 생활을 할 수 없는 협소한 주거공간에서 살고 있는 것으로 나타났다.

주택보급률이 높아졌다는 것은 주택난이 완화되었다는 것을 의미할 뿐 1가구 1주택이 된다는 얘기가 절대 아니다. 단지 삶의 질을 높이기 위해 주택의 용적률(대지면적 대비 연건평의 비율)을 낮춰 층수를 제한해 재건축 기준이 까다로워지고, 주거환경을 악화시키는 다세대주택의 건축기준을 강화하는 등 도시환경이 좋아질 뿐이다. 이웃나라 일본은 국민소득이 1,700달러였던 1968년에 주택보급률 100%를 달성했으나 이후에도 내 집 마련 파동을 몇 차례 겪으며 집값이 폭등하였다.

또 주택보급률은 높아지는데 '자가점유비율(내 소유의 집에 거주하는 비율)'은 게걸음하고 있음을 간과해서는 안 된다. 집값이 안정되기 위해서는 선진국과 같이 자가점유비율이 60% 선까지 높아져야 하는데, 1995년 인구·주택

● 5년 단위로 대한민국 내 모든 사람, 가구, 주택에 대한 규모 및 특성을 파악하는 국가 통계의 핵심 조사. 현재는 '인구주택총조사'로 이름이 바뀌었다.

센서스 결과에 따르면 전국의 자기 집 비율은 53.3%, 서울 지역은 39.7%에 불과하다.

자가점유비율이 낮다는 것은 세입자들이 많다는 것이고, 그만큼 잠재 수요층이 두텁다는 것으로, 구매력이 있는 수요자들이 호시탐탐 내 집 마련의 기회를 엿보고 있다는 것을 의미한다. 앞에서도 언급했듯이 IMF 빙하기에 생활이 어려워져 눈물을 머금고 살던 집을 팔아, 대도시의 경우 자가점유비율이 50%에도 못 미치고 있어 집값 상승 압력은 지속될 것이고, 주택보급률과 자가점유비율 낮은 서울과 수도권 지역을 중심으로 아파트 값이 오를 것이다.

전 국토의 11.8%에 불과한 수도권으로의 인구 유입도 여전하다. 1980년에는 전체 인구의 34.8%가 밀집되었으나 1990년 42.8%, 2000년에는 46.3%(2,135만 명)로 점점 높아지고 있다. 통계청이 발표한 인구이동 집계 결과에 따르면 2000년 한 해 동안 수도권에 전입한 사람이 전출자보다 많아

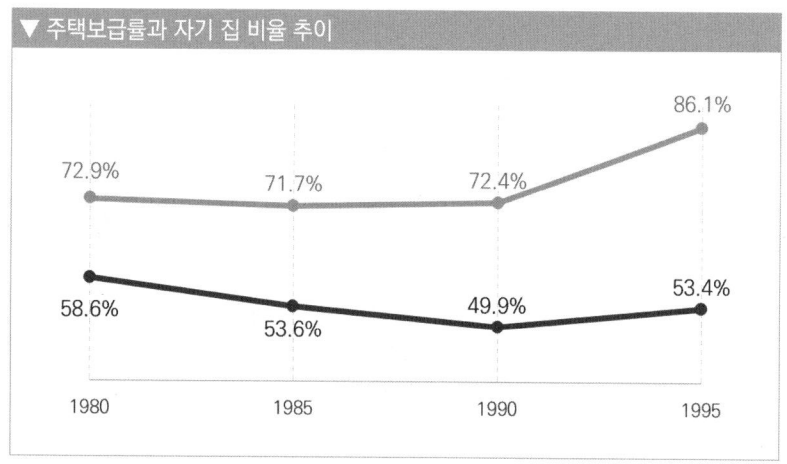

▼ 주택보급률과 자기 집 비율 추이

(출처:통계청)

순유입 인구는 15만 명인 것으로 나타났다. 이는 1년 동안 주택 수요가 4인 가족 기준으로 3만7,500가구 늘어났다는 것을 의미한다. 이들을 수용하기 위해 매년 얼마나 많은 택지를 개발하고 주택을 지어야 하는지 짐작이 갈 것이다.

가뜩이나 교육 여건과 문화시설의 부족 등으로 소외감을 느끼는 지방 거주자들이 외환위기를 겪으며 지방 경제가 침체되자 이참에 일자리를 찾아 수도권으로 생활 터전을 옮기는 경우가 늘어나면서 수도권 인구집중 현상이 다시 심각해지고 있다. 그런데 주택이 남아도는 지방도시에서는 인구가 줄어들고 있다는 것을 간과하고 있는 듯하다.

주택을 지을 수 있는 택지개발예정지구 지정 면적이 해마다 줄어들고 있는데, 마구잡이식 난개발을 막기 위해 수도권 준농림지의 개발마저 규제하여 주택 공급물량이 30% 정도 감소하게 되면 불안요인으로 작용할 것이다. 더욱이 포화상태에 이른 신도시의 인접지역에서 공급물량이 감소한다

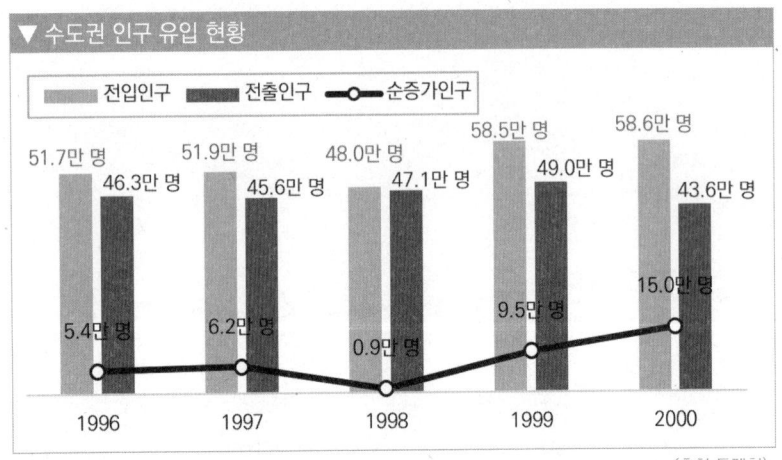

면 수요가 집중되어 시장 에너지가 강해질 경우 완충지대가 좁아져 집값 상승 파급효과가 크게 나타날 것이다.

무엇을 보고 결정해야 하는가

집값은 오를 듯 말 듯 엉거주춤한 상태로 있고 전셋값이 매매가의 턱 밑까지 차오르면 '이참에 집을 살까' 하고 망설이게 되는데, 결정을 내리기는 좀처럼 쉽지 않다. 무리해서 집을 장만하자니 괜히 돈만 묶일 것 같고, 그렇다고 좀 더 기다려보자니 집값이 불쑥 오를 것 같아 왠지 불안하다.

불확실한 미래에 대한 투자는 항상 위험이 따른다. 투자가치를 판단하기 위해 먼저 기회비용을 따져봐야 하는데, 투자의 손익분기점인 은행이자를 웃도는 투자수익을 얻을 수 있어야 한다. 이때 흔히 주(住)테크와 주(株)테크를 놓고 저울질하게 되는데, 결정을 내리기가 쉽지 않다. 일반적으로 주택에 투자하는 것은 주식보다 리스크가 적은데, 수건 돌리기와 폭탄 돌리기로 비교할 수 있다. 수건 돌리기는 술래를 정하기 위해 즐기는 게임이지만, 폭탄 돌리기는 희생이 따른다. 언제 누구 손에서 터질지 모르기 때문이다.

굵고 짧게 살 것인가, 아니면 가늘고 길게 살 것인가. 청룡열차를 탈 것인가, 아니면 관광열차를 탈 것인가. 스트레스 쌓이는 주식 투자는 전문가도 실패할 확률이 높지만, 주택 투자는 사용가치가 있어 그냥 눌러살면 밑져야 본전이다. 또 수익성과 환금성뿐만 아니라 값이 쉽게 떨어지지 않는 하방경직성까지 갖추고 있어 안전성도 높은 투자상품이기도 하다. 따라서 평생 살 집을 먼저 마련해놓고 여유자금이 있다면 주식 투자를 하는 것이 세상을 살아가는 지혜일 것이다.

그리고 주택 투자는 무엇보다 때가 중요한데, 언제가 좋을까. 거시경제지표들이 하나 둘 호전되어 경기가 회복한 다음 뛰는 말에 올라탈 것인가. 아니면 바람이 불기 전에 길목 지키기에 나설 것인가. 거위가 황금알을 낳는 시기를 택해야 하는데, 역시 쉽지가 않다. 햄릿이 될 것인가, 돈키호테가 될 것인가. 결국 스스로 선택해야 할 몫인 것이다. 몇 가지 확실한 점은 있다.

첫째, 저금리 정책이 유지되는 한 집값은 쉽게 하락하지 않는다. 안전한 은행에 예금을 하자니 이자가 턱없이 낮아 시중 눈치자금이 기대수익률 높은 투자 대상을 찾아 헤쳐모이게 된다. 따라서 임대수익률이 높은 주택상품에 대한 투자수요가 증가하기 때문에 저금리는 집값을 밀어올리게 된다.

둘째, 주택 시장으로 눈을 돌려 투기가 아닌 투자를 해야 할 때이다. 장기적인 안목을 가지고 멀리 내다보고 주테크 IQ를 차근차근 높여가며 내 재산, 내 형편에 맞는 투자를 해야 한다.

셋째, 시세차익을 겨냥해 전세를 끼고 집을 사두는 투자수요가 감소했기 때문에 주택 공급이 감소했지만 집값은 오르지 않았다. 집값은 바람 부는 대로 흔들리는 갈대 같은 집단심리에 의해 영향을 받는다. 즉 공감대가 어떻게 형성되느냐에 따라 아파트값이 결정되는데, 실물경기가 회복되어 소비와 투자심리가 살아나 수요가 증가한다면 결과는 뻔하다. 늦었지만 지금이라도 주택 공급을 확대해야 한다.

넷째, 아직도 국민들의 부동산에 대한 관심은 각별하다. 따라서 주택 수요는 사라지지 않는다. 단지 잠재될 뿐이다.

주택경기 순환은 계속된다

그동안 한국 경제는 60년대의 월남특수, 70년대의 중동특수, 80년대의 올림픽 특수를 누리며 눈부신 발전을 이룩하였다. 1965년, 혈맹국 월남에 국군을 파병하여 달러가 쏟아져 들어와 경부고속도로와 지하철을 건설하고, 울고 넘었던 춘궁기 보릿고개를 불도저로 밀어버렸으며, 가난의 상징이었던 초가집을 농촌에서 추방하였다. 그리고 월남특수는 한강의 기적을 일으키는 원동력이 되었다.

1977년, 중동 건설현장에서 근로자들이 송금하는 오일달러로 외환인플레를 겪었다. '아파트 신드롬'과 복부인의 치맛바람이 어우러져 전국이 투기 열풍에 휩싸였지만, 중동특수를 누리며 중화학공업의 기반을 다질 수 있었다.

88올림픽을 유치하면서는 경사가 겹쳤다. 3저 호황까지 누리며 시중에 돈 풍년이 들자 뭉칫돈이 주택 시장과 주식 시장을 휘저어 놓았다. 종합주가지수가 1,000포인트를 돌파했고, 아파트값은 일곱 차례에 걸쳐 올라 대형 아파트값이 평당 1,000만 원을 넘어섰다. 하지만 올림픽 특수 덕분에 사회간접자본(SOC)을 확충할 수 있었다.

이와 같이 세 차례의 특수를 누리며 괄목할 만한 경제 발전을 이룩하였다. 그리고 2002년에는 월드컵 특수가 이어졌다. 월드컵 개최로 세계 속에 코리아의 위상을 뽐냈으며, IMF 빙하기로 위축된 국민들에게 자신감을 심어주었다. 월드컵특수가 경제 전반에 미치는 파급효과도 기대 이상이 되었고, 대통령선거가 이어져 간접적으로 시장 에너지를 응집시킬 것이다.

금리가 뚝 떨어졌고, 주택 공급물량이 4년째 큰 폭으로 줄어들었으며, 정부가 주택경기를 활성화하기 위해 세금감면 정책을 추진하고, 집값 상승을 완충시키는 미분양 아파트가 슬금슬금 줄어드는 등 주택 시장을 둘러싼 투자환경이 점점 좋아지고 있어 집값을 끌어올리는 상승작용을 할 것이다.*

우리는 있는 그대로를 보지 않고 보고 싶은 것만을 보려고 한다. 아파트값 파동을 겪게 되면 얻는 것만큼 잃는 것도 많아 모두가 피해자가 되기 때문에 다시는 발생하지 않아야 하지만, 안타깝게도 일어날 가능성이 있는 일이라면 반드시 일어난다. 아파트값 파동은 항상 예고 없이 찾아와 세상을 발칵 뒤집어 놓았고, 시간이 흘러 마음의 상처가 아물면 까맣게 잊어버리는 집단 건망증의 악순환이 반복된다.

그렇게 네 번의 파동을 겪었다. 그리고 아파트값 파동은 현재 진행형이다. 아파트값 파동에는 마침표가 없다. 단지 쉼표가 찍힐 뿐이다. 선진국이 그랬듯이 주택경기 순환은 계속 이어질 것이다.

끝으로, 시간은 기다려주지 않는다. 기회가 왔을 때 놓치지 말고 잡아야 한다. 파종을 하지 않고 수확을 할 수 없듯이, 고지는 공격하는 자만이 점령할 수 있는 것이다. 빨리 하는 것보다 앞서 움직이는 지혜가 필요하다. 시간을 지배하는 자에게 밝은 미래가 있다.

● 실제로 2002년 한국의 부동산 시장은 급등하여 한 해 동안 전국 아파트의 평균주택가격지수는 16.2% 상승했고, 서울은 30.7% 상승했다. 이후 2003년 정부의 규제 정책 발표와 신용카드 대란의 후유증으로 부동산 가격은 다소 안정을 되찾았다가 크고 작은 단기파동이 계속 이어지며 2006년까지 상승세를 보였다.

제7장

그로부터 20년 후, 오늘날의 파동은

이재명 정부에 대한 기대심리, 코스피 상승으로 인한 부의 효과,
금리 인하와 지역화폐 등을 통한 유동성 증가에 대한 기대감은
실제로 일부 지역의 거래 증가를 불러오기도 했다.
그러나 과거와 같이 섣부른 낙관은 금물이다.
서울·수도권의 주택공급은 여전히 부족하고, 인구는 계속 줄어들고 있으며,
정책은 언제 또 바뀔지 모르기 때문이다.

가장 최근의 파동은 언제였을까*

이 책의 초판이 출간된 2001년 이후 20년 넘는 시간이 흘렀다. 당연하게도 그 사이에 한국 부동산 시장은 몇 차례에 걸친 큰 상승장을 몇 번 더 경험했다.

크게 보자면 2001년에서 2006년까지 이 책에서 예측한 5차 파동의 물결이 시장을 한 번 휩쓸었고, 2015년에서 2021년까지는 6차 파동이라 불릴 만한 새로운 파동이 일어나 투자자들의 희비가 엇갈렸다. 그 과정에서 벌어진 단기적 반등까지 합하면 참으로 다양한 파동이 지나갔다. 이 책의 분류법을 따르자면 완전개정판이 출간된 2025년 현재는 6차 파동의 광풍이 휩쓸고 지나간 후 찾아온 침체기에서 새로운 파동을 기다리는 시간이라고 볼 수 있겠다.

재미있는 것은 파동이 일어날 때마다 대부분 과거의 경험이 반복적으로 나타나고, 이 과정에서 투자자들은 또다시 유사한 패턴을 경험한다는 것이다. 어찌 보면 당연하다. 한국의 부동산 시장은 주기적으로 반복되는

---

* 제7장의 내용은 부록 신현강 작가가 집필하였다.

구조를 가졌기 때문이다.

이미 지나간 파동을 자세히 분석하는 것이 무슨 의미가 있을까 싶지만, 그래도 가장 최근의 6차 파동은 대략적으로나마 분석해 볼 가치가 있다고 생각된다. 파동의 여파가 지금까지도 이어지고 있고, 시대가 흐르면서 어떤 방식으로 다르게 나타났는지도 살펴볼 필요가 있기 때문이다. 여기에서는 지난 6차 파동을 간단히 짚어보도록 하겠다.

가장 최근에 일어난 아파트값 6차 파동은 2015년을 전후하여 본격적으로 시작되었다. 당시의 상승장은 여러 요인이 동시에 작용한 결과였다. 초저금리 기조, 글로벌 유동성 확대, 정부의 경기부양책, 수도권을 중심으로 한 신규공급 부족 등이 복합적으로 작용했다.

그러나 그 시작은 2013년과 2014년에 걸쳐 박근혜 정부가 시행한 부동산경기 부양 정책에서 찾아야 한다. 역대 최고 상승률을 기록했던 5차 파동의 후유증 때문인지 당시의 부동산 시장은 오랜 침체기에 빠져 좀처럼 벗어날 줄을 몰랐다. 이번에도 사람들은 "이제 부동산으로 돈 버는 시대는 끝났다, 대세하락이 시작됐다"고 스스럼없이 말하곤 했었다.

움츠린 시장의 어깨를 펴준 정부 정책

당시에는 부동산뿐만 아니라 전반적인 경제 상황이 침체되어 있었고, 정부는 부동산경기를 살림으로써 다른 분야까지 영향이 확대되기를 바랐다. 부동산경기가 살아나면 건설경기도 살아나는데, 건설은 다른 분야에 미치는 파급효과가 매우 큰 산업이기 때문이다. 그래서 정부는 부동산경기를 살리기 위한 정책을 적극 시행했다.

대표적인 것이 2013년 4월 1일에 발표된 '4.1 부동산 대책'이다. 그중에서도 '양도소득세 면제 특례'는 특히 주목할 만했다. 2013년 한 해 동안 9억 원 이하의 신규 분양주택, 미분양 주택, 1가구 1주택자가 매도하는 주택(85㎡ 이하)을 사면 향후 5년간 양도소득세 전액을 면제해준다는 파격적 제도였다. 본래 취지는 미분양 물량을 해소하고, 일시적 2주택자의 주택 처분 부담을 줄여줌으로써 거래를 촉진하겠다는 것이었다.

하지만 숨죽이고 있던 투자자들에게는 다른 의미로 구미가 확 당기는 제도였다. 다주택자인 투자자들은 양도세가 늘 부담이었는데, 그 부담을 완전히 없앨 수 있다니 획기적이었다. 게다가 당시에는 오랜 전세난 때문에 전세가율이 최고조에 달하던 시기였다. 전세를 안고 사면 1,000만 원만 가지고도 서울 외곽지역의 구축아파트를 살 수 있었다.

침체기에서 몸을 낮추고 있던 투자자들이 조금씩 시장으로 나왔다. 양도세 면제가 가능한 물건만 찾아다니며 사들이기 시작했고, 이는 거래량 증가와 실거래가 상승으로 이어졌다. 가격상승의 마중물이 된 것이다. 가격이 오름세로 돌아선 것을 보자 더 많은 투자자들이 시장에 뛰어들었고, 나중에는 실수요자들도 가세했다.

2014년 9월에 발표된 '9.1 부동산 대책'은 재건축 사업을 촉진하겠다는 의지를 잘 보여주었다. 구체적 조치는 다음과 같았다.

- 재건축 가능 연한 단축 (기존 40년 → 30년)
- 택지개발촉진법 폐지
- 주택청약 1순위 자격 요건 완화 (가입 후 2년 → 1년)

재건축 가능 연한 단축은 강남권 재건축 시장에 활기를 불어넣었다. 강남구 개포동, 강동구 고덕동과 둔촌동 등의 재건축 사업이 활발히 진행되었는데 이는 인근 지역의 아파트 가격을 상승하는 촉진제가 되었다.

또한 청약제도가 개편되면서, 가입 후 최소 2년이 지나야 1순위 자격을 얻을 수 있었던 것이 1년 만에도 가능해졌다. 1순위 자격을 얻기가 쉬워지자 사람들은 신규분양 아파트에 관심이 많아졌고, 이는 가격상승의 불씨가

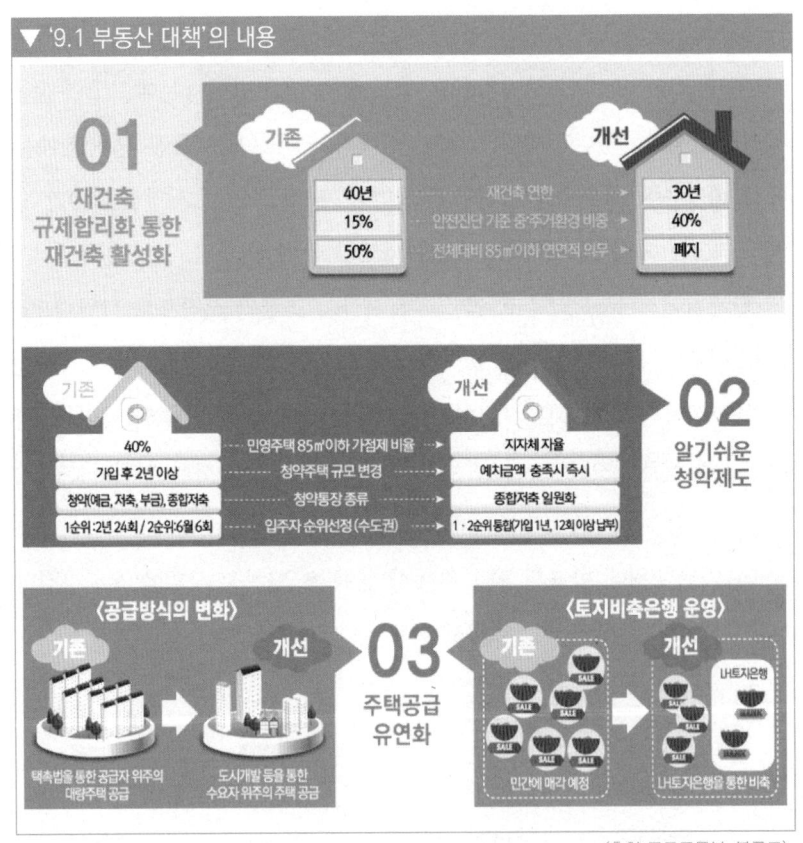

(출처:국토교통부 블로그)

되었다.

정부의 강한 의지는 2014년 12월에 국회를 통과한 '부동산 3법'에서 가장 잘 드러난다. 본격적 시행은 2015년 4월부터였는데, 구체적 내용은 이랬다.

첫째, 분양가상한제의 탄력적 적용이다. 민간택지에 대한 분양가상한제를 유예하거나 폐지하여 분양가를 시장 상황에 따라 유연하게 책정할 수 있게 했다. 분양가를 높이는 게 쉬워지자 건설사들의 숨통이 트였고, 분양시장이 활성화되었다.

둘째, 재건축초과이익환수제의 유예다. 재건축초과이익환수제란 재건축 과정에서 조합원이 8,000만 원 이상의 이익을 얻을 경우 최대 50%까지 국가가 부담금으로 환수하는 제도다. 이 제도를 3년간 유예함으로써 재건축 사업의 부담을 줄였다. 그 결과 재건축, 특히 강남권 재건축의 사업 속도가 빨라졌다.

셋째, 재건축 시 다주택자의 입주권 허용이다. 수도권 과밀억제권역에서 진행되는 재건축 사업의 조합원이 다주택자라도 신규 아파트 입주권을 포함해서 최대 3개의 주택을 소유할 수 있도록 규제를 완화했다.

역대급 저금리 시대의 시작

저금리도 시장 활성화에 한몫했다. 한국은행은 2014년과 2015년에 걸쳐 기준금리를 연속적으로 인하하며 초저금리 시대를 열었다. 2014년 8월 기준금리를 2.25%로 낮춘 데 이어 10월에는 2.00%로, 다시 2015년 3

월에는 1.75%로, 그리고 6월에는 1.50%로 세 차례에 걸쳐 연속 인하했다. 이로써 한국에는 사상 초유의 저금리 시대가 열렸다.

금리가 낮아지면 주택 매수심리가 살아난다. 금리 인하로 가계의 이자 부담이 줄어들고, 주택담보대출에 대한 진입장벽도 낮아지기 때문이다. 즉, 대출을 받는 데에 부담이 적어지는 것이다. 보험연구원의 분석에 따르면, 2015년 6월 기준금리가 1.75%에서 1.50%로 0.25%p 낮아지면서 예금은행의 주택담보대출 금리가 동반 하락했고, 이로 인해 2014년 2분기 이후 매매거래량이 연평균 약 19.2% 증가했다고 보고되었다.*

낮은 이자로 부담 없이 대출을 받아서 주택을 마련하는 실수요자들이 늘어났다. 여기에 전세수요 중 일부도 매매로 전환되며 부동산 시장 전반에 활력이 붙었다. 전세가와 매매가 차이가 별로 많이 나지 않으니, 차라리 돈을 좀 더 보태서 내 집을 사버리자는 심리가 확산된 것이다.

국토연구원 보고서에 따르면, 2008년의 글로벌 금융위기 이후 금리 변화가 부동산 가격에 미치는 영향력은 과거보다 훨씬 커진 것으로 나타났다. 금리 인하 시점에 따라 집값이 빠르게 반응한다는 것이 통계적으로 나타난 것이다. 이러한 현상은 특히 2012년부터 강해졌으며, 그 대표적인 사례가 2014년에서 2015년의 부동산 시장이라고 볼 수 있다.**

한국은행이 초저금리 정책을 선택한 이유는 침체된 경기를 부양해야 한다는 나름의 위기의식 때문일 수도 있다. 그러나 "빚 내서 집 사라"던 당

- 보험연구원 「KIRI 위클리」 제337호, 2015년 6월 15일자.
- • 박진백, 「주택가격에 대한 금리의 시간가변적인 영향 연구 – 금리상승기와 금리하락기 영향 비교를 중심으로」, 국토연구원 2022.07.08.

시 정부 정책과 공교롭게 맞물리면서 많은 비판을 받기도 했다. 어쨌든 덕분에 대출이 용이해지고, 주택담보대출 이자 부담이 줄어들자 실수요자와 투자자의 매수심리가 살아난 것은 사실이다.

6차 파동의 시작, 어떤 신호가 있었나

▼
▼
▼

부동산 시장이 살아날 때 가장 먼저 반응하는 곳은 청약 시장이다. 청약 1순위 요건이 완화된 2015년 2월에는 더 많은 수요자가 청약 시장에 진입했다. 오랜만에 아파트 분양 시장이 활기를 띠었다.

청약 시장의 강세

분양물량이 넉넉하게 풀렸음에도 경쟁률이 낮아지기는커녕 오히려 높아졌다. 분양물량이 풀린 것보다 훨씬 더 많은 가구가 청약에 뛰어들었기 때문이다. 전국의 아파트 청약자 수는 2014년 약 175만 명이었으나 2015년에는 약 412만 명으로, 두 배가 훨씬 넘게 늘었다. 그중 1순위 청약자만 무려 392만 명이었다. 청약경쟁률이 수백 대 1을 넘는 단지가 나온 것은 어쩌면 당연한 일이었다.*

• 중앙일보 2016.01.05. "2015년 분양시장, 물량도 청약경쟁률도 '최고'"

"어제(27일)부터 주택청약 조건이 완화되면서 수도권에서만 1순위 청약자가 최대 700만 명에 이를 것으로 보입니다. 아파트 분양 시장도 들썩이고 있습니다. (…) 건설업계도 분양을 서두르고 있습니다. 다음 달 분양하는 전국의 아파트는 약 6만 가구로 2000년 이후 최대치입니다. 지방은 이미 지난 2010년부터 1순위 문턱을 낮췄는데 청약경쟁률이 큰 폭으로 올랐습니다. 전세난에 시달리는 실수요자들이 내 집 마련에 나서게 될지 관심이 쏠리는 가운데 일부 전문가들은 부동산 시장의 과열을 우려하고 있습니다." [JTBC뉴스 2015.02.28.]

특히 2015년 4월부터 민간택지의 분양가상한제가 폐지되면서 건설사들은 분양가를 자율적으로 책정할 수 있게 되었다. 시장 분위기가 좋으니 건설사들이 분양가를 높이는 것은 당연했다. 분양가가 상승하자 기존 아파트들의 가격도 그에 맞춰 올랐고, 매매가 오르자 투자 열기도 달아올랐다.

그중에는 관리처분계획인가를 빨리 받은 탓에 여전히 분양가 상한제를 적용받는 단지도 있었다. 이런 아파트의 청약 열기는 더더욱 뜨거울 수밖에 없었다.

"서울 강남 등 일부 지역의 재건축 아파트들도 분양가가 오를 조짐이 나타나고 있습니다. 건설사들이 인상을 검토하고 있는 데다 재건축조합들도 자신들의 부담을 줄이려고 일반 분양분의 가격을 올리려 하기 때문입니다. 이런 분위기 속에 지난 1일 이전에 승인을 받아 아직까

> 지 분양가 상한제가 적용되는 아파트의 모델하우스는 청약 희망자들로 북적였습니다. (…) 주택협회는 회원 건설사들에 "과도한 분양가 인상을 자제해 달라"는 공문을 보냈습니다." [SBS뉴스 2015.04.03.]

전세가격 상승과 매매시장 정상화

복합적인 정부 정책의 결과는 매매거래량의 급격한 증가였다. 급기야 2015년 주택매매거래량은 역대 최고 수준인 약 119만 건을 기록했는데, 특히 서울과 수도권의 거래가 폭발적으로 증가하며 주택 시장의 분위기가 급격히 회복되고 있었다.

거래량이 늘어난 데에는 각종 규제 완화로 인한 투자수요의 증가도 있었지만, 오랜 전세난도 중요하게 작용했다. 매매시장이 침체기를 겪을수록 실수요자들은 내 집을 마련하기보다 전세로 계속 머무르려는 심리가 강해진다. 그동안 워낙 오랜 기간 부동산 시장이 침체를 겪다 보니 전세수요는 계속 커져 왔고, 급기야 서울 및 수도권의 경우 전세가가 매매가의 90%에 이르는 지역이 나타날 지경에 이르렀다.

이런 분위기에서 매매가가 오르기 시작하자 그동안 전세를 고집했던 실수요자들도 매매로 돌아서기 시작했다. 투자수요가 마중물이 되고, 실수요자가 본격적인 흐름을 만드는 것이다. 실수요자들이 시장에 들어오기 시작하면 가격은 급격하게 상승한다. 더 오르기 전에 사야 한다는 심리가 너도나도 생겨나기 때문이다.

"지난달 서울의 주택 매매 거래량은 만 2천여 건으로 지난해보다 10.4% 급증했고, 서울을 포함한 수도권 역시 3만 7천여 건으로 4.3% 늘어났습니다. 서울과 수도권 모두 관련 통계가 나온 지난 2006년 이후 2월 거래량으로는 최다를 기록했습니다. (…) 이는 전세난으로 전세가격이 꾸준히 상승하면서, 비슷한 가격대의 주택 수요가 늘어났기 때문으로 분석됩니다. 여기에 봄 이사 철과 결혼 시즌까지 다가오면서 당분간 실수요자들의 주택 매매는 이어질 것으로 전망됩니다."
[YTN뉴스 2015.03.09.]

수도권에서는 심각한 공급 부족 현상이 나타났다. 강남권을 중심으로 재건축 사업이 본격화되긴 했지만, 실제로 아파트가 지어져서 입주하기까지는 시간이 한참 걸리기 때문에 공급물량이 늘어난 것은 아니었다. 오히려 재건축 사업 때문에 전세수요가 늘어난 부분도 있다. 재건축·재개발 사업이 진행되면 해당 주택에 살던 사람들이 공사가 끝날 때까지 머물 전셋집을 구하기 때문이다.

엎친 데 덮친 격으로 전세매물은 오히려 줄었다. 금리가 계속 낮아지자 집주인들이 전세를 놓지 않고 월세로 전환하는 경우가 많아졌다. 전세보증금을 받아서 은행 이자를 받는 것보다 월세를 받는 것이 더 수익률이 높았기 때문이다.

이처럼 수요는 늘고 물량은 줄어들자 전셋값은 그야말로 천정부지로 올랐다. 이렇게 되면 전세수요가 매매수요로 전환되면서 매매가 활성화되고, 매매가격이 오른다. 전세가가 매매가를 밀어올리는 효과가 나타난 것이다.

"하늘 높은 줄 모르고 치솟는 전셋값. 지난 15일 기준 전국 아파트 전셋값은 전주보다 0.12% 올랐고 수도권에서는 서울이 0.19% 올라 52주 연속 상승세를 이어갔습니다. 여기에 금리가 낮아지면서 집주인들이 월세로 바꾸는 데다 재개발이나 재건축 이주 수요도 많아지면서 전세는 구하기도 어려워졌습니다. 치솟는 가격에 물량마저도 줄어드는 최악의 '전세난'. 이 때문에 빚을 내서라도 집을 사려는 사람들이 많아졌습니다. 눈에 띄는 건 2030 세대, 젊은이들이 내집 마련에 적극 나서고 있다는 겁니다. 시중 4개 은행의 30대 주택담보대출 잔액은 1년 새 25% 늘어 올해 4월 말 기준으로 52조 6천여억 원. 20대의 대출 잔액은 같은 기간 무려 45.6%나 늘었습니다." [채널A뉴스 2015.06.23.]

그러나 회복에 대한 의심은 여전했다

각종 규제 완화와 함께 시장은 조금씩 살아나고 있었지만, 사람들은 여전히 의심했다. 그동안 시장이 너무 오랫동안 침체된 탓에 '대세하락론'이 강하게 퍼져 있었고, 그걸 믿었던 많은 사람들은 "저러다가 곧 떨어진다"면서 집을 사지 않고 버텼다. 결국 이 사람들은 6차 파동의 기회를 살리지 못했다.

분양 시장은 살아나고 있었지만 이로 인한 공급과잉을 우려하는 목소리도 높았다. 시장 분위기가 좋아지자 건설사들이 미뤄뒀던 아파트 분양을 시작하면서 분양물량이 크게 늘어난 건 사실이다. 2015년 아파트 신규 분양물량은 51만 가구가 넘었는데, 이는 이전 10년 동안의 최대 물량이었다. 그중에서 서울과 수도권에 분양된 물량이 약 27만 가구로, 전년 대비 두 배가 넘었다.* 2016년에도 약 47만 가구가 분양되었다. 이렇게 물량이 연이어 풀리면 미분양이 생길 수 있고, 입주 시점에 부작용이 올 수 있다는 우려가 나왔다.**

"(…) 대형 건설사들이 하반기 분양하는 물량만 11만 가구로, 상반기 공급된 물량의 거의 두 배에 이릅니다. 하지만, 거품이라는 지적이 많습니다. 시세 차익을 노린 분양권 거래가 늘고 있고, 일부 지역에서는 업·다운 계약이 의심되는 불법 분양권 거래가 매일 2건씩 이뤄질 만큼 투기 수요가 많기 때문입니다. 이미 작년보다 20% 이상 급감한 주택 거래 위축 추세는 하반기에도 지속될 전망인데, 내년에는 최근 10년 사이 가장 많은 30만 가구의 입주 물량이 대기하고 있어 실수요로 다 소화될지 우려되는 상황입니다. (…)" [MBC뉴스 2016.07.20]

하지만 이런 우려가 무색하게 매매수요는 꾸준히 늘어났다. 규제가 완화되었고, 전세가격 상승이 계속되었으며, 금리도 낮은 상태를 유지하자 매매로 돌아서는 실수요자들이 점점 늘어났다. 시세 상승을 확인한 투자자들의 관심도 늘어나면서 시장에 진입하려는 수요는 점점 커져가고 있었다.

● 중앙일보 2016.01.05. "2015년 분양시장, 물량도 청약경쟁률도 '최고'"
●● Korea JoongAng Daily 2016.06.21. "Here comes a bubble"

시장이 상승하고 규제가 시작됐지만

분위기가 한껏 달아오른 상태에서 2017년 5월에 대통령이 바뀌었다. 상승 정책을 주도했던 박근혜 정부가 탄핵으로 물러나고, 문재인 정부가 집권한 것이다.

새로운 정부는 조심스럽게 규제를 검토하기 시작했다. 당시 정부 입장에서 생각해보면 시장이 살아나는 것은 좋지만, 주택담보대출이 늘어나면서 가계부채가 급증하는 것은 우려할 문제이기도 했다. 게다가 매매가 상승을 확인한 투자자들이 계속 진입하게 된다면 부동산 시장은 점점 불안해질 수밖에 없었다.

정부 규제와 투자 심리의 급변

시장이 살아나는 건 좋지만 과열을 바라지는 않으므로, 정부는 이 시점부터 강도 높은 규제 대책을 쏟아냈다. 2017년에는 '6.19 대책'에 이어 강도를 더욱 높인 '8.2 대책'까지 발표하면서 다주택자에 대한 규제에 힘을 쏟았다.

　지역별로 '조정대상지역, 투기과열지구, 투기지역'을 지정하여 규제를 적용했으며, 청약 1순위 조건을 강화했다. 또한 총부채상환비율(DTI)과 담보인정비율(LTV)을 40%까지 낮춤으로써 주택담보대출의 문턱도 높였다. 뿐만 아니라 재건축초과이익환수제를 부활시키고, 투기과열지구 내에서는 조합원 지위 양도와 입주권 전매를 금지시키고, 분양가상한제까지 부활시킴으로써 재건축·재개발 사업에 제동을 걸었다.

"6·19 부동산 대책 이후로도 꺼지지 않는 부동산 과열 양상에 정부와 여당이 결국 칼을 빼 들었습니다. 투기 조장 세력에 대한 강력한 규제를 펴겠다고 경고했습니다. (…) 투기과열지구로 지정되면 재건축 조합원 지위 양도가 불가능해지고, 주택담보대출비율 LTV와 총부채상환비율 DTI가 최대 40%까지 한층 더 조여지게 됩니다. 이와 함께, 특히 적은 금액으로 부동산을 사서 시세 차익을 보는, 이른바 '갭 투자'를 겨냥한 규제가 잇따를 것으로 보입니다. 양도소득세를 강화하는 방안이 유력하고, 전용면적 60㎡ 초과 주택 구입 시, 15일 안에 지자체에 실거래 가격 신고를 의무화하는 '주택거래신고제' 도입도 거론됩니다." [YTN뉴스 2017.08.02.]

　이후에도 정부의 규제 정책은 끝없이 쏟아졌다. 다주택자에 대한 종합부동산세를 확대하고 양도소득세를 중과하는가 하면, 전월세상한제 및 계약갱신청구권 도입 등이 이어졌다. 문재인 정부 집권 기간에 발표된 부동산 규제 정책은 총 27번이었다.

그러나 규제가 나오면 매수심리가 단기적으로 위축되었다가도 조금 지나면 다시 아파트 가격이 상승하는 악순환이 반복됐다. 오히려 지난달에 발표된 정책이 이번 달에 뒤집어지는 등 잦은 정책 변경 탓에 혼란만 가중되었다. 아파트값이 오르는 근본적 원인은 공급 부족과 넘치는 대기수요 때문인데, 이를 해결하지 않고 오직 세금과 대출로만 규제를 하려다 보니 생긴 문제였다. 정부 규제를 비웃듯 시장은 오랫동안 상승세가 유지되었다.

"지난 20일 기준 서울의 평균 아파트값은 전주보다 0.18% 올라 15주 만에 최대 상승 폭을 나타냈습니다. 서울 집값은 크게 안 떨어질 것이라는 기대감이 최근의 상승세를 이끌고 있다는 분석입니다. (인터뷰 : 박원갑 / KB국민은행 부동산수석전문위원) "거래는 거의 절벽 수준이지만 수요보다 공급이 더 줄어드는 공급 애로 현상이 나타나면서 일부 지역에서 가격이 오르고 있는 것으로 분석됩니다." (…) [굿모닝MBN뉴스20 17.11.26.]

뛰는 정부 위에 날아다니는 투자자들

왜 이런 현상이 나타났을까? 정부는 어떤 상황에서도 부동산 시장을 안정적으로 운영해야 할 의무가 있다. 다시 말해, 시장이 침체하면 살려야 하고, 과열되면 진정시켜야 한다는 말이다. 따라서 혹여라도 시장을 위축시킬 위험성 때문에 시장이 과열되어도 강도 높은 규제를 가하는 데 있어서 상당히 조심스럽게 움직인다. 다음 표를 확인해 보자. 아래 표는 문재인 정부가 시기별로 수도권 규제지역(조정지역 기준)을 지정해 나가는 과정을 보여 주고 있다.

▼ 시기별 규제지역의 변화

일자	구분	투기과열지구	조정대상지역
2016.11.03	지정		과천, 성남, 하남, 고양, 남양주, 화성(동탄2)
2017.06.19	지정		서울, 광명 등 약 40개 지역
2017.08.02	지정	서울 전역, 과천, 세종	서울 전역, 과천, 세종
2017.09.05	지정	(추가) 성남 분당, 대구 수성구	
2018.08.27	지정	(추가) 광명, 하남	(추가) 구리, 안양 동안, 광교지구
2018.08.27	해제		부산 기장군
2018.12.28	지정		(추가) 수원 팔달, 용인 수지·기흥
2020.02.20	지정		(추가) 수원 영통·권선·장안, 안양 만안, 의왕
2020.06.17	지정	(추가) 수원, 성남 수정, 안양, 안산 단원, 구리, 군포, 의왕, 용인 수지·기흥, 동탄2	(추가) 고양, 남양주, 화성, 군포, 부천, 안산, 시흥, 용인 처인, 오산, 안성, 평택, 광주, 양주, 의정부 / 인천 8개 구
2020.11.19	지정		(추가) 김포
2020.12.17	지정		(추가) 파주
2022.06.26	해제		지방권 전체 (수도권 제외)
2022.06.30	해제	대구, 부산, 울산, 세종 등 지방권 전체	
2022.07.05	해제	대구 수성구	
2022.09.26	해제	인천 연수·남동·서구, 세종시	
2022.11.14	해제	전국 남은 지역 모두	
2023.01.05	해제		일부 수도권 지역

서울과 수도권 시장의 상승을 막기 위해서는 서울과 수도권 전체를 바로 묶어 버리는 것이 가장 효과적일 것이다. 그러나 가장 큰 문제는 파급효과다. 한 번에 규제지역으로 묶어 버리면 수도권 시장은 크게 위축될 것이고, 특히 수도권 외곽의 경우 오르지도 못한 채 큰 타격을 입게 된다. 안정적으로 시장을 운영해야 하는 정부 입장에서는 부담이 아닐 수 없다. 그러다 보니 정부는 2016년 11월에 수도권 일부 지역을 조정대상지역으로 지정하는 것을 시작으로 시간을 두고 점차 규제지역을 확대해 나가는 모습을 보인다. 시장에 주는 충격을 최소화하려는 것이다.

하지만 정부의 패턴을 꿰뚫어 본 사람들은 절대 기회를 놓치지 않는다. 규제가 미치지 않는 주변 지역이나 틈새시장을 발 빠르게 선점하면서 오히려 상승을 주변으로 확산시킨다. 우리는 일반적으로 이 상황을 '풍선효과'라고 표현해 왔고, 이번에도 마찬가지였다.

"정부가 재건축초과이익환수 등 강남 재건축 시장에 대해 잇단 경고를 날리면서 강남 아파트값 상승세가 주춤하고 있습니다. 반면 강북 뉴타운 아파트값이 뛰는 '풍선효과'가 나타나고 있습니다. (…) (인터뷰 : 양용화 / KEB하나은행 부동산센터장) "목동으로 대표되는 양천구 재건축 아파트하고 한남뉴타운 재개발, 노원구 재건축 아파트쪽으로 상승세가 이어지지 않을까 생각합니다." 전문가들은 강북 집값까지 오르면 실수요자가 갈 곳이 없어질 수 있다며 당장의 응급처방보다 장기적 안목에서 내다보는 균형잡힌 정부 정책이 필요한 시기라고 지적했습니다." [연합뉴스TV 2018.02.01.]

"(…) 정부의 부동산 규제가 풀릴 기미가 보이지 않자, 실수요자들은 이처럼 비규제지역 청약으로 눈을 돌리고 있습니다. 비규제지역은 중도금 대출도 여유로운데다 전매제한기간도 짧아 실수요자의 부담이 낮은 편입니다. 정부의 분양가상한제 확대방안이 시행을 앞두고 있지만 분양가가 낮아지면 당첨가점이 높아질 것을 예상, 가점이 낮은 20~30대 수요자가 일찌감치 비규제지역으로 눈을 돌린다는 분석도 있습니다.(…)" [한국경제TV 2019.10.16.]

불이 붙으면 정부 규제도 소용 없다

우리는 이 책의 앞부분에서 이와 비슷한 내용을 본 적이 있다. 미심쩍다면 앞에서부터 다시 정독해 보길 바란다.

전세가격이 오른다.
이사철에 소형 아파트 가격이 오른다.
미분양 아파트가 잘 팔린다.
분양 시장이 달아오르며 분양가격이 오른다.
서울 강남과 신도시를 중심으로 오른다.
서울 강북과 수도권 지역으로 확산된다.
광역시와 지방도시로 가격상승이 확산된다.

이미 20년 전에 쓰인 책에서도 우리는 상승장이 시작된 후 점차 주변으로 확산되는 상황(풍선효과)을 확인할 수 있다. 이렇듯 풍선효과는 상승장에서 나타나는 매우 중요한 현상이자, 매번 반복되어온 모습이다. 정부가 조심스럽게 정책을 집행하는 과정에서 투자자들이 먼저 이동하는 상황이 반복되면서 나타난 결과물이기 때문이다.

이렇게 상승의 확산이 한번 크게 일어나게 되면 그때부터는 어떤 규제도 소용이 없어진다. 필자는 이를 '투자수요의 무한대(∞)화'라고 표현하는데, 그 이유는 다음과 같다.

앞서 필자는 정부가 규제지역을 정하는 데에 상당히 조심스러운 모습을 보인다고 말했다. 같은 맥락에서, 규제 정책을 만들 때도 조심스럽긴 마찬가지다. 혹여 잘못된 정책으로 인해 시장이 위축되는 상황을 크게 걱정하기 때문이다.

하지만 투자자들은 다르다. 상승장 초반에 정부가 규제지역을 지정하더라도 규제되지 않은 지역은 여전히 많이 남아있는 데다가 규제 역시 아직 촘촘하게 만들어진 상황이 아니다. 따라서 규제의 빈틈을 활용하면 투자 기회가 여전히 많은 편이다.

그럼 투자자 입장에서 생각해 보자. 자금 동원 능력이 충분하다고 전제했을 때, 여러분은 딱 한 채만 살 것인가? 아니면 수십 채, 더 나아가 수백 채를 살 것인가? 아직은 규제의 빈틈이 많고, 투자할 만한 비규제지역도 많이 남아 있다. 투자자가 아니라 실수요자라도 이런 기회를 놓치려는 사람은 별로 없을 것이다. 그래서 이 시기에는 투자자가 한 명만 늘어나도 투자수요는 기하급수로 늘어난다. 자금이 동원되는 한 어떻게든 더 사려고 들기 때문이다.

정부 역시 규제를 강화하지만, 본래의 조심스러운 입장 때문에 투자자들이 움직이는 속도를 쉽게 따라가지 못한다. 그러다 보니 상승 지역은 중심부에서 외곽으로 점점 확산되고, 규제가 계속되는 상황에도 오랜 기간 상승이 이어지는 것이다.

본격적 하락은 금리로부터 왔다

　6차 파동 상승세의 절정은 2020년에서 2021년이었다. 수도권뿐 아니라 지방 주요 도시까지 급등현상이 확산되었고, '패닉바잉(panic buying)'이라는 신조어가 등장할 정도로 투자수요와 실수요가 폭발했다. 흐름의 절정에서 뒤늦게 올라탄 사람들은 앞뒤 가리지 않고 무리를 해서라도 집을 사려고 했다. 그렇게 수많은 '깡통전세'와 '영끌족'이 탄생했다.

　언제냐가 문제일 뿐, 과열된 시장은 결국 가라앉는다. 시장은 금리 인상이 본격화된 2022년부터 점차 하락세로 돌아섰다. 글로벌 인플레이션, 기준금리 인상, 금융시장 불안 등 복합적 요인들이 작용한 결과였다. 거래량이 급감하고, 호가가 조정되기 시작되면서 대세상승의 막이 내렸다. 상승과 하락이 반복되는 전형적 패턴이 다시 한 번 반복되었다.

다들 이 분위기가 계속될 줄 알았다

　6차 파동의 마지막 상승은 거의 광풍이라 할 만했다. 그런데 이 마지막 상승은 사실 금리의 영향이 컸다. 일명 '코로나 유동성'이라 불릴 만큼 엄청난 유동성이 시장에 공급되면서 그 돈이 부동산 시장으로 몰린 것이다.

코로나19 팬데믹으로 인해 경제가 위축될 것을 우려한 정부는 금리를 인하했고, 각종 지원금 형태로 돈을 풀었다. 덕분에 완전히 망가질 뻔한 시장이 그나마 덜 위축되었을지는 모르지만, 이는 부동산 가격상승에 상당한 영향을 미쳤다. 코스피도 오르고, 부동산도 올랐다. 비록 팬데믹으로 자영업자들은 힘들었지만 투자자들은 모두 부자가 된 기분을 느꼈다.

돈이 많이 풀려서 자산 가격이 오르게 되면 어느 순간 과도한 자산 버블이 생길 수 있고, 이를 막기 위해서 정부는 금리를 올릴 수밖에 없게 된다. 여기에 자산을 구입하기 위한 쓰인 가계부채의 규모가 일정 수준을 넘게 되면 정부는 가계부채 관리에 들어갈 수밖에 없다.

"이주열 한국은행 총재는 하반기 역점 사업으로 통화정책의 정상화 즉 금리 인상을 들었습니다. 지난달 금융통화위원회 직후 연내 인상 가능성을 시사한 지 2주일 만에 또 한 번 신호를 준 겁니다. 인상 조건은 무르익고 있습니다. 수출 경기가 빠르게 회복되고 있고 내수도 개선 흐름을 보이고 있습니다. 물가가 지속적으로 올라 국내외 곳곳에서 인플레이션 논란도 제기되고 있습니다. 무엇보다 한은이 가장 우려를 나타내는 건 빚으로 덩치를 키우고 있는 자산시장입니다. 올 1분기 기준 수도권 집을 사려면 번 돈을 한 푼도 쓰지 않고 10.4년을 모아야 하는데, 금융위기 직전 8.6년과 비교하면 집값이 실물경제에 비해 지나치게 높다고 한은은 평가했습니다." (…) [MBC 뉴스 2021.06.12.]

하지만 상승에 취한 사람들은 이러한 경제 상황은 간과한 채 여전히 "가즈아!"를 외치고 있었다. 그로 인한 리스크를 관리하며 보수적으로 투자하는 사람은, 특히 젊은 '영끌족' 중에는 거의 없었던 게 엄연한 사실이다.

아래 표에서 볼 수 있듯이, 결국 급격히 금리가 오르기 시작했던 2021년 하반기부터 부동산 가격은 급격하게 위축되는 모습을 보이기 시작했다. 계속 오를 것만 같았던 부동산 시장이 금리 인상이라는 외부 변수로 인해 흔들리기 시작한 것이다. 한 번 흔들리기 시작한 시장은 이전과는 다른 방향으로 움직였다.

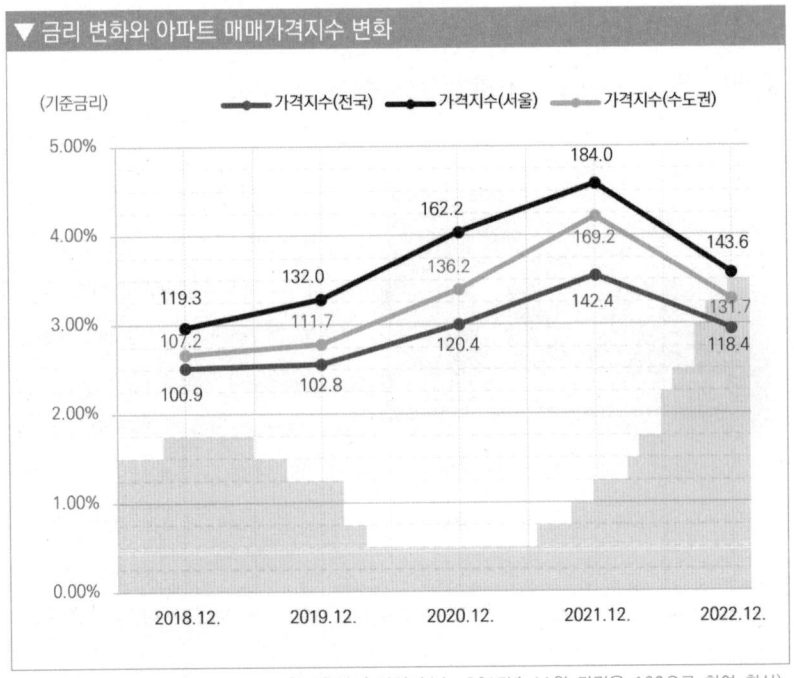

(출처: KOSIS 국가통계포털, 한국은행 / 가격지수는 2017년 11월 가격을 100으로 하여 환산)

하락 신호를 무시한 영끌족의 최후

그동안의 자산가격 상승 덕분에 사람들은 부자가 된 듯한 착각에 빠져 있었지만, 그 모든 것들은 사실 개인의 능력에 의한 것이 아니었다. 저금리와 유동성 증가에 의해 만들어진 파동을 잘 탄 덕분에 가능했던 것이고 그 중 상당수는 허상으로 만들어진 부유함이었다. 금리가 오르기 사작하자 상황이 나빠졌다는 게 그 증거다.

이후 금리는 계속 인상되고, 가계부채 관리(대출 규제)도 계속 강화되었다. 저금리일 때 무리하게 대출을 받은 이들은 시간이 흐를수록 점점 원리금 납부일자가 부담으로 다가올 수밖에 없다. 실제로 금리가 오르기 시작한 2021년 하반기부터 지금 이 글을 쓰고 있는 2025년 7월 현재까지의 상황을 살펴보면 과도한 대출로 인한 후유증이 상당히 진행되고 있는 것으로 보인다. 대출 연체율 증가에 대한 우려가 끊임없이 제기되고 있기 때문이다.

서울 지역 주택담보대출 연체율이 상승하며 두 달 연속 최고치를 경신했습니다. 수년 전 초저금리 시대에 대출을 끌어모은, 이른바 '영끌'족들의 상환 부담이 커지고 있는 것으로 보입니다. (…) 부동산 급등기였던 지난 2020년 초저금리 시기에 실행된 주담대가 5년 만에 금리재산정 기한이 도래하면서 원리금 상환 부담이 커진 것으로 보입니다. 국내 은행의 전체 주담대 금액 중 서울 지역의 대출이 차지하는 비중은 약 3분의 1 정도인 것으로 파악됩니다. 지난해 4분기 서울 지역의 차주들은 소득의 40.6%를 주담대 원리금 상환에 사용하고 있는 것으로 나타났습니다. [MBC 뉴스 2025.05.13.]

더 큰 문제는 이들이 끌어다 쓴 게 시중은행의 주택담보대출뿐만이 아니라는 점이다. 대출원리금을 갚느라 생활이 쪼들린 이들은 신용카드 연체율 역시 높아졌고, 자영업자들의 사업자대출은 물론 여기에 연결된 기업대출 연체율까지 높아지면서 시장 전반에 걸쳐 경기불황의 조짐이 더욱 심해지는 것으로 보인다.

주택의 입지나 상품성을 무시한 채 조급한 마음으로 추격매수한 경우에는 상황이 심각하다. 시장이 위축되면서 매매가격 하락과 역전세난이 겹치면서 팔 수도 없고 팔리지도 않는 진퇴양난에 빠진 경우가 상당히 많다. 이러한 상황이 길어질수록 안 그래도 힘든 영끌족들에게는 점점 치명적인 부담으로 다가오게 될 것이다. 그래서 시장이 과열되었을 때 '영끌'은 가장 조심해야 할 행위다.

상승과 하락의 반복된 흐름은 부동산 사이클의 전형적 패턴이다. 그럼에도 불구하고 오랜 시간 상승에만 취해 있다 보면 하락의 신호를 놓치는 게 인간의 본성이다. 하지만 그 때문에 생겨나는 엄청난 후유증은 결국 투자자 본인이 혼자서 감당해야 할 몫이라는 걸 기억하자.

파동이 지난 후 알게 되는 것들

▼
▼
▼

2025년 현재의 상황을 대입해보면, 부동산 시장은 폭락의 충격 속에서 조정을 겪고 다시 바닥을 다지는 중이다. 금리는 일부 인하되었고, 경기는 다소 나아졌다. 그러자 서울을 중심으로 집값이 오르기 시작했고, 역시나 새롭게 출범한 이재명 정부는 규제를 꺼내들었다. 새 정부는 부동산 시장을 세금으로 직접 찍어누르지 않고, 시중자금을 주식 등 다른 분야로 몰리게 만드는 간접적 방식을 활용하겠다고 밝혔지만, 이것이 시장에 어떤 식으로 작용할지는 좀 더 지켜볼 필요가 있다.

새 정부에 대한 기대심리, 코스피 상승으로 인한 부의 효과, 금리 인하와 지역화폐 등을 통한 유동성 증가에 대한 기대감은 실제로 일부 지역의 거래 증가를 불러오기도 했다. 이는 시장이 회복되고 있다는 긍정적 신호로 받아들일 만하다.

그러나 과거와 같이 섣부른 낙관은 금물이다. 서울·수도권의 주택공급은 여전히 부족하고, 인구는 계속 줄어들고 있으며, 정책은 언제 또 바뀔지 모르기 때문이다. 결국 부동산 시장의 반복되는 사이클이 언제 다시 시작될지에 대해서는 투자자들의 냉철한 분석과 판단이 필요하다.

다만 상승과 하락을 반복해온 과거의 부동산 사이클에서 배워야 할 점은 있다. 큰 틀에서는 반복되면서도, 세부적으로는 끊임없이 변형되면서 투자자를 혼란스럽게 만드는 파동 안에서 우리는 무엇을 명심해야 할까?

상승과 하락의 신호에 귀 기울일 것

먼저, 상승과 하락의 신호를 민감하게 감지하는 것이 중요하다. 금리, 정부 정책, 공급 계획, 청약경쟁률, 전세 시장 움직임 등이 복합적으로 작용하는 것이 부동산 시장이다. 그 신호를 민감하게 관찰하는 것이 중요하다.

그중에서도 정부 정책의 방향에 가장 집중할 필요가 있다. 정부의 방향이 부동산 시장의 정상화 또는 활성화라면 앞으로 시장이 상승할 신호일 가능성이 높다. 반면 시장이 너무 과열되었다며 정부 규제가 계속되는 경우는 하락의 신호다. 당장은 아니라도 멀지 않은 시기에 결국은 상승세가 꺾이게 되기 때문이다.

전세가율 역시 주의해서 살펴야 할 신호다. 시장이 위축되어 있으면 매수심리는 줄어드는 반면 전월세 수요가 늘어나면서 전세가격이 오르게 된다. 당연히 전세가율이 오르게 되고, 어느 순간 전월세 수요가 매매수요로 돌아서는 경우가 많다. 반면 시장이 활황인 경우에는 매매가격이 크게 상승하며 전세가율이 하락하게 된다.

일반적으로 전세가율이 60~70%가 넘게 되면 전세수요가 매매로 돌아서며 시장이 상승세에 접어드는 경우가 많고, 전세가율이 40~50% 수준으로 떨어지게 되면 이후 매매가격이 하락세로 전환되는 경우가 많았다. 이처럼 전세가율은 시장의 방향을 살필 때 어느 정도 유의미하게 활용할 수 있는 지표이다.

집의 숫자보다 상품성이 중요하다

　주택 수를 늘리는 것만 신경 쓰면 안 된다. 상승이 가속화되면 정부가 강력한 규제를 발표하게 되는데, 규제가 계속되면 이미 파동의 후반부로 접어들었음을 경계해야 한다. 앞에서도 언급했지만, 정부의 규제 속도는 항상 투자자의 움직임보다 느리다. 그래서 당장은 정부 규제를 따돌리며 여기저기 틈새시장을 찾아 수익을 계속 올릴 수 있을지도 모른다.

　문제는 규제가 겹겹이 쌓여갈수록 투자자의 운신의 폭이 점점 줄어든다는 점이다. 수익을 추구한답시고 주택 개수만 늘려놓은 상황이라면 어느 순간에는 규제로부터 도망칠 길이 더 이상 없음을 깨달을 수 있다. 역전세난을 맞거나 세금으로 수익이 환수될 수밖에 없는 것이다. 집을 많이 가질수록 부자라는 과도한 맹신은 어느 순간 내 운신의 폭을 좁히게 된다는 점을 기억하자.

　특히, 장기보유가 목적이라면 시장에 흔들리지 말고 무조건 입지와 상품성을 철저히 고려해야 한다. 상승하던 시장이 꺾이면 그때까지 넘쳐나던 매수수요는 급격히 위축되는데, 그 속도는 생각보다 매우 빠르다.

　2020년과 2021년을 전후해서 규제의 틈새에 있는 주택상품이라며 가격이 크게 올랐던 아파텔, 지식산업센터, 생활형숙박시설, 그리고 공시지가 1억 원 미만 주택…. 이런 물건들의 대부분은 입지나 상품성이 담보된 것이 아니었다. 그저 규제의 틈새를 타고 움직였던 반짝 상품일 뿐이다. 시장의 거품이 꺼지면서 이러한 물건의 상당수는 급격한 수요의 위축을 경험하게 되었고, 이제는 팔지도 못하는 애물단지가 되었다.

반대로 입지와 상품성이 좋은 물건의 경우는 설사 가격이 떨어졌을지는 몰라도 급격한 수요 단절은 나타나지 않았다. 싸게 내놓으면 팔리기라도 했던 것이다. 부동산 투자자라면 어설픈 테마 상품보다는 항상 입지와 상품성을 먼저 고려해야 한다. 대다수가 좋아하는 입지와 상품성을 가졌다면 위축된 시장에서도 수요가 어느 정도 존재한다는 사실을 기억하자.

'영끌'은 양날의 검이다

일반적으로 레버리지를 활용한 투자는 상승장을 만났을 때 높은 수익을 안겨준다. 하지만 반대로 하락장이나 조정장을 만나면 깡통전세나 역전세 등의 타격을 입을 리스크가 더 크다.

게다가 레버리지를 너무 많이 사용하면 금융조달비용, 즉 이자 때문에 현금흐름에 악영향을 미친다. 넉넉한 형편의 투자자가 아닌 '영끌'로 투자를 한 직장인들은 가계가 무너질 수 있는 위험성을 내포하고 있다. 특히 매매가는 금리 변동, 경기 침체, 정부 정책 변화와 같은 외부 요인에 민감하게 반응하기 때문에 냉정한 판단과 리스크 관리가 없다면 투자가 오히려 삶의 질을 크게 떨어뜨릴 가능성이 높다.

실제로 2020년과 2021년의 상황을 돌아보면 금리 인상에 대한 우려가 계속되었고, 정부 역시 가계부채의 심각성을 언급하며 규제를 계속 강화하고 있던 상황이었다. 이런 상황을 경고하는 목소리는 시장에 제대로 전달되지 않았고, 오히려 그동안 투자를 하지 않던 사람들까지 상승장의 막차를 타겠다며 레버리지를 무리하게 활용하여 '영끌'로 집을 구입했다. 이들이 이후 시장에서 어떠한 낭패와 후유증을 경험했는지를 절대 잊어서는 안 될 것이다.

감수의 글
과거의 흐름에서 미래의 신호를 찾아내기를

부룡 신현강
유튜브 「재테크 신선배, 부룡TV」 운영자
『부동산 상승신호 하락신호』 · 『부동산 투자, 이렇게 쉬웠어?』 저자

몇 달 전 출판사에서 찾아와서 최명철 저자의 『아파트값 5차 파동』이라는 책을 감수해달라는 부탁을 받았을 때 생각보다 크게 당황하지는 않았다. 이 책에 대한 필자의 애정을 아는 사람은 다 알 것이기 때문이다. 실제로 조사해본 건 아니지만, 이 책을 대중에게 소개한 것도 아마 필자가 처음이 아닐까 싶을 만큼 꽤 오래전부터 주변에 추천해왔다.

25년 전 부동산 투자를 처음 시작하면서 투자의 방향성을 어떻게 잡아야 할지 몰라 고민할 때 이 책이 큰 도움이 되었다. 시간이 흘러 감사하게도 많은 분으로부터 실전고수라 불리게 된 지금도, 이 책에서 얻은 핵심 메시지를 많은 부분에 활용하고 있다. 부동산 시장에는 큰 흐름이 있으며 분명한 상승 신호와 하락 신호가 존재한다는 것을 말이다.

아파트의 입지나 환경이 중요하다는 사실은 부인할 수 없다. 하지만 그보다 먼저 따져봐야 할 것이 바로 시장의 큰 흐름, 즉 '파동'이다. 시장이 바닥을 기고 있으면 아무리 좋은 아파트도 가격이 오르지 않고, 시장이 불

타오르고 있으면 아무리 별 볼 일 없는 아파트라도 가격이 오른다.

이 말을 뒤집어 생각하면, 흐름을 제대로 판단하지 못한 채 투자에 나섰다가는 엄청난 낭패를 보게 된다는 뜻이다. 너도나도 아파트를 사고싶어 하면 시장이 과열됐다는 뜻이다. 이럴 때 냉정하게 판단하고 조심스럽게 결정하지 않으면 이른바 '상투'를 잡는다. 반대로, 아무도 아파트를 사려 하지 않는 불황에서는 좋은 매물이 저렴한 가격에 쏟아져 나온다. 이럴 때는 좀 더 멀리 보고 과감하게 행동해도 좋다.

문제는 지금이 파동의 어느 지점에 와 있는 것인지 판단하기가 쉽지 않다는 것이다. 지금의 상승 또는 하락의 흐름이 더 오래 갈지, 아니면 조만간 끝날지를 어떻게 알 수 있을까? 최대한 압축해서 설명하면 청약경쟁률, 미분양물량, 전세가율 등 다양한 지표를 활용해서 신호를 포착할 수 있고 공급물량, 금리, 정부규제 등을 통해 앞날을 가늠해 볼 수 있다.

하지만 그러한 신호들을 제대로 읽어내는 것도 역시나 어렵다. 부동산 시장의 패턴은 크게 보면 반복되지만, 그 속의 작은 움직임들은 시대와 상황에 따라 끊임없이 변주되기 때문이다. 숲과 나무를 동시에 보지 않으면 똑같은 신호를 가지고도 전혀 다른 분석을 하기 십상이다. 필자가 유튜브 채널「재테크 신선배, 부룡TV」나 전작『부동산 상승신호 하락신호』등에서 시장에 대한 분석을 꾸준히 보여주는 이유도, 대중들이 같은 현상을 바라보는 다양한 통찰력을 반복해서 훈련하길 바라기 때문이다.

이번『아파트값 5차 파동』완전개정판에 참여하게 된 것도 비슷하다. '파동'이라는 큰 흐름을 짚어줌과 동시에 그 안에서 일어났던 크고 작은 사건을 설명하는 데에 이만 한 책이 없다. 대한민국 아파트의 역사, 특히 투자의 역사를 관통하는 유일무이한 책이자 최고의 책이 아닐까 싶다.

솔직히 말하자면 부담스럽지 않았던 것은 아니다. 이 책의 마지막 부분, 즉 초판이 출간된 2001년 이후의 상황을 비슷한 형식으로 분석해서 집필해달라는 출판사의 요청 때문이다. 분석과 집필 자체는 문제가 아니지만, 그 방대한 내용을 짧게 요약하는 것이 더 어려웠다. 최근 20여 년간 부동산 시장은 이전보다 훨씬 복잡해졌고, 파동은 더 크게 출렁였다. 그만큼 훨씬 섬세한 분석이 필요하지만, 지면의 한계 때문에 어쩔 수 없이 핵심만 줄이고 줄여서 넣어야 했다. 미처 담지 못한 내용을 언젠가 독자들에게 전달할 기회가 있기를 바란다.

이 책을 읽고 나면 '역사는 반복된다'라는 식상한 문구가 새삼 신선한 충격으로 와닿을 것이다. 우리가 최근에 보고, 듣고, 느꼈던 모든 투자 이슈들이 알고 보면 이미 수십 년 전에 비슷하게 벌어졌다는 걸 알게 되기 때문이다. 필자가 과거에 그랬듯이, 무척 신기하고 재미있을 것이다.

부동산 시장에는 시대가 바뀌어도 변하지 않는 핵심원리가 있다. 이 책을 읽을 때에는 하나하나의 사건보다 그 핵심원리를 발견해내는 데에 집중하기를 바란다. 그러면 여러분은 앞으로 다가올 또 다른 파동에도 흔들리지 않는 투자가 가능할 것이다.